中学受験国語の必須語彙《ひっすごい》2800

中学受験専門 国語講師
井上秀和 著

〔まえがき〕

かつて進学塾で国語講師として、現在は家庭教師として、長らく生徒さんに国語を教えてきて、まず感じるのは語彙《ごい》力の不足です。これは生徒さんが小学生だということを考慮《こうりょ》すると、ある意味では仕方がないことかもしれません。

昨今《さっこん》、日本では全世代を通じて日本語力の低下が問題視されていますが、それに反して、中学受験で出題される問題文（文章読解問題では「本文」「課題文」と呼ばれるもの）は難化が進み、高校受験レベルから大学受験初級レベルが使用されるという事実も、もはや驚くことではなくなってきました。

語彙力が足りなければ、小学生にとって難解ともいえる本文を読むことに支障《ししょう》をきたしますし、記号選択問題で本文の言葉が言い換《か》えられた際にも対応することができません。ですから、「語彙力が国語テストの点数を左右する」といっても過言ではないのです。現に高い語彙力を持つ子は国語の点数が低いということはありません。

普段《ふだん》の私の授業でも、語彙の重要性に関しましては、幾度《いくど》となく生徒さんに伝えてはいるのですが、保護者の方や生徒さんに「市販《しはん》されている語彙の問題集でおすすめはありますか？」と聞かれたときに、これといっておすすめできるものがありませんでした。そのようなこともあり、前著『文章読解の鉄則』の巻末でつけたような語彙を網羅《もうら》した参考書（問題集）を作りたいと思うようになりました。それがお手に取っていただいたこの本というわけです。

市販の語彙問題集を選ぶポイントは「差がつく語彙をしっかりと収録しつつも、載《の》せすぎない」ということです。これはまさに「言うは易《やす》く行うは難《かた》し」で、なかなかの難題でした。『中学受験国語の必須語彙《ひっすごい》２８００』は試行《しこう》錯誤《さくご》の末に、これまでにない充実した内容のものが出来上がったと自負しております。

受験国語の重要な柱ともいえる語彙の学習に役立てていただければ幸甚《こうじん》です。

〈本書の特長と効果的な使い方〉

◎本書で取り上げる語彙のレベル（重要度）を**A・B・Cの三段階**に分けました。**基礎《きそ》レベル**（小学五年生までに覚えるべきもの）はA、**標準《ひょうじゅん》レベル**（中学入試中級）はB、**ハイレベル**（中学入試上級）をCとしています。それぞれの目標に合わせて、学習の目安としてください。

◎本書は辞書としても使えるように、あえてページをランク別に区切らず、五十音順に配列しています。まずは、Aランクの言葉から覚えていくと良いでしょう。

◎言葉だけを覚えるのではなく、例文も音読して耳になじませましょう。特に言葉とのつながり（コロケーション）を意識することが大切です。

◎問題はたんに意味を選ぶ形式だと記憶に定着しづらいですので、すべてあなうめ形式にしました。ただし、小学校で習わない漢字に関しては、できるだけひらがなで出題するように心がけました。

◎問題番号と語句リストの番号は同じにしてあります。問題の解答は各行の語句リストを参考にしてください。

◎出来なかった問題は覚えるまでくりかえしましょう。覚えたら、語句リストと問題の□に✔を入れましょう。

◎〈類義語〉はおおよそ同じような意味の言葉を、〈対義語〉は反対の意味に近い言葉を表しています。必ずしも辞書的な意味とは限りません。

◎**【意味】**は入試で出題されるものを優先的に、できるだけしぼって取り上げました。

【あ行】

あ

001. B□ **愛想笑《あいそわら》い**
【意味】相手の機嫌《きげん》をとるような笑い。

【用例】Aさんに話しかけられたとき、思わず愛想笑いを浮《う》かべた。

002. A□ **開《あ》いた口がふさがらない**
〔類義語〕閉口《へいこう》 辟易《へきえき》
【意味】あきれてものが言えない。
【用例】テスト前だというのに遊んでばかりいるなんて、開いた口がふさがらないよ。

003. A□ **愛着《あいちゃく》**
【意味】心がひかれて大切にしたい、手放したくないと思うこと。

【用例】十年以上使っているこの万年筆には愛着を感じる。

004. A□ **相《あい》づちを打つ** 〔類義語〕同調
【意味】相手の話に調子を合わせる。同感してうなずく。

(参考)「合いの手(=会話や動きの合間にはさむ別の言葉や動き)」は「合いの手を打つ」ではなく「合いの手を入れる」と使うことに注意!

【用例】井上先生の話に、生徒たちは相づちを打った。

005. B□ **アイデンティティー**
〔類義語〕独自性《どくじ》
【意味】自分が他とは違っていて、独自のものであると感じられるもの。自分らしさ。
【用例】思春期《ししゅんき》に自己肯定感《じここうていかん》が低いとアイデンティティーは確立されにくい。

006. A□ **あいにく**
【意味】運が悪く。ちょうど都合が悪く。

【用例】以前から楽しみにしていた遠足は、あいにくの雨だった。

007. C□ **阿吽《あうん》の呼吸《こきゅう》**
〔類義語〕ツーカー(つうかあ)の仲《なか》
【意味】二人以上で物事をするときに、おたがいが感じる微妙《びみょう》な心の動きが合う。
【用例】長年いっしょに仕事をしていると、阿吽の呼吸が合うものだ。

008. A□ **あえぐ**
【意味】①息が切れる。
②生活などに苦しむ。
【用例】①あえぎあえぎ、何とか山を登った。
②当時は重税《じゅうぜい》が課《か》せられて、民衆《みんしゅう》はあえいでいた。

009. B□ **あえない** ※「あえなく」の形で使うことが多い。
【意味】もろくはかないさま。あっけない。

【用例】私たちのチームはあえなく一回戦で敗れ去った。

010. C□ **青息吐息《あおいきといき》**
【意味】苦しいときや困ったときにつくため息。ため息が出る状態。

【用例】仕事現場は山積する課題で青息吐息だ。

011. A□ **仰《あお》ぐ**
【意味】①上の方を見る。高い所を見る。
②敬《うやま》う。尊敬する。
【用例】①急に辺《あた》りが暗くなったので、思わず空を仰いだ。
②A氏は私が師《し》と仰ぐ素晴《すば》らしい人です。

012. A□ **青写真《あおじゃしん》**
【意味】完成の予想図。未来へのおおまかな計画。

【用例】あこがれの中学生活の青写真をえがくのは良いことだ。

013. A□ **青筋《あおすじ》を立てる** 〔類義語〕激昂《げっこう》
【意味】興奮して激《はげ》しく怒ること。

【用例】みんなから非難《ひなん》されたA君は、青筋を立てて怒《おこ》った。

014. C□ **青田買《あおたが》い** ※「青田刈《が》り」はまちがい!
【意味】会社が卒業前の学生と早くから入社の約束をかわすこと。

【用例】優秀な学生を他の会社にとられないように青田買いをする。

015. B□ 青天井《あおてんじょう》 〔類義語〕天井知らず
【意味】上限《じょうげん》がないこと。物の値段などが上がり続けること。
【用例】今年に入り、一気に好景気となり、いまや株価は青天井だ。

016. A□ 青菜《あおな》に塩
【意味】急に元気をなくしてしおれること。
【用例】今日のA君はいつもの元気がなく、青菜に塩だ。

017. B□ 青二才《あおにさい》
〔類義語〕くちばしが黄色《きいろ》い
【意味】年が若くて経験にとぼしい人。
【用例】彼はいきがっているが、しょせん青二才だよ。

018. C□ 青は藍《あい》より出《い》でて藍よりも青し（＝出藍《しゅつらん》の誉《ほま》れ）
【意味】弟子《でし》が教わった先生よりもすぐれた人になること。

【用例】オリンピックで金メダルを獲得《かくとく》したA選手は、青は藍より出でて藍よりも青しの典型例といえる。

019. C□ あおりを食《く》う
【意味】近くにいるためによくない影響を受ける。
【用例】不況《ふきょう》のあおりを食って、中小企業《きぎょう》の倒産《とうさん》があいついだ。

020. B□ 赤い糸で結ばれる
【意味】結婚《けっこん》する運命にある。
【用例】学生時代につきあっていたAさんとは赤い糸で結ばれていると信じていた。

021. A□ あがく 〔類義語〕あくせくする
【意味】どうしようもない状況《じょうきょう》から逃《のが》れようと必死《ひっし》になる。
【用例】入試まであと三日しかないのに、今さらあがいてもむだだよ。

022. C□ 赤子《あかご》の手をひねる（赤子の手をねじる）
【意味】たやすくできること。
【用例】こんな単純《たんじゅん》な問題は赤子の手をひねるようなものだ。

023. A□ 赤字《あかじ》 〔対義語〕黒字
【意味】収入《しゅうにゅう》よりも支出《ししゅつ》のほうが多いこと。
【用例】今月は費用がかさみ、赤字になった。

024. B□ 暁《あかつき》
【意味】将来、あることがらが実現したそのとき。
【用例】志望《しぼう》校合格の暁にはみんなで集まってお祝《いわ》いしよう。

025. C□ あがなう
〔類義語〕つみほろぼし　贖罪《しょくざい》
【意味】罪をつぐなう。うめあわせをする。
【用例】一生をかけて賠償《ばいしょう》金を支払《しはら》い、罪をあがなう覚悟《かくご》だ。

026. B□ 垢抜《あかぬ》ける 〔類義語〕洗練《せんれん》
〔対義語〕野暮《やぼ》
【意味】言動や態度《たいど》などがいきですっきりしている。都会風《とかいふう》である。
【用例】Aさんは東京育ちで垢抜けた着こなしをする。

027. C□ 赤恥《あかはじ》
【意味】ひどい恥。※恥を強めた言い方。
【用例】知ったかぶりをしたA君は、後で赤恥をかいた。

028. B□ 赤《あか》の他人《たにん》
【意味】何の関係もないまったくの他人。
【用例】町で兄とすれちがったが、赤の他人のようなふりをした。

029. C□ 赤《あか》みがさす
【意味】赤いと感じられる状態《じょうたい》になる。
【用例】こごえた体を毛布《もうふ》で温めると、ようやく頬《ほお》に赤みがさした。

030. A□ あからさま 〔類義語〕露骨《ろこつ》
【意味】あらわにはっきり示す様子。
【用例】Aさんは不快感をあからさまに態度で示した。

031. B□ 飽《あ》き足《た》りない

〔類義語〕ものたりない　飽《あ》き足《た》らない
【意味】十分に満足する気持ちになれない。
【用例】必死にがんばってきたのだから、この程度の成績では飽き足りない。

032. C□ 秋の日はつるべ落とし
※「つるべ」とは井戸で水をくむときに使う桶《おけ》。
【意味】秋の日は急に暮《く》れるということ。
【用例】秋の日はつるべ落としというが、日が暮《く》れるのが早くなったと感じる。

033. A□ 悪事千里《あくじせんり》を走る
〔反対の意味のことわざ〕人の噂《うわさ》も七十五日
【意味】悪いことをすると、そのうわさはすぐに遠くまで伝わってしまう。
【用例】悪事千里を走るというが、A君がいたずらをして先生に怒《おこ》られたことは、近所の人にまで知れ渡《わた》っていた。

034. B□ あくせく
【意味】目先のことに忙《いそが》しく、落ちつかないようす。
【用例】都会でのあくせくする毎日にはうんざりしている。

035. B□ アクセス
【意味】① インターネットなどに接続してデータをやり取りすること。
② 交通手段。
【用例】① インターネットにアクセスできれば家でも仕事ができる。
② この学校は最寄《もより》駅から徒歩五分でアクセスがよい。

036. B□ 悪戦苦闘《あくせんくとう》
【意味】困難に打ち勝とうと努力すること。
【用例】A君は国語の記述《きじゅつ》問題を前にして、悪戦苦闘《くとう》していた。

037. C□ 悪態《あくたい》をつく
【意味】激《はげ》しく悪口を言う。
【用例】反抗期《はんこうき》に入り、親に対して悪態をつく。

038. C□ アクティブ
【意味】活動的な。積極的な。
【用例】彼はアクティブな人で、いろいろなことに挑戦《ちょうせん》している。

039. B□ あぐねる　※「考えあぐねる」「待ちあぐねる」のように使うことが多い。
【意味】物事が思い通りに進まなくて困る。
【用例】どうすればよいのか考えあぐねて先生に相談にし行った。

040. C□ あぐらをかく
【意味】努力せずに、あるものに頼《たよ》ってのんきに構《かま》える。

【用例】伝統《でんとう》にあぐらをかいて新しいことに挑戦《ちょうせん》しない会社なら長くは続かないだろう。

041. B□ 挙句《あげく》の果《は》て
〔類義語〕とどのつまり
【意味】最後の最後。「挙句」を強めた言い方。
【用例】周りの人をさんざんまきこみ、挙句の果《は》てに言いわけを口にするとは。

042. C□ 明《あ》け暮《く》れる　〔類義語〕没頭《ぼっとう》
【意味】終始《しゅうし》そのことを第一と考えて行う。
【用例】学生時代は読書に明け暮れる毎日を送っていた。

043. B□ あけすけ
〔類義語〕ざっくばらん　歯に衣着《きぬき》せぬ
【意味】包みかくさず。露骨《ろこつ》に。
【用例】A氏は誰にでもあけすけに物を言う人だ。

044. C□ あげつらう
【意味】とやかく批判的《ひはんてき》に論ずる。ささいなことをあれこれと言う。
【用例】A君のことばかりあげつらうのは公平ではない。

045. B□ 顎《あご》が落ちる
【意味】食べ物が非常にうまいこと。
【用例】この店のお寿司《すし》は顎が落ちそうなくらいおいしい。

046. C□ **あこぎ**〔類義語〕あざとい
【意味】強欲《ごうよく》であくどいさま。しつこくてずうずうしいこと。
【用例】A氏は高齢者を相手にあこぎな商売をして荒稼《あらかせ》ぎをしている悪党だ。

047. B□ **顎《あご》で（人を）使う**
〔類義語〕横柄《おうへい》
【意味】いばった態度で人を使う。
【用例】わが社の部長は社員を顎で使うので、陰《かげ》では嫌《きら》われている。

048. B□ **顎《あご》を出す**
【意味】ひどく疲《つか》れていやになる。
【用例】体育の授業で運動場を二十周も走らされ、多くの生徒は顎を出した。

049. C□ **浅い川も深く渡《わた》れ**
〔似た意味のことわざ〕石橋《いしばし》をたたいて渡る
【意味】簡単に見えることでも油断せずに用心しなさいということ。
【用例】算数のテストで最初の計算問題も、浅い川も深く渡れというようにていねいに解こう。

050. C□ **明後日《あさって》（の方）を向く**
【意味】まったく見当違《けんとうちが》いの方を向く。
【用例】みんなが明後日を向いていて、話がうまくまとまらない。

051. B□ **あざとい**
〔類義語〕あくどい　貪欲《どんよく》
【意味】浅はかでこざかしい。抜《ぬ》け目がない。
【用例】Aさんはあざとい知恵《ちえ》を働かせたが、先生には通じなかった。

052. A□ **あさましい**〔類義語〕さもしい
【意味】意地きたなくて、みっともない。いやしい。みすぼらしい。
【用例】お年寄をだまして金をまきあげるとは、あさましい行為《こうい》だ。

053. B□ **あざむく**
【意味】相手の期待に背《そむ》いてだます。
【用例】なんとか敵をあざむくための作戦を立てる。

054. A□ **朝飯前《あさめしまえ》**
【意味】簡単《かんたん》なこと。
【用例】私にとってこの程度の仕事は朝飯前だ。

055. B□ **足《あし》がかり**〔類義語〕糸口《いとぐち》
【意味】物事を始めるきっかけ。手がかり。
【用例】徹底的《てっていてき》に調査《ちょうさ》した結果、解決への足がかりをつかんだ。

056. C□ **あしからず**
【意味】相手の意向《いこう》にそえないときに、悪く思わないで、気を悪くしないで、という意で使う語。

【用例】今度の食事会には参加できません。どうかあしからずご了承ください。

057. A□ **足がすくむ**
【意味】緊張《きんちょう》や恐《おそ》ろしさで、足が動かなくなる。
【用例】つり橋から下を見たら、あまりの高さに足がすくんだ。

058. A□ **足が地に着かない**
【意味】気持ちが高ぶって落ち着かず、そわそわする。
【用例】明日からの修学旅行のことを考えると、足が地に着かないよ。

059. B□ **足がつく**
【意味】逃亡《とうぼう》者などの足取りが分かる。
【用例】ぬすんだ品物を売ったことから、足がついて犯人が捕《つか》まった。

060. A□ **足が出る**
【意味】予定より出費《しゅっぴ》が多く赤字になる。
【用例】お店に入ったら欲しいものがたくさんあり、足が出てしまった。

061. A□ **足が早い**
【意味】食べ物などがくさりやすい。
【用例】生魚は足が早いので、今日中に食べてしまおう。

062. A□ **足が棒《ぼう》になる**
【意味】ひどくつかれて足がこわばる。

【用例】今日は遠足で二十キロも歩いたので、足が棒になった。

063. B□ 足《あし》しげく

【意味】ひんぱんに通うさま。

【用例】学生時代は図書館に足しげく通ったものだ。

064. B□ 足並《あしな》みをそろえる

【意味】多くの人々が考えを合わせて一緒《いっしょ》に行動する。

【用例】クラス全員の足並みをそろえて、文化祭の準備をする。

065. B□ 足下《あしもと》（足元）にも及《およ》ばない

【意味】力量があまりにすぐれていて、とてもかなわない。

【用例】今のきみの実力ではA君の足下にも及ばないよ。

066. A□ 足下《あしもと》（足元）を見る

【意味】人の弱みを見ぬいて、それにつけこむ。

【用例】人の足下を見て、高い利子《りし》をつけてお金を貸しつける。

067. A□ あしらう

【意味】いいかげんにあつかう。

【用例】兄に相談をもちかけたのだが、鼻であしらわれた。

068. A□ 足を洗《あら》う 〔類義語〕改心《かいしん》

【意味】悪いことをやめる。

【用例】彼はあやしげな商売から足を洗って、すっかりまじめになった。

069. B□ 味《あじ》を占《し》める

【意味】一度うまくいって、それが忘《わす》れられずまたやりたくなる。

【用例】思いもよらない成功に味を占める。

070. A□ 足をすくわれる

※「足元をすくわれる」は誤り！

【意味】思いがけないことで失敗させられる。

【用例】格下《かくした》の相手だと油断していると、足をすくわれるよ。

071. A□ 足を延《の》ばす

【意味】ある地点からさらに遠くまで行く。

【用例】今日は時間に余裕《よゆう》があったので京都まで足を延ばした。

072. A□ 足を運《はこ》ぶ

【意味】わざわざ出かけていく。

【用例】彼の家に何度も足を運んだのだが、留守《るす》だった。

073. A□ 足を引《ひ》っ張《ぱ》る

【意味】他人の成功や物事の前進をさまたげ、じゃまをする。

【用例】A君は自分勝手なプレイをしてチームの足を引っ張っている。

074. A□ あぜん

【意味】あきれてものが言えない様子。

【用例】彼のふてぶてしい態度にあぜんとして言葉もないよ。

075. C□ あだ

【意味】害を与《あた》えること。

【用例】これまでの恩《おん》をあだで返すなんて、ひどい仕打ちだ。

076. A□ あたかも

【意味】まるで。ちょうど。　※後に「ようだ」「ごとし」がくる。

【用例】あたかも雪の降るように桜がはらはらと散っている。

077. A□ あたふた 〔類義語〕おたおた

【意味】あわてふためくようす。

【用例】寝坊《ねぼう》してしまい、あたふたと家を出ていった。

078. C□ 頭打《あたまう》ち

【意味】物事が限界まで達して進展《しんてん》しない。

【用例】このところ、お店の売上げが頭打ちになっている。

079. A□ 頭が上がらない 〔類義語〕負《お》い目

【意味】相手に引け目を感じたりして対等にふるまえない。

【用例】Aさんには昔いろいろとお世話になったので、今でも頭が上がらないよ。

080. A□ 頭が固《かた》い

【意味】がんこで柔軟な考え方ができない。

【用例】祖父《そふ》は頭が固い人でがんこだと思っていたが間違《まちが》いだった。

081. B□ 頭かくして尻《しり》かくさず

【意味】一部だけをかくして、全部かくしたつもりでいるのをばかにしていう言葉。

【用例】悪かった答案をかくしてごまかそうとしても、頭かくして尻かくさずというように、のちに送られる成績表でばれることだ。

082. A□ 頭が下がる

〔類義語〕敬服　感服

【意味】相手の立派《りっぱ》な様子に尊敬の気持ちをいだく。

【用例】A先生の教育熱心さには本当に頭が下がるよ。

083. B□ 頭《あたま》から

【意味】①最初から。②よく考えることなく決めてかかるさま。

【用例】①もう一度、頭から考え直してみよう。②彼のことを頭から信用するのは危険だ。

084. B□ 頭《あたま》ごなし

【意味】相手の言い分を聞こうともせず、最初から一方的に決めつけること。

【用例】母は息子の話を聞こうとはせずに、頭ごなしにしかりつけた。

085. B□ 頭をもたげる

【意味】ある考えや思いが心の中に浮《う》かんでくる。

【用例】彼と行動をともにするうちに、彼に対する疑念《ぎねん》（＝うたがい）が頭をもたげた。

086. B□ 当《あ》たり障《さわ》り

〔類義語〕さしつかえ　さしさわり

【意味】他にかかわって影響《えいきょう》を与《あた》えること。

※後に打ち消しの言葉がくることが多い。

【用例】会議では当たり障りのない意見を言っておくのが無難《ぶなん》だ。

087. C□ 当たるも八卦《はっけ》当たらぬも八卦《はっけ》

【意味】占《うらな》いは当たりもするしはずれもする。

【用例】星占《うらな》いは当たるも八卦当たらぬも八卦というから、あまり気にすることはないよ。

088. B□ 圧巻《あっかん》 〔類義語〕さわり

【意味】全体の中で最もすぐれている部分やもの。

【用例】この映画の圧巻は、何といっても最後の場面だ。

089. A□ あっけにとられる

【意味】驚《おどろ》きあきれて、言葉を失う。

【用例】A君の身勝手なふるまいに、みんなはあっけにとられた。

090. A□ あっけらかんと

【意味】気にせず平然《へいぜん》としている様子。

【用例】あれだけ先生にしかられてもあっけらかんとしている。

091. C□ 悪口雑言《あっこうぞうごん》 〔類義語〕罵詈雑言《ばりぞうごん》

【意味】ひどい悪口。いろいろな悪口。

【用例】さすがに頭にきたので、A君に悪口雑言をあびせる。

092. C□ あつものにこりてなますを吹《ふ》く

【意味】一度失敗したのにこりて必要以上に用心をすること。

【用例】A君は前に自転車でスピードを出しすぎて転倒《てんとう》してしまったので、今は慎重《しんちょう》すぎるぐらい安全運転だ。あつものにこりてなますを吹くとはこのことだね。

093. B□ あつらえる

〔関連語〕おおあつらえ向き

【意味】注文して物を作らせる。

【用例】近所の店で洋服を新しくあつらえる。

094. B□ 当《あ》てこすり 〔類義語〕皮肉《ひにく》

【意味】他にかこつけて、遠回しに相手を非難《ひなん》すること。

【用例】Aさんは昔のことを根に持っていて、当てこすりを言う。

095. B□ あでやか

【意味】はなやかで美しいようす。

【用例】Aさんはあでやかな衣装《いしょう》を身にまとい、舞台《ぶたい》に立った。

096. B□ 後腐《あとくさ》れ

【意味】物事がすんだ後も、めんどうな問題が残ること。

【用例】Aさんとは後腐れがないように始末をつけたほうがいい。

097. A□ あどけない

〔類義語〕いとけない

【意味】むじゃきでかわいらしい。

【用例】あどけないわが子の寝顔《ねがお》を見て、目を細める。

098. A□ 後《あと》の祭《まつ》り 〔類義語〕手おくれ

【意味】時機《じき》を逃《のが》してしまったら、あとで悔《く》やんでも仕方《しかた》ない。

【用例】寝坊《ねぼう》して起きたときには、集合時間に間に合わず、後の祭りだった。

099. A□ 後《あと》は野《の》となれ山となれ

〔反対の意味のことわざ〕立つ鳥跡《あと》を濁《にご》さず

【意味】自分の用が済《す》んだ後はどうなろうとかまわないという投げやりな気持ち。

【用例】試合を観戦した後にゴミを残して帰る人がいる。後は野となれ山となれの精神ではめいわくだ。

100. C□ アドバンテージ

【意味】有利な状況《じょうきょう》。利点。

【用例】技術力という点で、わが社は他社とくらべてアドバンテージがある。

101. A□ 穴《あな》があったら入りたい

【意味】はずかしくて、かくれるところがあればかくれたいほどの気持ちだ。

【用例】みんなの前で大失敗をしてしまい、穴があったら入りたい気持ちだ。

102. A□ あながち ※後に「ない」など打ち消しの言葉がくる。

【意味】必ずしも。一概《いちがい》には。

【用例】Aさんの言うことも、あながち的外《まとはず》れとは言えまい。

103. A□ 侮《あなど》る

【意味】相手の力を見下げて、ばかにしたりすること。

【用例】前回の試合は我々が勝ったものの、相手チームを侮ってはいけない。

104. A□ あばたもえくぼ

〔反対の意味のことわざ〕坊主憎《ぼうずにく》けりゃ袈裟《けさ》まで憎《にく》い

【意味】好きな人なら欠点すらよく見えるということ。

【用例】大好きなAさんのことは、あばたもえくぼで、すべてが受け入れられる。

105. C□ 阿鼻叫喚《あびきょうかん》

【意味】苦しみにたえきれず、救いを求め、泣《な》き叫《さけ》ぶこと。

【用例】テロ事件の現場は阿鼻叫喚の巷《ちまた》と化《か》した。

106. A□ あぶはちとらず

〔同じ意味のことわざ〕二兎《にと》を追う者は一兎《いっと》も得《え》ず

【意味】二つ同時に取ろうと欲張《よくば》って両方逃《に》がしてしまうことのたとえ。

【用例】習い事もしたいし、中学受験もしたい。それでは、あぶはちとらずになってしまう可能性がある。

107. C□ 脂《あぶら》が乗る

【意味】仕事などに調子が出てうまくいく。

【用例】脂が乗った時期に描《か》かれたAさんの絵画《かいが》を鑑賞《かんしょう》する。

108. A□ 油を売る

【意味】仕事中にむだ話などをして時間を過ごす。

【用例】ずいぶん帰りが遅《おそ》かったけど、どこで油を売っていたんだい。

109. A□ 油をしぼる

【意味】あやまちや失敗を厳しくしかる。

【用例】また宿題を忘れたので、井上先生から油をしぼられた。

110. A□ 雨《あま》だれ石をうがつ

〔同じ意味のことわざ〕千里《せんり》の道も一歩から

【意味】小さい力でも根気よく努力すれば、目的を達成できるたとえ。

【用例】雨だれ石をうがつというように、毎日の努力を積み重ねていけば成功するでしょう。

111. C□ あまつさえ

【意味】そのうえに。おまけに。そればかりか。

【用例】今朝から雪は降り続き、あまつさえ風まで吹《ふ》いてきた。

112. B□ あまねく

【意味】すべてにわたって。広く。

【用例】昨今《さっこん》パソコンはあまねく、日本中に普及《ふきゅう》しているといえる。

113. A□ 天《あま》の邪鬼《じゃく》

〔類義語〕つむじ曲がり

【意味】わざと人の意見や忠告にさからうこと。また、その人。

【用例】弟は天の邪鬼で、やめろと注意したことをする。

114. A□ 雨降って地固《じかた》まる

【意味】もめごとの後は前よりもまとまるものだ。

【用例】多少言い合いになってもおたがいに本音で話せば、雨降って地固まるというように、良い結果が得られる。

115. B□ 雨模様《あめもよう》

【意味】今にも雨が降ってきそうな空の様子。

※本来は「小雨が降ったりやんだりする」という意味ではない！

【用例】今朝から雨模様の空だ。

116. C□ あやかる

【意味】幸せな人の影響《えいきょう》を受けて、自分も同じように幸せになる。

【用例】若くして成功したA氏の幸運にあやかりたいものだ。

117. A□ 危《あや》ぶむ

【意味】不安で気がかりに思う。

【用例】予定通りに工事が進まず、期日までの完成が危ぶまれている。

118. B□ 抗《あらが》う

【意味】外からの強い力をはねのけようとする。抵抗《ていこう》する。

【用例】A氏は運命に抗って生きようとした意志の強い人間である。

119. A□ 予《あらかじ》め

【意味】前もって。先立って。

【用例】上司と仕事の段取りを、予め打ち合わせしておく。

120. C□ 荒稼《あらかせ》ぎ

【意味】手段を選ばずに一度に大きくもうけること。

【用例】不良品を高値で売って荒稼《あらかせ》ぎする。

121. B□ あらかた

【意味】おおかた。だいたい。ほとんど全部。

【用例】夕方には、頼《たの》まれた仕事はあらかた終えることができた。

122. C□ あらまし

〔類義語〕概要《がいよう》　あらすじ

【意味】おおよその内容。

【用例】来年度の計画のあらましを説明する。

123. B□ あららげる　※「あらげる」ではないので注意！

【意味】言葉づかいや態度を乱暴《らんぼう》にする。

【用例】みんなから責められたA君は声をあら

らげて反論した。

124. B□ あらわ

【意味】かくさないであらわれているようす。

【用例】彼女に理不尽《りふじん》に責められて、おもわず不満をあらわにした。

125. A□ ありありと

〔類義語〕まざまざと

【意味】はっきりと目の前に現れるさま。また、目の前にあるかのように感じられるさま。

【用例】故郷《こきょう》での思い出がありありと脳裏《のうり》によみがえってくる。

126. B□ ありきたり

〔類義語〕月並《つきな》み　陳腐《ちんぷ》

【意味】どこにでもあって珍《めずら》しくないこと。ありふれていること。

【用例】応募《おうぼ》作品はどれもありきたりな内容だった。

127. B□ ありつく

【意味】食事、お金、仕事など求めていたものをやっと得《え》る。

【用例】失業《しつぎょう》していたAさんはやっと仕事にありつくことができた。

128. B□ ありの穴《あな》から堤《つつみ》もくずれる

【意味】わずかな油断や不注意が大きな失敗や災《わざわ》いにつながるということ。

【用例】まずは一つひとつをていねいに取り組もう。ありの穴から堤もくずれるというだろう。

129. C□ ありのはい出《で》るすきもない

【意味】逃げ出すための隙間《すきま》もないほどまわりが厳重に囲まれている。

【用例】ありのはい出るすきもないほど厳重《げんじゅう》な警備《けいび》だったのに、犯人は財宝《ざいほう》を持ち出すことに成功した。

130. B□ あろうことか

【意味】なんということか。とんでもないことだが。意外なことに。

※否定的な表現で用いられることが多い。

【用例】A君のお金を盗《ぬす》んだのはあろうことか、先生だった。

131. B□ 淡《あわ》い

【意味】気持ちがあっさりして深くこだわらない。かすかである。

【用例】思春期《ししゅんき》になると同級生に淡い恋心《こいごころ》を抱《いだ》くものだ。

132. A□ あわただしい

〔類義語〕せわしない

【意味】ゆとりがなく心が落ち着かない。

【用例】年の瀬（＝年末）は何かとあわただしい毎日だ。

133. B□ あわてふためく

【意味】ひどくあわててばたばたさわぐ。うろたえて取り乱《みだ》す。

【用例】空港に到着《とうちゃく》したときに航空券《こうくうけん》を忘れたことに気づき、あわてふためいてしまった。

134. B□ あわや

【意味】もう少しで。あぶなく。今にも。

【用例】あわや大事故というところだったが何とか回避《かいひ》した。

135. A□ 泡《あわ》を食《く》う

【意味】不意《ふい》をつかれて驚《おどろ》きあわてる。

【用例】電車の発車まぎわに切符《きっぷ》をなくしてしまい、泡を食った。

136. C□ 暗雲《あんうん》

【意味】今にも悪いことが起きそうな様子。

【用例】エースが怪我《けが》で決勝戦を欠場することになり、暗雲が立ちこめてきた。

137. C□ あんぐり

【意味】口を大きく開けるさま。

【用例】予想外の展開に驚《おどろ》いて、あんぐりと口を開けた。

138. C□ 安住《あんじゅう》

【意味】その境遇《きょうぐう》や環境に満足してそれ以上を望まないこと。

【用例】現在の地位に安住していては人として向上《こうじょう》しないよ。

139. C□ 暗礁《あんしょう》に乗り上げる
【意味】思いがけない障害《しょうがい》に直面する。

【用例】これまで協力関係にあったA社との交渉《こうしょう》が暗礁に乗り上げる。

140. A□ 案《あん》じる（案ずる）
【意味】あれこれと考える。心配する。

【用例】弟の帰りが遅いので、事故にあったのではないかと案じる。

141. A□ 案《あん》ずるより産《う》むが易《やす》し
【意味】あれこれ心配するよりも思い切ってやってみたほうがうまくいくものだ。

【用例】案ずるより産むが易しというから、明日のテストもいつもの練習のつもりで受けなさい。

142. B□ 暗中模索《あんちゅうもさく》
【意味】手がかりがないままに、いろいろと夢中でさがし求めること。

【用例】学校で起こった問題の解決策を求めて暗中模索する。

143. A□ 安堵《あんど》
【意味】安心すること。

【用例】夜遅く、無事に帰ってきた息子の姿を見て母は安堵した。

144. A□ 案の定《じょう》
【意味】思ったとおり。はたして。

【用例】どうも朝から体がだるいと思ったら、案の定、熱があった。

145. B□ 案配《あんばい》
【意味】物事の具合や様子。また、健康状態。

【用例】運動場を使用する前には、いい案配に雨が上がった。

146. B□ 暗黙《あんもく》の了解《りょうかい》 〔類義語〕不文律《ふぶんりつ》
【意味】おたがいに口に出さなくても分かっていること。

【用例】多くの夫婦の間には暗黙の了解というものがある。

い

147. C□ いいなずけ
【意味】結婚《けっこん》の約束をした相手。婚約者《こんやくしゃ》。
※古くは、幼《おさな》いときから両方の親が決めた婚約のこと。
【用例】Aさんはぼくのいいなずけだ。

148. B□ 言いよどむ
【意味】言葉がすらすらと出てこない。口ごもる。

【用例】相手があまりに怒《おこ》っているので、言いよどんでしまった。

149. A□ 言うは易《やす》く行《おこな》うは難《かた》し
【意味】口ではどんなことでも言えるが、実際にそれをやってみるのは難しいものだ。

【用例】一日十時間勉強すると宣言《せんげん》したが、言うは易く行うは難しで、現実にはなかなかできないものだ。

150. B□ いかつい 〔類義語〕いかめしい
【意味】やわらかみがなく、ごつごつしている。威圧《いあっ》感をあたえる。

【用例】A君はいかつい顔をしているが、物腰《ものごし》はやわらかい。

151. B□ いがみ合う
【意味】おたがいに敵意《てきい》を持って争《あらそ》う。

【用例】実の親子がいがみ合うのは見るにたえない光景だ。

152. C□ 怒《いか》り心頭《しんとう》に発《はっ》する ※「怒り心頭に達する（×）」は誤り。
【意味】心の底から激《はげ》しい怒りを感じる。

【用例】A君のあまりの身勝手さには、怒り心頭に発するよ。

153. C□ いきあたりばったり
【意味】計画を立てずに、なりゆきに任せて行うこと。

【用例】事前に予約はせず、いきあたりばったりに宿《やど》を決めた。

154. B□ **生き馬の目を抜《ぬ》く**
【意味】すばしこく油断のならないこと。
【用例】都会での暮らしは生き馬の目を抜《ぬ》くようなものだと祖母から聞かされた。

155. B□ **息《いき》がかかる**
【意味】有力者の影響《えいきょう》や支援《しえん》などが及《およ》ぶ。支配下にある。
【用例】大物政治家の息がかかった候補《こうほ》者に大差をつけて、新人候補者が当選する。

156. B□ **息《いき》が長い**
【意味】物事が長い間続いている。
【用例】A氏は五年がかりという息の長い仕事に取り組んでいる。

157. B□ **いきさつ** 〔類義語〕てんまつ
【意味】ことがらのなりゆき。
【用例】どんないきさつにしろ、憎《にく》しみ合うのはよくないよ。

158. B□ **生き字引《じびき》**
【意味】よく物事を知っている人。
【用例】わが校の生き字引である太郎君に聞いてみよう。

159. A□ **意気投合《いきとうごう》**
【意味】おたがいに気持ちや考えがぴったりと合うこと。
【用例】Aさんとは今日初めてあったが、すっかり意気投合した。

160. A□ **憤《いきどお》る**
【意味】はげしく怒《おこ》る。
【用例】大物政治家の不祥事《ふしょうじ》が発覚し、国民は憤っている。

161. C□ **息巻《いきま》く** 〔類義語〕いきりたつ
【意味】息を荒くしてはげしく怒る。また、いきおいこんで言いたてる。
【用例】その店の客は店員にあたりかまわず息巻いていた。

162. C□ **意気揚揚《いきようよう》**
【意味】得意で誇《ほこ》らしげな様子。
【用例】勝ったチームは意気揚揚とグラウンドを引きあげた。

163. C□ **いきりたつ** 〔類義語〕息巻《いきま》く
【意味】怒《おこ》って興奮する。
【用例】審判《しんぱん》の判定《はんてい》に対して監督《かんとく》がいきり立つ。

164. A□ **息《いき》を殺す**
【意味】息を止め、じっと見守る。
【用例】敵《てき》に見つかるとまずいので、ものかげに息を殺してかくれていた。

165. A□ **息をつく**
【意味】ほっとする。
【用例】今日は息をつくひまもないほど忙《いそが》しい。

166. C□ **域《いき》を出ない**
【意味】ある段階や限られた範囲《はんい》をこえない。
【用例】彼の演奏はしょせん素人《しろうと》の域を出ない。

167. A□ **息《いき》をのむ**
【意味】はっと驚《おどろ》く。
【用例】この映画は息をのむ場面の連続で、はらはらのしどおしだった。

168. A□ **異口同音《いくどうおん》**
【意味】多くの人が口をそろえて同じことを言うこと。
【用例】A君の意見にクラスのみんなは異口同音に反対を唱《とな》えた。

169. B□ **いくばく** ※後に打ち消しの語がくることが多い。
【意味】いくらも（…ない）。わずか。
【用例】Aさんは医者から余命いくばくもないと宣告された。

170. B□ **畏敬《いけい》の念《ねん》**
〔類義語〕敬服《けいふく》、感服《かんぷく》、敬意《けいい》、畏怖《いふ》の念
【意味】えらいと感じて、尊敬すること。
【用例】かつて日本人は自然に対して畏敬の念を抱いていた。

171. C□ **いけしゃあしゃあと**
【意味】恥《は》じることなく、憎《にく》らしいほど平気でいる。
【用例】みんなから非難されても、彼はいけしやあしゃあとしている。

172. C□ いけ好《す》かない
〔類義語〕虫が好かない
【意味】特に理由はないが、まったく好きになれない。気にくわない。
【用例】A君はいけ好かないやつで、友達にはなれそうもない。

173. B□ 意固地《いこじ》 〔類義語〕頑固《がんこ》
【意味】かたくなで強情《ごうじょう》である。
【用例】彼は意固地になって周りの意見を聞こうとはしなかった。

174. C□ 異彩《いさい》を放《はな》つ
【意味】目立ってすぐれている。
【用例】平凡な作品が並ぶなか、A氏の作品は異彩を放っていた。

175. B□ いさかい
【意味】言い争い。
【用例】あの兄弟は昔から仲が悪く、いさかいが絶えない。

176. B□ いささか ※「…ない」と結びつき全否定を表すことが多い。
【意味】少しばかり。ちょっとばかり。まったく…ない。
【用例】自分の信念を貫《つらぬ》き、いささかも恥《は》じるところはない。

177. C□ いざ知らず
【意味】…についてはどうか知らないが。…はともかく。
※「いさ知らず」の誤用から生まれた言葉。
【用例】他の人たちはいざ知らず、私は納得《なっとく》できないよ。

178. B□ いざなう
【意味】すすめて連れ出す。さそう。
【用例】読書は時空《じくう》を超《こ》えて、私たちの精神をいざなってくれる。

179. B□ 勇《いさ》み足《あし》
【意味】調子に乗りすぎてうっかり失敗すること。
【用例】A氏は会議で勇み足の発言をしてしまった。

180. B□ 礎《いしずえ》
【意味】物事が成り立つための基礎《きそ》となる大切なものや人。
【用例】A博士は日本における医学の礎を築《きず》いた。

181. A□ 石の上にも三年
〔似《に》た意味のことわざ〕桃栗《ももくり》三年柿《かき》八年
【意味】しんぼう強くがんばれば、良いことがあるというたとえ。
【用例】石の上にも三年で、やっとピアノをうまく弾《ひ》けるようになってきた。

182. A□ 石橋《いしばし》をたたいて渡《わた》る
〔似《に》た意味のことわざ〕念には念を入れよ　浅い川も深く渡れ
【意味】じゅうぶん用心してから物事《ものごと》をすること。
【用例】石橋をたたいて渡るような性格の祖父は、会社勤めで大きな失敗をすることもなかったそうだ。

183. A□ 医者の不養生《ふようじょう》
〔似《に》た意味のことわざ〕紺屋《こうや》の白袴《しろばかま》
【意味】他人には立派《りっぱ》なことを言いながら、自分は実行しないことのたとえ。
【用例】人には規則正しい生活をするように言っておきながら、自分は夜ふかしをするなんて、医者の不養生だ。

184. A□ いじらしい 〔類義語〕健気《けなげ》
【意味】か弱い者の一生懸命《いっしょうけんめい》な姿に心打たれる感じがする。
【用例】まだ幼稚園児《ようちえんじ》だというのに、いじらしく病気がちな母親の手伝いをしている。

185. A□ 以心伝心《いしんでんしん》
【意味】ことばにしなくてもおたがいに気持ちが通じ合うこと。
【用例】彼とは幼稚園《ようちえん》からの長い付き合いなの

で、以心伝心で通じる。

186. A□ いそいそと
【意味】うれしそうに物事をするようす。
※「忙《いそが》しそうに」「急いで」ではない！
【用例】姉はきれいに着飾《きかざ》り、いそいそとデートに出かけて行った。

187. A□ 急《いそ》がば回れ 〔似《に》た意味のことわざ〕急《せ》いては事《こと》を仕損《しそん》じる
【意味】急いでいるときほど、時間はかかっても安全な回り道を行くべきだ。

【用例】あわてている今こそ、急がば回れでていねいに取り組もう。

188. C□ いそしむ
【意味】努力し励《はげ》む。

【用例】受験勉強にいそしむ毎日を送っている。

189. B□ 依存《いそん》（※「いぞん」とも読む）
【意味】ほかのものにたよること。

【用例】現在、日本は石油をはじめ、多くのエネルギーの供給《きょうきゅう》を外国に依存している。

190. B□ 異存《いぞん》 〔類義語〕異議　異論
【意味】反対の意見。

【用例】この件に関してはだれも異存はないだろう。

191. C□ 居丈高《いたけだか》 〔類義語〕高圧的《こうあつてき》
【意味】相手をおさえつけるような威圧《いあつ》的な態度。

【用例】A先輩は後輩たちに居丈高な態度をとるので嫌《きら》われている。

192. B□ 痛くもない腹を探《さぐ》られる
【意味】自分はやましいことがないのに疑《うたが》われる。

【用例】クラスで盗難《とうなん》事件が発生したとき、痛くもない腹を探《さぐ》られ、不愉快《ふゆかい》な思いをした。

193. C□ 痛《いた》し痒《かゆ》し
【意味】いずれにしても満足できず、どうしたらよいのかと迷《まよ》う。

【用例】どちらの味方についても痛し痒しで、良いことなどはない。

194. B□ いたずらに 〔類義語〕むだに
【意味】役に立たない、むだなようす。むやみやたらに。

【用例】大切なこの時間をいたずらに過ごしては後悔《こうかい》しますよ。

195. A□ いたたまれない
【意味】それ以上、その場にじっとしていられない。

【用例】落胆《らくたん》する彼女を見ていると、いたたまれない気持ちになる。

196. A□ いたちごっこ
【意味】同じことのくり返しでちっとも解決しないこと。

【用例】学校の規則を厳しくすれば、彼らは次の悪さを考えてくるので、これではいたちごっこだ。

197. A□ 板《いた》につく
【意味】仕事などに慣れたようす。

【用例】中学校生活にも慣れて、制服姿も板についてきた。

198. A□ 板《いた》ばさみ 〔類義語〕ジレンマ
【意味】対立する両方の間に立って、どちらの味方《みかた》をすることもできず、悩《なや》むこと。

【用例】父と母が口論《こうろん》をし、双方《そうほう》の板ばさみとなって苦しむ。

199. A□ 痛《いた》ましい
【意味】相手に同情し、かわいそうで見ていられないさま。

【用例】昨日、この交差点で痛ましい交通事故が発生した。

200. B□ 至《いた》れり尽《つ》くせり
【意味】よく行き届いているようす。

【用例】久《ひさ》しぶりに実家に帰ると、至れり尽くせりの歓待《かんたい》を受けた。

201. C□ 異端《いたん》
【意味】正しいと考えられている思想《しそう》や考え方

からはずれていること。
【用例】ガリレオはかつて異端者として宗教《しゅうきょう》裁判《さいばん》に付《ふ》された。

202. C□ 一意専心《いちいせんしん》〔類義語〕一心不乱《いっしんふらん》
【意味】ひたすら一つのことに集中するさま。
【用例】志望校合格を目指して、一意専心で勉強に取り組む。

203. B□ 一概《いちがい》に〔類義語〕おしなべて
【意味】ひっくるめて。一様に。細かい違いを無視して判断するさま。
【用例】複雑《ふくざつ》な問題なので、一概に原因を決めつけることはできない。

204. B□ 一丸《いちがん》となる
【意味】心を一つに合わせる。
【用例】クラス一丸となって運動会のリレーに取り組む。

205. C□ 一元化《いちげんか》
【意味】いくつかに分かれた組織などを一つにまとめること。
【用例】複数あった窓口を一元化してコストを減《へ》らす。

206. C□ 一言居士《いちげんこじ》〔類義語〕うるさがた
【意味】何事にも自分の意見を一言《ひとこと》言わないと気のすまない性格の人。
【用例】Aさんは一言居士な性格で、いつも誰《だれ》かともめている。

207. A□ 一期一会《いちごいちえ》
【意味】一生に一度の出会い。人との出会いを大切にするべきだということ。
【用例】人との出会いは一期一会なので、大事にしたい。

208. B□ 一言半句《いちごんはんく》
【意味】ちょっとしたことば。
【用例】井上先生が授業で話したことを一言半句もらさずに聞く。

209. A□ 一事《いちじ》が万事《ばんじ》
【意味】一つのことを見れば、全体が推測《すいそく》できるということ。

【用例】約束した時間に遅れてくるようでは、一事が万事で、他のこともだらしがないのだろう。

210. A□ 一日千秋《いちじつせんしゅう》
〔類義語〕首を長くして待つ
【意味】何かを待ち、一日がとても長く感じられること。
【用例】合格の通知が届くのを、一日千秋の思いで待つ。

211. B□ 一日《いちじつ》の長《ちょう》
【意味】経験や技能が他よりも（少しだけ）優れていること。
【用例】この分野に関しては、A氏のほうが私より一日の長がある。

212. B□ 一途《いちず》〔類義語〕ひたむき
【意味】他のことを考えず、一つのことだけを追い求めること。
【用例】A氏は晩年《ばんねん》まで研究一途の生活を送った。

213. B□ 一堂《いちどう》に会《かい》する
【意味】多くの人が共通の目的で一つの場所に集まる。
【用例】各界《かくかい》の著名人が一堂に会するパーティが開かれる。

214. B□ 一念発起《いちねんほっき》
【意味】思い切ってあることをなし遂《と》げようと決心すること。
【用例】一念発起して受験勉強に取り組む。

215. A□ 一部始終《いちぶしじゅう》
【意味】細々《こまごま》としたことまで、最初から最後まで全部。
【用例】今度の学級会で決まったことを一部始終、先生に報告《ほうこく》する。

216. C□ 一姫二太郎《いちひめにたろう》
【意味】子を持つには最初は育てやすい女の子で、次は男の子がよいということ。※「一人の娘と二人の息子」という意味ではない！

【用例】私の子どもは一姫二太郎の二人です。

217. B□ 一瞥《いちべつ》

【意味】ちらっと見ること。

【用例】Aさんは私には一瞥もくれずに、無言で去っていった。

218. A□ 一望千里《いちぼうせんり》

【意味】広々《ひろびろ》としていて遠くまで見渡《みわた》せること。

【用例】山の頂上《ちょうじょう》からは市街地《しがいち》が一望千里見渡《みわた》せる。

219. C□ 一枚岩《いちまいいわ》

【意味】組織や団体などが、しっかりとまとまっていること。

【用例】わがチームは一枚岩でライバル校との試合に臨《のぞ》まなければいけない。

220. B□ 一抹《いちまつ》

【意味】ほんの少し。多少の。

【用例】できるかぎりのことはやったが、一抹の不安を抱《いだ》いている

221. B□ 一網打尽《いちもうだじん》

【意味】一度に悪事をはたらく者などを、全員とらえること。

【用例】密告《みっこく》によって、警察は凶悪《きょうあく》な犯罪者を一網打尽にした。

222. A□ 一目《いちもく》置く

【意味】優《すぐ》れた者に対して敬意《けいい》をはらい一歩ゆずる。

【用例】A君は算数の成績がずば抜《ぬ》けていて、クラスのみんなからも一目置かれている。

223. A□ 一目散《いちもくさん》

【意味】脇目《わきめ》もふらずに走る様子。

【用例】警官《けいかん》の姿《すがた》を見ると、泥棒《どろぼう》は一目散に逃《に》げ去った。

224. B□ 一目瞭然《いちもくりょうぜん》

【意味】ちょっと見ただけではっきりと分かること。

【用例】戦う前から勝敗は一目瞭然だ。

225. C□ 一《いち》も二《に》もなく

【意味】すぐさま。とやかく言わないで。

【用例】きみの頼《たの》みなら、一も二もなく引き受けるよ。

226. C□ 一縷《いちる》

【意味】ほんのわずか。かすか。

【用例】一縷の望みを抱《いだ》いたが、残念な結果に終わった。

227. C□ 一蓮托生《いちれんたくしょう》

【意味】他人と運命や行動をともにすること。

【用例】こうなったら一蓮托生で、覚悟《かくご》を決めようじゃないか！

228. A□ 一《いち》を聞いて十《じゅう》を知る

〔類義語〕利発《りはつ》

【意味】少し聞いただけで全体を理解できるほど、かしこいこと。

【用例】太郎君は先生の説明を少し聞いただけで理解してしまう。まさに「一を聞いて十を知る」の典型だ。

229. C□ 一介《いっかい》の

【意味】ただの。取るに足りない。

【用例】多少、顔は知られているが、一介の市民に過ぎない。

230. B□ 一攫千金《いっかくせんきん》

〔似《に》た意味のことわざ〕濡《ぬ》れ手で粟《あわ》

【意味】一度にかんたんに大きな利益を得ること。

【用例】Aさんは一攫千金を夢見て、ギャンブルにはまっている。

231. C□ 一家言《いっかげん》 ※「いっかごん」ではない！

【意味】その人独自の意見や主張。一つの見識《けんしき》を持った意見。

【用例】私は美術大学で学んだので、絵画に関しては一家言ある。

232. C□ 一過性《いっかせい》

【意味】物事が短い間に起こり、時間が経《た》つと消えてしまう性質。

【用例】ベストセラーになった本の多くは一過

性のものにすぎない。

233. B□ 一巻《いっかん》の終わり

【意味】物事の結末がつく。死んでしまうこと。

【用例】この高さの崖《がけ》から落ちたら、私は一巻の終わりだ。

234. A□ 一喜一憂《いっきいちゆう》

【意味】喜んだり心配したりすること。

【用例】テストの結果に一喜一憂してはいけない。

235. A□ 一挙一動《いっきょいちどう》 〔類義語〕一挙手一投足《いっきょしゅいっとうそく》

【意味】一つ一つの身振《ぶ》りや動作。

【用例】クラス全員がA君の一挙一動を見守っている。

236. B□ 一挙手一投足《いっきょしゅいっとうそく》

〔類義語〕一挙一動《いっきょいちどう》

【意味】一つ一つの動作やふるまい。

【用例】一挙手一投足に細心の注意を払う。

237. C□ 一騎当千《いっきとうせん》

【意味】一人で千人を相手に戦えるほど強いこと。

【用例】ある歴史書によると、武田信玄《たけだしんげん》は一騎当千のつわものだったという。

238. A□ 一挙両得《いっきょりょうとく》 〔類義語〕一石二鳥《いっせきにちょう》

【意味】一つの行動で、二つの利益を得ること。

【用例】読書は物知りになるし、漢字も覚えられるので一挙両得だ。

239. A□ 一向《いっこう》（に）

【意味】少しも。まったく。

【用例】周りの人に何を言われても一向に平気だ。

240. C□ 一国一城《いっこくいちじょう》の主《あるじ》

【意味】他の支配《しはい》や干渉《かんしょう》を受けず独立していること。

【用例】サラリーマンをやめて会社を作り、一国一城の主《あるじ》となった。

241. A□ 一刻千金《いっこくせんきん》

〔類義語〕時は金《かね》なり　光陰矢《こういんや》の如《ごと》し

【意味】わずかな時間が大きな価値を持つ。大切な時や楽しい時が過ぎ去るのをおしむ。

【用例】親友と過ごす時は一刻千金で、何物《なにもの》にも代えがたい。

242. B□ 一糸《いっし》乱《みだ》れず

【意味】少しも乱れず、整然としているさま。

【用例】テレビの報道番組で、一糸乱れず、行進をする若者たちを見た。

243. C□ 一宿一飯《いっしゅくいっぱん》

【意味】一晩泊めてもらい一度の食事をめぐんでもらうこと。

【用例】Aさんには旅先でお世話になり、一宿一飯の恩義《おんぎ》がある。

244. C□ 一笑《いっしょう》に付《ふ》す

〔類義語〕けんもほろろ

【意味】笑って問題にしないこと。

【用例】周りから心配の声が上がったが、A氏は一笑に付した。

245. A□ 一触即発《いっしょくそくはつ》

【意味】今にも争いが起こりそうな危険《きけん》な状態《じょうたい》。

【用例】ふだんから仲《なか》の悪いA君とB君は一触即発の危険な状態だ。

246. A□ 一矢《いっし》を報《むく》いる

【意味】相手の攻撃に対してやりかえす。

【用例】大差をつけられていたが、終盤《しゅうばん》で2点とり、一矢を報いた。

247. A□ 一進一退《いっしんいったい》

【意味】状況《じょうきょう》が良くなったり悪くなったりすること。

【用例】祖父の容体《ようだい》は一進一退で、予断《よだん》を許さない状況にある。

248. A□ 一心同体《いっしんどうたい》

【意味】二人以上の人が心も体も一つのもののように結合すること。

【用例】A君は長年の仕事仲間で、ぼくとは一心同体である。

249. A□ **一心不乱《いっしんふらん》** ※「一心」「不乱」だけでも用いる。

【意味】一つのことに全力を注ぐようす。

【用例】一心不乱に受験勉強をする。

250. A□ **一寸先《いっすんさき》は闇《やみ》**

【意味】将来のことはまるで分からない。

【用例】元気だった祖父が急に亡《な》くなるなんて、人の命は一寸先は闇だ。

251. A□ **一寸《いっすん》の虫にも五分《ごぶ》の魂《たましい》**

【意味】どんなに小さなものにも意地や考えがあるのだから、あなどってはいけない。

【用例】身体が小さい幼児《ようじ》だって、一寸の虫にも五分の魂で、自己主張はするものだ。

252. B□ **一世一代《いっせいちだい》** ※「いっせい」ではない！

【意味】一生に一度しかないこと。

【用例】四十歳《さい》を過ぎて会社を立ち上げ、一世一代の大勝負に出た。

253. C□ **一世《いっせい》を風靡《ふうび》する**

【意味】ある時代には知らぬ人がいないほど有名になる。

【用例】かつて一世を風靡した歌手のAさんも、いまや知っている者は少ない。

254. B□ **一石《いっせき》を投《と》ずる（投《とう》じる）**

【意味】反響《はんきょう》を呼《よ》ぶような問題を投げかける。

【用例】彼の提唱《ていしょう》した学説は、学界に一石を投ずることとなった。

255. B□ **一線《いっせん》を画《かく》す**

【意味】区別をはっきりとつける。

【用例】A氏の提案はこれまでの平凡《へいぼん》な案とは、一線を画すものだ。

256. C□ **一足飛《いっそくと》び**

【意味】普通《ふつう》の順序《じゅんじょ》をふまないで物事が速く先へと進むこと。

【用例】Aさんは一足飛びに部長に昇進《しょうしん》したエリート社員だ。

257. A□ **一朝一夕《いっちょういっせき》**

【意味】わずかな時間。短い時間。

【用例】国語の成績は一朝一夕では上がらないけれども、こつこつとがんばりましょう。

258. A□ **一長一短《いっちょういったん》**

【意味】良いところもあり、悪いところもある。

【用例】どの商品も一長一短で、どれを買うべきか迷《まよ》う。

259. C□ **一張羅《いっちょうら》**

【意味】たった一枚の晴れ着。また、一枚しかない衣服。

【用例】一張羅の背広を着て入学式に出席する。

260. B□ **一点張《いってんば》り**

【意味】ただ一つのことだけをおし通すこと。

【用例】追及《ついきゅう》されたが、自分は知らぬ存《ぞん》ぜぬの一点張りで通した。

261. B□ **一刀両断《いっとうりょうだん》**

【意味】物事を思い切って決断して処置する。

【用例】今回の件は、社長に一刀両断の処置をぜひとも期待します。

262. B□ **一杯食《いっぱいく》わす**

【意味】うまく人をだます。

【用例】Aさんにまんまと一杯食わされた。

263. C□ **いっぱし**

【意味】一人前のように。人並《ひとな》みのように。
※未熟《みじゅく》さをあざけって言う。

【用例】A君はいっぱしの口はきくが、仕事は半人前（＝未熟）だ。

264. C□ **一匹狼《いっぴきおおかみ》**

【意味】集団に属さず、自分の考えに従って一人で行動する人。

【用例】A君は他の人とつるむことはない一匹狼だ。

265. B□ **一辺倒《いっぺんとう》**

【意味】一つのことにかたよって集中している。

【用例】学生時代は勉強一辺倒ではなく運動も

がんばろう。

266. C□ 逸話《いつわ》 〔類義語〕エピソード
【意味】ある人についての、世の中の人々にあまり知られていない面白い話。
【用例】A先生の少年時代の逸話はたいへん興味深い。

267. A□ いとおしい 〔類義語〕いとしい
【意味】かわいくてたまらない。
【用例】親とは、わが子がいとおしくてしかたがないものだ。

268. C□ いとけない
〔類義語〕あどけない
【意味】おさない。こどもっぽい。年が小さい。
【用例】当時、ぼくの妹はまだいとけない子どもだった。

269. B□ 意《い》図《と》的
【意味】ある目的に沿《そ》ってそうするさま。
【用例】ある国は情報を意図的に操作《そうさ》したことが発覚した。

270. B□ いとま
【意味】①それをするのに必要な時間のゆとり。
②別れ。
【用例】①今日は来客が多すぎて、休むいとまもない。
②そろそろ、私はおいとまいたします。

271. B□ 糸目《いとめ》を付《つ》けない
【意味】お金を惜《お》しげもなく使う。
【用例】A君は気に入ったものがあればお金に糸目をつけない。

272. B□ いとも
【意味】非常に。大変。
【用例】A君は算数の難問をいとも簡単に解いてみせた。

273. B□ いとわない
【意味】いやがらない。めんどうに思わない。
【用例】今後の人生に役に立つなら、苦労もいとわない覚悟《かくご》がある。

274. B□ 意《い》に介《かい》さない（意《い》に介《かい》しない）
【意味】気にかけない。
【用例】彼は周りの人の忠告《ちゅうこく》など、まったく意に介さない。

275. B□ 犬死《いぬじ》に
【意味】死ぬことが何の役にも立たないこと。無駄死《むだじ》に。
【用例】ここでむざむざと敵にやられ、犬死にしてなるものか。

276. A□ 犬の遠《とお》ぼえ
〔類義語〕負け犬の遠ぼえ
【意味】臆病者《おくびょうもの》がかげで、からいばりして非難《ひなん》すること。
【用例】A君がいないところで悪口を言っても犬の遠ぼえだよ。

277. A□ 犬も歩けば棒《ぼう》にあたる
【意味】出歩くと思いがけない幸運にぶつかることがあるということ（※災難《さいなん》にあうという意味でも用いる）
【用例】家にこもっていないで出かけてみたらどうだい。犬も歩けば棒にあたるというだろう。

278. B□ 犬も食《く》わない
【意味】だれからも相手にされない。だれもとりあわないこと。
【用例】夫婦《ふうふ》げんかは犬も食わないというから放《ほう》っておけばよい。

279. C□ 命あっての物種《ものだね》
【意味】何事も命があってできるものだ。死んでは何もできないから命を大切にすべきだということ。

【用例】そんな危険な仕事は断るべきだ。命あっての物種だからね。

280. A□ 井の中の蛙《かわず》大海《たいかい》を知らず
〔類義語〕世間《せけん》知らず
【意味】考えや知識がせまくて、広い世界のあることを知らないこと。また、その人。

【用例】海外に留学して知識を広めて、井の中の蛙大海を知らずのようにならないようにしたい。

281. C□ いばらの道
【意味】苦難《くなん》の多い人生。
【用例】A君は安定した道をあえて選ばず、いばらの道を歩むことになった。

282. C□ いびつ
【意味】形がゆがんでいること。また、人の心などが正常でないこと。
【用例】うまく形が整わずいびつな器《うつわ》ができたが、味わいがある。

283. C□ 威風堂堂《いふうどうどう》
【意味】威厳《いげん》がみなぎり、立派《りっぱ》に見える様子。
【用例】威風堂堂と選手たちが行進する。

284. A□ いぶかしい
【意味】うたがわしい。あやしい。〔類義語〕怪訝《けげん》
【用例】あの人の話は、どうもいぶかしい。

285. B□ 息吹《いぶき》
【意味】いきいきと活動する気配《けはい》。
【用例】厳しい冬が終わり、春の息吹を感じる季節となった。

286. C□ いぶし銀《ぎん》
【意味】地味《じみ》な中にも、長年培《つちか》った確かな実力を備えていること。
【用例】Aさんはベテラン俳優《はいゆう》ならではのいぶし銀の演技に定評《ていひょう》がある。

287. A□ いまいましい
【意味】しゃくにさわる。腹が立つ。
【用例】いちいち人のすることにけちをつけてくるとは、いまいましいやつだ。

288. A□ いまわしい
【意味】不吉である。嫌な感じがする。
【用例】このところ、いまわしい事件が続いて発生していて、気がめいるよ。

289. A□ 意味深長《いみしんちょう》
※「意味慎重」ではない！
【意味】意味が深くて、いろいろなふくみがあること。
【用例】彼の言葉は意味深長で、考えさせられることが多い。

290. B□ 異名《いみょう》 〔類義語〕別名《べつめい》
【意味】実名、本名以外の呼び名。あだ名。
【用例】A君は体がじょうぶなので、鉄人の異名を取る。

291. B□ 芋《いも》づる式
【意味】一つのことに関連して多くの事柄《ことがら》が現れるようす。
【用例】ある事件の発覚をきっかけにして、芋づる式に別の犯罪が明るみに出た。

292. C□ 芋《いも》を洗《あら》うよう
【意味】狭《せま》い場所に多くの人がいて、こみあっている様子。
【用例】夏休みの海水浴場は、まさに芋を洗うような混雑《こんざつ》ぶりだ。

293. B□ 否応《いやおう》なしに
【意味】いいとも悪いとも言わせないで。無理やり。
【用例】否応なしにボランティア活動に参加させられた。

294. B□ いやがうえにも
【意味】さらに。ますます。
【用例】一点差となり、試合がいやがうえにも盛《も》り上がってきた。

295. C□ いやしくも
【意味】かりにも。たとえどんなことがあっても。
【用例】いやしくも国会議員のするべきことではない。

296. A□ いやす
【意味】病気やけがをなおす。心の悩《なや》みや苦しみを解消する。
【用例】かわいい動物たちと触《ふ》れ合うと、心がいやされるよ。

297. A□ いよいよ
【意味】ついに。とうとう。

【用例】年が明け、いよいよ中学入試が始まる。

298. C□ 入《い》れ知恵《ぢえ》
【意味】ある目的のために、人にある考えやうまいやり方を教えこむこと。また、その考えや策略《さくりゃく》。　※悪い意味で使うことが多い。

【用例】弟に入れ知恵して祖母から小遣《こづか》いをせしめたことがばれた。

299. A□ 色眼鏡《いろめがね》で見る
〔類義語〕先入観《せんにゅうかん》　偏見《へんけん》
【意味】思いこみで物や人を見ること。
【用例】一度も話をしたことがないAさんを色眼鏡で見てはいけない。

300. B□ 色《いろ》めき立つ
【意味】興奮して落ち着かなくなる。また、活気づく。

【用例】事件の一報が入り新聞記者たちが色めき立つ。

301. B□ 色を失《うしな》う
【意味】驚《おどろ》きや恐《おそ》れで顔色が青くなる。

【用例】目の前での惨劇《さんげき》に人々は色を失った。

302. B□ 色をなす
【意味】顔色を変えて腹を立てたり不快感を表したりする。

【用例】みんなに非難されたA君は色をなして怒《おこ》った。

303. A□ 違和感《いわかん》
【意味】周りの雰囲気《ふんいき》と調和せず、しっくりこない感じ。

【用例】いつもとは違《ちが》うクラスの雰囲気《ふんいき》に違和感を持った。

304. C□ いわくつき
【意味】何か特別な理由のあること。また、そういうもの。

【用例】いわくつきの家なので、格安で売りに出された。

305. B□ いわしの頭も信心《しんじん》から
【意味】いわしの頭のようなつまらないものでも、信じるとひどくありがたく思える。

【用例】いわしの頭も信心からというけど、テストではいつもこの鉛筆《えんぴつ》を使っているんだよ。

306. C□ 言わずもがな
【意味】言わない方がいい。言うまでもない。

【用例】A君はよく考えずに、言わずもがなのことを言ってしまう。

307. A□ 言わぬが花
【意味】はっきり言わないところに値打《ねう》ちや味わいがある。

【用例】友達への誕生《たんじょう》日プレゼントは言わぬが花で、当日まで内緒《ないしょ》にしておこう。

308. B□ いわんや
【意味】言うまでもない。まして。

【用例】他人の子どもでもかわいいのに、いわんやわが子なら！

309. B□ 異《い》を唱《とな》える
【意味】相手と違《ちが》う反対意見を述《の》べる。

【用例】Aさんの意見に対して異を唱える。

310. A□ 因果応報《いんがおうほう》
〔類義語〕自業自得《じごうじとく》
【意味】（過去や前世《ぜんせ》の）行いの善悪《ぜんあく》に応じて悪い報《むく》いがあること。
【用例】今まで周りの人に協力しなかったのだから、自分が困ったときに助けてもらえないのは因果応報だ。

311. C□ 慇懃無礼《いんぎんぶれい》
【意味】表面はきわめてていねいだが、実は相手を見下していること。

【用例】口調はていねいだが、慇懃無礼な態度は不快だ。

312. C□ 引導《いんどう》を渡《わた》す
【意味】相手に最終的な結論を言い渡して、あきらめさせる。

【用例】度重なる失敗をしたAさんに社長は引導を渡し、辞職《じしょく》を促《うなが》した。

313. B□ インパクト
【意味】強い影響《えいきょう》力や印象。衝撃《しょうげき》。

【用例】Aさんの作品は音楽界に強烈《きょうれつ》なインパクトを与《あた》えた。

う

314. A□ 初初《ういうい》しい
【意味】若々《わかわか》しく新鮮《しんせん》で好感が持てる様子。

【用例】その映像には母の初初しい花嫁姿《はなよめすがた》が記録されていた。

315. C□ 上を下への大騒《おおさわ》ぎ ※「上へ下への大騒ぎ」は誤り!
【意味】天地がひっくりかえるぐらい慌《あわ》てるようす。

【用例】近所で大きな火災《かさい》が起こり、上を下への大騒ぎとなった。

316. A□ 右往左往《うおうさおう》
【意味】うろたえてあちこち動き回ること。

【用例】予期せぬ夜中の地震《じしん》に、住民は右往左往するばかりだった。

317. B□ 魚心《うおごころ》あれば水心《みずごころ》
【意味】相手が自分に対して好意を持てば、自分も相手に好意を持つものだというたとえ。

【用例】魚心あれば水心で、あなたが協力してくれるのならば、私もあなたの味方になろう。

318. A□ うかうか
【意味】注意が足りない様子。うっかり。

【用例】ライバルは一生懸命《いっしょうけんめい》勉強していてうかうかしてはいられない。

319. C□ うかつ
【意味】注意が足りない。

【用例】気難しいA君の前ではうかつなことは言えない。

320. C□ うがつ
【意味】① せんさくする。気づきにくい真実などを明らかにする。
② 穴をあける。
【用例】① 早くからA氏の失策《しっさく》を指摘《してき》するとは、B氏はうがった見方をする人だ。
② 雨だれ石をうがつ(小さな努力でも続ければ成功する)。

321. B□ 浮《う》かばれない
【意味】苦労が報《むく》われない。救われない。

【用例】あれだけ働いたのに、この報酬《ほうしゅう》ではAさんも浮かばれない。

322. B□ 浮《う》き足《あし》だつ
【意味】落ち着きをうしなう。(※これから起こることに対して使う)
【用例】入試まであと一週間となり、みな浮き足立っているようだ。

323. B□ 憂《う》き目《め》
【意味】つらい思い。

【用例】私の父は志《こころざし》半《なか》ばで会社が倒産《とうさん》するという憂き目を見た。

324. B□ 浮世離《うきよばな》れ ※「浮世」とは、この世の中のこと。
【意味】世間の常識からかけ離れた言動をすること。

【用例】A教授は頭脳明晰《ずのうめいせき》だが、周りの教授とは違《ちが》っていて、浮世離れした学者である。

325. B□ 受《う》け売《う》り
【意味】他人の意見や考えをそのまま自分の意見や考えのようにして言うこと。

【用例】兄がえらそうにぼくに言うことは父の受け売りにすぎない。

326. B□ 烏合《うごう》の衆《しゅう》
〔類義語〕有象無象《うぞうむぞう》 ※「烏=カラス」で「鳥《とり》」ではないので注意!

【意味】規律《きりつ》も統一《とういつ》もなく人々がただ集まっていること。

【用例】A高校の野球部はしょせん烏合の衆にすぎず、わがチームの敵《てき》ではない。

327. A□ 雨後《うご》のたけのこ

【意味】ものごとが何かに続くように次々とあらわれたり、起こったりすること。
【用例】同じような商品が、雨後のたけのこのように次々と売り出されている。

328. C□ うごめく
【意味】もぞもぞと小刻《こきざ》みに動く。小さく動き続ける。
【用例】数匹《すうひき》のいも虫が虫かごの中でうごめく。

329. C□ うさんくさい
【意味】どことなく疑《うたが》わしい。何となくあやしい。
【用例】彼の言葉はどうもうさんくさくて、半信半疑《はんしんはんぎ》だ。

330. B□ うじうじ
【意味】自分の態度をはっきりと決めることができず迷っている様子。
【用例】Aさんは優柔不断《ゆうじゅうふだん》でうじうじした性格なのでいらいらする。

331. B□ 牛に引かれて善光寺参り《ぜんこうじまいり》
【意味】自分の意志ではないがあることを行い、思いがけず良い結果につながること。

【用例】友達にさそわれて、初めて歌舞伎《かぶき》を見に行ったら、伝統芸能の魅力《みりょく》にはまったよ。牛に引かれて善光寺参りとはこのことだ。

332. A□ 牛の歩み（＝牛歩《ぎゅうほ》）
【意味】進みぐあいの遅《おそ》いこと。
【用例】道路の修復工事は一向《いっこう》に終わる気配もなく、牛の歩みだ。

333. C□ 牛は牛連《うしづ》れ馬は馬連《うまづ》れ
〔類義語〕類《るい》は友《とも》を呼《よ》ぶ
【意味】似《に》たもの同士は集まりやすいこと。同類《どうるい》はともに行動する。
【用例】牛は牛連れ馬は馬連れというが、Aさんの友だちはみんなのんびりしている。

334. B□ 氏《うじ》より育《そだ》ち
〔反対の意味のことわざ〕氏素性《うじすじょう》は争《あらそ》われぬ
【意味】家柄《いえがら》よりも教育や環境のほうが人間形成には大事だ。
【用例】Aさんは名家《めいか》の出身だが、氏より育ちで、他人を見下す態度は最低だと思う。

335. A□ 後《うし》ろ髪《がみ》を引かれる
〔類義語〕未練《みれん》
【意味】心残りである。あとのことが気がかりだ。
【用例】子どもの泣《な》き声に、後ろ髪を引かれる思いで家を出た。

336. C□ 後ろ盾《だて》
【意味】かげにいて助けたり力になってくれたりすること。また、その人。
【用例】私には国会議員の父という頼《たの》もしい後ろ盾がついている。

337. A□ うしろめたい
〔類義語〕やましい、うしろぐらい
【意味】自分が悪いことをしたと思い、気にかかる。気がひける。
【用例】仮病《けびょう》を使い、ずる休みをしたので、うしろめたい気持ちだ。

338. A□ 後ろ指を指《さ》す
※「後ろ指を指される」の形で使うことが多い。
【意味】陰《かげ》で悪口を言う。
【用例】ぼくは人から後ろ指を指されるようなことは何もしていない。

339. A□ うずうず
【意味】あることをしたくて、じっとしていられない様子。
【用例】ずっと我慢《がまん》していたので遊びに行きたくてうずうずしている。

340. B□ うずくまる
【意味】体を丸《まる》く小さくしてしゃがみこむ。
【用例】急に腹痛におそわれてその場にうずくまった。

341. B□ うすら笑い
【意味】相手を見下したように、かすかに笑うこと。
【用例】みんなに責《せ》められたAさんは、なぜかうすら笑いを浮《う》かべた。

342. B□ 有象無象《うぞうむぞう》

【意味】世の中にたくさんいる、つまらない人々。

【用例】A氏の取り巻《ま》き連中は、まさに有象無象の集まりだ。

343. C□ 嘘《うそ》つきは泥棒《どろぼう》の始まり

【意味】平気で嘘《うそ》を言うようになると、平気で盗《ぬす》みを働くようになる。

【用例】嘘つきは泥棒の始まりというから、正直に言いなさい。

344. C□ 嘘八百《うそはっぴゃく》

【意味】数多くの嘘《うそ》。すべてが嘘であること。

【用例】A君はぼくたちに嘘八百を並び立てた。

345. B□ うそぶく

【意味】①とぼけて、知らん顔をする。
②強がりを言う。えらそうなことを言う。

【用例】①彼女は「自分はまったく関係がない」とうそぶいた。
②彼は「自分にできないことなどはない」とうそぶく。

346. A□ 嘘《うそ》も方便《ほうべん》

【意味】物事を円滑《えんかつ》に運ぶ手段として、時と場合によっては、嘘《うそ》もつかなければならない。

【用例】あの場面では嘘《うそ》も方便で、なにも正直に思ったことを口に出す必要はなかったのになぁ。

347. B□ うだつが上《あ》がらない

【意味】地位や生活がさっぱり向上せず、ぱっとしない。

【用例】A君は努力もしないので、うだつが上がらないままだ。

348. C□ うだる

【意味】ひどい暑さでぐったりする。

【用例】八月に入ってからは連日、うだるような暑さだ。

349. B□ うちひしがれる

【意味】精神的にひどく傷《きず》つけられて、元気がなくなる。

【用例】太郎君は先生にしかられて、うちひしがれたようすだった。

350. B□ 内弁慶《うちべんけい》

【意味】家の中ではいばっているが、外では意気地《いくじ》がなく弱いこと。また、そのような人。

【用例】いつまでも内弁慶では、将来、社会に出てから苦労するよ。

351. A□ 有頂天《うちょうてん》 ※「有頂点」ではないので注意！

【意味】非常に喜んで、夢中になるようす。

【用例】運動会で一等賞をとって、A君は有頂天になっていた。

352. B□ 内輪《うちわ》

【意味】身内（または仲の良い人）だけで外部の人を交えないこと。

【用例】今度の食事会は内輪だけの集まりにしたい。

353. C□ うっそう

【意味】あたりが暗くなるほど樹木《じゅもく》がしげっているさま。

【用例】この先にはうっそうとした杉木立《すぎこだち》が広がっていた。

354. C□ うつつをぬかす

【意味】ある物事に心をうばわれて夢中《むちゅう》になり、他のものをかえりみない。

【用例】A君は受験勉強をせずに遊びにうつつをぬかしている。

355. B□ うってつけ

〔類義語〕おあつらえ向き　もってこい

【意味】条件《じょうけん》や希望にぴったりと当てはまるさま。

【用例】運動が得意で足が速いAさんはリレーの最終走者を任《まか》せるのにうってつけだ。

356. A□ うつろ

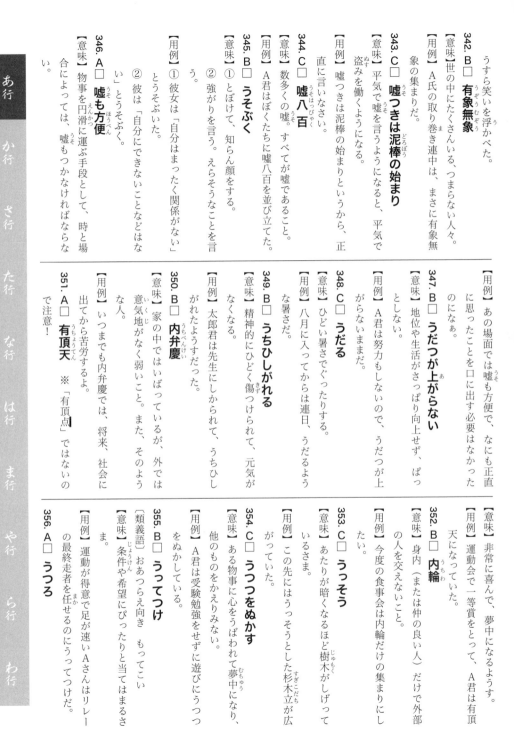

【意味】中身がなく、空っぽなこと。心がぼんやりしているようす。
【用例】花子さんは今朝から、うつろな目をしている。

357. A□ 腕《うで》が上がる 〔類義語〕上達
【意味】実力が上がる。
【用例】練習をつんで、めきめきと腕が上がった。

358. A□ 腕《うで》が鳴る
【意味】力を発揮《はっき》したくて、じっとしていられない。
【用例】待ちに待ったライバルとの対戦を前に今から腕が鳴る。

359. B□ 腕《うで》に覚えがある
【意味】腕前《うでまえ》に自信がある。
【用例】囲碁《いご》なら腕に覚えがある。

360. A□ 腕《うで》によりをかける
【意味】じゅうぶんに能力を出そうとしてはりきる。
【用例】母が腕によりをかけて、得意の料理を作る。

361. B□ 打《う》てば響《ひび》く
【意味】すぐに的確《てきかく》な反応を示す。
【用例】Aさんは頭の回転がはやくて、打てば響くような名回答を返してくれる。

---

362. A□ 腕《うで》をふるう
【意味】力や才能をじゅうぶんに出す。
【用例】ぼくの父は日曜大工に腕をふるっている。

363. A□ うどの大木《たいぼく》
〔反対の意味のことわざ〕山椒《さんしょう》は小粒《こつぶ》でもぴりりと辛《から》い
【意味】身体ばかりは大きいが、役に立たない人のたとえ。
【用例】A君は身長が高く体格も良いのに、臆病《おくびょう》者でうどの大木だ。

364. B□ うとましい
〔類義語〕いとわしい
【意味】嫌《いや》で遠ざけたい気持ちだ。
【用例】いじめられていたころのうとましい記憶《きおく》がよみがえる。

365. C□ うとんじる
【意味】いみきらう。親しみを感じられなくて遠ざける。
【用例】うっかり失言をしてしまい、同級生からうとんじられた。

366. C□ うなぎの寝床《ねどこ》
【意味】間口《まぐち》がせまくて奥行《おくゆ》きが深い建物のたとえ。
【用例】この家はうなぎの寝床のように入り口は小さいが、奥行きはある。

---

367. B□ うなぎのぼり
【意味】わずかの間にぐんぐん上がること。
【用例】最近、物価《ぶっか》がうなぎのぼりに上がって困《こま》るわ。

368. A□ うなだれる
〔類義語〕うつむく　肩《かた》を落とす
【意味】心配、落胆《らくたん》、悲しみ、恥《は》ずかしさなどで気持ちがしずんで下を向く。
【用例】同じ失敗をくりかえしてしまい、A君はうなだれていた。

369. A□ うのみ
【意味】何も考えずに、本当だと思いこむこと。
【用例】A君は嘘《うそ》つきなので、彼の話をうのみにしてはいけない。

370. C□ 鵜《う》の目鷹《たか》の目
【意味】人が熱心に物を探し出そうとするさま。またその目つき。
【用例】鵜の目鷹の目で、書類に間違《まちが》いがないか校正する。

371. C□ 産声《うぶごえ》をあげる
【意味】新たなものが誕生《たんじょう》するときのたとえ。
【用例】国民の期待を背負《せお》って、新政権《せいけん》が産声をあげた。

372. A□ 馬《うま》が合う 〔類義語〕意気投合《いきとうごう》

【意味】気が合う。
【用例】彼とは昔から、なぜだか馬が合う。

373. B□ 馬《うま》の骨《ほね》
【意味】素姓《すじょう》の分からない人を悪く言う言葉。
【用例】どこの馬の骨だか分からない人はまったく信用できない。

374. A□ 馬の耳に念仏《ねんぶつ》
〔類義語〕馬耳東風《ばじとうふう》
【意味】いくら言っても効《き》き目がない。
【用例】A君にいくら勉強は大切だと言って聞かせても、馬の耳に念仏だ。

375. B□ 海千山千《うみせんやません》
【意味】世の中の裏も表もよく知っている、ずる賢《がしこ》い人。
【用例】A氏は海千山千の事業家だから、何か助言をくれるだろう。

376. B□ 海の物とも山の物ともつかない
【意味】それがどういうものか、どうなるのか分からない状態。
【用例】新しい技術なので、まだ海の物とも山の物ともつかない。

377. B□ うやうやしい
【意味】相手を敬《うやま》う。行動をつつましくする。
【用例】教室にいらっしゃった先生に、生徒たちはうやうやしく一礼《いちれい》した。

378. B□ 裏打《うらう》ち 〔類義語〕裏付け
【意味】別の面から物事の確実さを保証《ほしょう》すること。
【用例】Aさんの理論は確固《かっこ》たる事実に裏打ちされたものであった。

379. B□ 裏腹《うらはら》
【意味】正反対。あべこべ。
【用例】ふだん言っていることと、裏腹な態度はつつしむべきだ。

380. C□ うらぶれる
【意味】落ちぶれてみじめなようすになる。
【用例】かつてはチームの花形《はながた》だったのに、今やうらぶれて見る影《かげ》もない。

381. B□ 裏目《うらめ》に出る
【意味】よいだろうと思ってやったことが期待とは逆の思わしくない結果になる。
【用例】内気《うちき》なAさんに積極的に話しかけてみたが裏目に出た。

382. B□ うららか
【意味】空が明るく晴れて、のどかな陽気。
【用例】今日は入学式だが、うららかな日和《ひより》にめぐまれた。

383. C□ 売り言葉に買い言葉
【意味】相手の乱暴《らんぼう》な言葉に対して、乱暴な言葉で言い返すこと。
【用例】父と母は売り言葉に買い言葉で口げんかを始めた。

384. A□ うりのつるになすびはならぬ
〔似《に》た意味のことわざ〕蛙《かえる》の子は蛙
〔反対の意味のことわざ〕鳶《とび》が鷹《たか》を生む
【意味】平凡《へいぼん》な親からは平凡な子しか生まれないということ。
【用例】ぼくの運動神経《しんけい》がよくないのは父親ゆずりで、うりのつるになすびはならぬだよ。

385. B□ 瓜二《うりふた》つ
【意味】顔かたちがよく似ているさま。
【用例】あの姉妹は見た目は瓜二つだが、性格は対照的である。

386. A□ うるむ
【意味】水分を含《ふく》んでくもる。水気《みずけ》を帯《お》びる。
【用例】親友に転校の話を聞かされたAさんの目はうるんでいた。

387. B□ 憂《うれ》える
【意味】心配する。悲しみ嘆《なげ》く。
【用例】政治家が次々と汚職《おしょく》事件で逮捕《たいほ》され、国の将来を憂える。

388. B□ うろ覚え ※「うる覚え」は誤り！
【意味】ぼんやりと覚えていること。

【用例】うろ覚えの歌を口ずさむ。

389. A□ うろたえる 〔類義語〕狼狽《ろうばい》する

【意味】どうすればよいのか分からずまごつく。

【用例】突然の訃報《ふほう》（＝人が亡くなったという知らせ）にうろたえる。

390. C□ うわごと

【意味】高熱にうなされた時に無意識に口にする言葉。

【用例】弟はインフルエンザで高熱が出てうわごとを言っていた。

391. B□ うわさをすれば影《かげ》がさす

【意味】人のうわさをしていると、その当人が思いがけなくその場にやってくるものだ。

【用例】A君の悪口をみんなで言っていたら、うわさをすれば影がさすというが、当人がやってきた。

392. C□ 上滑《うわすべ》り

【意味】ものの見方や考え方などが軽々《かるがる》しくてあまり深くないこと。

【用例】A氏は上滑りの知識しか持っておらず、説得力に欠ける。

393. B□ うわずる

【意味】声の調子が高くなって乱《みだ》れる。

【用例】興奮して思わずうわずった声をあげた。

394. A□ 上《うわ》の空《そら》 〔類義語〕心《こころ》ここにあらず

【意味】他のことに心をうばわれ、注意が集中していないようす。

【用例】A君は何か心配事があるようで、授業中も先生の話を上の空で聞いていた。

395. B□ うわべ

【意味】外から見える所。表面的な部分。

【用例】Aさんはうわべは誠実そうな人だが、実際は嘘《うそ》つきだ。

396. A□ 上目《うわめ》づかい

【意味】目だけを上のほうに向けて相手の様子をうかがうこと。

【用例】A君はいつも上目づかいに先生の顔色をうかがっている。

397. C□ 雲散霧消《うんさんむしょう》

【意味】跡形《あとかた》もなくきれいに消えてしまうこと。

【用例】先生に相談したことで悩みの一切《いっさい》が雲散霧消する。

398. C□ うんちくを傾《かたむ》ける

【意味】自分の持っている学問、技芸などの深い知識をすべて出す。

【用例】A氏は日本の歴史について、うんちくを傾けて解説した。

399. A□ 雲泥《うんでい》の差

〔同じ意味のことわざ〕月とすっぽん

【意味】天と地ほどの隔《へだ》たり。大変な違《ちが》い。

【用例】ぼくのチームと相手チームとの力は雲泥の差がある。

400. C□ うんともすんとも

【意味】ほんの一言も。

【用例】A君に話しかけたのにうんともすんとも返事がない。

え

401. C□ 営営《えいえい》

【意味】長い間、一つのことをせっせと努め励《はげ》む様子。

【用例】私の母は私を育てるために日夜《にちや》営営として働いてきた。

402. C□ 英気《えいき》

【意味】活動しようとする気力。元気。

【用例】ひさしぶりに海外旅行に出かけて、英気を養った。

403. C□ 栄枯盛衰《えいこせいすい》

【意味】人や家、国などが栄《さか》えたり衰《おとろ》えたりすること。

【用例】史跡《しせき》を見れば古代国家の栄枯盛衰が頭に思い浮かぶ。

404. B□ 衛生的《えいせいてき》

【意味】健康を守り病気にかからないように気

をつけること。

【用例】ふだんから衛生的な暮《く》らしを心がけている。

405. B□ 英断《えいだん》

【意味】すぐれた決断。

【用例】A社長の思い切った英断が会社倒産《とうさん》の危機を救った。

406. C□ エキスパート

【意味】ある分野について高度の知識や技術を備《そな》えもった専門家《せんもんか》。

【用例】A先生は中学受験指導のエキスパートです。

407. B□ エスカレート

【意味】ますます激《はげ》しくなること。段階をおって増加、拡大すること。

【用例】騒《さわ》ぎがエスカレートして収拾《しゅうしゅう》がつかなくなった。

408. A□ 絵空事《えそらごと》

〔類義語〕絵に描《か》いた餅《もち》　机上《きじょう》の空論《くうろん》

【意味】現実にはありそうもない作りごと。

【用例】彼女は絵空事をならべるだけで、実際に行動しようとはしなかった。

409. B□ 得体《えたい》の知れない

【意味】ほんとうの性質や姿、実態が分からない。

【用例】彼と親しい人はだれもおらず、得体の知れない人物だ。

410. B□ エチケット

〔類義語〕マナー　礼儀作法《れいぎさほう》

【意味】その時、その場面においてするべきとされる社交上の決まり。

【用例】A氏の行いはエチケットに反するものだ。

411. C□ エッセンス 〔類義語〕真髄《しんずい》

【意味】物事の本質。大切な要素。

【用例】尊敬するA先輩から、この仕事に求められるエッセンスを教わる。

412. B□ 悦《えつ》に入《い》る

【意味】物事が思う通りになって心の中で喜ぶ。

【用例】前日勉強したところが試験に出て、ひとり悦に入る。

413. C□ えてして 〔類義語〕とかく

【意味】ともすると。そうなることが多い。

【用例】人はえてして、急ぐと失敗をしがちだ。

414. A□ 絵に描《か》いた餅《もち》

〔類義語〕机上《きじょう》の空論《くうろん》　絵空事《えそらごと》　画餅《がべい》

【意味】役に立たない物事。

【用例】現実的なことも視野に入れないと、絵に描いた餅になるよ。

415. A□ えびでたいをつる

〔同じ意味のことわざ〕濡《ぬ》れ手で粟《あわ》

【意味】小さな元手《もとで》や労力《ろうりょく》で大きな利益を得《え》るということ。

【用例】叔母《おば》さんにお土産《みやげ》を買っていったら、おこづかいをたくさんもらった。えびでたいをつるとはこのことだ。

416. B□ 得《え》も言われぬ　※「絵も言われぬ」ではない！

【意味】言葉では言い表すことができない。

【用例】得も言われぬ美しさを持つ絶世《ぜっせい》の美人に出会った。

417. C□ えり抜《ぬ》き 〔類義語〕えりすぐり

【意味】優《すぐ》れたものを選び出す。また選ばれた人やもの。

【用例】オリンピックは、えり抜きの選手が集う舞台だ。

418. B□ えりを正《ただ》す

【意味】心をひきしめて真面目《まじめ》な態度をとる。

【用例】私たちはえりを正して、その重要な任務に就く必要がある。

419. C□ 演繹《えんえき》 〔対義語〕帰納《きのう》

【意味】一般的な原理から特殊《とくしゅ》な事柄《ことがら》を導き出すこと。

【用例】すべての人間は必ず死ぬことから、私もいつかは必ず死ぬ。この考え方を演繹という。

420. C□ **円滑**《えんかつ》
【意味】物事が順調に進むようす。
【用例】ようやく先週あたりから、仕事が円滑に進むようになった。

421. C□ **婉曲**《えんきょく》〔類義語〕オブラートに包む
【意味】はっきりとした表現をさけて、遠回しに言う。
【用例】Aさんから仕事をたのまれたが、忙《いそが》しかったため婉曲に断った。

422. C□ **エンジニア**
【意味】機械、電気、土木、建築などの技術者。
【用例】私の父はシステムエンジニアとして働いている。

423. C□ **円熟味**《えんじゅくみ》〔対義語〕未熟
【意味】芸や技術などが十分に上達し、その内容が豊かになること。
【用例】俳優《はいゆう》であるA氏の演技は歳《とし》を重ねるごとに、円熟味を増してきた。

424. A□ **縁**《えん》**の下の力持ち**
【意味】目立たないところで人に知られぬ努力や苦労をすること。

【用例】わが社の発展のかげには、縁の下の力持ちとなってがんばっている人がいることを忘れてはならない。

お

425. C□ **おあつらえ向**《む》**き**
【意味】注文や希望にぴったり合っていること。
【用例】ここはお花見をするにはおあつらえ向きの場所だ。

426. B□ **追**《お》**い打**《う》**ちをかける**
【意味】打撃《だげき》を受けて弱っているところに、さらに打撃を与《あた》えること。
【用例】冷夏で不作だった農家に台風が追い打ちをかける。

427. B□ **おいおい（と）**
【意味】声を上げて激《はげ》しく泣くさま。
【用例】母にしかられて、弟は大きな声を上げておいおいと泣いた。

428. C□ **おいそれと** ※下に打消しの語がくることが多い。
【意味】よく考えずに。簡単に。
【用例】今回のあなたの依頼《いらい》はおいそれとは引き受けられない。

429. A□ **負**《お》**い目**《め》
【意味】恩《おん》を受けた人に対して感じる心の負担《ふたん》。
【用例】昔、Aさんには世話になったのでいまだに負い目がある。

430. B□ **往往**《おうおう》**にして**
【意味】よくあるようす。しばしば。
【用例】人はあわてると往々にして失敗しがちだ。

431. C□ **謳歌**《おうか》
【意味】幸せをじゅうぶんに楽しむ。
【用例】あこがれの中学校に入り、青春を謳歌する。

432. C□ **奥義**《おうぎ》
【意味】学問や技能などで最も重要で難しい事柄《ことがら》。
【用例】あの老人は空手の奥義をきわめている。

433. B□ **横行**《おうこう》
【意味】悪事がはびこること。
【用例】最近、都市では凶悪《きょうあく》犯罪が横行しているので注意が必要だ。

434. C□ **黄金**《おうごん》**時代**
【意味】ある物事が最も盛《さか》んだった時期。
【用例】昭和時代は映画の黄金時代でもあった。

435. B□ **応酬**《おうしゅう》
【意味】相手がしかけてきたことに対して、負けずにやり返すこと。
【用例】今日のクラス会は、やじの応酬ばかりで議論が進まなかった。

436. B□ **往生**《おうじょう》
【意味】①死ぬこと。

②どうしたらよいか分からなくて、大変困ること。
【用例】①先日、祖父は往生をとげた。②土地勘《とちかん》のない旅行先で友だちとはぐれてしまい往生した。

437. B□ 往生際《おうじょうぎわ》
【意味】ぎりぎりのところまで追いつめられた時。またその時の態度。

【用例】もうおとなしくあきらめればよいのに、往生際が悪い人だ。

438. B□ 負《お》うた子に教えられる（＝負うた子に教えられて浅瀬《あさせ》を渡《わた》る）
【意味】自分の子どもに親が教えられる。自分よりも若い者や未熟《みじゅく》なものから教えられることもある。

【用例】負うた子に教えられるというように、後輩の意見によって気づかされることもある。

439. B□ 往年《おうねん》
【意味】過ぎ去った昔。

【用例】A氏は名門チームを支えた往年の名選手であった。

440. C□ 椀飯振舞《おうばんぶるまい》 ※現在は「大盤《おおばん》振《ぶ》る舞《ま》い」と表記することもある。
【意味】盛大《せいだい》なもてなし。人に気前よくごちそうすること。

【用例】Aさんはひさしぶりに会った友人に椀飯振舞をした。

441. B□ 横柄《おうへい》
【意味】えらそうで、人を見下すようす。

【用例】そんな横柄な態度をとっていると、周りの人に嫌われるよ。

442. A□ 横暴《おうぼう》
【意味】権力や勢力などによってわがままを押《お》し通すこと。

【用例】社長だからといって横暴なふるまいは許されない。

443. B□ おうむ返し
【意味】人が言ったことをそのまま言い返すこと。

【用例】ぼくが「この絵はすばらしい」とほめたら、A君も「この絵はすばらしい」とおうむ返しに言った。

444. B□ 鷹揚《おうよう》
【意味】ゆったりと落ち着いていること。

【用例】社長はどんなときでも鷹揚に構えている器《うつわ》の大きい人だ。

445. A□ 往路《おうろ》 〔対義語〕復路《ふくろ》
【意味】ある場所へ行くときの道。ゆき。

【用例】往路は遠く感じるが、復路は初めよりも近く感じるものだ。

446. B□ 嗚咽《おえつ》
【意味】声をおしころして泣くこと。

【用例】母は身内の訃報《ふほう》（＝人が亡くなった知らせ）を聞くと、嗚咽の声をもらした。

447. B□ 大仰《おおぎょう》
【意味】おおげさなようす。

【用例】A君は身ぶり手ぶりをまじえながら、大仰な話し方をする。

448. C□ 大御所《おおごしょ》
【意味】ある分野や領域《りょういき》の実力者として勢力を持ち、影響《えいきょう》力のある人。

【用例】ノーベル文学賞を受賞したA氏は日本文学界の大御所である。

449. C□ オーソドックス
【意味】伝統的な考え方や方法に従っていること。正統的。

【用例】オーソドックスな演奏であるが、それほど悪くはない。

450. B□ 大詰《おおづ》め
【意味】物事の終わりの段階。終局。

【用例】いよいよ、この事件も大詰めを迎《むか》えた。

451. B□ 大手《おおで》を振《ふ》る
【意味】だれにも遠慮《えんりょ》や気兼《きが》ねをせずに堂々《どうどう》と行動するようす。

【用例】きちんと結果を出したので、これで大手を振って歩ける。

452. A□ **大船《おおぶね》に乗ったよう**
【意味】たよりになる人にまかせきって安心している状態《じょうたい》。
【用例】登山家のAさんと一緒《いっしょ》に山に登れるのならば、大船に乗ったようなものだ。

453. B□ **大風呂敷《おおぶろしき》を広げる**
【意味】大げさなことを言ったり、実現が不可能な計画を言いふらしたりすること。
【用例】A君は大風呂敷を広げてばかりいて、誰からも相手にされていないね。

454. C□ **大見得《おおみえ》を切る**
【意味】自信のほどを強調して大げさな言動で表す。
【用例】夏休みの宿題など三日で終わらせられると大見得を切る。

455. A□ **おおむね**
【意味】物事のだいたいの様子。おおよそ。
【用例】この点数ならおおむね合格だろう。

456. A□ **大目《おおめ》に見る** 〔類義語〕寛大《かんだい》
【意味】人の欠点などをあまりとがめないで許《ゆる》すこと。
【用例】いくつか細かいミスをしたが今回は大目に見てくれた。

457. C□ **大《おお》わらわ**
【意味】力いっぱいがんばるようす。
【用例】来週オープンするお店の準備で、父は大わらわだ。

458. B□ **お門違《かどちが》い**
【意味】見当ちがいのこと。
【用例】反省せずに私をうらむなんてお門違いだよ。

459. C□ **お株《かぶ》を奪《うば》う**
【意味】ある人の得意なことを他の者がする。
【用例】弁《べん》が立つA君を論破《ろんぱ》し、お株を奪った。

460. B□ **傍目八目《おかめはちもく》** ※岡目八目とも表記する。
【意味】当事者よりも関係のない人の方が物事を正しく判断できる。
【用例】今回の件は傍目八目で、部外者のAさんに判断を委《ゆだ》ねよう。

461. A□ **悪寒《おかん》**
【意味】熱が出て全身がぞくぞくとする寒気。
【用例】風邪《かぜ》をひいたのか、今朝から悪寒がする。

462. B□ **お灸《きゅう》をすえる** ※もともとは「灸をすえる」という。
【意味】きつく注意したり罰《ばつ》を加えたりしてこらしめる。
【用例】弟は嘘《うそ》がばれて、怒《おこ》った母にお灸をすえられた。

463. B□ **臆《おく》する** 〔類義語〕おじける 臆面《おくめん》
【意味】気後《きおく》れしておどおどする。
【用例】A君は上級生の前でも臆することなく意見を述《の》べた。

464. C□ **奥《おく》の手**
【意味】普段《ふだん》は使わないとっておきの有効《ゆうこう》な手段。
【用例】Aさんは交渉《こうしょう》の最後になって、奥の手を出してきた。

465. C□ **おくびにも出さない**
【意味】考えていることを決してしゃべらず、そぶりにも見せない。
【用例】先日の仕事に失敗したことはおくびにも出さない。

466. B□ **奥《おく》ゆかしい**
【意味】上品で心がひかれる。
【用例】彼女は出しゃばらず、奥ゆかしい女性で誰からも好かれる。

467. C□ **お蔵入《くらい》り**
【意味】映画や演劇《えんげき》などの上映、上演を中止すること。
【用例】公開前から抗議《こうぎ》が殺到《さっとう》して話題作はお蔵入りとなった。

468. C□ **遅《おく》ればせながら**

【意味】本来すべき時機《じき》をのがした後になってから、何かをしようとすること。
【用例】遅ればせながら、先日の御礼《おれい》を申し上げます。

469. C□ おけらになる 〔類義語〕無一文《むいちもん》
【意味】所持金《しょじきん》がまったくないこと。
【用例】ギャンブルでお金を使いはたして、おけらになる。

470. A□ おこがましい
【意味】さしでがましい。でしゃばりで生意気である。

【用例】まことにおこがましいとは思いながらも、会長の職を引き受けさせていただく（※謙遜《けんそん》の意味合いを含《ふく》む）。

471. B□ 驕《おご》る 〔関連語〕驕《おご》り（名詞の形）
【意味】①人を見下げるような気持ちでいばる。思い上がる。
②わがままなふるまいをする。
【用例】①A君は才能におごって努力をしなくなった。
②驕る者久《ひさ》しからず（お金や権力にまかせて勝手なふるまいをする者は、長くその地位にいることはできない）

472. B□ おざなり
【意味】その場の間に合わせ。いいかげんなようす。
※「なおざり」とは異なり、「何らかの対応はする」ときに使う。
【用例】よく考えず、おざなりな計画を立てたために、実行に移してから問題が発生した。

473. C□ お仕着《しき》せ
【意味】一方的に与《あた》えられた事柄《ことがら》。型通《かたどお》りに物事が行われること。
【用例】お仕着せの行事はやる意味がないので廃止《はいし》しよう。

474. A□ おじけづく
【意味】こわいという気持ちになる。
【用例】暗闇の中、おじけづいてその場にしゃがみこんだ。

475. B□ おしはかる
【意味】あることについて、いろいろ考えてみる。
【用例】さまざまな物的証拠《しょうこ》から、交通事故の原因をおしはかる。

476. B□ おしなべて
【意味】一様《いちよう》に、だいたい、全体に、一般に。
【用例】歳《とし》をとると、おしなべて、人は涙《なみだ》もろくなるものだ。

477. B□ おしみない
【意味】おしむことなく精一杯《せいいっぱい》行《おこな》うさま。
【用例】Aさんはピアノの発表会でおしみない拍手《はくしゅ》を送られた。

478. B□ 押《お》しも押されもせぬ ※「押しも押されぬ」は誤り。
【意味】誰もが実力を認める。
【用例】今やA氏は押しも押されもせぬ、日本を代表する俳優《はいゆう》だ。

479. C□ 押《お》し問答《もんどう》
【意味】たがいに意見を言い合って、どちらもゆずらないこと。
【用例】二人とも強情で、押し問答をくり返すだけだった。

480. A□ おずおずと
【意味】おそるおそる。こわごわと。
【用例】見知らぬ男に、A君はおずおずと近づいて話しかけた。

481. C□ おすそ分《わ》け
【意味】他からもらった物の一部を人に分けること。
【用例】実家からみかんが送られてきましたのでおすそ分けします。

482. A□ お墨付《すみつ》き
〔類義語〕折り紙付き、太鼓判《たいこばん》をおす。

【意味】権威《けんい》のある人からもらう保証。
【用例】これは著名《ちょめい》な大学教授であるA氏のお墨付きの商品です。

483. B□ お節介《せっかい》
【意味】余計《よけい》な世話《せわ》を焼《や》くこと。また、その人。
【用例】お節介を焼《や》くのはほどほどにしないと嫌《いや》がられるよ。

484. B□ お膳立《ぜんだ》て
【意味】準備や支度《したく》をきちんとすること。
【用例】一カ月にわたる海外旅行のお膳立ては、妻《つま》がしてくれた。

485. B□ おぞましい
【意味】身ぶるいするほど嫌《いや》な感じがすること。
【用例】口にするにもおぞましい凶悪《きょうあく》な事件が発生した。

486. B□ 恐《おそ》れ多い（畏《おそ》れ多い）
【意味】①身分の高い人や目上の人に対して失礼になり申しわけない。
②大変ありがたくて、もったいない。
【用例】①わざわざ先生に来ていただくなんて恐れ多い。
②恐れ多いお言葉をいただき感謝いたします。

487. C□ お題目《だいもく》
【意味】口で言うだけで実行できそうにない主張。
【用例】Aさんは立派《りっぱ》なことを言ったが、やはりお題目に終わったね。

488. A□ おたおた
【意味】思いがけない出来事に対応できずあわてるさま。
【用例】先生から突然《とつぜん》指名されたAさんはおたおたしていた。

489. A□ おちおち（と） ※後に「ない」など打ち消しの言葉がくる。
【意味】落ち着いて。心安らかに。
【用例】心配で夜もおちおちと眠《ねむ》っていられない。

490. C□ お茶《ちゃ》の子《こ》さいさい
【意味】かんたんにできること。たやすいこと。
【用例】算数の得意な彼なら、こんな問題を解くなんてお茶の子さいさいだ。

491. A□ お茶《ちゃ》をにごす
【意味】いいかげんにその場をごまかす。
【用例】友だちに嘘《うそ》がばれてしまったが、その場は何とかお茶をにごした。

492. C□ 億劫《おっくう》
【意味】気が進まずめんどうに感じる様子。
【用例】朝から具合《ぐあい》が悪くて口をきくのも億劫だ。

493. C□ 押《お》っ取《と》り刀《がたな》
【意味】急いでかけつけること。※「のんびりと」ではない！
【用例】子どもが事故にあったと聞き、押っ取り刀でかけつけた。

494. C□ お手《て》のもの
【意味】たやすくできること。得意《とくい》の技《わざ》。
【用例】私の母は料理ならお手のものだ。

495. B□ 音沙汰《おとさた》
【意味】便《たよ》り。連絡《れんらく》。
【用例】アメリカに留学したと聞いたが、その後何の音沙汰もない。

496. C□ 同じ穴《あな》のむじな
【意味】おなじたぐいの悪い人。
【用例】万引《まんび》きの現場にいながらとめなかったA君も同じ穴のむじなだ。

497. C□ 同じ釜《かま》の飯《めし》を食《く》う
【意味】一緒《いっしょ》に生活して苦楽《くらく》を共にする。
【用例】水くさいことを言うなよ。ぼくたちは同じ釜の飯を食った仲間《なかま》ではないか。

498. C□ 鬼《おに》が笑《わら》う
【意味】現実味のないことや予想のつかないことを言った時にからかう言葉。
【用例】来年のことを言うと鬼が笑うというように、先のことはだれにも分からない。

499. A□ 鬼《おに》に金棒《かなぼう》

【意味】もともと力のあった者が、さらに強力になる。

【用例】A君がぼくらのチームに入ってくれれば、鬼に金棒で優勝まちがいなしだよ。

500. B□ 鬼《おに》の居《い》ぬ間に洗濯《せんたく》

【意味】遠慮《えんりょ》する人やこわい人がいない間にくつろいで息抜《いきぬ》きをすること。

【用例】今日はこわいA先生がお休みなので、鬼の居ぬ間に洗濯とばかりに、みんなのびのびとしていた。

501. B□ 鬼《おに》の首を取ったよう

【意味】大きな手柄《てがら》を立てたかのように大得意《だいとくい》になるさま。

【用例】相手のミスを見つけて鬼の首を取ったように喜ぶなんてみっともないよ。

502. A□ 鬼《おに》の目にも涙《なみだ》

【意味】思いやりも人情もない者でも、時には心を動かすことがある。

【用例】あの厳しい先生が感動して泣《な》いているなんて鬼の目にも涙だ。

503. B□ お荷物《にもつ》

【意味】負担《ふたん》となるやっかいなもの。

【用例】試合でミスばかりして仲間《なかま》のお荷物になることはさけたい。

504. A□ おのずから

【意味】ひとりでに。自然に。

【用例】春になれば、山の雪もおのずから消えてなくなるだろう。

505. B□ おののく 〔類義語〕わななく

【意味】恐《おそ》ろしくてぶるぶると震《ふる》える。

【用例】辺りは真っ暗で、あまりの恐怖《きょうふ》におののく。

506. B□ 十八番《おはこ》 ※「じゅうはちばん」とも読む。

【意味】得意とする物事。

【用例】ふだんは物静かだが、A君の十八番はカラオケだ。

507. C□ お鉢《はち》が回《まわ》る

【意味】順番が回ってくる。

【用例】リレーに出場予定だった選手が次々とけがをしてしまい、私にお鉢が回る。

508. C□ お払《はら》い箱《ばこ》

【意味】古くなったり使わなくなったりして不要なものを捨てること。

【用例】美しい高価な器《うつわ》でも割れてしまったらその時点でお払い箱だ。

509. B□ おびただしい

【意味】①数が非常に多い。②物事の程度がひどい。

【用例】①おびただしいファンがコンサート会場につめかける。②あの人は不親切なこと、おびただしい人だ。

510. A□ 帯に短したすきに長し

【意味】物事が中途半端《ちゅうとはんぱ》で役に立たないたとえ。

【用例】このドレスは普段着にしては派手《はで》だし、よそ行きにしてはだらしがないし、帯に短したすきに長しだわ。

511. B□ 尾《お》ひれをつける 〔類義語〕誇張《こちょう》 針小棒大《しんしょうぼうだい》

【意味】話を大げさにする。

【用例】彼は尾ひれをつけて話すので、信用されていない。

512. B□ オブラートに包《つつ》む ※「オブラート」とは、粉薬《こなぐすり》などを包んで飲むのに使う薄《うす》い膜《まく》。

【意味】直接的なきつい表現をさけて、遠回しに言う。

【用例】Aさんにはずけずけ言うのではなく、オブラートに包んで話したほうがよいよ。

513. C□ おべっか 〔類義語〕お世辞《せじ》 おべんちゃら

【意味】人の機嫌《きげん》をとるための言葉。

【用例】上司の機嫌《きげん》をとろうとおべっかを使う

Aさんのような人を太鼓《たいこ》持ちという。

514. A□ おぼつかない
〔類義語〕心もとない
【意味】①しっかりしない。心細くて頼りない。②うまくいくか疑わしい。不確かである。
【用例】①おぼつかない足どりで、駅のホームをふらふらと歩く。②その程度の努力では、志望校合格はおぼつかない。

515. B□ おぼれる者は藁《わら》をもつかむ
【意味】緊急《きんきゅう》の場合には、どんな手段を使っても助かろうとするものである。

【用例】母親は重い病《やまい》にかかった息子を助けたい一心で、おぼれる者は藁をもつかむように、いろいろな病院に通った。

516. B□ おぼろ
〔派生語〕「おぼろ月」「おぼろ気《げ》」という形で用いることがある。

【意味】ぼんやりとかすんでいる。不確かだ。

【用例】かなり前のことなので、記憶《きおく》がおぼろになる。

517. C□ 汚名返上《おめいへんじょう》
〔類義語〕名誉挽回《めいよばんかい》　名誉回復《めいよかいふく》
※「汚名挽回《おめいばんかい》」は誤用であるとする説が有力。
【意味】以前の失敗などの悪い評判《ひょうばん》を自分の力で取り除くこと。

【用例】今度こそテストで良い点を取り汚名返上したい。

518. B□ おめおめ
【意味】恥《はじ》と分かっていながら何もしないで平気でいる様子。

【用例】断られてこのままおめおめと引き下がるわけにはいかない。

519. B□ おめかし
【意味】化粧《けしょう》をして着飾《きかざ》ること。おしゃれをすること。

【用例】妹はおめかしをしてデートに出かけた。

520. A□ お眼鏡《めがね》にかなう　※「眼鏡《めがね》にかなう」とも言う。
【意味】目上の人に認められたり、気に入られたりすること。

【用例】A君はどうやらB教授のお眼鏡にかなったようだ。

521. A□ 思《おも》い上《あ》がり
〔関連語〕思い上がる
【意味】自分の実力を実際よりも上だと思うこと。うぬぼれること。
【用例】自分は天才だなんて、思い上がりもはなはだしい。

522. C□ 思《おも》い立《た》ったが吉日《きちじつ》
【意味】あることをしようと決意したら、その日を吉日としてすぐに実行するのがよい。

【用例】思い立ったが吉日で、今日から国語の勉強をまじめにがんばろう。

523. C□ 思《おも》うつぼ
【意味】意図《いと》した通りになること。前もって考えていた通り。

【用例】ここで感情的になっては相手の思うつぼにはまるだけだぞ。

524. B□ 面影《おもかげ》
【意味】記憶《きおく》に残っている姿《すがた》や状態。また、思い起こされる姿。

【用例】妹の笑顔には、亡《な》くなった母の面影が感じられる。

525. B□ おもねる
〔類義語〕へつらう　こびる
【意味】人の機嫌《きげん》をとって気に入られようとする。
【用例】上司《じょうし》におもねるAさんの姿《すがた》は見るにたえない。

526. B□ 面《おも》はゆい
【意味】はずかしい。照れくさい。

【用例】クラスのみんなの前で先生にほめられ

て、何とも面はゆい。

527. A□ おもむろに 〔類義語〕やおら
【意味】ゆっくりと、落ち着いて。静かに。
【用例】父は席に着くと、おもむろに用件を話し始めた。

528. B□ 面持《おもも》ち
【意味】思っていることが表れている顔つき。
【用例】入試の合否結果を待つAさんは不安そうな面持ちである。

529. A□ おもんぱかる
【意味】深く考えたり、思いをめぐらすこと。
【用例】両親が相次《あいつ》いで亡くなり、中学生だったA君は自分の将来をおもんぱかった。

530. C□ 親の光は七光《なな》り
〔類義語〕親の七光り
【意味】親の権力などのおかげで、物事が有利に働くこと。
【用例】親の光は七光りというが、B君は親の紹介《しょうかい》で指折りの大企業《きぎょう》に就職できた。

531. C□ 親の欲目《よくめ》 〔類義語〕ひいき目
【意味】親がわが子をひいきして、実際よりもよく評価すること。
【用例】どうしても親の欲目でわが子を見てしまうものだ。

532. C□ 及《およ》び腰《ごし》
【意味】やる気や自信がない。中途半端《ちゅうとはんぱ》な態度で物事に取り組むこと。
【用例】及び腰で交渉《こうしょう》に臨んだところでうまくいくはずはないよ。

533. C□ 折《お》り合《あ》い
【意味】人と人との関係。仲《なか》。
【用例】どうも会社の上司《じょうし》との折り合いが悪い。

534. A□ 折《お》り紙《がみ》をつける（折り紙つき）
〔類義語〕太鼓判《たいこばん》を押《お》す　お墨付《すみつ》き
【意味】信用できることを保証する。定評《ていひょう》がある。
【用例】Aさんのテニスの腕前《うでまえ》はコーチの折り紙つきだ。

535. B□ オリジナル
【意味】独自《どくじ》性。独創《どくそう》的。
【用例】この商品は当店だけのオリジナルなデザインのものだ。

536. B□ 折《おり》に触《ふ》れて
【意味】機会のあるごとに。ことあるごとに。
【用例】折に触れて注意してきたのだが、なかなかなおらない。

537. C□ 折《お》り目《め》正しい
【意味】礼儀《れいぎ》正しく、きちんとしている。
【用例】A君は折り目正しくあいさつをするので、好感が持てる。

538. A□ おろおろ
【意味】どうしたらよいか分からないまま、あわてる様子。
【用例】祖母《そぼ》が倒《たお》れたという知らせに、おろおろするばかりだった。

539. B□ 尾《お》を引く
【意味】物事が過ぎ去ったあとまで影響《えいきょう》が残る。
【用例】最初の試合で負けたショックが尾を引いているようだ。

540. B□ 恩着《おんき》せがましい
【意味】自分のしたことを相手にありがたがらせようとする様子。
【用例】A君はいまだに十年前のことを恩着せがましく言う。

541. B□ 恩恵《おんけい》
【意味】自然や他人から受け、利益や幸福をもたらすもの。
【用例】私たちは自然の恩恵を受けてきたことを忘《わす》れてはならない。

542. A□ 温故知新《おんこちしん》　※「温古知新」ではない！
【意味】昔のことを研究して、新しい知識や考え方を学ぶこと。
【用例】今の時代に歴史を学ぶことは温故知新であり、意義のあることだ。

543. C□ 温床《おんしょう》

【意味】良くないことを生み出しやすい場所や環境。

【用例】日本ではギャンブルは悪の温床とされてきた。

544. B□ 温存《おんぞん》

【意味】使わないで大切にとっておくこと。

【用例】決勝戦にそなえて、エースのきみは温存しておこう。

545. B□ 音頭《おんど》を取る

【意味】大勢で物事を行う時、先に立って計画や世話をする。

【用例】学芸会の音頭を取ったのはクラス委員のA君だった。

546. C□ 女心《おんなごころ》と秋の空

【意味】男性に対する女性の心は、秋の空のように変わりやすいということ。

【用例】あれだけ好きだと言っていたAさんのことを何とも思っていないだなんて、女心と秋の空というものだね。

547. B□ 御《おん》の字

【意味】大いにありがたいこと。

【用例】親に頼《たの》まれて叔父《おじ》に物を届けたが、一万円もお小遣《こづか》いをもらえて御の字だ。

548. C□ 穏便《おんびん》

【意味】方法がおだやかで角が立たない様子。

【用例】今回の件はA先生が穏便に取り計らってくれたので、表沙汰《おもてざた》にはならなかった。

549. C□ おんぶにだっこ

【意味】何から何まで人に頼《たよ》ること。

【用例】ぼくはお金を持っていなかったので、電車賃《ちん》から入場料まで、おんぶにだっこで、すべてA君が支払《しはら》ってくれた。

〔問題〕次の文章の空らんに適語《てきご》を入れましょう。
・■には漢字、●にはひらがな、◆にはカタカナが一字ずつ入ります。
・［　］は字数指定はありません。
・同じ問題番号には共通する言葉が入ります。
・（　）は当てはまる言葉の意味を表します。言葉の意味がないものもあります。
・解答は前ページの語彙リストを参考にしましょう。語彙リストと番号は同じにしてあります。

001. B□ Aさんに話しかけられたとき、思わず愛■笑いを浮《う》かべた。（相手の機嫌《きげん》をとるような笑い）

002. A□ テスト前だというのに遊んでばかりいるなんて、開いた■がふさがらないよ。

003. A□ 十年以上使っているこの万年筆には愛■を感じる。（心がひかれて大切にしたい）

004. A□ 井上先生の話に、生徒たちはあ●●●を打った。（同感してうなずく）

005. B□ 思春期《ししゅんき》に自己肯定感《じここうていかん》が低いとア◆◆◆◆◆ティーは確立されにくい。（独自性《どくじせい》）

006. A□ 以前から楽しみにしていた遠足は、あ●●くの雨だった。

007. C□ 長年いっしょに仕事をしていると、あ●●の呼吸《こきゅう》が合うものだ。

008. A□ ① ●●ぎ●●ぎ、何とか山を登った。
② 当時は重税《じゅうぜい》が課《か》せられて、民衆《みんしゅう》は●●いでいた。

009. B□ 私たちのチームはあ●●く一回戦で敗れ去った。（あっけない）

010. C□ 仕事現場は山積する課題で■息■息だ。（苦しいときや困ったときにつくため息。ため息が出る状態）

011. A□ ① 急に辺《あた》りが暗くなったので、思わず空を●●いだ。
② A氏は私が師《し》と●●ぐ、素晴《すば》らしい人です。

012. A□ あこがれの中学生活の青■■をえがくのは良いことだ。（未来へのおおまかな計画）

013. A□ みんなから非難《ひなん》されたA君は、青■を立てて怒《おこ》った。

014. C□ 優秀な学生を他の会社にとられないように青■買いをする。

015. B□ 今年に入り、一気に好景気となり、いまや株価は青■■だ。（上限《じょうげん》がないこと）

016. A□ 今日のA君はいつもの元気がなく、■■に塩だ。

017. B□ 彼はいきがっているが、しょせん■二才だよ。

018. C□ オリンピックで金メダルを獲得《かくとく》したA選手は、■は藍《あい》より出《い》でて藍よりも■しの典型例《てんけいれい》といえる。

019. C□ 不況《ふきょう》のあ●●を食《く》って、中小企業《きぎょう》の倒産《とうさん》があいついだ。

020. B□ 学生時代につきあっていたAさんとは■い糸で結ばれていると信じていた。（結婚《けっこん》する運命にある）

021. A□ 入試まであと三日しかないのに、今さら●●いてもむだだよ。（どうしようもない状況《じょうきょう》から逃《のが》れようと必死《ひっし》になる）

022. C□ こんな単純《たんじゅん》な問題は■■の手をひねるようなものだ。

023. A□ 今月は費用がかさみ、■字になった。
024. B□ 志望《しぼう》校合格のあ●●きにはみんなで集まってお祝《いわ》いしよう。(将来、あることがらが実現したそのとき)
025. C□ 一生をかけて賠償《ばいしょう》金を支払《しはら》い、罪《つみ》を●●なう覚悟《かくご》だ。
026. B□ Aさんは東京育ちであ●●けた着こなしをする。(都会風《とかいふう》である)
027. C□ 知ったかぶりをしたA君は、後で■恥《はじ》をかいた。
028. B□ 町で兄とすれちがったが、■の他人のようなふりをした。
029. C□ こごえた体を毛布《もうふ》で温めると、ようやく頬《ほお》に赤みが●●た。
030. A□ Aさんは不快感をあ●●さまに態度で示した。(あらわにはっきり示す様子)
031. B□ 必死にがんばってきたのだから、この程度の成績では●●足りない。(ものたりない。十分に満足する気持ちになれない)
032. C□ 秋の日は●●●落としというが、日が暮《く》れるのが早くなったと感じる。
033. A□ 悪事■■を走るというが、A君がいたずらをして先生に怒《おこ》られたことは、近所の人にまで知れ渡《わた》っていた。
034. B□ 都会でのあ●せ●する毎日にはうんざりしている。(目先のことに忙《いそが》しく、落ち着かないようす)
035. B□ ①インターネットにア◆◆◆できれば家でも仕事ができる。
②この学校は最寄《もより》駅から徒歩五分でア◆◆◆がよい。
036. B□ A君は国語の記述《きじゅつ》問題を前にして、■■苦闘《くとう》していた。
037. C□ 反抗期《はんこうき》に入り、親に対して■■をつく。(激《はげ》しく悪口を言う)
038. C□ 彼はア◆◆◆ブな人で、いろいろなことに挑戦《ちょうせん》している。(活動的な)
039. B□ どうすればよいのか考えあ●●て先生に相談にし行った。
040. C□ 伝統《でんとう》にあ●●をかいて新しいことに挑戦《ちょうせん》しない会社なら長くは続かないだろう。
041. B□ 周りの人をさんざんまきこみ、●●●の果《は》てに言いわけを口にするとは。
042. C□ 学生時代は読書に明け●●る毎日を送っていた。(終始《しゅうし》そのことを第一と考えて行う)
043. B□ A氏は誰にでもあ●す●に物を言う人だ。(包みかくさず)
044. C□ A君のことばかりあげ●●うのは公平ではない。(とやかく批判的《ひはんてき》に論ずる)
045. B□ この店のお寿司《すし》は●●が落ちそうなくらいおいしい。
046. C□ A氏は高齢者を相手にあ●●な商売をして荒稼《あらかせ》ぎをしている悪党だ。(強欲《ごうよく》であくどいさま)
047. B□ わが社の部長は社員を●●で使うので、陰《かげ》では嫌《きら》われている。(いばった態度で人を使う)
048. B□ 体育の授業で運動場を二十周も走らされ、多くの生徒は●●を出した。(ひどく疲《つか》れていやになる)
049. C□ 算数のテストで最初の計算問題も、浅い川も［　］渡れというようにていねいに解こう。
050. C□ みんながあ●●てを向いていて、話がうまくまとまらない。(まったく見当違《けんとうちが》いの方を向く)
051. B□ Aさんはあ●●い知恵《ちえ》を働かせたが、先生には通じなかっ

た。（浅はかでこざかしい）

052. A□ お年寄をだまして金をまきあげるとは、あ●●しい行為《こうい》だ。（意地きたなくて、みっともない）

053. B□ なんとか敵をあ●●くための作戦を立てる。（相手の期待に背《そむ》いてだます）

054. A□ 私にとってこの程度の仕事は■飯前だ。（簡単《かんたん》なこと）

055. B□ 徹底《てってい》的に調査《ちょうさ》した結果、解決への■がかり（≒手がかり）をつかんだ。

056. C□ 今度の食事会には参加できません。どうかあし●●ずご了承ください。（相手の意向にそえないときに、悪く思わないで、気を悪くしないで、という意で使う語）

057. A□ つり橋から下を見たら、あまりの高さに足が●●んだ。

058. A□ 明日からの修学旅行のことを考えると、足が■に着かないよ。

059. B□ ぬすんだ品物を売ったことから、■がついて犯人が捕《つか》まった。

060. A□ お店に入ったら欲しいものがたくさんあり、足が■てしまった。（予定より出費《しゅっぴ》が多く赤字になる）

061. A□ 生魚は足が■いので、今日中に食べてしまおう。（食べ物などがくさりやすい）

062. A□ 今日は遠足で二十キロも歩いたので、足が■になった。

063. B□ 学生時代は図書館に足●●く通ったものだ。

064. B□ クラス全員の足●●をそろえて、文化祭の準備をする。（多くの人々が考えを合わせて一緒《いっしょ》に行動する）

065. B□ 今のきみの実力ではA君の■■にも及《およ》ばないよ。

---

066. A□ 人の■■を見て、高い利子《りし》をつけてお金を貸しつける。（人の弱みを見ぬいて、それにつけこむ）

067. A□ 兄に相談をもちかけたのだが、鼻であ●●われた。

068. A□ 彼はあやしげな商売から■を洗って、すっかりまじめになった。

069. B□ 思いもよらない成功に■を占《し》める。（一度うまくいって、それが忘《わす》れられずまたやりたくなる）

070. A□ 格下《かくした》の相手だと油断していると、［　］をすくわれるよ。

071. A□ 今日は時間に余裕《よゆう》があったので京都まで足を［　］した。（ある地点からさらに遠くまで行く）

072. A□ 彼の家に何度も足を［　］だのだが、留守《るす》だった。（わざわざ出かけていく）

073. A□ A君は自分勝手なプレイをしてチームの足を［　］ている。（他人の成功や物事の前進をさまたげ、じゃまをする）

074. A□ 彼のふてぶてしい態度にあ●●として言葉もないよ。（あきれてものが言えない様子）

075. C□ これまでの恩《おん》を●●で返すなんて、ひどい仕打ちだ。（害を与《あた》えること）

076. A□ あ●●も雪の降るように桜がはらはらと散っている。（まるで）

077. A□ 寝坊《ねぼう》してしまい、あ●ふ●と家を出ていった。

078. C□ このところ、お店の売上げが■打ちになっている。（物事が限界まで達して進展《しんてん》しない）

079. A□ Aさんには昔いろいろとお世話になったので、今でも■が上がらないよ。

080. A□ 祖父《そふ》は頭が［　　］人でがんこだと思っていたが間違《まちが》いだった。

081. B□ 悪かった答案をかくしてごまかそうとしても、■かくして■かくさずというように、のちに送られる成績表でばれることだ。

082. A□ A先生の教育熱心さには本当に■が下がるよ。

083. B□ ①もう一度、■から考え直してみよう。
②彼のことを■から信用するのは危険だ。

084. B□ 母は息子の話を聞こうとはせずに、頭●●●にしかりつけた。

085. B□ 彼と行動をともにするうちに、彼に対する疑念《ぎねん》（＝うたがい）が頭を●●げた。（ある考えや思いが心の中に浮《う》かんでくる）

086. B□ 会議では当たり●●●のない意見を言っておくのが無難《ぶなん》だ。（他にかかわって影響《えいきょう》を与《あた》えること）

087. C□ 星占《うらな》いは当たるも■卦《け》当たらぬも■卦というから、あまり気にすることはないよ。

088. B□ この映画の圧■は、何といっても最後の場面だ。
（全体の中で最もすぐれている部分やもの）

089. A□ A君の身勝手なふるまいに、みんなはあ●●にとられた。

090. A□ あれだけ先生にしかられてもあ●●●かんとしている。

091. C□ さすがに頭にきたので、A君に悪口■言をあびせる。

092. C□ A君は前に自転車でスピードを出しすぎて転倒《てんとう》してしまったので、今は慎重《しんちょう》すぎるぐらい安全運転だ。●●ものにこりて●●●を吹《ふ》くとはこのことだね。

093. B□ 近所の店で洋服を新しくあ●●える。
（注文して物を作らせる）

094. B□ Aさんは昔のことを根に持っていて、当て●●●を言う。
（他にかこつけて、遠回しに相手を非難《ひなん》すること）

095. B□ Aさんはあ●●●な衣装《いしょう》を身にまとい、舞台《ぶたい》に立った。
（はなやかで美しいようす）

096. B□ Aさんとは後《あと》●●れがないように始末をつけたほうがいい。（物事がすんだ後も、めんどうな問題が残ること）

097. A□ あ●●ないわが子の寝顔《ねがお》を見て、目を細める。
（むじゃきでかわいらしい）

098. A□ 寝坊《ねぼう》して起きたときには、集合時間に間に合わず後の［　　］だった。

099. A□ 試合を観戦した後にゴミを残して帰る人がいる。後は■となれ■となれの精神ではめいわくだ。

100. C□ 技術力という点で、わが社は他社とくらべてア◆◆◆◆◆ジがある。（有利な状況《じょうきょう》。利点）

101. A□ みんなの前で大失敗をしてしまい、■があったら入りたい気持ちだ。

102. A□ Aさんの言うことも、あ●が●的外《まとはず》れとは言えまい。
（必ずしも。一概《いちがい》には）

103. A□ 前回の試合は我々が勝ったものの、相手チームをあ●●ってはいけない。（相手の力を見下げて、ばかにしたりすること）

104. A□ 大好きなAさんのことは、●●●もえくぼで、すべてが受け入れられる。

105. C□ テロ事件の現場は■■叫喚《きょうかん》の巷《ちまた》と化《か》した。

106. A□ 習い事もしたいし、中学受験もしたい。それでは、●●はちとらずになってしまう可能性がある。

107. C□ ●●●が乗った時期に描《か》かれたAさんの絵画《かいが》を鑑賞《かんしょう》する。
(仕事などに調子が出てうまくいく)

108. A□ ずいぶん帰りが遅《おそ》かったけど、どこで■を売っていたんだい。

109. A□ また宿題を忘れたので、井上先生から油を●●●れた。

110. A□ 雨だれ石を●●●というように、毎日の努力を積み重ねていけば成功するでしょう。

111. C□ 今朝から雪は降り続き、あ●●さえ風まで吹《ふ》いてきた。
(そのうえに。おまけに)

112. B□ 昨今《さっこん》パソコンはあ●●く、日本中に普及《ふきゅう》しているといえる。(広く)

113. A□ 弟はあまの●●●で、やめろと注意したことをする。
(わざと人の意見や忠告にさからうこと)

114. A□ 多少言い合いになってもおたがいに本音で話せば、雨降って「　」というように、良い結果が得られる。

115. B□ 今朝から雨●●●の空だ。
(今にも雨が降ってきそうな空の様子)

116. C□ 若くして成功したA氏の幸運に●●かりたいものだ。
(幸せな人の影響《えいきょう》を受けて、自分も同じように幸せになる)

117. A□ 予定通りに工事が進まず、期日までの完成があや●●れている。(不安で気がかりに思う)

118. B□ A氏は運命にあ●●って生きようとした意志の強い人間である。(外からの強い力をはねのけようとする)

119. A□ 上司と仕事の段取りを、あ●●じめ打ち合わせしておく。
(前もって)

120. C□ 不良品を高値で売って●●かせぎする。
(手段を選ばずに一度に大きくもうけること)

121. B□ 夕方には、頼《たの》まれた仕事はあ●●た終えることができた。
(だいたい。ほとんど全部)

122. C□ 来年度の計画のあ●●しを説明する。(おおよその内容)

123. B□ みんなから責められたA君は声をあ●●げて反論した。
(言葉づかいや態度を乱暴《らんぼう》にする)

124. B□ 彼女に理不尽《りふじん》に責められて、おもわず不満をあ●●にした。
(かくさないであらわれている様子)

125. A□ 故郷《こきょう》での思い出があ●あ●と脳裏《のうり》によみがえってくる。

126. B□ 応募《おうぼ》作品はどれもあり●●りな内容だった。
(どこにでもあって珍《めずら》しくないこと)

127. B□ 失業《しつぎょう》していたAさんはやっと仕事にあり●●ことができた。(食事、お金、仕事など求めていたものをやっと得《え》る)

128. B□ まずは一つひとつをていねいに取り組もう。●●の穴《あな》から●●●もくずれるというだろう。

129. C□ ●●のはい出るすきもないほど厳重《げんじゅう》な警備《けいび》だったのに、犯人は財宝《ざいほう》を持ち出すことに成功した。

130. B□ A君のお金を盗《ぬす》んだのは、あ●●ことか、先生だった。
(なんということか。とんでもないことだが。意外なことに)

131. B□ 思春期《ししゅんき》になると同級生にあ●●恋心《こいごころ》を抱《いだ》くものだ。
(かすかである)

132. A□ 年の瀬(=年末)は何かとあ●●だしい毎日だ。

(ゆとりがなく心が落ち着かない)

133. B□ 空港に到着《とうちゃく》したときに航空券《こうくうけん》を忘れたことに気づき、あわて●●めいてしまった。(うろたえて取り乱《みだ》す)

134. B□ あ●●大事故というところだったが何とか回避《かいひ》した。(もう少しで)

135. A□ 電車の発車まぎわに切符《きっぷ》をなくしてしまい、●●を食《く》った。(不意《ふい》をつかれて驚《おどろ》きあわてる)

136. C□ エースが怪我《けが》で決勝戦を欠場することになり、■■が立ちこめてきた。(今にも悪いことが起きそうな様子)

137. C□ 予想外の展開に驚《おどろ》いて、あん●●と口を開けた。

138. C□ 現在の地位に■住していては人として向上《こうじょう》しないよ。(その境遇《きょうぐう》や環境に満足してそれ以上を望まないこと)

139. C□ これまで協力関係にあったA社との交渉《こうしょう》が■礁《しょう》に乗り上げる。(思いがけない障害《しょうがい》に直面する)

140. A□ 弟の帰りが遅いので、事故にあったのではないかと■じる。

141. A□ ■ずるより産むが■しというから、明日のテストもいつもの練習のつもりで受けなさい。

142. B□ 学校で起こった問題の解決策を求めて■■模索《もさく》する。

143. A□ 夜遅く、無事に帰ってきた息子の姿を見て母は■堵《ど》した。(ほっとすること)

144. A□ どうも朝から体がだるいと思ったら、■の定、熱があった。(思ったとおり)

145. B□ 運動場を使用する前には、いい案■に雨が上がった。(物事の具合や様子)

---

146. B□ 多くの夫婦の間には暗黙《あんもく》の了■というものがある。(おたがいに口に出さなくても分かっていること)

147. C□ Aさんはぼくのいい●●けだ。(結婚《けっこん》の約束をした相手。婚約者)

148. B□ 相手があまりに怒《おこ》っているので、言い●●んでしまった。(言葉がすらすらと出てこない)

149. A□ 一日十時間勉強すると宣言《せんげん》したが、言うは■く行うは■しで、現実にはなかなかできないものだ。

150. B□ A君はい●●い顔をしているが、物腰《ものごし》はやわらかい。(やわらかみがなく、ごつごつしている。威圧《いあつ》感をあたえる)

151. B□ 実《じつ》の親子が●●み合うのは見るにたえない光景だ。(おたがいに敵意《てきい》を持って争《あらそ》う)

152. C□ A君のあまりの身勝手さには、怒り■■に発するよ。

153. C□ 事前に予約はせず、いきあたり●●●●に宿《やど》を決めた。

154. B□ 都会での暮《く》らしは「　」の目を抜《ぬ》くようなものだと祖母から聞かされた。

155. B□ 大物政治家の■がかかった候補者《こうほ》に大差をつけて、新人候補者が当選する。

156. B□ A氏は五年がかりという息の「　」仕事に取り組んでいる。

157. B□ どんない●●●にしろ、憎《にく》しみ合うのはよくないよ。(ことがらのなりゆき)

158. B□ わが校の生き■引である太郎君に聞いてみよう。(よく物事を知っている人)

159. A□ Aさんとは今日初めてあったが、すっかり■気■合した。

160. A□ 大物政治家の不祥事《ふしょうじ》が発覚し、国民はい●●おっている。
(はげしく怒《おこ》る)

161. C□ その店の客は店員にあたりかまわず■巻いていた。
(いきおいこんで言いたてる)

162. C□ 勝ったチームは■■揚揚《ようよう》とグラウンドを引きあげた。

163. C□ 審判《しんぱん》の判定《はんてい》に対して監督《かんとく》が●●り立つ。(怒《おこ》って興奮する)

164. A□ 敵《てき》に見つかるとまずいので、ものかげに■を殺してかくれていた。

165. A□ 今日は息を●●ひまもないほど忙《いそが》しい。(ほっとする)

166. C□ 彼の演奏はしょせん素人《しろうと》の■を出ない。
(ある段階や限られた範囲《はんい》をこえない)

167. A□ この映画は息を●●場面の連続で、はらはらのしどおしだった。

168. A□ A君の意見にクラスのみんなは■口■音に反対を唱《とな》えた。

169. B□ Aさんは医者から余命いく●●もないと宣告された。
(いくらも……ない。わずか)

170. B□ かつて日本人は自然に対して●●●の念を抱《いだ》いていた。
(えらいと感じて、尊敬すること)

171. C□ みんなから非難されても、彼はいけ●●あ●●あとしている。(恥《は》じることなく、憎《にく》らしいほど平気でいる)

172. C□ A君は●●好かないやつで、友達にはなれそうもない。
(特に理由はないが、まったく好きになれない)

173. B□ 彼は意■■になって周りの意見を聞こうとはしなかった。
(かたくなで強情《ごうじょう》である)

174. C□ 平凡な作品が並ぶなか、A氏の作品はい●●を放っていた。(目立ってすぐれている)

175. B□ あの兄弟は昔から仲が悪く、い●●いが絶えない。
(言い争い)

176. B□ 自分の信念を貫《つらぬ》き、い●●かも恥《は》じるところはない。
(まったく…ない)

177. C□ 他の人たちは●●知らず、私は納得《なっとく》できないよ。
(…はともかく)

178. B□ 読書は時空《じくう》を超《こ》えて、私たちの精神をい●●ってくれる。
(すすめて連れ出す。さそう)

179. B□ A氏は会議で勇み■の発言をしてしまった。
(調子に乗りすぎてうっかり失敗すること)

180. B□ A博士は日本における医学のい●●えを築《きず》いた。
(物事が成り立つためのもととなる大切なものや人)

181. A□ 石の上にも■■で、やっとピアノをうまく弾《ひ》けるようになってきた。

182. A□ ■■をたたいて渡るような性格の祖父は、会社勤めで大きな失敗をすることもなかったそうだ。

183. A□ 人には規則正しい生活をするように言っておきながら、自分は夜ふかしをするなんて、医者の■■■だ。

184. A□ まだ幼稚園児《ようちえんじ》だというのに、い●●しく病気がちな母親の手伝いをしている。(か弱い者の一生懸命《いっしょうけんめい》な姿に心打たれる感じがする)

185. A□ 彼とは幼稚園《ようちえん》からの長い付き合いなので、■心■心で通じる。

186. A□ 姉はきれいに着飾《きかざ》り、い●い●とデートに出かけて行っ

た。（うれしそうに物事をする様子）

187. A□ あわてている今こそ、急がば［　　］でていねいに取り組もう。

188. C□ 受験勉強にい●●む毎日を送っている。（努力し励《はげ》む）

189. B□ 現在、日本は石油をはじめ、多くのエネルギーの供給《きょうきゅう》を外国に依■している。（ほかのものにたよること）

190. B□ この件に関してはだれも■存はないだろう。（反対の意見）

191. C□ A先輩《せんぱい》は後輩《こうはい》たちに■丈■な態度をとるので嫌《きら》われている。（相手をおさえつけるような威圧《いあつ》的な態度）

192. B□ クラスで盗難《とうなん》事件が発生したとき、痛くもない■を探《さぐ》られ、不愉快《ふゆかい》な思いをした。

193. C□ どちらの味方についても痛し●●しで、良いことなどはない。

194. B□ 大切なこの時間をい●●らに過ごしては後悔《こうかい》しますよ。（むだな様子）

195. A□ 落胆《らくたん》する彼女を見ていると、い●●●れない気持ちになる。（それ以上、その場にじっとしていられない）

196. A□ 学校の規則を厳しくすれば、彼らは次の悪さを考えてくるので、これでは●●●ごっこだ。

197. A□ 中学校生活にも慣れて、制服姿も■についてきた。

198. A□ 父と母が口論《こうろん》をし、双方《そうほう》の板●●●となって苦しむ。

199. A□ 昨日、この交差点でい●●しい交通事故が発生した。（相手に同情し、かわいそうで見ていられないさま）

200. B□ 久《ひさ》しぶりに実家に帰ると、至《いた》れり●●●りの歓待《かんたい》を受けた。

201. C□ ガリレオはかつて■端者として宗教裁判《しゅうきょうさいばん》に付《ふ》された。（正しいと考えられている思想《しそう》や考え方からはずれていること）

202. C□ 志望校合格を目指して、■意■心で勉強に取り組む。（ひたすら一つのことに集中するさま）

203. B□ 複雑《ふくざつ》な問題なので、い●●いに原因を決めつけることはできない。（ひっくるめて。一様に）

204. B□ クラス■■となって運動会のリレーに取り組む。（心を一つに合わせる）

205. C□ 複数あった窓口を一■化してコストを減《へ》らす。（いくつかに分かれた組織などを一つにまとめること）

206. C□ Aさんは一■居■な性格で、いつも誰《だれ》かともめている。（何事にも自分の意見を一言《ひとこと》言わないと気のすまない性格の人）

207. A□ 人との出会いは一■一■なので、大事にしたい。

208. B□ 井上先生が授業で話したことを一■半■もらさずに聞く。

209. A□ 約束した時間に遅れてくるようでは、一事《いちじ》が■■で、他のこともだらしがないのだろう。

210. A□ 合格の通知が届くのを、一日■■の思いで待つ。

211. B□ この分野に関しては、A氏のほうが私より一日《いちじつ》の■がある。（経験や技能が他よりも少しだけ優れていること）

212. B□ A氏は晩年《ばんねん》まで研究■■の生活を送った。（他のことを考えず、一つのことだけを追い求めること）

213. B□ 各界《かくかい》の著名人が■■に会するパーティが開かれる。（多くの人が共通の目的で一つの場所に集まる）

214. B□ 一念■■して受験勉強に取り組む。（思い切ってあることをなし遂《と》げようと決心すること）

215. A□ 今度の学級会で決まったことを■部■終、先生に報告《ほうこく》する。（最初から最後まで全部）

216. C□ 私の子どもは■姫■太郎の二人です。（子を持つには最初は育てやすい女の子で、次は男の子がよい）

217. B□ Aさんは私にはい●●つもくれずに、無言で去っていった。（ちらっと見ること）

218. A□ 山の頂上《ちょうじょう》からは市街《しがい》地が一■千■見渡《みわた》せる。

219. C□ わがチームは一枚■でライバル校との試合に臨《のぞ》まなければいけない。（組織や団体などが、しっかりとまとまっていること）

220. B□ できるかぎりのことはやったが、い●●つの不安を抱《いだ》いている。（ほんの少し）

221. B□ 密告《みっこく》によって、警察は凶悪《きょうあく》な犯罪者を■■打尽《だじん》にした。

222. A□ A君は算数の成績がずば抜《ぬ》けていて、クラスのみんなからも■■置かれている。（優《すぐ》れた者に対して敬意《けいい》をはらい一歩ゆずる）

223. A□ 警官《けいかん》の姿《すがた》を見ると、泥棒《どろぼう》は一■■に逃《に》げ去った。（脇目《わきめ》もふらずに走る様子）

224. B□ 戦う前から勝敗は■■瞭然《りょうぜん》だ。

225. C□ きみの頼《たの》みなら、■も■もなく引き受けるよ。（すぐさま。とやかく言わないで）

226. C□ ■縷《る》の望みを抱《いだ》いたが、残念な結果に終わった。（ほんのわずか。かすか）

227. C□ こうなったら■蓮托《れんたく》■で、覚悟《かくご》を決めようじゃないか！（他人と運命や行動をともにすること）

228. A□ 太郎君は先生の説明を少し聞いただけで理解してしまう。まさに「■を聞いて■を知る」の典型だ。

229. C□ 多少、顔は知られているが、い●●いの市民に過ぎない。（ただの。取るに足りない）

230. B□ Aさんは一攫《いっかく》■■を夢見て、ギャンブルにはまっている。

231. C□ 私は美術大学で学んだので、絵画に関しては一■■ある。（その人独自の意見や主張。一つの見識《けんしき》を持った意見）

232. C□ ベストセラーになった本の多くは一■性のものにすぎない。（物事が短い間に起こり、時間が経《た》つと消えてしまう性質）

233. B□ この高さの崖《がけ》から落ちたら、私は■■の終わりだ。（物事の結末がつく）

234. A□ テストの結果に一■一■してはいけない。（喜んだり心配したりすること）

235. A□ クラス全員がA君の一■一■を見守っている。（一つ一つの身振《ぶ》りや動作）

236. B□ 一■■一投足に細心の注意を払う。

237. C□ ある歴史書によると、武田信玄《たけだしんげん》は一騎《いっき》■■のつわものだったという。

238. A□ 読書は物知りになるし、漢字も覚えられるので一■両■だ。

239. A□ 周りの人に何を言われてもい●●●に平気だ。（まったく）

240. C□ サラリーマンをやめて会社を作り、一■一■の主《あるじ》となった。（他の支配《しはい》や干渉《かんしょう》を受けず独立していること）

241. A□ 親友と過ごす時は一■千■で、何物《なにもの》にも代えがたい。

242. B□ テレビの報道番組で、■■乱れず、行進をする若者たちを見た。

243. C□ Aさんには旅先でお世話になり、一■一■の恩義《おんぎ》がある。
(一晩泊《ひとばんと》めてもらい一度の食事をめぐんでもらうこと)

244. C□ 周りから心配の声が上がったが、A氏は■■に付した。
(笑って問題にしないこと)

245. A□ ふだんから仲《なか》の悪いA君とB君は■触即《しょくそく》■の危険な状態だ。(今にも争いが起こりそうな危険《きけん》な状態《じょうたい》)

246. A□ 大差をつけられていたが、終盤《しゅうばん》で2点とり、■■を報《むく》いた。

247. A□ 祖父の容体《ようだい》は一■一■で、予断《よだん》を許さない状況にある。
(状況《じょうきょう》が良くなったり悪くなったりすること)

248. A□ A君は長年の仕事仲間で、ぼくとは一■同■である。

249. A□ 一■不■に受験勉強をする。
(一つのことに全力を注ぐようす)

250. A□ 元気だった祖父が急に亡《な》くなるなんて、人の命は■■先は闇《やみ》だ。

251. A□ 身体が小さい幼児《ようじ》だって、■■の虫にも■■の魂《たましい》で、自己主張はするものだ。

252. B□ 四十歳《さい》を過ぎて会社を立ち上げ、一■一■の大勝負に出た。(一生に一度しかないこと)

253. C□ かつて■■を風靡《ふうび》した歌手のAさんも、いまや知っている者は少ない。

254. B□ 彼の提唱《ていしょう》した学説は、学界に一■を投ずることとなった。

255. B□ A氏の提案はこれまでの平凡《へいぼん》な案とは、一■を画《かく》すものだ。

256. C□ Aさんは一■飛びに部長に昇進《しょうしん》したエリート社員だ。
(普通《ふつう》の順序《じゅんじょ》をふまないで物事が速く先へと進むこと)

257. A□ 国語の成績は一■一■では上がらないけれども、こつこつとがんばりましょう。(わずかな時間。短い時間)

258. A□ どの商品も一■一■で、どれを買うべきか迷《まよ》う。
(良いところもあり、悪いところもある)

259. C□ 一■羅《ら》の背広を着て入学式に出席する。
(たった一枚の晴れ着。また、一枚しかない衣服)

260. B□ 追及《ついきゅう》されたが、自分は知らぬ存《ぞん》ぜぬの一点■りで通した。
(ただ一つのことだけをおし通すこと)

261. B□ 今回の件は、社長に一■両■の処置をぜひとも期待します。(物事を思い切って決断して処置する)

262. B□ Aさんにまんまと■杯食わされた。(うまく人をだます)

263. C□ A君はい●●しの口はきくが、仕事は半人前(=未熟)だ。
(一人前のように)

264. C□ A君は他の人とつるむことはない一匹《いっぴき》●●●●だ。
(集団に属さず、自分の考えに従って一人で行動する人)

265. B□ 学生時代は勉強一■倒ではなく運動もがんばろう。
(一つのことにかたよって集中している)

266. C□ A先生の少年時代の●●話《わ》はたいへん興味深い。
(世の中の人々にあまり知られていない面白い話)

267. A□ 親とは、わが子がい●●しくてしかたがないものだ。
(かわいくてたまらない)

268. C□ 当時、ぼくの妹はまだい●●ない子どもだった。
(おさない。こどもっぽい)

269. B□ ある国は情報を■■的に操作《そうさ》したことが発覚した。

（ある目的に沿《そ》ってそうするさま）

270. B□ ① 今日は来客が多すぎて、休む●●●もない。
② そろそろ、私はお●●●いたします。

271. B□ A君は気に入ったものがあればお金に■目をつけない。
（お金を惜《お》しげもなく使う）

272. B□ A君は算数の難問をい●●簡単に解いてみせた。（非常《ひじょう》に）

273. B□ 今後の人生に役に立つなら、苦労もい●●ない覚悟《かくご》がある。（いやがらない）

274. B□ 彼は周りの人の忠告《ちゅうこく》など、まったく■に介《かい》さない。
（気にかけない）

275. B□ ここでむざむざと敵にやられ、■死《じ》にしてなるものか。

276. A□ A君がいないところで悪口を言っても■の遠ぼえだよ。

277. A□ 家にこもっていないで出かけてみたらどうだい。■も歩けば■にあたるというだろう。

278. B□ 夫婦《ふうふ》げんかは■も食わないというから放《ほう》っておけばよい。

279. C□ そんな危険な仕事は断るべきだ。命あっての■■だからね。

280. A□ 海外に留学して知識を広めて、井の中の［　　］大海を知らずのようにならないようにしたい。

281. C□ A君は安定した道をあえて選ばず、い●●の道を歩むことになった。

282. C□ うまく形が整わず、い●●な器《うつわ》ができたが味わいがある。
（形がゆがんでいること）

283. C□ 威風《いふう》■■と選手たちが行進する。
（威厳《いげん》がみなぎり、立派《りっぱ》に見える様子）

284. A□ あの人の話は、どうもい●●しい。（うたがわしい）

285. B□ 厳しい冬が終わり、春のい●●を感じる季節となった。
（いきいきと活動する気配《けはい》）

286. C□ Aさんはベテラン俳優《はいゆう》ならではの●●●銀《ぎん》の演技に定評《ていひょう》がある。

287. A□ いちいち人のすることにけちをつけてくるとは、い●い●しいやつだ。（しゃくにさわる）

288. A□ このところ、い●●しい事件が続いて発生していて、気がめいるよ。（不吉である）

289. A□ 彼の言葉は意味■■で、考えさせられることが多い。
（いろいろなふくみがあること）

290. B□ A君は体がじょうぶなので、鉄人の■名（≒別名）を取る。
（実名、本名以外の呼び名。あだ名）

291. B□ ある事件の発覚をきっかけにして、い●●る式に別の犯罪が明るみに出た。（一つのことに関連して多くの事柄《ことがら》が現れる様子）

292. C□ 夏休みの海水浴場は、まさに●●を洗《あら》うような混雑《こんざつ》ぶりだ。

293. B□ ●●おうなしにボランティア活動に参加させられた。

294. B□ 一点差となり、試合がいやが●●にも盛《も》り上がってきた。

295. C□ い●●●も国会議員のするべきことではない。（かりにも）

296. A□ かわいい動物たちと触《ふ》れ合うと、心がい●●れるよ。
（心の悩《なや》みや苦しみを解消する）

297. A□ 年が明け、い●い●中学入試が始まる。（ついに）

298. C□ 弟に●●知恵《ちえ》して祖母から小遣《こづか》いをせしめたことがばれ

た。（ある目的のために、人にある考えやうまいやり方を教えこむこと）

299. A□ 一度も話をしたことがないAさんを色〔　〕で見てはいけない。（思いこみで物や人を見ること）

300. B□ 事件の一報が入り、新聞記者たちが色●●立つ。（興奮《こうふん》して落ち着かなくなる）

301. B□ 目の前での惨劇《さんげき》に人々は■を失った。

302. B□ みんなに非難されたA君は■をなして怒《おこ》った。

303. A□ いつもとは違《ちが》うクラスの雰囲気《ふんいき》に■和感を持った。（周りの雰囲気《ふんいき》と調和せず、しっくりこない感じ）

304. C□ い●●つきの家なので、格安で売りに出された。（何か特別な理由のあること。また、そういうもの）

305. B□ ●●●の頭も信心からというけど、テストではいつもこの鉛筆《えんぴつ》を使っているんだよ。

306. C□ A君はよく考えずに、言●●●がなのことを言ってしまう。（言わない方がいい）

307. A□ 友達への誕生《たんじょう》日プレゼントは言わぬが■で、当日まで内緒《ないしょ》にしておこう。

308. B□ 他人の子どもでもかわいいのに、い●●やわが子なら！（まして。言うまでもない）

309. B□ Aさんの意見に対して■を唱える。（相手と違《ちが》う反対意見を述《の》べる）

310. A□ 今まで周りの人に協力しなかったのだから、自分が困ったときに助けてもらえないのは■■応報だ。

311. C□ 口調はていねいだが、慇懃《いんぎん》■■な態度は不快だ。（表面はきわめてていねいだが、実は相手を見下していること）

312. C□ 度重《たびかさ》なる失敗をしたAさんに社長は■■を渡し、辞職《じしょく》を促《うなが》した。

313. B□ Aさんの作品は音楽界に強烈《きょうれつ》なイ◆◆◆トを与《あた》えた。（強い影響《えいきょう》力や印象。衝撃《しょうげき》）

314. A□ その映像には母のう●う●しい花嫁姿《はなよめすがた》が記録されていた。（若々《わかわか》しく新鮮《しんせん》で好感が持てる様子）

315. C□ 近所で大きな火災《かさい》が起こり、上●下●●大騒《おおさわ》ぎとなった。

316. A□ 予期せぬ夜中の地震《じしん》に、住民は■往■往するばかりだった。

317. B□ ■心あれば■心で、あなたが協力してくれるのならば、私もあなたの味方になろう。

318. A□ ライバルは一生懸命《いっしょうけんめい》勉強していてう●う●してはいられない。（注意が足りない様子）

319. C□ 気難《きむずか》しいA君の前ではう●●なことは言えない。（注意が足りない）

320. C□ ①早くからA氏の失策《しっさく》を指摘《してき》するとは、B氏は●●った見方をする人だ。
② 雨だれ石を●●つ

321. B□ あれだけ働いたのに、この報酬《ほうしゅう》ではAさんも●●ばれない。（苦労が報《むく》われない。救われない）

322. B□ 入試まであと一週間となり、みな、う●●●立っているようだ。（落ち着きをうしなう）

323. B□ 私の父は志《こころざし》半《なか》ばで会社が倒産《とうさん》するという●●目を見た。（つらい思い）

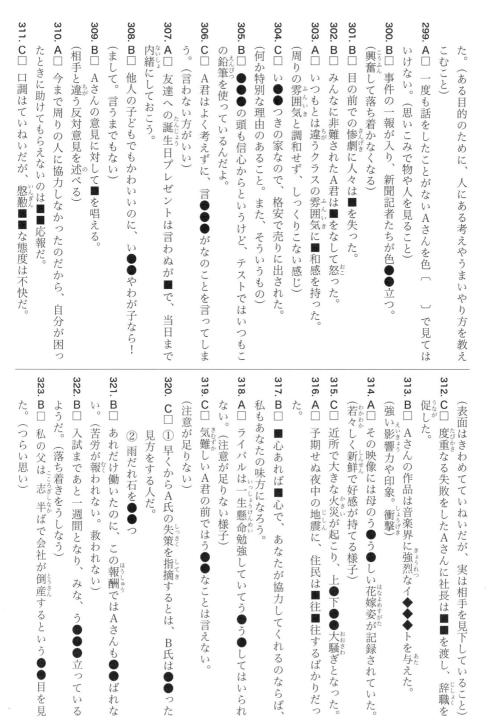

324. B□ A教授は頭脳明晰《ずのうめいせき》だが、周りの教授とは違《ちが》っていて、■世離《ばな》れした学者である。（世間の常識からかけ離れた言動をすること）

325. B□ 兄がえらそうにぼくに言うことは父の［　］売りにすぎない。（他人の意見や考えを自分の意見や考えのように言うこと）

326. B□ A高校の野球部はしょせん●●●の衆にすぎず、わがチームの敵《てき》ではない。

327. A□ 同じような商品が、雨後の●●●●のように次々と売り出されている。

328. C□ 数匹《すうひき》のいも虫が虫かごの中でう●●く。（もぞもぞと小刻《こきざ》みに動く）

329. C□ 彼の言葉はどうも●●●くさくて、半信半疑《はんしんはんぎ》だ。

330. B□ Aさんは優柔不断《ゆうじゅうふだん》で、う●う●した性格なのでいらいらする。

331. B□ 友達にさそわれて、初めて歌舞伎《かぶき》を見に行ったら、伝統芸能の魅力《みりょく》にはまったよ。■に引かれて■■寺参りとはこのことだ。

332. A□ 道路の修復工事は一向《いっこう》に終わる気配もなく、■の歩みだ。

333. C□ 牛は牛連れ■は■連れというが、Aさんの友だちはみんなのんびりしている。

334. B□ Aさんは名家《めいか》の出身だが、■より育ちで、他人を見下す態度は最低だと思う。

335. A□ 子どもの泣《な》き声に、［　］を引かれる思いで家を出た。

336. C□ 私には国会議員の父という頼《たの》もしい●●●盾《だて》がついている。

337. A□ 仮病《けびょう》を使い、ずる休みをしたので、う●●●たい気持ちだ。（自分が悪いことをしたと思い、気にかかる）

338. A□ ぼくは人から［　］を指されるようなことは何もしていない。

339. A□ ずっと我慢《がまん》していたので遊びに行きたくて、う●う●している。

340. B□ 急に腹痛におそわれて、その場にう●●まった。（体を丸《まる》く小さくしてしゃがみこむ）

341. B□ みんなに責《せ》められたAさんは、なぜかう●●笑いを浮《う》かべた。（相手を見下したように、かすかに笑うこと）

342. B□ A氏の取り巻《ま》き連中は、まさに■象■象の集まりだ。（世の中にたくさんいる、つまらない人々）

343. C□ 嘘《うそ》つきは［　］の始まりというから、正直に言いなさい。

344. C□ A君はぼくたちに嘘《うそ》■■を並び立てた。（数多くの嘘《うそ》）

345. B□ ①彼女は「自分はまったく関係がない」とう●●いた。
②彼は「自分にできないことなどはない」とう●●く。

346. A□ あの場面では嘘《うそ》も■■で、なにも正直に思ったことを口に出す必要はなかったのになぁ。

347. B□ A君は努力もしないので、●●●が上がらないままだ。（地位や生活がさっぱり向上せず、ぱっとしない）

348. C□ 八月に入ってからは連日、う●●ような暑さだ。（ひどい暑さでぐったりする）

349. B□ 太郎君は先生にしかられて、●●ひしがれたようすだった。（精神的にひどく傷《きず》つけられて、元気がなくなる）

350. B□ いつまでも■弁慶《べんけい》では、将来、社会に出てから苦労するよ。

351. A□ 運動会で一等賞をとって、A君は■頂■になっていた。
(非常に喜んで、夢中になるようす)

352. B□ 今度の食事会は■輪だけの集まりにしたい。
(外部の人を交えないこと)

353. C□ この先にはう●●うとした杉木立《すぎこだち》が広がっていた。
(あたりが暗くなるほど樹木《じゅもく》がしげっているさま)

354. C□ A君は受験勉強をせずに遊びにう●●をぬかしている。
(ある物事に心をうばわれて夢中《むちゅう》になり、他のものをかえりみない)

355. B□ 運動が得意で足が速いAさんはリレーの最終走者を任《まか》せるのに●●●つけだ。(条件《じょうけん》や希望にぴったりと当てはまるさま)

356. A□ 花子さんは今朝から、う●●な目をしている。
(心がぼんやりしている様子)

357. A□ 練習をつんで、めきめきと●●が上がった。

358. A□ 待ちに待ったライバルとの対戦を前に今から腕《うで》が●●。

359. B□ 囲碁《いご》なら腕に■えがある。(腕前《うでまえ》に自信がある)

360. A□ 母が腕《うで》に●●をかけて、得意の料理を作る。

361. B□ Aさんは頭の回転がはやくて、打てば●●●ような名回答を返してくれる。(すぐに的確《てきかく》な反応を示す)

362. A□ ぼくの父は日曜大工に腕《うで》を●●っている。
(力や才能をじゅうぶんに出す)

363. A□ A君は身長が高く体格も良いのに、臆病《おくびょう》者で●●の大木《たいぼく》だ。

---

364. B□ いじめられていたころの●●ましい記憶《きおく》がよみがえる。
(嫌《いや》で遠ざけたい気持ちだ)

365. C□ うっかり失言をしてしまい、同級生からう●●じられた。
(親しみを感じられなくて遠ざける)

366. C□ この家は●●●の寝床《ねどこ》のように入り口は小さいが、奥行きはある。

367. B□ 最近、物価《ぶっか》が●●●のぼりに上がって困《こま》るわ。

368. A□ 同じ失敗をくりかえしてしまい、A君は●●だれていた。
(気持ちがしずんで下を向く)

369. A□ A君は嘘《うそ》つきなので、彼の話をう●●にしてはいけない。
(何も考えずに、本当だと思いこむこと)

370. C□ 鵜《う》の目●●の目で、書類に間違《まちが》いがないか校正する。

371. C□ 国民の期待を背負《せお》って、新政権《せいけん》が■■をあげた。
(新たなものが誕生《たんじょう》するときのたとえ)

372. A□ 彼とは昔から、なぜだか■が合う。(気が合う)

373. B□ どこの馬の■だか分からない人はまったく信用できない。

374. A□ A君にいくら勉強は大切だと言って聞かせても、■の■に念仏だ。

375. B□ A氏は■千■千の事業家だから、何か助言をくれるだろう。

376. B□ 新しい技術なので、まだ■の物とも■の物ともつかない。

377. B□ 教室にいらっしゃった先生に、生徒たちはう●う●しく一礼《いちれい》した。(相手を敬《うやま》う)

378. B□ Aさんの理論は確固《かっこ》たる事実に■打ちされたものであった。(別の面から物事の確実さを保証《ほしょう》すること)

379. B□ ふだん言っていることと、■腹な態度はつつしむべきだ。(正反対)

380. C□ かつてはチームの花形《はながた》だったのに、今やう●ぶ●て見る影《かげ》もない。(落ちぶれてみじめなようすになる)

381. B□ 内気《うちき》なAさんに積極的に話しかけてみたが■目に出た。(よいだろうと思ってやったことが期待とは逆の思わしくない結果になる)

382. B□ 今日は入学式だが、う●●かな日和《ひより》にめぐまれた。(空が明るく晴れて、のどかな陽気)

383. C□ 父と母は売り言葉に［　］言葉で口げんかを始めた。

384. A□ ぼくの運動神経《しんけい》がよくないのは父親ゆずりで、うりのつるに●●●はならぬだよ。

385. B□ あの姉妹は見た目は●●二つだが、性格は対照的である。

386. A□ 親友に転校の話を聞かされたAさんの目は●●んでいた。(水分を含《ふく》んでくもる。水気《みずけ》を帯《お》びる)

387. B□ 政治家が次々と汚職《おしょく》事件で逮捕《たいほ》され、国の将来を●●える。(心配する)

388. B□ ●●覚えの歌を口ずさむ。(ぼんやりと覚えていること)

389. A□ 突然の訃報《ふほう》(＝人が亡くなったという知らせ)に●●たえる。(どうすればよいのか分からずまごつく)

390. C□ 弟はインフルエンザで高熱が出て●●ごとを言っていた。(高熱にうなされた時に無意識に口にする言葉)

391. B□ A君の悪口をみんなで言っていたら、●●●をすれば影《かげ》がさすというが、当人がやってきた。

392. C□ A氏は■滑《すべ》りの知識しか持っておらず、説得力に欠ける。(ものの見方や考え方などが軽々《かるがる》しくてあまり深くないこと)

393. B□ 興奮して思わず●●ずった声をあげた。(声の調子が高くなって乱《みだ》れる)

394. A□ A君は何か心配事があるようで、授業中も先生の話を■の空で聞いていた。

395. B□ Aさんはう●●は誠実そうな人だが、実際は嘘《うそ》つきだ。(外から見える所。表面的な部分)

396. A□ A君はいつも■■づかいに先生の顔色をうかがっている。(目だけを上のほうに向けて相手の様子をうかがうこと)

397. C□ 先生に相談したことで悩みの一切《いっさい》が■■霧消《むしょう》する。

398. C□ A氏は日本の歴史について、う●●くを傾《かたむ》けて解説した。(自分の持っている学問、技芸などの深い知識をすべて出す)

399. A□ ぼくのチームと相手チームとの力は■■の差がある。

400. C□ A君に話しかけたのにうんとも●●とも返事がない。

401. C□ 私の母は私を育てるために日夜え●え●として働いてきた。(長い間、一つのことをせっせと努め励《はげ》む様子)

402. C□ ひさしぶりに海外旅行に出かけて、■気を養った。(活動しようとする気力。元気)

403. C□ 史跡《しせき》を見れば古代国家の■枯■衰が頭に思い浮かぶ。

404. B□ ふだんから衛■的な暮《く》らしを心がけている。(健康を守り病気にかからないように気をつけること)

405. B□ A社長の思い切った■断が会社倒産《とうさん》の危機を救った。(すぐれた決断)

406. C□ A先生は中学受験指導のエ◆◆◆◆トです。(ある分野について高度な知識や技術を備《そな》えもった専門家)

407. B□ 騒《さわ》ぎがエ◆◆◆◆トして収拾《しゅうしゅう》がつかなくなった。
(ますます激《はげ》しくなること)

408. A□ 彼女は絵■■をならべるだけで、実際に行動しようとはしなかった。(現実にはありそうもない作りごと)

409. B□ 彼と親しい人はだれもおらず、■体の知れない人物だ。
(ほんとうの性質や姿、実態が分からない)

410. B□ A氏の行いはエ◆◆◆トに反するものだ。
(その時、その場面においてするべきとされる社交上の決まり)

411. C□ 尊敬するA先輩から、この仕事に求められるエ◆◆◆スを教わる。(物事の本質。大切な要素)

412. B□ 前日勉強したところが試験に出て、ひとり●●に入《い》る。
(物事が思う通りになって心の中で喜ぶ)

413. C□ 人は●●して、急ぐと失敗をしがちだ。(ともすると)

414. A□ 現実的なことも視野に入れないと、絵に描いた●●になるよ。

415. A□ 叔母《おば》さんにお土産《みやげ》を買っていったら、おこづかいをたくさんもらった。●●でたいをつるとはこのことだ。

416. B□ ■も言われぬ美しさを持つ絶世《ぜっせい》の美人に出会った。

417. C□ オリンピックは、●●抜《ぬ》きの選手が集う舞台だ。
(優《すぐ》れたものを選び出す)

418. B□ 私たちは●●を正して、その重要な任務に就く必要がある。

419. C□ すべての人間は必ず死ぬことから、私もいつかは必ず死ぬ。この考え方を■繹《えき》という。

420. C□ ようやく先週あたりから、仕事が■滑《かつ》に進むようになった。(物事が順調に進むようす)

421. C□ Aさんから仕事をたのまれたが、忙《いそが》しかったため婉《えん》■に断った。(はっきりとした表現をさけて、遠回しに言う)

422. C□ 私の父はシステムエ◆◆◆アとして働いている。
(機械、電気、土木、建築などの技術者)

423. C□ 俳優《はいゆう》であるA氏の演技は歳《とし》を重ねるごとに、円■味を増してきた。(芸や技術などが十分に上達し、その内容が豊かになること)

424. A□ わが社の発展のかげには、●●の下の力持ちとなってがんばっている人がいることを忘れてはならない。

425. C□ ここはお花見をするにはお●●●え向きの場所だ。
(注文や希望にぴったり合っていること)

426. B□ 冷夏で不作だった農家に台風が追い●●をかける。
(打撃《だげき》を受けて弱っているところに、さらに打撃を与《あた》えること)

427. B□ 母にしかられて、弟は大きな声を上げてお●お●と泣いた。

428. C□ 今回のあなたの依頼《いらい》はお●そ●とは引き受けられない。
(簡単に)

429. A□ 昔、Aさんには世話になったのでいまだに●●目がある。
(恩《おん》を受けた人に対して感じる心の負担《ふたん》)

430. B□ 人はあわてるとお●お●にして失敗しがちだ。
(よくあるようす)

431. C□ あこがれの中学校に入り、青春を謳《おう》■する。
(幸せをじゅうぶんに楽しむ)

432. C□ あの老人は空手の奥■をきわめている。

(学問や技能などで最も重要で難しい事柄《ことがら》。)
433.B□ 最近、都市では凶悪《きょうあく》犯罪が横■しているので注意が必要だ。(悪事がはびこること)
434.C□ 昭和時代は映画の黄■時代でもあった。
(ある物事が最も盛《さか》んだった時期)
435.B□ 今日のクラス会は、やじの■酬《しゅう》ばかりで議論が進まなかった。(相手がしかけてきたことに対して、負けずにやり返すこと)
436.B□ ① 先日、祖父は■生をとげた。
② 土地勘《とちかん》のない旅行先で友だちとはぐれてしまい■生した。
437.B□ もうおとなしくあきらめればよいのに、■■際が悪い人だ。(ぎりぎりのところまで追いつめられた時。またその時の態度)
438.B□ ■うた子に教えられるというように、後輩の意見によって気づかされることもある。
439.B□ A氏は名門チームを支えた■年の名選手であった。
(過ぎ去った昔)
440.C□ Aさんはひさしぶりに会った友人に、●●●●振舞《ぶるまい》をした。(盛大《せいだい》なもてなし。人に気前よくごちそうすること)
441.B□ そんな■柄《へい》な態度をとっていると、周りの人に嫌われるよ。(えらそうで、人を見下すようす)
442.A□ 社長だからといって横■なふるまいは許されない。
(権力や勢力などによってわがままを押《お》し通すこと)
443.B□ ぼくが「この絵はすばらしい」とほめたら、A君も「この絵はすばらしい」と●●●返しに言った。
(人が言ったことをそのまま言い返すこと)

444.B□ 社長はどんなときでもお●よ●に構えている器《うつわ》の大きい人だ。(ゆったりと落ち着いていること)
445.A□ ■路は遠く感じるが、復路は初めよりも近く感じるものだ。
446.B□ 母は身内の訃報《ふほう》(=人が亡くなった知らせ)を聞くと、お●●の声をもらした。(声をおしころして泣くこと)
447.B□ A君は身ぶり手ぶりをまじえながら、おお●●●な話し方をする。(おおげさなようす)
448.C□ ノーベル文学賞を受賞したA氏は日本文学界の大御■である。(ある分野や領域《りょういき》の実力者として勢力を持ち、影響《えいきょう》力のある人)
449.C□ オ◆◆◆◆クスな演奏であるが、それほど悪くはない。
(伝統的な考え方や方法に従っていること。正統的)
450.B□ いよいよ、この事件も大●●を迎《むか》えた。
(物事の終わりの段階。終局)
451.B□ きちんと結果を出したので、これで大■を振って歩ける。
452.A□ 登山家のAさんと一緒《いっしょ》に山に登れるのならば、大■に乗ったようなものだ。
453.B□ A君は大「　」を広げてばかりいて、誰からも相手にされていないね。(大げさなことを言うこと)
454.C□ 夏休みの宿題など三日で終わらせられると大●●を切る。
(自信のほどを強調して大げさな言動で表す)
455.A□ この点数なら、お●む●合格だろう。(おおよそ)
456.A□ いくつか細かいミスをしたが今回は大■に見てくれた。

（人の欠点などをあまりとがめないで許《ゆる》すこと）

457. C□ 来週オープンするお店の準備で、父は大わ●●だ。
（力いっぱいがんばるようす）

458. B□ 反省せずに私をうらむなんてお■違いだよ。

459. C□ 弁《べん》が立つA君を論破《ろんぱ》し、お■を奪《うば》った。

460. B□ 今回の件は傍■八■で、部外者のAさんに判断を委《ゆだ》ねよう。

461. A□ 風邪《かぜ》をひいたのか、今朝から■寒がする。
（熱が出て全身がぞくぞくとする寒気）

462. B□ 弟は嘘《うそ》がばれて、怒《おこ》った母に［　］をすえられた。

463. B□ A君は上級生の前でも●●することなく意見を述《の》べた。
（気後《きおく》れしておどおどする）

464. C□ Aさんは交渉《こうしょう》の最後になって、■の手を出してきた。
（普段《ふだん》は使わないとっておきの有効な手段）

465. C□ 先日の仕事に失敗したことはお●●にも出さない。
（考えていることを決してしゃべらず、そぶりにも見せない）

466. B□ 彼女は出しゃばらず、奥●●しい女性で誰からも好かれる。（上品で心がひかれる）

467. C□ 公開前から抗議《こうぎ》が殺到《さっとう》して話題作はお■入りとなった。

468. C□ 遅れ●●ながら、先日の御礼《おれい》を申し上げます。

469. C□ ギャンブルでお金を使いはたして、お●●になる。
（所持金《しょじきん》がまったくないこと）

470. A□ まことにおこ●●しいとは思いながらも、会長の職を引き受けさせていただく。（さしでがましい）

471. B□ ①A君は才能に●●って努力をしなくなった。
②●●る者久《ひさ》しからず

472. B□ よく考えず、●●なりな計画を立てたために、実行に移してから問題が発生した。（いいかげんなようす）

473. C□ お●●せの行事はやる意味がないので廃止《はいし》しよう。
（一方的に与《あた》えられた事柄《ことがら》）

474. A□ 暗闇の中、お●●づいてその場にしゃがみこんだ。
（こわいという気持ちになる）

475. B□ さまざまな物的証拠《しょうこ》から、交通事故の原因を●●はかる。
（あることについて、いろいろ考えてみる）

476. B□ 歳《とし》をとると、●し●べて、人は涙《なみだ》もろくなるものだ。
（一様《いちよう》に）

477. B□ Aさんはピアノの発表会で●●みない拍手《はくしゅ》を送られた。
（精一杯行《せいいっぱいおこな》うさま）

478. B□ 今やA氏は押しも［　］ぬ、日本を代表する俳優《はいゆう》だ。

479. C□ 二人とも強情で、押し■■をくり返すだけだった。
（たがいに意見を言い合って、どちらもゆずらないこと）

480. A□ 見知らぬ男に、A君はお●お●と近づいて話しかけた。
（おそるおそる。こわごわと）

481. C□ 実家からみかんが送られてきましたのでお●●分けしますね。（他からもらった物の一部を人に分けること）

482. A□ これは著名《ちょめい》な大学教授であるA氏のお●●付きの商品です。

483. B□ お●●●いを焼《や》くのはほどほどにしないと嫌《いや》がられるよ。
（余計《よけい》な世話《せわ》を焼《や》くこと）

484. B□ 一カ月にわたる海外旅行のお●●立ては、妻がしてくれ

た。（準備や支度《したく》をきちんとすること）

485. B□ 口にするにも●●ましい凶悪《きょうあく》な事件が発生した。
（身ぶるいするほど嫌《いや》な感じがすること）

486. B□ ①わざわざ先生に来ていただくなんてお●●多い。
②お●●多いお言葉をいただき感謝いたします。

487. C□ Aさんは立派《りっぱ》なことを言ったが、やはりお■目《もく》に終わったね。（口で言うだけで実行できそうにない主張）

488. A□ 先生から突然《とつぜん》指名されたAさんはお●お●していた。
（思いがけない出来事に対応できずあわてるさま）

489. A□ 心配で夜もお●お●と眠《ねむ》っていられない。（心安らかに）

490. C□ 算数の得意な彼なら、こんな問題を解くなんてお茶の子●●●●だ。

491. A□ 友だちに嘘《うそ》がばれてしまったが、その場は何とか［　］をにごした。

492. C□ 朝から具合《ぐあい》が悪くて口をきくのもお●●うだ。
（気が進まずめんどうに感じる様子）

493. C□ 子どもが事故にあったと聞き、押っ取り■でかけつけた。

494. C□ 私の母は料理ならお■のものだ。（たやすくできること）

495. B□ アメリカに留学したと聞いたが、そのあと何の■沙汰《さた》もない。

496. C□ 万引《まんび》きの現場にいながらとめなかったA君も同じ穴の●●●だ。

497. C□ 水くさいことを言うなよ。ぼくたちは同じ●●の飯《めし》を食《く》った仲間《なかま》ではないか。

498. C□ 来年のことを言うと●●が笑《わら》うというように、先のことはだれにも分からない。

499. A□ A君がぼくらのチームに入ってくれれば、鬼《おに》に■■で優勝まちがいなしだよ。

500. B□ 今日はこわいA先生がお休みなので、鬼《おに》の居《い》ぬ間に●●●●とばかりに、みんなのびのびとしていた。

501. B□ 相手のミスを見つけて鬼《おに》の■を取ったように喜ぶなんてみっともないよ。

502. A□ あの厳しい先生が感動して泣《な》いているなんて鬼《おに》の目にも●●●だ。

503. B□ 試合でミスばかりして仲間《なかま》のお■■になることはさけたい。（負担《ふたん》となるやっかいなもの）

504. A□ 春になれば、山の雪もお●●から消えてなくなるだろう。
（ひとりでに。自然に）

505. B□ 辺りは真っ暗で、あまりの恐怖《きょうふ》にお●●く。
（恐《おそ》ろしくてぶるぶると震《ふる》える）

506. B□ ふだんは物静かだが、A君の■■番はカラオケだ。
（得意とする物事）

507. C□ リレーに出場予定だった選手が次々とけがをしてしまい、私にお●●が回る。（順番が回ってくる）

508. C□ 美しい高価な器《うつわ》でも割れてしまったらその時点で［　］箱だ。（古くなったり使わなくなったりして不要なものを捨てること）

509. B□ ①●●ただしいファンがコンサート会場につめかける。
②あの人は不親切なこと、●●ただしい人だ。

510. A□ このドレスは普段着にしては派手《はで》だし、よそ行きにしてはだらしがないし、■に短し●●●に長しだわ。

511. B□ 彼は■ひれをつけて話すので、信用されていない。

512. B□ Aさんにはずけずけ言うのではなく、オ◆◆◆トに包んで話したほうがよいよ。

513. C□ 上司の機嫌《きげん》をとろうとお●●かを使うAさんのような人を太鼓《たいこ》持ちという。

514. A□ ① ●●つかない足どりで、駅のホームをふらふらと歩く。
② その程度の努力では、志望校合格は●●つかない。

515. B□ 母親は重い病《やまい》にかかった息子を助けたい一心で、おぼれる者は●●をもつかむように、いろいろな病院に通った。

516. B□ かなり前のことなので、記憶《きおく》がお●●になる。(不確かだ)

517. C□ 今度こそテストで良い点を取り、汚名《おめい》■■したい。

518. B□ 断られてこのままお●お●と引き下がるわけにはいかない。

519. B□ 妹はお●●しをしてデートに出かけた。
(化粧《けしょう》をして着飾《きかざ》ること。おしゃれをすること)

520. A□ A君はどうやらB教授のお■■にかなったようだ。
(目上の人に認められたり、気に入られたりすること)

521. A□ 自分は天才だなんて、思い●●●もはなはだしい。
(うぬぼれること)

522. C□ 思い立ったが■日で、今日から国語の勉強をまじめにがんばろう。

523. C□ ここで感情的になっては相手の思う●●にはまるだけだぞ。(意図《いと》した通りになること。前もって考えていた通り)

524. B□ 妹の笑顔には、亡《な》くなった母の■影《かげ》が感じられる。
(思い起こされる姿)

525. B□ 上司《じょうし》に●●ねるAさんの姿《すがた》は見るにたえない。
(人の機嫌《きげん》をとって気に入られようとする)

526. B□ クラスのみんなの前で先生にほめられて、何とも●●はゆい。(はずかしい。照れくさい)

527. A□ 父は席に着くと、おも●●に用件を話し始めた。
(ゆっくりと。静かに)

528. B□ 入試の合否結果を待つAさんは不安そうな■持ちである。
(思っていることが表れている顔つき)

529. A□ 両親が相次《あいつ》いで亡くなり、中学生だったA君は自分の将来を●●●ぱかった。(深く考えたり、思いをめぐらすこと)

530. C□ 親の光は■光りというが、B君は親の紹介《しょうかい》で指折りの大企業《きぎょう》に就職できた。

531. C□ どうしても親の■目でわが子を見てしまうものだ。

532. C□ 及《およ》び●●で交渉《こうしょう》に臨んだところでうまくいくはずはないよ。(やる気や自信がない。中途半端《ちゅうとはんぱ》な態度で物事に取り組むこと)

533. C□ どうも会社の上司《じょうし》との●●合いが悪い。
(人と人との関係。仲《なか》)

534. A□ Aさんのテニスの腕前《うでまえ》はコーチの［　］紙つきだ。
(信用できることを保証する)

535. B□ この商品は当店だけのオ◆◆◆ルなデザインのものだ。
(独自《どくじ》性。独創《どくそう》的)

536. B□ ■に触《ふ》れて注意してきたのだが、なかなかならない。
(機会のあるごとに)

537. C□ A君は■り目正しくあいさつをするので、好感が持てる。(礼儀《れいぎ》正しく、きちんとしている)

538. A□ 祖母《そぼ》が倒《たお》れたという知らせに、お●お●するばかりだった。(どうしたらよいか分からないまま、あわてる様子)

539. B□ 最初の試合で負けたショックが■を引いているようだ。(物事が過ぎ去ったあとまで影響《えいきょう》が残る)

540. B□ A君はいまだに十年前のことを恩●●がましく言う。

541. B□ 私たちは自然の恩■を受けてきたことを忘《わす》れてはならない。(自然や他人から受け、利益や幸福をもたらすもの)

542. A□ 今の時代に歴史を学ぶことは温■知■であり、意義のあることだ。

543. C□ 日本ではギャンブルは悪の■床《しょう》とされてきた。(良くないことを生み出しやすい場所や環境)

544. B□ 決勝戦にそなえて、エースのきみは温■しておこう。(使わないで大切にとっておくこと)

545. B□ 学芸会の■■を取ったのはクラス委員のA君だった。(大勢で物事を行う時、先に立って計画や世話をする)

546. C□ あれだけ好きだと言っていたAさんのことを何とも思っていないだなんて、女心と■の空というものだね。(男性に対する女性の心は、変わりやすいということ)

547. B□ 親に頼《たの》まれて叔父《おじ》に物を届けたが、一万円もお小遣《こづか》いをもらえて■の字だ。(大いにありがたいこと)

548. C□ 今回の件はA先生が穏《おん》■に取り計らってくれたので、表沙汰《おもてざた》にはならなかった。(方法がおだやかで角が立たない様子)

549. C□ ぼくはお金を持っていなかったので、電車賃《ちん》から入場料まで、●●●にだっこで、すべてA君が支払《しはら》ってくれた。

【か行】

か

言葉

か

001. A□ 飼《か》い犬に手をかまれる
〔似《に》た意味のことわざ〕庇《ひさし》を貸《か》して母屋《おもや》を取られる
【意味】世話をしたり、かわいがったりしていた人に裏切《うらぎ》られること。
【用例】かわいがっていた後輩《こうはい》がライバル会社に転職《てんしょく》した。飼い犬に手をかまれるとはこのことだ。

002. A□ かいがいしい
〔類義語〕まめまめしい
【意味】動作がきびきびしているようす。
【用例】母はエプロン姿で朝からかいがいしく台所で働いている。

003. B□ 買いかぶる
【意味】人を実質、実力以上に評価する。
【用例】あまり私の力を買いかぶらないでくださいね。

004. C□ 回帰《かいき》
【意味】ひとめぐりしてもとの所へ戻《もど》ること。
【用例】鮭《さけ》は生まれた川に回帰する習性がある。

005. C□ 懐疑《かいぎ》的
【意味】物事の意味や価値について疑いを持つこと。
【用例】現代こそ科学技術に対して懐疑的でなければならない。

006. C□ 懐古《かいこ》 〔類義語〕レトロ
【意味】昔を思い出してなつかしく思うこと。
【用例】たしかに歳はとったが懐古的な趣味《しゅみ》はない。

007. C□ 懐柔《かいじゅう》
【意味】相手をうまくあつかって自分の思う通りに従わせること。
【用例】自分の意見に反対する人を味方にするための懐柔策を考える。

008. C□ 外柔内剛《がいじゅうないごう》
【意味】外見はおとなしそうに見えるが、意志はとても強いこと。
【用例】A君は見た目とはちがい、外柔内剛でしっかりとした意志を持つ人である。

009. C□ 甲斐性《かいしょう》
【意味】積極的な気力や生活能力。頼《たよ》りになる気性《きしょう》。
【用例】私は甲斐性がないので結婚生活は長く続かなかった。

010. A□ 会心《かいしん》の笑《え》み
【意味】心から満足し、笑うこと。
【用例】試験会場から出てきた息子は会心の笑みを浮かべていた。

011. B□ 回想《かいそう》
【意味】過去のことをなつかしいこととして思い返すこと。
【用例】昔のアルバムを見て回想にふける。

012. B□ かいつまむ
【意味】要点《ようてん》だけを取り出してまとめる。
【用例】本日話し合う議題について、冒頭《ぼうとう》にかいつまんで話した。

013. C□ 快刀乱麻《かいとうらんま》を断《た》つ
〔類義語〕一刀両断《いっとうりょうだん》
【意味】めんどうな事件や複雑《ふくざつ》な問題を鮮《あざ》やかに解決していくさま。
【用例】A君は快刀乱麻を断つように、対立していたクラスメイトを和解させた。

014. B□ 概念《がいねん》
【意味】ある物事の大まかな意味や内容。
【用例】日本国憲法の基本的人権の概念について、友人と議論する。

015. B□ 垣間見《かいまみ》る
【意味】物のすきまからのぞき見る。物事の一端《いったん》を知る。
【用例】Aさんの実直《じっちょく》な人柄が垣間見られるエピソードだ。

016. B□ 皆目《かいもく》
【意味】まったく。まるで。全然。※後ろに打ち消しの言葉がくる。

【用例】この算数の問題の解き方は、皆目見当がつかないよ。

017. A□ かえりみる（顧《かえり》みる・省《かえり》みる）

【意味】①過去を思い返す。
②反省する。自分のことを考える。
③心にかける。気にする。

【用例】①父の存命中だった幼《おさな》いころを顧《かえり》みる。
②自分の行ったことを省《かえり》みて、急に恥《は》ずかしくなった。
③私の父は家庭を顧《かえり》みずに、仕事一筋に生きた人だった。

018. A□ 蛙《かえる》の子は蛙《かえる》

〔似《に》た意味のことわざ〕うりのつるになすびはならぬ

【意味】平凡《へいぼん》な人の子どもは、やはり平凡であるということ。子どもは親に似《に》るということ。

【用例】昔は父親とは違《ちが》い、自分は音楽の才能があると思っていたが、蛙の子は蛙で、結局は自分も変わらず凡人《ぼんじん》だった。

019. B□ 蛙《かえる》の面《つら》に水

【意味】どんな仕打ちを受けても平気なこと。注意されても動じない。

【用例】A君はいくら注意しても蛙の面に水で反省の色が見えない。

020. A□ 顔が売れる

【意味】広く世間に知られる。

【用例】生徒会長に立候補《りっこうほ》したので、学校中に顔が売れた。

021. A□ 顔が利《き》く

【意味】信用されていて、特別に良くしてもらえる。

【用例】この店では、ぼくの知り合いが働いているので顔が利く。

022. A□ 顔が広い

【意味】多くの人と知り合いである。

【用例】わたしの父は有名な音楽家なので、顔が広い。

023. A□ 顔から火が出る

【意味】はずかしくて顔が赤くなる。

【用例】好きな女の子の前で転んでしまい、顔から火が出たよ。

024. A□ 顔に泥《どろ》をぬる

〔類義語〕面目《めんぼく》をつぶす

【意味】恥《はじ》をかかせる。

【用例】親の顔に泥をぬるようなことをしてはいけない。

025. A□ 顔負《かおま》け

【意味】優《すぐ》れた力量や自信たっぷりの態度に圧倒《あっとう》され、たじろぐこと。

【用例】A君の野球の技術はプロも顔負けするほどのものだ。

026. B□ 顔を出す

【意味】短い時間だけ集まりなどに出ること。

【用例】今度の同窓会にはちょっとだけ顔を出そう。

027. A□ 顔を立てる

【意味】恥《はじ》をかかせないように、体面や面目《めんぼく》を保《たも》たせる。

【用例】まじめに働いて、紹介《しょうかい》した私の顔を立ててほしい。

028. B□ 鑑《かがみ》

【意味】行いの模範《もはん》や手本となるもの。

【用例】Aさんこそ人の鑑となる人物である。

029. C□ 書《か》き入《い》れ時《どき》

【意味】商店などで売れ行きが良く、忙《いそが》しくてもうけの多い時期。

【用例】クリスマスのころはケーキ屋にとっては書き入れ時だ。

030. C□ 火急《かきゅう》

【意味】急いでしなければならないこと。

【用例】火急の用事ができたので、早々《そうそう》に仕事を切り上げた。

031. C□ **佳境《かきょう》** 〔類義語〕ハイライト
【意味】もっとも興味深く、味わい深いところ。
【用例】いよいよ話が佳境にはいり、もりあがってきた。

032. A□ **画一的《かくいつてき》** 〔類義語〕均質的《きんしつ》 均一的《きんいつ》
〔反対の意味合いの語〕多様性
【意味】多くのものが同じようで、個性や特色がないこと。
【用例】画一的な公立校の教育内容にはうんざりしていたところだ。

033. C□ **かくかくしかじか**
【意味】具体的な内容を省略して引用する言葉。
【用例】かくかくしかじかの理由で、本日Aさんは来られないそうだ。

034. C□ **核家族《かくかぞく》**
【意味】夫婦《ふうふ》とその（未婚《みこん》の）子どもだけで構成される家族。
【用例】現在、都心部では核家族が主流を占《し》める。

035. B□ **画策《かくさく》**
【意味】計画を立てて、あれこれやること。※主に悪い意味で使う。
【用例】かげで画策していたのは、やはりA君だったか。

036. C□ **確執《かくしつ》**
【意味】たがいに自分の意見を主張してゆずらないこと。また、そのために起きる争い。

【用例】あの日以来、A君と私の間には深い確執がある。

037. A□ **革新《かくしん》** 〔対義語〕保守《ほしゅ》
【意味】古くからの制度、習慣、方法などを変えて新しくすること。
【用例】A氏の提唱《ていしょう》した考え方は当時としては革新的なものであった。

038. B□ **核心《かくしん》**
【意味】物事の中心となっている大切なところ。
【用例】記者が問題の核心をつくするどい質問をする。

039. C□ **確信犯《かくしんはん》**
【意味】宗教、思想、政治などの信念に基づいて正しいと信じて行う犯罪。
※本来は「悪いことだとわかっていて行う行為《こうい》」という意味ではない！
【用例】思想犯や政治犯のことを確信犯とも言う。

040. C□ **隔世《かくせい》の感《かん》**
【意味】変化や進歩が急で、ひどく時代が移り変わった感じ。
【用例】数十年ぶりに帰郷《ききょう》すると、以前とは隔世の感があった。

041. B□ **愕然《がくぜん》**
【意味】非常に驚《おどろ》くさま。
【用例】友人が急死したという知らせを聞いて、A氏は愕然とした。

042. B□ **額面《がくめん》通り**
【意味】表面通り。見た目の通り。
【用例】A氏の言葉を額面通り受けとめると後悔《こうかい》するよ。

043. C□ **かぐわしい**
【意味】良《よ》い香《かお》りがする。香りが高い。
【用例】秋の野《の》にかぐわしい菊《きく》の花が咲《さ》き乱《みだ》れる。

044. A□ **かけがえのない**
【意味】他のものでとりかえることのできないほど大切な。
【用例】かけがえのない命を大事にしよう。

045. C□ **掛《か》け値《ね》** 〔類義語〕誇張《こちょう》
※「掛け値なし」の形で使うことが多い。
【意味】物事を大げさに言うこと。
【用例】ぼくの作品について、きみの口から掛け値なしの評価が聞きたい。

046. A□ **かけら**
【意味】ほんのわずかなもの。※後に打ち消しの言葉がくる。
【用例】そんなひどいことをするなんて、良心《りょうしん》のかけらもない。

047. C□ かこつける 〔類義語〕口実《こうじつ》
【意味】他の事実を出して言いわけにする。
【用例】病気にかこつけて、仕事をさぼるくせがついた。

048. B□ 過言《かごん》ではない
【意味】大げさな言い方ではない。言いすぎではない。
【用例】Aさんは私の命の恩人《おんじん》だと言っても過言ではない。

049. B□ 風上《かざかみ》にも置けない
〔類義語〕面汚《つらよご》し
【意味】性質や行動がいやしいものをののしる言い方。
【用例】授業前にろくに予習もせずに教壇《きょうだん》に立つとは、A氏は教師の風上にも置けない。

050. C□ 笠《かさ》に着る
【意味】権力のあるものに頼《たよ》り、いばる。
【用例】A君はガキ大将であるB君の力を笠に着ていて不愉快《ふゆかい》だ。

051. A□ かさばる
【意味】じゃまになるくらい体積が大きくて場所をとる。
【用例】この商品は入れ物が大きいのでかさばる。

052. C□ 風見鶏《かざみどり》 〔類義語〕日和見《ひよりみ》
【意味】そのときの情勢《じょうせい》を見て態度や考え方を変える人。
【用例】A君は周りを見て考えをころころ変える風見鶏だ。

053. C□ かしずく 〔類義語〕奉仕《ほうし》する
【意味】人につきそって世話をする。
【用例】身体が不自由な老母にかしずく。

054. B□ 過失《かしつ》 〔対義語〕故意《こい》
【意味】不注意から生じたあやまち。しくじり。
【用例】自分の不注意によって、重大な過失をおかしてしまう。

055. C□ かしましい
【意味】耳ざわりでうるさいこと。
【用例】図書館内にもかかわらず、大声で話をするかしましい女の人がいた。

056. B□ 過信《かしん》
【意味】能力や価値を実際以上に高いものと思いこんでたよること。
【用例】彼は自分の力を過信して失敗した。

057. B□ 風当《かぜあ》たり
【意味】周りの人からの非難《ひなん》や攻撃《こうげき》。
【用例】当時は保守的な社会だったため、A氏に対する世間の風当たりは強かった。

058. B□ 風《ふ》が吹けば桶屋《おけや》が儲《もう》かる
【意味】ある出来事の影響《えいきょう》が思いがけないところに及《およ》ぶことのたとえ。

【用例】長雨が降ったことで自分たちの商売が繁盛《はんじょう》するとは、風が吹けば桶屋が儲かるとは、まさにこのことだ。

059. A□ 風の便《たよ》り ※「風のうわさ」は本来は誤り！
【意味】どこからともなく伝わってくる消息《しょうそく》やうわさ。
【用例】彼は昨年結婚したらしいと風の便りに聞いた。

060. C□ 風の吹《ふ》き回《まわ》し
【意味】その時のなりゆきや、物事のはずみ。
【用例】どういう風の吹き回しか、めずらしくA君が時間通りに現れた。

061. B□ 俄然《がぜん》 〔類義語〕にわかに
【意味】急に。たちまち。
【用例】Aさんが手伝ってくれると分かり、俄然元気が出てきた。

062. B□ 肩書《かたが》き
【意味】その人の社会的身分や地位など。
【用例】肩書きがものをいう世の中は終わろうとしている。

063. A□ かたくな
【意味】自分の考えを変えないで、がんこなようす。

【用例】かたくなに自分の意見を主張してゆずらない。

064. A□ 固唾《かたず》を飲む

〔類義語〕息を殺す、手に汗《あせ》を握《にぎ》る

【意味】じっと息をつめて緊張《きんちょう》し、なりゆきを心配するようす。

【用例】サーカス団の離《はな》れわざを、観衆は固唾を飲んで見守った。

065. A□ 肩《かた》で風を切る

【意味】威勢《いせい》がよく、得意な態度をする。

【用例】A君はテストで一位をとり、肩で風を切って歩いている。

066. B□ 片手間《かたてま》

【意味】本来の仕事の合間。本職（本業）のかたわらにする仕事。

【用例】塾《じゅく》で子どもたちを教える仕事は片手間ではできないよ。

067. B□ かたなし

【意味】みじめなありさまになる様子。

【用例】偶然《ぐうぜん》とはいえ素人《しろうと》に負けるなんて、名人もかたなしだ。

068. A□ 肩《かた》の荷《に》が下《お》りる

【意味】責任をはたしてほっとする。

【用例】学級委員としての務《つと》めをはたして、やっと肩の荷が下りたよ。

069. B□ 肩《かた》ひじ張《は》る

【意味】他に対して負けまいとして緊張《きんちょう》する。威張《いば》るさま。

【用例】肩ひじ張った態度をとらずに素直《すなお》に接すればよい。

070. B□ 片棒《かたぼう》をかつぐ

【意味】悪事に荷担《かたん》する。

【用例】結果的には、A君へのいじめの片棒をかつぐことになってしまった。

071. B□ 形見《かたみ》

【意味】死んだ人、または別れた人の残した品。

【用例】父親の法事には母の形見の着物を着て行こう。

072. A□ 肩身《かたみ》がせまい

【意味】世間に対してはずかしい。

【用例】ぼくが先生にしかられたことが近所に知られたら、母は肩身がせまい思いをするだろう。

073. B□ 型破《かたやぶ》り

【意味】世間の常識や習慣から大きく外れていること。

【用例】高校生のときに次々に記録を更新《こうしん》した型破りの新人選手が入団した。

074. C□ 語《かた》り草《ぐさ》

【意味】いつまでも語り伝えられるような話のたねや話題。

【用例】A選手が放った試合終了間際《まぎわ》の逆転シュートは、のちのちまで語り草となった。

075. A□ かたわら

【意味】すぐ近くの所。そば。

【用例】まだ幼い弟は、いつも母のかたわらにいて離《はな》れようとしない。

076. A□ 肩《かた》をいからす

【意味】肩を高くはって、いばっているようす。

【用例】人相《にんそう》のよくない男が向こうから肩をいからして歩いてくる。

077. A□ 肩《かた》を入れる（肩入《かたい》れ）

【意味】ひいきして援助《えんじょ》する。

【用例】社長はいつも同郷《どうきょう》（＝故郷《こきょう》が同じであること）のAさんに肩入れする。

078. A□ 肩《かた》を並《なら》べる

〔類義語〕比肩《ひけん》　匹敵《ひってき》

【意味】同じくらいの力を持つ。同等の地位ではりあう。

【用例】A君の成績は私と肩を並べるほどに成長した。

079. A□ 肩《かた》を持つ

【意味】争いをしている一方の味方をする。

【用例】兄にいじめられたときに、母はぼくの肩を持ってくれた。

080. A□ **価値観《かちかん》** ※「価値感」と書かないように注意！

【意味】ある物事に対してどのような値打ちや意義を認めるのかについての、個人の判断や考え方。

【用例】人によって価値観が異なるのは当然と言える。

081. B□ **火中《かちゅう》の栗《くり》を拾《ひろ》う**

【意味】他人の利益のために危険をおかし、物事をすること。

【用例】A君のために、先生に怒《おこ》られるようなことをするなんて、火中の栗を拾うようなものだ。

082. A□ **花鳥風月《かちょうふうげつ》** 〔類義語〕雪月花《せつげつか》

【意味】美しい自然の景色。

【用例】昔から日本人は花鳥風月をめでる民族であった。

083. C□ **割愛《かつあい》**

【意味】おしみながら省いたり、思い切って手放したりすること。

【用例】紙面《しめん》の都合で、文章の一部を割愛する。

084. C□ **かつかつ**

【意味】余裕《よゆう》のないさま。限度ぎりぎり。どうにか。

【用例】私の収入では食べていくのがやっとのことで、かつかつだ。

085. A□ **画期的《かっきてき》**

【意味】今までになかったことをして、新しい時代を開くようす。

【用例】地動説《ちどうせつ》は、その当時としては画期的な学説だったといえる。

086. B□ **確固《かっこ》たる**

【意味】意見や立場などが確かで、しっかりしたようす。

【用例】A氏の不正に対しては確固たる態度で臨む。

087. B□ **喝采《かっさい》**

【意味】手をたたいたり、声を上げたりしてほめること。

【用例】すばらしい演奏をしたA氏は拍手《はくしゅ》喝采を浴《あ》びた。

088. C□ **滑舌《かつぜつ》**

【意味】放送や演劇などで発声が聞き取りやすくなめらかなこと。

【用例】あの俳優《はいゆう》は滑舌が悪くてセリフが聞きとりにくい。

089. A□ **勝ってかぶとの緒《お》をしめよ**

【意味】成功しても油断してはいけない。

【用例】テストの点数が良かったときこそ、勝ってかぶとの緒をしめよというように、次に備えなければいけない。

090. B□ **葛藤《かっとう》**

【意味】心の中で相反《あいはん》する感情や欲求がからみあい、そのどちらをとるか迷《まよ》い悩《なや》むこと。

【用例】A君のことを信じるか疑うかという葛藤に苦しんでいる。

091. A□ **河童《かっぱ》の川流れ**

〔似《に》た意味のことわざ〕猿《さる》も木から落ちる、弘法《こうぼう》も筆《ふで》のあやまり

【意味】名人でも時には失敗するということ。

【用例】算数が得意なA君でもたまには悪い点数を取る。河童の川流れというものだね。

092. C□ **活路《かつろ》**

【意味】苦しい状態《じょうたい》から逃《のが》れる方法。生きのびる方法。

【用例】危機的状況《じょうきょう》を脱《だっ》して、何とか活路を見出《みいだ》した。

093. A□ **糧《かて》**

【意味】精神をゆたかにするもの。力づけるもの。

【用例】A氏の有益《ゆうえき》なアドバイスを今後の心の糧とする。

094. C□ **勝てば官軍《かんぐん》負ければ賊軍《ぞくぐん》**

※「勝てば官軍」のみでも使う。

【意味】勝った者はたとえ正しくなくても正し

いとされること。

【用例】勝てば官軍負ければ賊軍で、勝負事はずるい手を使ってでも勝たなければいけない。

095. A□ 我田引水《がでんいんすい》
〔類義語〕利己《りこ》的　自己中心的
【意味】物事が自分の利益になるように言ったりしたりすること。
【用例】彼の提案《ていあん》はあまりにも我田引水に過ぎるよ。

096. C□ カテゴリー
【意味】同類のものがすべて含まれる部類《ぶるい》や部門《ぶもん》。
〔類義語〕範疇《はんちゅう》　範囲《はんい》
【用例】AとBは生物学的には別のカテゴリーに属している。

097. A□ 角《かど》が立つ
【意味】人との関係が悪化する。

【用例】そんな角が立つ言い方をするべきではない。

098. B□ 角《かど》が取れる
【意味】年をとったり人生の経験を積んだりしておだやかになる。

【用例】昔に比べるとAさんは角が取れて話しやすくなった。

099. B□ かなめ
【意味】物事の最も大切なところ。要点。急所。

【用例】A君はチームのかなめとなる人だ。

100. B□ かねがね
【意味】以前からずっと。前もって。

【用例】先生のおうわさはかねがね承《うけたまわ》っておりました。

101. C□ 蚊《か》の鳴くような声
【意味】弱弱《よわよわ》しい小さな声。

【用例】みんなでA君を問いつめると蚊の鳴くような声で答えた。

102. A□ かぶとをぬぐ
〔似《に》た意味の言葉〕白旗《しらはた》をあげる
【意味】降参《こうさん》する。
【用例】Aさんの絵の才能には、A先生ですらかぶとをぬいだ。

103. A□ かぶりを振《ふ》る
〔対義語〕相槌《あいづち》を打つ
※「かぶり」は頭と書く。
【意味】頭を左右にふり、否定や不承諾《しょうだく》を表す。

【用例】A君の必死の懇願《こんがん》にもかかわらず、B君はかぶりを振った。

104. A□ 壁《かべ》に耳あり障子《しょうじ》に目あり
【意味】秘密《ひみつ》の話や行動は意外にもれやすいものだ。

【用例】今回のことは外部にもれないようにくれぐれも気をつけるように。壁に耳あり障子に目ありというからね。

105. A□ 果報《かほう》は寝《ね》て待て
〔似《に》た意味のことわざ〕待てば海路《かいろ》の日和《ひより》あり
【意味】あせらずに待てば幸運はきっとやってくるものだということ。
【用例】いくら果報は寝て待てというからって、勉強しないで遊んでいたのでは成績は上がるわけないよ。

106. A□ か細《ぼそ》い
【意味】非常に細いさま。また、消えそうなほど弱弱しいさま。

【用例】捨てられた子猫がか細い声で鳴いていた。

107. B□ かまける
【意味】一つのことに心をうばわれて、他がおろそかになる。

【用例】遊びにかまけて、受験勉強をおろそかにしてはいけない。

108. C□ かまびすしい
【意味】やかましい。さわがしい。

【用例】夜中だというのに、外ではかまびすしい話し声がする。

109. B□ 鎌《かま》をかける

【意味】相手に本当のことを言わせるために、話に乗ってくるように問いかけること。
【用例】気になることがあったので、Aさんにそれとなく鎌をかけてみた。

110. A□ 紙一重《かみひとえ》
【意味】（紙一枚ほどの）ごくわずかな違《ちが》いや隔《へだ》たり。
【用例】最後まで接戦だったが紙一重の差で勝つ。

111. A□ がむしゃら
〔類義語〕向《む》こう見《み》ず
【意味】よく考えないで勢いで物事を行うこと。
【用例】若さにまかせてがむしゃらに働き、体を壊《こわ》してしまった。

112. C□ カムフラージュ 〔類義語〕偽装《ぎそう》
【意味】本当の姿や様子を変えて人の目をごまかすこと。
【用例】A氏に本心をさとられないようカムフラージュした。

113. B□ がめつい
【意味】お金儲《もう》けに抜《ぬ》け目がないさま。押しが強くけちである。
【用例】がめつく金をためるAさんの周《まわ》りに友人はいないね。

114. A□ 亀《かめ》の甲《こう》より年《とし》の功《こう》
【意味】長い間の経験はとうといものである。
【用例】亀の甲より年の功というから、おじいちゃんに相談してごらんなさい。

115. B□ 仮面《かめん》をかぶる
【意味】本心を包み隠《かく》して表情に表さない。
【用例】いじめられないように仮面をかぶる生活につかれる。

116. C□ 醸《かも》し出す
【意味】ある気分や感じをそれとなく作り出す。
【用例】Aさんがそこにいるだけで和《なご》やかな雰囲気《ふんいき》を醸し出す。

117. B□ 蚊帳《かや》の外《そと》
【意味】当事者からはずれた立場。物事に関われない位置。
【用例】いつの間にか話し合いが行われていて、自分だけ蚊帳の外に置かれていた。

118. B□ がらがら（と）
【意味】かたい物などが一度に崩《くず》れ落ちるさま。
【用例】優秀《ゆうしゅう》な転校生によって、ぼくの自信はがらがらと崩《くず》れ落ちた。

119. A□ 烏《からす》の行水《ぎょうずい》
【意味】入浴を簡単にすますこと。
【用例】今日は運動会で体がよごれているのだから、烏の行水ではいけませんよ。

120. A□ かりかり
【意味】気分がいらだっているさま。腹を立てているさま。
【用例】Aさんは気に入らないことがあったのか、かりかりしている。

121. B□ かりそめ
【意味】その場限り。一時的なこと。
【用例】初恋の相手であったAさんとは、かりそめの恋に終わってしまった。

122. B□ かりそめにも
【意味】①仮にも、いやしくも。②（後に打ち消しの語をともなって）決して、少しでも。

【用例】①かりそめにも教師であるならば言動につつしむべきだ。②かりそめにも死のうだなんて思ってはいけないよ。

123. A□ 借《か》りてきた猫《ねこ》のよう
〔類義語〕猫をかぶる
【意味】普段とちがっておとなしくしている人のこと。
【用例】いつもはいたずらばかりしているA君も、先生の前では借りてきた猫みたいにおとなしいね。

124. B□ 画竜点睛《がりょうてんせい》を欠《か》く
〔類義語〕詰《つ》めが甘《あま》い

【意味】最後の仕上げを残してしまうこと。
※「睛」とは目のこと。
【用例】試合の残り時間一分というところで、画竜点睛を欠いたために、逆転をされてしまった。

125. B□ カルチャーショック
【意味】考え方や行動様式などが自分とは異なる文化に接したときに受ける精神的な衝撃《しょうげき》。

【用例】海外旅行の醍醐味《だいごみ》とは異文化《いぶんか》に接したときに受けるカルチャーショックである。

126. A□ 枯《か》れ木も山のにぎわい
【意味】つまらぬものでも、ないよりはましだということ。
※自分をへりくだって言うときに使う。
【用例】枯れ木も山のにぎわいといいますので。今度のパーティには参加いたします。

127. B□ かろうじて
【意味】ようやくのことで。やっと。何とか。

【用例】今回の試合ではライバルにかろうじて勝利した。

128. A□ かわいい子には旅をさせよ
〔似た意味のことわざ〕獅子《しし》の子落《こお》とし
【意味】愛する子どもには苦労をさせて世の中のことを学ばせたほうがよい。
【用例】大学を卒業したのなら、もう親元《おやもと》をはなれて一人暮《ぐ》らしをさせるべきだよ。かわいい子には旅をさせよというだろう。

129. B□ 皮切《かわき》り 〔類義語〕手始め
【意味】物事のし始め。

【用例】今年は東京公演を皮切りに、全国各地で演奏会を開く予定だ。

130. B□ 感化《かんか》
【意味】物の考え方などを相手に共感させて、影響《えいきょう》を与《あた》えること。

【用例】悪友のA君に感化されて非行に走る。

131. B□ 看過《かんか》
【意味】見すごすこと。見のがすこと。

【用例】今回のいじめの問題は悪質で、看過できない。

132. A□ かんかん（と）
【意味】日光が強く照りつけるさま。

【用例】夏の太陽がかんかんと照りつける。

133. B□ 勘《かん》ぐる
【意味】気をまわして、悪いほうに推測《すいそく》する。

【用例】A君は私に隠《かく》れて悪口を言っていないかと勘ぐる。

134. C□ 閑古鳥《かんこどり》が鳴く
〔類義語〕さびれる
【意味】客が来なくてひっそりとしているさま。
【用例】大型ショッピングモールができて、この店は閑古鳥が鳴いている状態《じょうたい》である。

135. B□ がんじがらめ
【意味】多くのことにしばられて自由に動けないこと。

【用例】生徒たちを規則でがんじがらめにするのは反対だ。

136. B□ かんしゃく
【意味】感情をおさえられずに、発作《ほっさ》的に興奮《こうふん》して怒《いか》りを表すこと。また、そうなりやすい性質。

【用例】弟は自分の思い通りにならないとすぐにかんしゃくを起こす。

137. A□ 感受性《かんじゅせい》
【意味】物事を心に深く受け入れることのできる性質や能力。

【用例】Aさんは感受性が豊かで、彼の作品にもよく表れている。

138. A□ 感傷《かんしょう》 ※「感傷的」という使い方も覚えておこう！
【意味】悲しみやさびしさを強く感じること。

【用例】昨年亡《な》くなった旧友《きゅうゆう》を思い出して、ひとり感傷にひたる。

139. B□ 干渉《かんしょう》
【意味】直接関係のない者が口出しをし、他人を自分の意思に従わせようとすること。
【用例】いつまでも私のやることに干渉する両親にはうんざりする。

140. B□ 感情移入《かんじょういにゅう》
【意味】作品や自然などに自分の気持ちを深く入りこませ、その対象に共感し一体となること。

【用例】小説を読むと感情移入して涙《なみだ》が止まらなくなることがある。

141. C□ 寒心《かんしん》に堪《た》えない
【意味】ぞっとするぐらい恐《おそ》れる。
【用例】昨今の凶悪《きょうあく》犯罪は寒心に堪えない。

142. C□ 歓心《かんしん》を買う
【意味】人に気に入られようと機嫌《きげん》をとる。
【用例】A君はなんとか先生の歓心を買おうと必死だった。

143. A□ 間接的《かんせつ》 〔対義語〕直接的《ちょくせつ》
【意味】間にものをへだてている様子。
【用例】間接的な言い回しをしたほうが角《かど》が立たないよ。

144. B□ 勧善懲悪《かんぜんちょうあく》
【意味】よい行いをすすめ、悪い行いをこらしめること。
【用例】勧善懲悪の筋書《すじが》きのドラマは見ていて気持ちが良いものだ。

145. A□ 完全無欠《かんぜんむけつ》
【意味】すべて満ちていて、欠点や不足がまったくないこと。
【用例】この世に完全無欠の人間はいない。

146. C□ 含蓄《がんちく》
【意味】表現に深い意味や味わいのあること。
【用例】校長先生が全校生徒の前で、含蓄に富むお話をされた。

147. B□ 眼中《がんちゅう》にない
【意味】まったく問題にしていない。考えてもみない。
【用例】仕事を選ぶうえで、お金のことなどは眼中になかった。

148. C□ 噛《か》んで含《ふく》める
【意味】よく分かるようにていねいに言い聞かせる。
【用例】先生は生徒たちにひとつひとつ噛んで含めるように説明した。

149. B□ がんとして
【意味】自分の考えを主張して他人の考えを受け入れようとしない様子。
【用例】A君は両親の意見をがんとして聞き入れなかった。

150. B□ 堪忍袋《かんにんぶくろ》の緒《お》が切れる
【意味】怒《いか》りの気持ちをこれ以上がまんできなくなる。
【用例】温厚《おんこう》なA君でも今回の件では堪忍袋の緒が切れたようだ。

151. B□ かんばしい
【意味】好ましいさま。ほめられた状態《じょうたい》であること。
※後に「ない」という打ち消しの言葉がくることが多い。
【用例】一生懸命《いっしょうけんめい》がんばったが、今回はかんばしい結果が出なかった。

152. B□ 間髪《かんはつ》を入《い》れず ※「カンパツ」は間違い。
【意味】すぐに。ほとんど間をおかないで。
【用例】A氏が釈明《しゃくめい》をすると、間髪を入れずに質問が浴びせられた。

153. B□ 完膚《かんぷ》なきまで
【意味】徹底的《てってい》に相手を痛めつけるようす。
【用例】今日の試合ではライバルを完膚なきまでに打ちのめした。

154. B□ 感無量《かんむりょう》 〔類義語〕感慨無量《かんがいむりょう》
【意味】計《はか》り知れないほど身にしみて感じること。
【用例】小学校最後のテストで好成績をとることができて感無量だ。

155. B□ 感銘《かんめい》

【意味】忘れられないほど深く心に感じること。
【用例】太宰治《だざいおさむ》の「走れメロス」を読んで感銘を受けた。

156. B□ 寛容《かんよう》　〔類義語〕寛大《かんだい》
【意味】心が広くて人を受け入れること。人の過《あやま》ちを許《ゆる》すこと。
【用例】あのA君のことを許すなんて、寛容な精神の持ち主だ。

157. B□ 元来《がんらい》
【意味】初めからその状態や性質であるさま。もともと。
【用例】人は元来、心の弱さをもっているものだ。

158. B□ 還暦《かんれき》
【意味】六十歳《さい》になること。　※数え年では六十一歳。
【参考】古希《こき》（七十歳）、喜寿《きじゅ》（七十七歳）、傘寿《さんじゅ》（八十歳）、米寿《べいじゅ》（八十八歳）、卒寿《そつじゅ》（九十歳）、白寿《はくじゅ》（九十九歳）
【用例】先日、父が六十歳になったので還暦のお祝いをした。

159. C□ 閑話休題《かんわきゅうだい》
【意味】話題を本筋に戻す時に使う言葉。それはさておき。
【用例】閑話休題、本日の議題に入りたいと思います。

き

160. B□ 奇異《きい》
【意味】普通とは様子がちがってあやしく思われること。
【用例】A氏のよそよそしい態度に奇異の感を抱《いだ》いた。

161. C□ 利《き》いた風《ふう》　※「聞いた風」ではない！
【意味】分かってもいないのに知っているふりをして生意気な態度をとること。
【用例】何も事情が分かっていないくせに利いた風なことを言うな。

162. B□ 生一本《きいっぽん》
【意味】性格がまっすぐで思いこんだらそれを曲げないこと。
【用例】Aさんは真剣《しんけん》に仕事に取り組む生一本な人だ。

163. C□ 聞いて極楽《ごくらく》見て地獄《じごく》
【意味】人から聞いただけでは非常にすばらしく思えるが、実際に自分で見てみると話とは違《ちが》って、きわめてひどいことのたとえ。

【用例】A先生の授業は楽しいと聞いていたのに、実際に授業を受けてみると、聞いて極楽見て地獄で、とても厳《きび》しくてつらかった。

164. C□ 気炎《きえん》をあげる
〔類義語〕気炎を吐《は》く
【意味】さかんに勢いのよいことを言う。
【用例】今度のテストでは一位をとるとみんなの前で気炎をあげた。

165. A□ 気負《きお》う
【意味】負けまいとして意気込《いきご》む。必要以上に張り切る。
【用例】物事を行う時は気負い過ぎるとかえって失敗する。

166. A□ 気後《きおく》れする
【意味】おじけづいて心がひるむこと。弱気になること。
【用例】A先生の前ではどうも気後れしてうまく話せない。

167. A□ 気が置けない
【意味】遠慮《えんりょ》したりせずに、打ち解けられる。
※「気の許せない・油断できない」という意味ではない！
【用例】A君はぼくにとって気が置けない友人の一人だ。

168. B□ 機械的《きかいてき》
【意味】機械が動くように、型通《かたどお》りに一つの方式で物事を処理するさま。※よくない意味で使うことが多い。
【用例】A先生は提出された宿題に機械的に目を通して検印《けんいん》を押しているだけだ。

169. A□ 気が利《き》く
【意味】注意が細かいところまで行き届《とど》く。
【用例】Aさんはやさしくて気が利くので、みんなから好かれている。

170. B□ 気が気でない
【意味】心配なことがあって落ち着いていられない。
【用例】電車が遅《おく》れていて約束《やくそく》した時間通りに着けるか気が気でない。

171. A□ 気が済《す》む
【意味】気持ちがおさまる。満足する。
【用例】試験が終わったので、今日は気が済《す》むまでゲームをしよう。

172. B□ 気が立つ
【意味】感情が高ぶっていらいらする。
【用例】渋滞《じゅうたい》で車が進まず、運転している父は気が立っていた。

173. A□ 気が引ける
【意味】気後《きおく》れする。遠慮《えんりょ》したい気持ちになる。
【用例】姉に手伝ってもらった絵がコンクールで入選し気が引ける。

174. B□ 気が滅入《めい》る
【意味】気分がしずむ。ゆううつになる。
【用例】先週から失敗をくりかえしてしまい、気が滅入るよ。

175. A□ 器官《きかん》
【意味】生物体を構成《こうせい》する一部分。※気管（呼吸のときの空気の通路）と区別しよう。
【用例】消化器官の仕組みについてくわしく勉強する。

176. B□ 基幹《きかん》
【意味】物事のおおもととなるもの。
【用例】戦後しばらくの間、鉄鋼《てっこう》業は日本の基幹産業であった。

177. A□ 危機一髪《ききいっぱつ》 ※「一発」ではない！
【意味】非常に危険な状態。
【用例】登山をしていたら落石があったが、危機一髪のところで助かった。

178. B□ 聞きかじる
〔関連語〕聞きかじり（名詞の形）
【意味】話の一部分や表面だけを聞いて知っているつもりになる。
【用例】聞きかじった知識をひけらかすなんてこっけいだ。

179. C□ 聞《き》きしに勝《まさ》る
【意味】話に聞いて想像していた以上に程度《ていど》がはげしい。
【用例】決勝戦の相手は聞きしに勝る強さだった。

180. C□ 鬼気迫《ききせま》る
【意味】不気味《ぶきみ》で恐《おそ》ろしい気配がする。※本来はよくないことで使う。
【用例】真夜中の墓場《はかば》は何やら鬼気迫るものがある。

181. B□ 危急存亡《ききゅうそんぼう》 〔類義語〕風前《ふうぜん》の灯火《ともしび》
【意味】危機がせまり、ほろびるかどうかの瀬戸際《せとぎわ》。
【用例】不況《ふきょう》の中、わが社はまさに危急存亡の秋《とき》をむかえている。

182. B□ ぎくしゃく
【意味】動作や言葉、人間関係などがなめらかでない様子。
【用例】ぎくしゃくしたAさんとの関係を修復したいと願う。

183. B□ 聞こえよがし
【意味】当人がその場にいるのに気づかないふりをして、わざと聞こえるように話すこと。

【用例】聞こえよがしに悪口をいうなんてAさんは意地悪だ。

184. B□ 気心《きごころ》

【意味】その人が本来持っているものの考え方や気質。
【用例】気心の知れた友人と旅行に行くのは楽しいものだ。

185. A□ ぎこちない
【意味】動作や言葉がなめらかでなく不自然である。
【用例】足首をくじいてしまい、ぎこちない歩き方になった。

186. B□ 気骨《きこつ》 ※「きぼね」と読めば、「気苦労《きぐろう》」という意味になる。
【意味】信念をつらぬき通し、妨害《ぼうがい》に屈《くっ》しない気性。
【用例】A氏は度重なる困難にもめげない気骨のある人だ。

187. A□ 兆《きざ》し 〔類義語〕前兆《ぜんちょう》　予兆《よちょう》
【意味】物事が起こり始めるときのしるし。
【用例】ようやく景気回復の兆しが見えてきた。

188. A□ 起死回生《きしかいせい》
【意味】だめになりかかっているものを、良い状態にもどすこと。
【用例】土壇場《どたんば》でA選手が起死回生のホームランを打って、逆転《ぎゃくてん》勝ちした。

189. C□ 既視感《きしかん》 〔類義語〕デジャブ
【意味】初めて見る光景であるのに、前に見た経験があるという思いがすること。

【用例】初めて訪《おとず》れた街《まち》なのに、既視感を抱《いだ》くのは生まれ故郷《こきょう》に似《に》ているからかもしれない。

190. A□ きじも鳴かずばうたれまい
〔似《に》た意味のことわざ〕口は災《わざわ》いの門《かど》
【意味】余計なことをしゃべると災《わざわ》いを招《まね》くのでつつしむべきだということ。
【用例】A君は学級会で余計なことを言ったので、クラス全員を敵《てき》にまわしたらしい。きじも鳴かずばうたれまいというのだが。

191. B□ 希少《きしょう》（稀少《きしょう》）
【意味】少なくて、めずらしいこと。
【用例】この時代に作られた陶器《とうき》は希少価値が高い。

192. C□ 気丈《きじょう》
【意味】気持ちがしっかりしていること。
【用例】度重《たびかさ》なる不運にあってもAさんは気丈にふるまっていた。

193. A□ 机上《きじょう》の空論《くうろん》
〔類義語〕絵に描《か》いた餅《もち》　絵空事《えそらごと》
【意味】実際には役に立たない案や意見。
【用例】きみの意見は現実味がなく、机上の空論に過ぎない。

194. B□ 喜色満面《きしょくまんめん》
【意味】喜びの気持ちを顔全体に表すこと。
【用例】算数のテストで高得点をとり、Aさんは喜色満面となった。

195. B□ 疑心暗鬼《ぎしんあんき》
【意味】疑いがあり、何でもないことまであやしく思われること。
【用例】一度ウソをつかれると、疑心暗鬼におちいってしまう。

196. B□ 軌跡《きせき》
【意味】ある人がたどってきた人生の跡《あと》。また、ある物の通った跡《あと》。
【用例】A教授の半生《はんせい》はキリストの軌跡をたどることに捧《ささ》げられた。

197. C□ 鬼籍《きせき》に入《い》る ※「はいる」ではないので注意！
【意味】死ぬことを遠回しにいう言葉。
【用例】最愛の祖母は先月、鬼籍に入りました。

198. B□ 期《き》せずして 〔類義語〕偶然《ぐうぜん》
【意味】予想したところではなく。思いがけなく。
【用例】期せずして私とAさんの意見が一致した。

199. B□ 毅然《きぜん》
【意味】意志がしっかりしていて、恐《おそ》れない様子。
【用例】彼はまわりから非難されても、最後まで毅然とした態度だった。

200. B□ 偽善《ぎぜん》

【意味】うわべだけいかにも善人《ぜんにん》らしく見せかけること。また、見せかけだけの善《よ》い行い。

【用例】彼は周りから良く思われたいだけの偽善者にすぎない。

201. C□ 機先《きせん》を制《せい》する

【意味】相手より先にことを行い、相手のすることを妨《さまた》げる。

【用例】ライバル会社の機先を制して、新製品開発の競争に勝った。

202. B□ 奇想天外《きそうてんがい》

【意味】ふつうでは考えられないような変わったこと。

【用例】Aさんの書く小説は奇想天外なあらすじが多い。

203. C□ 忌憚《きたん》のない

【意味】遠慮《えんりょ》することなく。

【用例】どうぞ、皆様《みなさま》の忌憚のないご意見をお聞かせください。

204. C□ 機知《きち》

【意味】その場そのときに応じて、すばやく働く知恵《ちえ》。

【用例】彼は感性が豊かで、なかなか機知に富んだ話をする人だ。

205. B□ 几帳面《きちょうめん》

【意味】性格がまじめで、細かなところまできちんとしていること。

【用例】Aさんはクラスでも几帳面な人なので、学級委員に適任である。

206. C□ 生粋《きっすい》

【意味】まじりけがない。

【用例】A氏はずっと京都に住んでいる、いわば生粋の京都人だ。

207. A□ きつねにつままれる

【意味】意外なことに出会ってぼんやりする。わけがわからなくなる。

【用例】朝、目が覚めたら見覚えのない部屋で寝《ね》ていたなんて、きつねにつままれたような話だ。

208. C□ 気《き》っ風《ぷ》

〔類義語〕気前《きまえ》　〔対義語〕打算的

【意味】損得《そんとく》を気にしないで、思い切りよく行動する性質。

【用例】後輩《こうはい》たちにごちそうをしてくれるAさんは気っ風のいい人だ。

209. B□ 気《き》づまり

【意味】その場にいてきゅうくつに感じること。

【用例】A君と一緒にいると、どうも気づまりで仕方がないなあ。

210. A□ 木で鼻をくくる

【意味】無愛想《ぶあいそう》に応対する。

【用例】いくら必死にたのんでも、A君は木で鼻をくくった態度だった。

211. A□ 喜怒哀楽《きどあいらく》

【意味】喜びと怒りと悲しみと楽しみ。さまざまな感情。

【用例】ぼくの妹は喜怒哀楽がはげしいので困るときがある。

212. B□ 軌道《きどう》に乗る

【意味】物事が順調に進む。

【用例】一年経《た》ってようやく仕事が軌道に乗った。

213. C□ 奇特《きとく》

【意味】心がけや行いが立派《りっぱ》で感心するほどだ。

※「変わった人」という悪い意味ではない！

【用例】A君は人がやりたがらない仕事を率先して引き受ける奇特な人だ。

214. B□ 気に障《さわ》る

〔類義語〕しゃくにさわる

【意味】不愉快《ふゆかい》に思う。

【用例】私の言ったことが気に障ったら謝《あやま》ります。

215. A□ 木に竹《たけ》を接《つ》ぐ　〔類義語〕不調和

【意味】とってつけたようで、物事の前後のつり合いがとれないこと。

【用例】いろいろな学説をつなぎ合わせただけの木に竹を接いだような説明だった。

216. B□ 気に病《や》む

【意味】気にして悩《なや》む。

【用例】Aさんは失敗したことをいつまでも気に病むところがある。

217. C□ 帰納《きのう》〔対義語〕演繹《えんえき》

【意味】個々《ここ》の具体的な事柄《ことがら》から、全体にあてはまる一般的な法則《ほうそく》を導《みちび》くこと。

【用例】さまざまな人が死んだことから、すべての人間は死ぬと言える。この考え方を帰納という。

218. B□ 着《き》の身着《みき》のまま

【意味】今着ている衣服《いふく》を着たままで、他に何一つ持っていないこと。

【用例】火災報知器《かさいほうちき》が鳴り、着の身着のままで家を飛び出した。

219. B□ 希薄《きはく》（稀薄《きはく》）

【意味】ある要素がとぼしく、不足していること。

【用例】核《かく》家族化が進むと家族間の愛情が希薄になるとの指摘《してき》もある。

220. C□ 気《き》は心《こころ》

【意味】わずかではあるが真心《まごころ》がこもっているということ。

【用例】少しばかりのものですが、気は心ですのでお納《おさ》めください。

221. A□ 踵《きびす》を返す ※「踵」とはかかとのこと。

【意味】後もどりをする。引き返す。

【用例】忘れ物をしたのに気づいたA君は、踵を返して家にもどった。

222. B□ 起伏《きふく》

【意味】感情や勢力などが盛《さか》んになったりおとろえたりして変化すること。

【用例】ぼくの妹は感情の起伏が激《はげ》しくて困《こま》ることがある。

223. C□ 詭弁《きべん》

【意味】筋道《すじみち》の通らないことをうまくいいくるめてごまかす議論。

【用例】Aさんは詭弁を弄《ろう》しているが、上司《じょうし》を怒《おこ》らせるだけだよ。

224. A□ きまりが悪い

〔類義語〕ばつが悪い

【意味】なんとなく恥《は》ずかしい。てれくさい。

【用例】好きな女の子の前でしりもちをついてしまい、きまりが悪い。

225. A□ 義務《ぎむ》〔対義語〕権利《けんり》

【意味】法律上、または道徳《どうとく》上しなければならないこと。

【用例】親は自分の子どもに教育を受けさせる義務がある。

226. B□ 肝《きも》が据《す》わる

【意味】どんなときでも落ち着いていて驚《おどろ》かない。

【用例】Aさんは肝が据わった人で常に冷静な判断ができる。

227. A□ 肝《きも》に銘《めい》じる

【意味】いつまでも忘《わす》れないように心に刻《きざ》みつけること。

【用例】今回の失敗を肝に銘じて、二度と同じ失敗をしないようにする。

228. A□ 肝《きも》をつぶす〔類義語〕驚愕《きょうがく》

【意味】とても驚《おどろ》く。

【用例】山の中で熊《くま》を見た時は、さすがに肝をつぶした。

229. A□ 肝《きも》を冷《ひ》やす

【意味】驚《おどろ》いてひやっとする。

【用例】足をすべらせて、がけから落ちそうになり肝を冷やした。

230. B□ 客足《きゃくあし》

【意味】商店などで、客の出入り。客の集まり具合。

【用例】急に雨が降ってきたので、客足がとだえた。

231. B□ 逆上《ぎゃくじょう》する

【意味】（いかりや悲しみのために）かっとして我《われ》を忘れる。

【用例】彼はあまりに逆上していたので、とりつく島がなかった。

232. B□ 逆説《ぎゃくせつ》 〔類義語〕パラドックス

※「逆接」と区別せよ！

【意味】一見真理《しんり》とは反対のことを述べているようで、実際は真理であること。

【用例】「負けるが勝ち」や「急がば回れ」などは逆説の表現法である。

233. C□ 華奢《きゃしゃ》

【意味】ほっそりしていて、弱々しいようす。

【用例】Aさんは見た目こそ華奢だが、意外に力持ちだ。

234. B□ 気休《きやす》め

【意味】その場だけの安心。また、あてにならないなぐさめの言葉。

【用例】試合に負けたからって、ぼくに気休めを言うのはやめてくれ。

235. A□ 客観《きゃっかん》的 〔対義語〕主観的

【意味】自分の考えにとらわれないで物事を見たり、考えたりすること。

【用例】当事者だと客観的に判断するのは難しい。

236. B□ 逆境《ぎゃっきょう》

【意味】思い通りいかず苦しみの多い状況《じょうきょう》。

【用例】逆境に打ち勝つ精神力を身につけたい。

237. B□ ギャップ

【意味】意見などのくいちがい。へだたり。

【用例】私たち夫婦は年齢《ねんれい》が離《はな》れているため多少のギャップがある。

238. B□ 杞憂《きゆう》

【意味】いらない心配。とりこし苦労。

【用例】母の心配は、結局、杞憂にすぎなかったね。

239. B□ 汲汲《きゅうきゅう》とする 〔類義語〕あくせく

【意味】一つの物事だけに心をうばわれ、ゆとりのないさま。

【用例】A氏は金もうけに汲汲としていて、幸せそうには見えない。

240. B□ 九牛《きゅうぎゅう》の一毛《いちもう》

〔類義語〕大海《たいかい》の一滴《いってき》

【意味】たくさんの中のごくわずかな部分のたとえ。

【用例】人のことを考えられない子どもが増えているというが、それは九牛の一毛だと思う。

241. B□ 旧交《きゅうこう》を温《あたた》める

【意味】昔からの友人と会って再《ふたた》び親しく交際する。

【用例】二十年ぶりの同窓会で旧交を温める。

242. A□ 九死《きゅうし》に一生《いっしょう》を得《え》る

〔類義語〕九死一生

【意味】ほとんど死にそうだった命が、なんとか助かること。

【用例】交通事故で車はあとかたなく大破《たいは》したが、九死に一生を得た。

243. B□ 牛耳《ぎゅうじ》る 〔類義語〕牛耳《ぎゅうじ》を執《と》る

【意味】団体や組織《そしき》などを支配《しはい》し、自分の思うままに動かす。

【用例】この会社を牛耳っているのは古株《ふるかぶ》のA氏だ。

244. B□ 窮鼠《きゅうそ》猫《ねこ》を噛《か》む

【意味】追いつめられた弱者が強者に立ち向かい打ち破ることがある。

【用例】弱い者いじめをするなよ。窮鼠猫を噛むということもある。

245. C□ 旧態依然《きゅうたいいぜん》

【意味】少しの進歩も変化もなく、昔のままの状態であること。

【用例】旧態依然とした制度は改めるべきである。

246. A□ 急転直下《きゅうてんちょっか》

【意味】様子が急に変わり、問題になっていた物事が解決すること。
【用例】先日発生した事件は急転直下、解決に向かった。

247. B□ 驚愕《きょうがく》
【意味】非常に驚《おどろ》くこと。
【用例】B氏は父の突然の訃報《ふほう》に驚愕《きょうがく》した。

248. A□ 共感《きょうかん》 〔類義語〕同感、共鳴《きょうめい》
【意味】他人の考え方や感情に対して、自分も同じだと感じる気持ち。
【用例】家庭環境が私と似ているA氏の自伝を読んで共感を覚えた。

249. B□ 行間《ぎょうかん》を読む
【意味】文章の表面に表れていない筆者の真意《しんい》を読み取る。
【用例】物語文では登場人物の言動から、行間を読むことも求められる。

250. A□ 供給《きょうきゅう》 〔対義語〕需要《じゅよう》
【意味】人々が欲《ほ》しがっている品物を提供《ていきょう》すること。
【用例】父は発展途上国《はってんとじょうこく》に食糧《しょくりょう》を供給する団体で働いている。

251. B□ 仰仰《ぎょうぎょう》しい
【意味】大げさな様子。いかにも立派《りっぱ》そうに思わせるさま。
【用例】仰仰しいあいさつは抜きで気楽《きらく》にやりましょう。

252. C□ 胸襟《きょうきん》を開《ひら》く
【意味】心の中をかくすことなく打ち明ける。
【用例】昨晩《さくばん》は親友と胸襟を開いて語り合った。

253. B□ 興《きょう》ざめ
【意味】興味がそがれる。つまらなくなる。
【用例】突然《とつぜん》そんなことを言い出すとは、何とも興ざめな話だ。

254. C□ 矜持《きょうじ》 〔類義語〕プライド
【意味】自分の能力をすぐれたものとして抱《いだ》く誇《ほこ》り
【用例】すべての先生は教育者としての矜持を持つべきである。

255. B□ 享受《きょうじゅ》
【意味】そのものの持つ良さを受け入れて楽しむこと。
【用例】戦争が終わり、自由を享受できる時代となった。

256. B□ 郷愁《きょうしゅう》 〔類義語〕ノスタルジア
【意味】ふるさとや過去のものを思い出し、なつかしく思う気持ち。
【用例】自分が子どものころの写真を見ていたら、郷愁《きょうしゅう》にかられた。

257. B□ 恐縮《きょうしゅく》
【意味】相手にかけた迷惑《めいわく》に対して恐《おそ》れ入り、ありがたく思うこと。
【用例】わざわざお越《こ》しいただきまして恐縮に存じます。

258. B□ 興《きょう》じる（興ずる）
【意味】楽しく思う。愉快《ゆかい》に思う。
【用例】最近はテニスに興じる毎日だ。

259. B□ 形相《ぎょうそう》
【意味】顔つきや表情。
【用例】A君に話しかけたら、なぜかものすごい形相でにらまれた。

260. A□ 協調性《きょうちょうせい》
【意味】立場や考え方のちがうもの同士が力を合わせて助け合うこと。
【用例】A選手のプレーは協調性に欠け、チームの和《わ》を乱《みだ》している。

261. B□ 興味津津《きょうみしんしん》
【意味】興味がつきないさま。とても興味がひかれるさま。
【用例】Aさんの昔話を幼《おさな》い子どもたちが興味津津で聞いている。

262. A□ 共鳴《きょうめい》 〔類義語〕共感、同感
【意味】人の行いや言葉に心を動かされ、同感する。
【用例】彼の素晴らしい意見に、多くの人々が

共鳴した。

263. B□ 虚栄《きょえい》心 〔類義語〕見栄《みえ》
【意味】うわべだけかざって、自分をよく見せようとすること。

【用例】Aさんは虚栄心が人よりも強く、みんなの前で見栄《みえ》を張ることが多い。

264. B□ 玉石混交《ぎょくせきこんこう》（玉石混淆）
【意味】すぐれたものとつまらないものが入り混じっているようす。

【用例】ここの養成所にいる人たちを見ると、まさに玉石混交だ。

265. B□ 局地《きょくち》的
【意味】限《かぎ》られた一部の土地や地域。

【用例】天気予報によると、今日は局地的に大雨だそうだ。

266. B□ 虚勢《きょせい》を張《は》る
【意味】実力のないものが、あるふりをしていばる。

【用例】虚勢を張っても、実力がないことはすぐにばれるものだ。

267. B□ 曲解《きょっかい》
【意味】相手の言動などをひねくれて受けとること。

【用例】Aさんは人の言うことを曲解するので注意したほうがよい。

268. A□ きょとんと
【意味】意外なことで理解できず目を見開いてぼんやりしているさま。

【用例】何のことだか分からず、きょとんとした顔をしている。

269. A□ 漁夫《ぎょふ》の利《り》
【意味】争いあっている間に無関係なもの（＝第三者）が利益を横取りすること。

【用例】実力校のA校とB校が対戦したので、C校が漁夫の利を得て優勝した。

270. B□ 清水《きよみず》の舞台《ぶたい》から飛び降《お》りる
【意味】思い切って物事を行うこと。

【用例】自分には難しい仕事だったが、清水の舞台から飛び降りる気持ちでがんばった。

271. B□ 許容《きょよう》
【意味】そこまではよいと認めて受け入れること。

【用例】Aさんの申し出は許容範囲《はんい》であって特に問題はない。

272. C□ 虚《きょ》をつく 〔類義語〕不意《ふい》をつく
【意味】相手が思ってもいないところを攻撃《こうげき》する。すきを襲《おそ》う。

【用例】この前は虚をつかれた形だったが、今度は大丈夫《だいじょうぶ》だ。

273. B□ きらいがある
【意味】そうなりやすい傾向《けいこう》がある。

【用例】国語の勉強のことになると手をぬくきらいがある。

274. C□ きりきり舞《ま》い
【意味】相手の速い動きについていけず、うろたえるさま。

【用例】A選手が投げる速球についていけず、きりきり舞いする。

275. C□ 切り口上《こうじょう》
【意味】区切りをつけてはっきり言う、改まった調子の話し方。形式的で堅苦《かたくる》しい口調。

【用例】入学式は校長による切り口上のあいさつから始まった。

276. B□ 切り詰《つ》める 〔類義語〕倹約《けんやく》
【意味】むだな支出をおさえてできるだけ節約する。

【用例】生活費を切り詰めて将来のために貯金をする。

277. B□ 切り札《ふだ》 〔類義語〕奥《おく》の手
【意味】とっておきの最も有効《ゆうこう》な手段や方法。

【用例】相手に攻《せ》めこまれている今こそ、最後の切り札を出そう。

278. B□ 器量《きりょう》
【意味】物事をやりとげる能力や人柄《ひとがら》。

【用例】A君はどうもリーダーとしての器量に

欠ける。

279. A□ **きれいごと** 〔類義語〕美辞麗句《びじれいく》

【意味】見せかけを整えただけで、実質のともなわないこと。

【用例】少年Aは大人はきれいごとばかり言うものだと感じていた。

280. C□ **岐路《きろ》に立つ**

【意味】どちらかを選ばなければならない立場に置かれる。

【用例】就職か進学かという人生における重要な岐路に立つ。

281. B□ **～きわまりない**

【意味】非常に～である。この上なく～である。

【用例】この橋は破損箇所《はそんかしょ》が多く、危険きわまりない。

282. C□ **奇《き》をてらう**

【意味】わざと変わったことをして、人の注意を引こうとする。

【用例】Aさんは奇をてらった奇抜《きばつ》な格好《かっこう》をして、周りの人の注目を集めようとする。

283. C□ **義《ぎ》を見てせざるは勇無《ゆうな》きなり**

【意味】人の道として当然行うべきことと知りながら、これを実行しないのは勇気がないというものだ。

【用例】義を見てせざるは勇無きなりというが、A君がいじめられているのに、見て見ぬふりをしてはいけない。

284. A□ **木を見て森を見ず**

【意味】細かな部分に気をとられて、全体を見ることをしないたとえ。

【用例】絵を描《か》くときに大切なのは、木を見て森を見ずにならないように、全体のバランスを考えることだ。

285. B□ **気をもむ**

【意味】心配でやきもきする。

【用例】来週に行われる文化祭の準備が間に合うか、気をもむ。

286. C□ **金科玉条《きんかぎょくじょう》**

【意味】大切に守らなければならない規則。また絶対のよりどころとなるもの。

【用例】敬虔《けいけん》な（＝神をうやまう）キリスト教徒は、聖書の教えを金科玉条とする。

287. B□ **禁句《きんく》** 〔類義語〕タブー

【意味】時、場所、相手などによって言ってはならない言葉。

【用例】A君の前ではその言葉は禁句だよ。

288. B□ **金字塔《きんじとう》**

【意味】のちに世の中に残るような偉大《いだい》な業績《ぎょうせき》。

【用例】A先生は医学の世界で金字塔をうちたてた。

289. B□ **銀世界《ぎんせかい》**

【意味】雪が積もって、あたり一面真っ白になっている様子。

【用例】雪が降り続き、一夜明けると、外は一面、銀世界であった。

290. B□ **琴線《きんせん》に触《ふ》れる**

【意味】感動し、共鳴《きょうめい》する。

【用例】先生の熱い言葉が、クラスのみんなの琴線に触れた。

291. B□ **吟味《ぎんみ》**

【意味】物事のよしあしや内容などをていねいに調べること。

【用例】二つの製品を見比べ、品質を吟味する。

く

292. A□ **食《く》い下《さ》がる**

【意味】ねばり強く相手に立ち向かう。

【用例】今日は納得《なっとく》がいくまで先生に食い下がって質問しよう。

293. A□ **空前絶後《くうぜんぜつご》**

【意味】非常にめずらしいこと。

【用例】十代で将棋《しょうぎ》のプロ棋士《きし》になるなんて、空前絶後の出来事だよ。

294. B□ **ぐうの音《ね》も出ない**

【意味】一言も反論《はんろん》や弁解《べんかい》ができない。

【用例】母から痛いところをつかれてしまい、ぐうの音も出なかった。

295. C□ 食《く》うや食《く》わず

【意味】とても貧しくて暮《く》らしが苦しいさま。

【用例】今は裕福《ゆうふく》なA氏も若いころは食うや食わずの生活を送っていたらしい。

296. A□ 釘《くぎ》をさす

【意味】あらかじめ念をおす。

【用例】先生はA君に二度と遅刻をしないようにと釘をさした。

297. A□ 腐《くさ》っても鯛《たい》

〔反対の意味のことわざ〕麒麟《きりん》も老《お》いては駑馬《どば》に劣《おと》る

【意味】もともとすぐれたものは、多少傷《いた》んでもそれなりの価値《かち》があるということ。

【用例】元プロ野球選手のA氏は、腐っても鯛で、歳《とし》をとったとはいえ素人《しろうと》とは比べものにならないくらい野球がうまい。

298. C□ 草《くさ》の根《ね》を分けてさがす

【意味】あらゆる方法を使って徹底的《てってい》にさがす。

【用例】私から借金をして逃《に》げたA君を草の根を分けてもさがし出すぞ。

299. C□ 草葉《くさば》の陰《かげ》

【意味】墓《はか》の下。あの世。

【用例】亡《な》き祖父が草葉の陰から見守ってくれている気がする。

300. B□ 草分《くさわ》け

〔類義語〕先駆《せんく》、パイオニア、さきがけ

【意味】ある物事を初めて行うこと。また、ある物事を初めて行った人。

【用例】A氏はIT産業界の草分け的存在といえる。

301. C□ 駆使《くし》

【意味】思いのまま使いこなすこと。

【用例】A氏は最先端《さいせんたん》技術を駆使して、新たな仕事に取り組んでいる。

302. B□ くしくも

【意味】不思議にも。めずらしいことに。

【用例】私の母が亡《な》くなったのは、くしくも父の命日《めいにち》と同じであった。

303. C□ 苦渋《くじゅう》

【意味】物事がうまく進まず、苦しみ悩《なや》むこと。

【用例】A氏は苦渋に満ちた波乱万丈《はらんばんじょう》の人生を送った。

304. B□ くすぶる

【意味】目立った活動もせずに過ごす。ひきこもって暮《く》らす。

【用例】家でくすぶってばかりいないで外に出かけよう。

305. C□ 曲者《くせもの》

【意味】ひとくせのある油断《ゆだん》できない人。

【用例】彼は見かけによらずなかなかの曲者だ。

306. A□ 具体《ぐたい》的 〔対義語〕抽象《ちゅうしょう》的

【意味】物事の形、内容などが、はっきりとしていてわかりやすいこと。

【用例】図を使って、具体的に説明する必要がある。

307. B□ 口裏《くちうら》を合わせる

【意味】話の内容を事前にしめし合わせる。二人が言うことを一致《いっち》させる。

【用例】先生に聞かれてもいたずらをしたのがばれないように口裏を合わせた。

308. A□ 口がかたい 〔対義語〕口が軽い

【意味】言ってはいけないことは決してしゃべらない。

【用例】Aさんは口がかたいので、秘密《ひみつ》をもらすことはないだろう。

309. A□ 口が軽い 〔対義語〕口がかたい

【意味】言ってはいけないことをうっかりしゃべってしまう。

【用例】A君は口が軽いので、うっかり秘密《ひみつ》を話せないよ。

310. A□ 口がすべる

【意味】言ってはならないことをしゃべってしまう。

【用例】A君はうっかり口をすべらせて、秘密《ひみつ》をもらした。

311. A□ 口車《くちぐるま》に乗る 〔類義語〕口に乗る

【意味】だまされる。

【用例】あんな人の口車に乗るとひどい目にあうよ。

312. B□ 口《くち》ごもる

【意味】ためらって、はっきり言わない。言いかけてやめる。

【用例】Aさんは私に何か言いかけて口ごもった。

313. C□ 口八丁手八丁《くちはっちょうてはっちょう》

【意味】話すこともやることも達者《たっしゃ》であること。

【用例】A君は口八丁手八丁で、世の中を渡《わた》り歩くのがうまいやつだ。

314. A□ 口は災《わざわ》いの門《かど》

〔似《に》た意味のことわざ〕口は災《わざわ》いのもと、雉《きじ》も鳴かずば撃《う》たれまい

【意味】うっかり言ったことが原因で災難《さいなん》を招《まね》くことがあるから、口はつつしまなければいけない。

【用例】思わず本音《ほんね》をもらしたために、Aさんを怒《おこ》らせてしまった。まさに口は災いの門だ。

315. A□ 口走《くちばし》る

【意味】言ってはならないことや余計《よけい》なことまで言ってしまう。

【用例】感情的になり思わず本当のことを口走ってしまった。

316. A□ くちびるをかみしめる（くちびるをかむ）

【意味】悔《くや》しさや悲しさをじっとこらえる。

【用例】けがをして出場できなくなった試合を、くちびるをかみしめながら見た。

317. A□ 口火《くちび》を切る 〔類義語〕口を切る

【意味】物事を最初に始める。最初に発言する。

【用例】長い沈黙《ちんもく》ののち、話の口火を切ったのは、学級委員のAさんだった。

318. A□ 口を利《き》く

【意味】①話をする。②間《あいだ》にたってとりもつ。

【用例】①けんかしてからは口を利いてくれない。②A君が口を利いてくれたおかげで彼女に会えた。

319. A□ 口をすっぱくする

【意味】同じことを何度も言う。

【用例】口をすっぱくして何度も言い聞かせたのに、まだ悪いくせが直っていない。

320. B□ 口をつぐむ

【意味】口を閉ざして何も言わない。黙《だま》っている。

【用例】十年前の事件について、多くの関係者は口をつぐんだ。

321. A□ 口をとがらせる

【意味】唇《くちびる》をつきだして激《はげ》しく言う。不満そうな顔つきをする。

【用例】濡《ぬ》れ衣《ぎぬ》を着せられたA君は口をとがらせて先生に抗議《こうぎ》した。

322. B□ 口をぬぐう

〔類義語〕素知《そし》らぬふり

【意味】悪いことをしていながら知らないふりをする。

【用例】先生に先日のいたずらのことを問いつめられたが、口をぬぐってごまかした。

323. C□ 口を糊《のり》する

〔類義語〕糊口《ここう》をしのぐ

【意味】やっと食べていく。やっと生計《せいけい》を立てる。

【用例】朝から晩《ばん》まで働き、内職をして口を糊することができた。

324. A□ 口をはさむ

【意味】他人が話している途中にわりこんで話す。

【用例】Aさんと真剣《しんけん》に話している時に、B君が横から口をはさんできた。

325. A□ 口を割《わ》る

【意味】かくしていたことを白状《はくじょう》する。
【用例】逮捕《たいほ》されて一週間後に、犯人はようやく口を割った。

326. B□ 屈指《くっし》　〔類義語〕指折《ゆびお》り
【意味】多くの中でも特にすぐれていること。
【用例】A先生は日本全国でも屈指の名講師である。

327. A□ 屈託《くったく》なく
【意味】気にしたり、こだわったりする様子もなく。
【用例】彼は何事もなかったかのように、屈託のない笑顔で私に話しかけてきた。

328. A□ くってかかる
【意味】激《はげ》しい口調《くちょう》で相手に立ち向かう。
【用例】判定に納得《なっとく》がいかず、審判《しんぱん》にくってかかる。

329. B□ 功徳《くどく》
【意味】神や仏からよい結果を与《あた》えられるよい行い。
【用例】周りの人に親切にして功徳を積む。

330. C□ 愚鈍《ぐどん》
【意味】頭が悪く、動きもにぶいこと。
【用例】私は周りからは愚鈍な男だと思われている。

331. B□ 苦肉《くにく》の策《さく》
【意味】苦しさを打開するために考え出したやむをえない手立て。
【用例】想定外の出費がかさんだので、苦肉の策を案ずる。

332. C□ 愚《ぐ》の骨頂《こっちょう》
〔似《に》た意味の言葉〕愚《ぐ》にもつかない
【意味】このうえなく愚《おろ》かなこと。くだらないこと。
【用例】人の真似《まね》ばかりして自分で決められないなんて愚の骨頂だ。

333. B□ 首が回らない
【意味】借金などでやりくりがつかない。
【用例】借金をして開店したものの客が集まらず、首が回らない。

334. B□ 首《くび》っ引《び》き
【意味】手元に置いた書物などを絶《た》えず見て物事をおこなうこと。
【用例】A君は辞書と首っ引きで難しい文章を読んでいる。

335. A□ 首を長くする
〔類義語〕一日千秋《いちじつせんしゅう》
【意味】待ちわびる。
【用例】注文した商品が届くのを首を長くして待つ。

336. B□ くまなく
【意味】すみからすみまで。
【用例】落とし物を部屋中くまなく探したが、見つからなかった。

337. C□ 雲隠《くもがく》れ
【意味】逃げて姿《すがた》をくらますこと。
【用例】問題を起こした責任者が昨日から雲隠れしている。

338. A□ くもの子を散《ち》らす
【意味】多くの人がちりぢりに逃げることのたとえ。

【用例】先生が怒鳴ると、いたずらっ子達はくもの子を散らすように走り去っていった。

339. A□ 雲行《くもゆ》き
【意味】物事《ものごと》の成《な》り行き。
【用例】優勢《ゆうせい》だったが反撃されて、雲行きが怪《あや》しくなってきたぞ。

340. B□ 雲をつかむよう
〔類義語〕絵空事《えそらごと》、荒唐無稽《こうとうむけい》
【意味】物事がはっきりとしなくて、とらえどころがないさま。
【用例】A君は将来の目標を熱く語っていたが、現実味がなく、雲をつかむような話だった。

341. B□ クリエイティブ

【意味】創造的。独創的。

【用例】将来は美術を学びクリエイティブな職業につきたい。

342. A□ 苦しい時の神だのみ
【意味】困難に出会うと、ふだんは信じない神仏《しんぶつ》に頼《たよ》ったりすること。

【用例】いつもなら先生の言うことを聞かないくせに、入試の前になって苦しい時の神だのみだなんて虫が良すぎるよ。

343. B□ 車座《くるまざ》
【意味】大勢が輪になって、内側を向いてすわること。

【用例】クラスのみんなで車座になってお弁当を食べた。

344. C□ 愚弄《ぐろう》
【意味】人をばかにしてからかうこと。ひやかすこと。

【用例】いくら失敗したからって人を愚弄するにもほどがあるよ。

345. C□ 玄人《くろうと》はだし
【意味】学問や技芸《ぎげい》にすぐれていること。

【用例】彼のギター演奏は玄人はだしの腕前《うでまえ》だ。

346. C□ グローバル 〔対義語〕ローカル
【意味】世界的な規模《きぼ》であるさま。

【用例】あるNGO（＝非政府組織）は日本国内に限らずグローバルな活動をしている。

347. B□ 黒山《くろやま》の人だかり
【意味】大勢が一カ所に群がり集まっているさま。

【用例】事故現場には野次馬《やじうま》で黒山の人だかりができていた。

348. B□ くわだてる 〔類義語〕もくろむ
【意味】あることをしようと計画したり実行しようとしたりする。

【用例】親とけんかして家出をくわだてたが、数時間で帰宅した。

349. A□ 君子危《くんしあや》うきに近寄《ちかよ》らず
〔反対の意味のことわざ〕虎穴《こけつ》に入《い》らずんば虎子《こじ》を得《え》ず
【意味】君子（＝人がらや行《おこな》いの立派《りっぱ》な人）は自分を大切にしてむやみに危険をおかさないものだ。
【用例】Aさんは君子危うきに近寄らずで、あやしい人とは関わらないようにしているそうだ。

350. C□ くんずほぐれつ
【意味】組みあったり離《はな》れたりしながら激《はげ》しく争《あらそ》う様子。

【用例】今日、学校でくんずほぐれつの大乱闘《らんとう》があった。

351. A□ 軍配《ぐんばい》をあげる（軍配があがる）
【意味】一方を勝者と判定する。

【用例】審判《しんぱん》はA選手に軍配をあげた。

352. A□ 群《ぐん》を抜《ぬ》く
【意味】多くの中でとび抜けてすぐれている。

【用例】Aさんの国語の成績は塾の生徒の中でも群を抜いている。

け

353. B□ 敬遠《けいえん》
【意味】敬《うやま》うように見せかけて実際は避《さ》けて関《かか》わらないこと。

【用例】Aさんは頑固《がんこ》な人なので周りからは敬遠されている。

354. C□ 形骸化《けいがいか》
【意味】実質的な内容を失《うしな》って形だけ残った形式や組織《そしき》。

【用例】形骸化した規則ならば意味がないのでなくしたほうがよい。

355. C□ 契機《けいき》
【意味】ある物事に変化や発展を起こさせるきっかけ。原因や動機。

【用例】小学校卒業を契機に運動もがんばることにした。

356. C□ 鶏口《けいこう》となるも牛後《ぎゅうご》となるなかれ 〔類義語〕鶏口牛後《けいこうぎゅうご》

【意味】小さい集団であっても、その中で上に立つほうが、大きな集団で下にいるよりも良いということ。

【用例】大学を卒業後は、鶏口となるも牛後となるなかれというように、小さな会社でも自分らしくいきいきと働きたい。

357. B□ 経済《けいざい》的

【意味】お金に関すること。または安上がりなさま。

【用例】現代社会は経済的な側面ばかり重視しがちである。

358. B□ 警鐘《けいしょう》を鳴らす

【意味】（比喩《ひゆ》的に）警告《けいこく》する。

【用例】今回の自然災害は、現代人の私たちに警鐘を鳴らすものだ。

359. A□ 蛍雪《けいせつ》の功《こう》

【意味】貧しさにたえ、苦労して学問をすること。

【用例】A君は家が貧しいながらも蛍雪の功が実って、見事、志望校に合格した。

360. A□ 軽率《けいそつ》 〔類義語〕軽《かる》はずみ

〔対義語〕慎重《しんちょう》

【意味】深く考えないで判断したり行動したりすること。

【用例】もう高学年なのだから軽率な行動はつつしむべきである。

361. A□ 経由《けいゆ》

【意味】目的地へ行くのに、ある地点を通っていくこと。

【用例】Aさんは東京から静岡を経由して大阪へ向かった。

362. B□ KY《ケイワイ》 ※俗《ぞく》的な口語表現。

【意味】空気が読めないこと。また、そういう人。

【用例】集団主義的な日本社会では、KYは仲間外れにされがちだ。

363. B□ 稀有《けう》

【意味】めったにないめずらしい様子。不思議な様子。

【用例】A君は自分でも気づいていないが稀有な才能の持ち主だ。

364. B□ 気圧《けお》される 〔類義語〕圧倒《あっとう》

【意味】相手の勢いなどに気持ちの上で負ける。

【用例】A君のものすごい剣幕《けんまく》に気圧される。

365. A□ けがの功名《こうみょう》

【意味】まちがってしたことが思いがけなく良い結果を生むこと。

【用例】絵の具を思わぬところにこぼしてしまったが、それがけがの功名となり、コンクールで入賞した。

366. C□ 激昂《げきこう》 ※「げっこう」と読むこともある。

【意味】感情がはげしく高ぶること。いきり立つ。

【用例】A君のあまりに卑劣《ひれつ》なやり方に対して激昂する。

367. B□ 毛嫌《けぎら》い

【意味】これといったわけもなく、ただ感情的に嫌《きら》うこと。

【用例】よく知りもしないで相手を毛嫌いしてはいけない。

368. B□ 逆鱗《げきりん》に触《ふ》れる

【意味】目上の人の激《はげ》しい怒《いか》りを買う。

【用例】つい生意気なことを言ってしまい、父の逆鱗に触れる。

369. B□ 檄《げき》を飛ばす ※「激」ではないので注意！

【意味】元気のない選手や部下などに刺激《しげき》を与《あた》えて活気づける。

【用例】相手チームに攻《せ》められて覇気《はき》がない部員に監督《かんとく》が檄を飛ばす。

370. A□ 怪訝《けげん》

〔類義語〕いぶかしい、いぶかしむ

【意味】不思議に思うこと。納得がいかないこと。

【用例】声をかけたら人ちがいだったので、怪訝な顔をされた。

371. B□ けしかける

【意味】おだてたり元気づけたりして、自分の思い通りに行動させる。

【用例】A君をけしかけてクラスメートにいたずらをする。

372. A□ 気色《けしき》ばむ

【意味】怒《いか》りの気持ちを顔に表す。

【用例】A君に罵倒《ばとう》されて、おもわず気色ばんだ。

373. C□ 化身《けしん》

【意味】神や仏などが人間や動物の姿《すがた》になってこの世に現れたもの。〔類義語〕権化《ごんげ》

【用例】キリスト教ではイエスキリストは神の化身とみなされる。

374. B□ 気高《けだか》い

【意味】持って生まれた気品がある。上品でとうとく感じられる。

【用例】生徒会長のAさんは気高い美しさを持っている。

375. B□ 桁《けた》が違《ちが》う

【意味】他に比べてずば抜《ぬ》けている。〔関連語〕桁違《けたちが》い 程度の差がとても大きい。

【用例】あのチームの強さは桁違いでかなわないよ。

376. C□ けだし

【意味】思うに。たしかに。おそらく。

【用例】A氏の言葉はけだし名言といえるものだ。

377. B□ けたたましい

【意味】急に高い音や声が響《ひび》きわたって騒《さわ》がしい様子。

【用例】近くでけたたましいクラクションの音が鳴り響いた。

378. B□ 下駄《げた》を預《あず》ける

【意味】相手に処置《しょち》を任せる。

【用例】今回の件に関しては、チームリーダーであるA氏に下駄を預けた。

379. A□ 下駄《げた》をはかせる

【意味】物事を実際よりも大きく見せる。水増しする。

【用例】学内のクイズ大会に出場するA君はまだ低学年なのだから、下駄をはかせてあげよう。

380. B□ 血気《けっき》

【意味】さかんな勢い。元気いっぱいの様子。生き生きとした生命力。

【用例】ひさしぶりに血気さかんな若者を見た。

381. B□ 血相《けっそう》

【意味】顔色。顔つき。

【用例】話を聞いたらしく、Aさんが血相を変えてどなりこんできた。

382. A□ 健気《けなげ》

【意味】幼い者や弱い者が立派《りっぱ》で、勇気がある様子。

【用例】おぼれる兄を救おうとして、健気にも幼《おさな》い弟は急流に飛びこんだ。

383. B□ 下馬評《げばひょう》

【意味】責任《せきにん》のないところでなされる、うわさや評判。

【用例】来週の生徒会長を決める選挙は、下馬評ではAさんの当選が有力だ。

384. C□ 煙《けむ》に巻《ま》く ※本来は「けむり」ではなく「けむ」と読む。

【意味】大げさなことやわけのわからないことを一方的に言って、相手をまどわせる。

【用例】A君は都合が悪くなると、すぐに相手を煙に巻く。

385. B□ けりをつける

【意味】終わらせる。決着をつける。

【用例】このシュートを決めて試合にけりをつけるぞ。

386. B□ 権威《けんい》

【意味】ある分野に優れている人。

【用例】わが校出身である物理学の権威《けんい》を、講演会に招いた。

387. A□ 犬猿《けんえん》の仲《なか》

【意味】非常に仲が悪いこと。
【用例】あの二人は昔から犬猿の仲でけんかばかりしている。

388. A□ 謙虚《けんきょ》 〔対義語〕横柄《おうへい》　傲慢《ごうまん》　高慢《こうまん》
【意味】おごり高ぶらず控《ひか》えめなさま。
【用例】自《みずか》らの過《あやま》ちを謙虚に認めたA君は立派《りっぱ》だ。

389. C□ 言行一致《げんこういっち》
【意味】言葉にして言った内容と行動が同じであること。
【用例】みんなから信頼《しんらい》されるためにも言行一致を心がけたい。

390. B□ 献身《けんしん》的
【意味】人のためや社会のために、自分の体や財力《ざいりょく》をなげうって力をつくすこと。
【用例】Aさんは献身的に病気の母の看病《かんびょう》をしていた。

391. B□ 牽制《けんせい》
【意味】相手の注意を自分の思うほうにひきつけて、自由に行動できないようにすること。

【用例】お互いに牽制しあっていて動きがないように感じられる。

392. A□ 建設《けんせつ》的 〔対義語〕破壊《はかい》的
【意味】物事を積極的によくしていこうという前向きな様子。
【用例】本日の話し合いで、Aさんは対立する双方《そうほう》にとって建設的な提案をした。

393. B□ 厳然《げんぜん》
【意味】おごそかで近寄りがたいさま。動かしがたいさま。
【用例】不正行為《こうい》には厳然とした態度で臨まなければならない。

394. B□ 顕著《けんちょ》
【意味】はっきりと目立っている様子。
【用例】最近、国語の成績の伸びが顕著にあらわれている。

395. C□ 言質《げんち》を取る ※「げんしつ」ではない！
【意味】あとの証拠《しょうこ》となる言葉。
【用例】あとで問題が起きないように、しっかりと言質を取っておく。

396. C□ 捲土重来《けんどちょうらい》
【意味】一度敗《やぶ》れたものが、再《ふたた》び勢いを盛《も》り返すこと。
【用例】決勝でやぶれたものの、捲土重来を期して練習を再開した。

397. C□ げんなり
【意味】飽《あ》きてうんざりするさま。つかれて元気がなくなるさま。
【用例】校長先生の長話に生徒たちはげんなりとする。

398. B□ 見聞《けんぶん》
【意味】実際に見たり聞いたりすること。また、それで得た知識。
【用例】見聞を広めるために海外留学するつもりだ。

399. B□ 剣幕《けんまく》
【意味】ひどく怒《おこ》ったときの顔つきや態度。
【用例】私の話を聞いたらしく、ものすごい剣幕でどなりこんできた。

400. B□ けんもほろろ
【意味】人の頼《たの》みごとや相談を冷たく拒絶《きょぜつ》する様子。
【用例】A氏に仕事を依頼《いらい》したのだが、けんもほろろに断《ことわ》られたよ。

401. A□ 権利《けんり》 〔対義語〕義務《ぎむ》
【意味】ある物事を主張し要求《しゅちょうようきゅう》できる資格《しかく》。
【用例】すべての子どもは小中学校で教育を受ける権利がある。

402. B□ 験《げん》をかつぐ ※「けん」ではないので注意！
【意味】よい結果だったときの行為《こうい》をくりかえして幸運を願うこと。
【用例】以前、テストで良い点をとれた服を着て第一志望校の入試に臨み、験をかついだ。

こ

403. A□ 故意《こい》 〔対義語〕過失《かしつ》
【意味】わざとすること。自分の意思《いし》ですること。
【用例】故意に足をひっかけてA君を転ばせたのは良くないよ。

404. B□ 紅一点《こういってん》
【意味】多くの男性の中にただ一人の女性がまじること。
【用例】今日開かれた食事会でAさんは紅一点だった。

405. A□ 光陰矢《こういんや》のごとし
〔類義語〕一刻千金《いっこくせんきん》
【意味】月日が飛ぶように早く過ぎることのたとえ。
【用例】きみと出会ってから十年が経つとは、光陰矢のごとしだなあ。

406. C□ 行雲流水《こううんりゅうすい》
【意味】物事にこだわらず、一切《いっさい》をなりゆきにまかせること。
【用例】退職後《たいしょくご》はあくせくする毎日から逃《のが》れ、行雲流水の生活を送りたいものだ。

407. B□ 甲乙《こうおつ》つけがたい
【意味】優劣《ゆうれつ》（＝良い悪い）の区別ができない。
【用例】今年の応募《おうぼ》作品は良いものが多くて、甲乙つけがたい。

408. A□ 後悔先《こうかいさき》に立たず
〔似《に》たような意味のことわざ〕覆水盆《ふくすいぼん》に返らず、後《あと》の祭り
【意味】終わった後に、くやんでも取り返しがつかない。
【用例】試験が終わった後に、もっと勉強しておけばよかったと思っても、後悔先に立たずだよ。

409. C□ 口角泡《こうかくあわ》を飛《と》ばす 〔類義語〕激論《げきろん》
【意味】はげしく議論するさま。
【用例】大学時代は哲学について友人たちと口角泡を飛ばしたものだ。

410. C□ 狡猾《こうかつ》
【意味】ずるがしこい。
【用例】A君は勝つためなら、狡猾な手段でさえ使う。

411. C□ 厚顔無恥《こうがんむち》 〔類義語〕鉄面皮《てつめんぴ》
【意味】他の人の迷惑を考えずに自分勝手にふるまう。
【用例】A君の厚顔無恥の行《おこな》いには甚《はなは》だうんざりする。

412. A□ 好奇心《こうきしん》
【意味】めずらしいものや未知のものに興味を持つ心。
【用例】好奇心にかられて、池の中をのぞいて見た。

413. B□ 号泣《ごうきゅう》 〔類義語〕慟哭《どうこく》
【意味】大声をあげて泣くこと。
【用例】母親の死を知ったAさんは、その場で号泣した。

414. C□ 巧言令色《こうげんれいしょく》
【意味】人に気に入られようと言葉を飾《かざ》り、顔つきを和《やわ》らげること。
【用例】Aさんは巧言令色で世渡《よわた》りはうまいが、どうも信用できない。

415. B□ こうこうと
【意味】まぶしいほどきらきら光りかがやく様子。
【用例】向《む》かいのビルは夜遅《おそ》くでもこうこうと明かりがともっている。

416. C□ 神神《こうごう》しい
【意味】気高《けだか》さが感じられ、いかにもおごそかな様子。
【用例】神神しい神殿《しんでん》に入ると心が洗《あら》われるようだ。

417. C□ 好好爺《こうこうや》
【意味】やさしそうな人の良い老人。

【用例】昔はがんこだったAさんも今は好好爺になった。

418. B□ 公私混同《こうしこんどう》
【意味】仕事上のことと個人のことを区別せず、一緒にしてしまうこと。
【用例】会社のお金を使って私物《しぶつ》を購入《こうにゅう》するとは、公私混同もはなはだしい。

419. B□ 高《こう》じる（高ずる）
【意味】たかまる。はなはだしくなる。
【用例】日頃《ひごろ》の不摂生《ふせっせい》がたたり、病《やまい》が高じた。

420. C□ 後塵《こうじん》を拝《はい》す（る）
【意味】他人に先をゆずる。おくれをとる。
【用例】Aさんの後塵を拝するのだけはがまんできない。

421. C□ 好事家《こうずか》 〔類義語〕もの好き
【意味】変わった物事に興味を持つ人。また、風流を好む人。
【用例】私の祖父は好事家で、人が見向きもしない変わったものを収集していた。

422. A□ 後天的《こうてんてき》 〔対義語〕先天的《せんてんてき》
【意味】生まれつきではなく、あとから身にそなわるさま。
【用例】人の性格は先天的なものではなく後天的な性質である。

423. B□ 口頭試問《こうとうしもん》 ※「口答試問」ではないので注意！
【意味】試験官の質問に話して答える形式の試験。
【用例】A中学の入試では、学科試験のほかに口頭試問が行われる。

424. C□ 荒唐無稽《こうとうむけい》
【意味】言動がでたらめでまったく現実味がないこと。
【用例】あまりにも荒唐無稽な考えなので、相手にされなかった。

425. A□ 郷《ごう》に入《い》っては郷に従《したが》え
【意味】その土地に行ったら、そこの風俗、習慣に従うべきだ。

【用例】郷に入っては郷に従えというが、転校したらそちらの学校のやり方に従ったほうがよいよ。

426. C□ 好評《こうひょう》を博《はく》す（好評を博する）
【意味】よい評判や評価をえる。
【用例】各地の名産を集めた物産展が好評を博す。

427. B□ 公平無私《こうへいむし》
【意味】平等で自分の気持ちをまじえないこと。
【用例】今度の話し合いには、公平無私の立場で臨むつもりだ。

428. B□ 合法的《ごうほうてき》
【意味】法律《ほうりつ》や規則《きそく》に合っていること。
【用例】この薬物の使用は日本では合法的ではない。

429. A□ 弘法筆《こうぼうふで》を選ばず
【意味】名人は道具の良し悪しに関係なく良い仕事をする。
※「弘法」とは空海（平安時代の僧《そう》）のこと。
【用例】バイオリン奏者のA氏は弘法筆を選ばずで、安いバイオリンでもきれいな音を鳴らすことができる。

430. A□ 弘法《こうぼう》にも筆《ふで》の誤《あやま》り
〔似《に》た意味のことわざ〕猿《さる》も木から落ちる、河童《かっぱ》の川流れ
【意味】名人でも時には失敗する。
【用例】きみほどの人がこんな初歩的なミスをするとは、弘法にも筆の誤りというところかな。

431. B□ 高慢《こうまん》 〔類義語〕傲慢《ごうまん》
【意味】思い上がってえらそうにすること。
【用例】A氏の高慢な鼻をへし折ってやりたいよ。

432. B□ 傲慢《ごうまん》 〔類義語〕高慢《こうまん》
【意味】おごり高ぶって人を見下すこと。
【用例】彼女は人を見下し、傲慢な態度をとるので嫌《きら》われている。

433. B□ 巧妙《こうみょう》
【意味】やり方が上手でたくみな様子。

【用例】A氏の巧妙な手口に、まんまとだまされた。

434. B□ こうむる
【意味】自分の身に受ける。

【用例】きみのいたずらのせいで、ぼくまで迷惑《めいわく》をこうむったよ。

435. A□ 公明正大《こうめいせいだい》
【意味】正しく堂々《どうどう》としていること。

【用例】今回の選挙には落選したが、A氏の公明正大な態度は清々《すがすが》しかった。

436. A□ 紺屋《こうや》の白袴《しろばかま》
〔似《に》た意味のことわざ〕医者の不養生《ふようじょう》
【意味】自分が専門なのに他人のためばかりに働いて、自分のことはおろそかにしがちなこと。
【用例】料理研究家であるA先生の普段《ふだん》の食事は、紺屋の白袴で、コンビニ弁当ばかりだそうだ。

437. C□ 高揚《こうよう》
【意味】気分が高まり強くなること。

【用例】中学入試が近づくにつれて、高揚感が増してくる。

438. A□ 合理化《ごうりか》 〔関連語〕合理的
※論説文ではしばしば「人間味のない、温かみのない」という否定的な意味合いになることがあるので注意!
【意味】むだなく、能率《のうりつ》を高めること。

【用例】工場に大型機械を導入し、生産ラインの合理化を図《はか》る。

439. C□ 功利的《こうりてき》 〔類義語〕打算的《ださんてき》
【意味】物事を行う時、自分の利益や手柄《てがら》を重視するさま。

【用例】彼はつねに功利的な考え方をするので信用ができない。

440. B□ 功《こう》を奏《そう》する 〔類義語〕奏功《そうこう》
【意味】成功する。うまくいく。

【用例】受験プランの変更《へんこう》が功を奏して、第一志望校に合格できた。

441. C□ 業《ごう》を煮《に》やす
【意味】物事が思うように運ばず、腹が立っていらいらする。

【用例】いつまでたってもAさんから返事をもらえないので、業を煮やしてこちらから聞きに行った。

442. B□ 呉越同舟《ごえつどうしゅう》
【意味】仲《なか》の悪いもの同士が同じ場所にいたり行動を共にしたりする。

【用例】ふだんは仲の悪いA君と、今回は呉越同舟して意見を出しあった。

443. B□ 小気味《こきみ》(が)よい ※「こぎみ」ではない!
【意味】胸《むね》がすっとして気持ちが良い。

【用例】正義の味方が敵《てき》を小気味よく倒《たお》していくアニメが好きだった。

444. B□ 故郷《こきょう》へ錦《にしき》を飾《かざ》る
【意味】立身出世《りっしんしゅっせ》(=成功)して故郷《こきょう》へ帰る。

【用例】オリンピックで金メダルを獲得《かくとく》したA選手は地元にもどり、故郷へ錦を飾った。

445. A□ 克服《こくふく》
【意味】困難にうち勝つこと。

【用例】A氏は目の前にある数々の障害《しょうがい》を克服した。

446. C□ 孤軍奮闘《こぐんふんとう》
【意味】ひとりで困難を克服しようとがんばること。

【用例】A君の孤軍奮闘の活躍《かつやく》もむなしく、一回戦で敗退した。

447. A□ 虎穴《こけつ》に入《い》らずんば虎子《こじ》を得《え》ず
【意味】危険をおかさなければ成功しない。
〔反対の意味のことわざ〕君子《くんし》危《あや》うきに近寄《ちかよ》らず
【用例】怒られるのを覚悟《かくご》で、先生に相談をしに行こうよ。虎穴に入らずんば虎子を得ずというからね。

448. C□ こけら落とし

【意味】新築や改築された劇場などで行われる初めての催《もよお》し物。

【用例】昨日、A劇場のこけら落としとして、B氏のコンサートが行われた。

449. C□ 沽券《こけん》に関《かか》わる

【意味】名誉《めいよ》や体面、品位《ひんい》にきずがつく。

【用例】弟の前で情けない姿《すがた》を見せたら、兄としての沽券に関わる。

450. B□ 心置《こころお》きなく

【意味】遠慮《えんりょ》することなく。安心して。

【用例】今日は心置きなく語り合おうではないか。

451. B□ 心《こころ》ここにあらず

【意味】他のことに心を奪《うば》われて目の前のことに関心が向かない。

【用例】Aさんに話しかけても心ここにあらずといった感じだ。

452. A□ 心《こころ》ない

【意味】考えが浅く、良識《りょうしき》がない。思いやりがない。

【用例】一部の心ない人たちのせいで、富士山はゴミだらけだった。

453. B□ 心憎《こころにく》い

【意味】あまりにすぐれていてにくらしくなるほどだ。

【用例】新人のAさんは心憎い演技を見せ、周りを驚《おどろ》かせた。

454. B□ こころもち

【意味】ほんの少し。ちょっとだけ。

【用例】壁《かべ》にかかっている額縁《がくぶち》の位置をこころもち右にずらした。

455. A□ 心根《こころね》

【意味】心の奥底《おくそこ》にある気持ち。

【用例】Aさんは実は優《やさ》しい心根の持ち主だ。

456. A□ 心《こころ》もとない

【意味】安心できない。たよりない。

【用例】妹は心もとないようすで、覚えたての自転車をこぎ始めた。

457. A□ 古今東西《ここんとうざい》

【意味】昔から今までと、東洋と西洋。いつでもどこでも。

【用例】古今東西を問わず、親はわが子の幸せを第一に考えるものだ。

458. B□ 小賢《こざか》しい

【意味】ずるがしこい。生意気である。

【用例】こそこそと私にかくれて、小賢しい真似《まね》をするな。

459. C□ 誇示《こじ》

【意味】得意になって見せること。

【用例】敵軍《てきぐん》は圧倒《あっとう》的な武力を誇示している。

460. B□ 腰《こし》が重い 〔対義語〕腰が軽い

【意味】めんどうがって身軽に行動しない。

【用例】A君は仕事以外のこととなると腰が重い。

461. B□ 腰《こし》がくだける

【意味】物事を行う意気ごみがくずれる。

【用例】夏休みの学習計画は途中《とちゅう》で腰がくだけてしまった。

462. A□ 腰《こし》が低い

【意味】他人に対してへりくだりていねいに接する。

【用例】Aさんは著名人なのにだれに対しても腰が低い。

463. B□ 固執《こしつ》 （※「こしゅう」とも読む）

【意味】自分の意見などを守ってゆずらないこと。

【用例】従来のやり方に固執してばかりいては、新しいことには挑戦《ちょうせん》できない。

464. C□ 後日談《ごじつだん》

【意味】ある事件が終わった後に、どんなことがあったかという話。

【用例】さきほどの話には興味深い後日談があるんだよ。

465. A□ 五十歩百歩《ごじっぽひゃっぽ》
〔似《に》た意味のことわざ〕どんぐりの背比《せいくら》べ
【意味】似たりよったりであまり違《ちが》いがない。
【用例】あそこまでなら電車で行ってもバスで行っても時間的には五十歩百歩だろう。

466. C□ 五指《ごし》に余《あま》る
【意味】すぐれたものを選んで数える時に、五つより多いということ。
【用例】この大学の出身者でノーベル賞を受賞した人物は五指に余る。

467. C□ 後生大事《ごしょうだいじ》
【意味】物事をいつまでも大切にすること。
【用例】兄は何年も前の古い雑誌を後生大事に取っている。

468. B□ こじらせる
【意味】①物事をもつれさせて処理や解決を困難にする。
②病気を治しそこねて長引かせる。
【用例】①問題をこじらせて、いまだに解決していない。
②風邪《かぜ》をこじらせて、一週間寝《ね》こんだ。

469. B□ 腰《こし》をすえる
【意味】落ち着いて事をする。
【用例】今回の仕事は腰をすえて取り組もうではないか。

470. A□ 腰《こし》をぬかす
【意味】驚《おどろ》きや恐怖《きょうふ》のために立ち上がれなくなる。
【用例】お化《ば》け屋敷《やしき》に入り、よくできたおばけに驚いて腰をぬかす。

471. B□ 故人《こじん》 〔類義語〕物故者《ぶっこしゃ》
【意味】死亡《しぼう》した人。
【用例】故人となった中学時代の恩師《おんし》をしのぶ。

472. C□ 五臓六腑《ごぞうろっぷ》にしみわたる
【意味】身にしみて強く感じる。また、腹の底までしみとおる。

【用例】暑くてのどが渇《かわ》いている時の冷水は五臓六腑にしみわたるようでおいしかった。

473. C□ 姑息《こそく》 〔類義語〕場当《ばあ》たり的
※「卑怯《ひきょう》」「ずるい」という意味はない！
【意味】一時の間に合わせ。その場しのぎ。
【用例】姑息な手段をつかって、なんとかその場はのがれることができた。

474. B□ こぞって
【意味】一人も残らず。みんなそろって。
【用例】Aさんの意見に、クラスのみんなはこぞって賛成した。

475. C□ 御託《ごたく》を並《なら》べる
【意味】あれこれと自分勝手なことをえらそうに言う。
【用例】御託を並べている時間があれば、さっさと仕事にとりかかってくれよ。

476. C□ ご多分《たぶん》にもれず
【意味】世の中の大多数のものと同様に。
※良くない意味で使うことが多い。
【用例】不況《ふきょう》が続く中、ご多分にもれず、うちの生活もかなり苦しい。

477. C□ 克己《こっき》
【意味】自分の怠《なま》け心や欲望《よくぼう》、邪念《じゃねん》に打ち勝つこと。
【用例】受験勉強には欲望に負けない克己心も求められる。

478. B□ 滑稽《こっけい》
【意味】ふざけていて、おかしいこと。ばかばかしいこと。
【用例】わざと滑稽《こっけい》な話をして、場を和《なご》ませる。

479. B□ 骨子《こっし》 〔類義語〕要点
【意味】いちばん大切なところ。物事の中心となる部分。
【用例】あらかじめ出席者に話の骨子を説明しておく。

480. B□ こつぜんと
【意味】たちまち変化がおこる。突然《とつぜん》。
【用例】何の前触《ぶ》れもなく、彼はこつぜんと姿を消した。

481. B□ ごったがえす
【意味】ひどく混雑《こんざつ》している。

【用例】祭りがおこなわれる神社は見物人でごったがえしていた。

482. C□ 骨肉《こつにく》
【意味】親子や兄弟など互《たが》いに血のつながっている者。

【用例】父の遺産《いさん》相続をめぐり、兄弟の間で骨肉の争いとなった。

483. B□ 小手先《こてさき》
【意味】ちょっとした技術や才能。
※「その場しのぎ」「見かけだけとりつくろう」という意味合いもある。
【用例】小手先の処置《しょち》ではなく抜本《ばっぽん》的な改革が必要である。

484. B□ 小手調《こてしら》べ
【意味】本格的に始める前に、ちょっと試《ため》してみること。

【用例】ほんの小手調べにボールを的《まと》に投げてみた。

485. A□ ことごとく
【意味】すべて。全部。残らず。

【用例】今回の作戦はことごとく失敗に終わった。

486. B□ ことさら
【意味】①わざと。わざわざ。
②特に。とりわけ。
【用例】①ことさらに騒《さわ》ぎ立てる必要はない。
②歳《とし》の離《はな》れた妹をことさらかわいがる。

487. C□ 事なきを得《え》る
【意味】大きな事故やめんどうなこともなく無事に済《す》む。

【用例】試合中、Aさんが相手選手と衝突《しょうとつ》して心配したが、事なきを得てほっとした。

488. A□ 殊《こと》に 〔類義語〕とりわけ
【意味】中でもとくに。ふつうと違《ちが》って。

【用例】私は甘いものの中でも、殊にアイスクリームには目がない。

489. B□ ことのほか
【意味】①思いのほか。意外に。
②特別に。とりわけ
【用例】①今日の試験は自信がなかったが、ことのほかうまくできた。
②上野公園の桜《さくら》は、ことのほか美しいと感じる。

490. C□ 言葉尻《ことばじり》をとらえる
〔類義語〕揚《あ》げ足をとる
【意味】人のささいな言いそこないをとがめる。
【用例】言葉尻をとらえて、いちいち非難するのはよくないよ。

491. C□ 言葉《ことば》の綾《あや》
【意味】文章表現の上での巧《たく》みな言い回し。表面的な言葉の飾《かざ》り。

【用例】単なる言葉の綾にすぎず、そこに深い意味はない。

492. C□ 事《こと》もあろうに
〔類義語〕よりによって、あろうことか
【意味】いろいろな可能性がある中で、最も良くない事態が起こり、なげく言葉。
【用例】事もあろうに、デート中にかつてのいじめっ子に会うなんてついてない。

493. B□ こともなげに 〔類義語〕平然《へいぜん》と
【意味】当人は何事もないかのように。大したことだとも思っていない様子。

【用例】難しい仕事だと思ってお願いしたのだが、Aさんはこともなげにやってのけた。

494. A□ 子《こ》はかすがい ※「かすがい」はコの字形のくぎ。
【意味】夫婦《ふうふ》の仲《なか》を、子どもはかすがいのようにつなぎとめるということ。

【用例】子はかすがいというが、私が暴君《ぼうくん》の夫《おっと》と離婚《りこん》しなかったのは子どもがいたからだ。

495. B□ ご法度《はっと》

【意味】禁《きん》じられていること。
【用例】けちな社長の前では給料の話はご法度だ。

496. A□ 小春日和《こはるびより》
【意味】十一月ごろの（冬の）あたたかい日。
※春の日和ではない。
【用例】今日は朝から天気もよく、小春日和ですね。

497. A□ こびる
【意味】人に気に入られるように機嫌《きげん》をとる。
〔類義語〕へつらう、おもねる、迎合《げいごう》する
【用例】Aさんは先生に好かれようとこびてばかりいる。

498. C□ 鼓舞《こぶ》
【意味】はげまし元気づけること。気持ちを奮《ふる》い立たせること。
【用例】決勝戦の前にみんなの士気《しき》（＝意気ごみ）を鼓舞する。

499. A□ ごまをする
【意味】他人にお世辞《せじ》を言うなど機嫌《きげん》をとる。
〔類義語〕こびる、へつらう、おもねる
【用例】母にごまをすって、何とかおこづかいを上げてもらった。

500. B□ ごまんと
【意味】非常にたくさんある様子。
【用例】Aさんが犯人だという証拠《しょうこ》はごまんとある。

501. A□ 小耳《こみみ》にはさむ
【意味】ちらりと聞く。聞くともなしに聞く。
【用例】友だちのA君が転校するという話を小耳にはさんだ。

502. B□ コミュニティー
【意味】地域社会。生活共同体。

【用例】祖母は学校と地域社会が一体になって教育を行うコミュニティースクールに通っている。

503. B□ 木漏《こも》れ日《び》
【意味】木の枝《えだ》や木の葉の間からさしてくる日の光。
【用例】木漏れ日が降り注ぐ、その光景はとても美しかった。

504. A□ 固有《こゆう》 ※「個有」ではない！
【意味】そのものだけが特別に持っていること。
【用例】平安時代に生まれたかな文字は、日本の固有の文字である。

505. B□ こよなく
【意味】この上なく。格別に。
【用例】アメリカ人のAさんは、京都の風情をこよなく愛する外国人の一人だ。

506. C□ 孤立無援《こりつむえん》
【意味】ひとりぼっちで、どこからも助けが得られないこと。
【用例】孤立無援で奮闘《ふんとう》したが、力つきた。

507. A□ 五里霧中《ごりむちゅう》
【意味】すっかり迷《まよ》ってどうしたらよいかわからないこと。
【用例】新しいことを始めるときは五里霧中で、先行きはわからないものだ。

508. B□ 御利益《ごりやく》 ※「ごりえき」ではない！
【意味】神仏《しんぶつ》から与《あた》えられていただく恵《めぐ》み。
【用例】御利益があるお札を神棚《かみだな》に飾《かざ》る。

509. B□ これ見《み》よがし
【意味】得意になってほこらしげに見せつける様子。
【用例】Aさんはこれ見よがしに高級車を乗り回しているらしい。

510. B□ 頃合《ころあ》い
【意味】何かするのにちょうどいいとき。
【用例】頃合いを見て、Aさんに仕事の相談をしてみた。

511. A□ 転《ころ》ばぬ先《さき》のつえ
〔反対の意味のことわざ〕泥棒《どろぼう》を見て縄《なわ》をなう
【意味】失敗しないように前もって注意しておくべきだ。
【用例】若いうちにしっかりと生命保険に入っ

ておくのは、転ばぬ先のつえというものだ。

512. A□ 声高《こわだか》

【意味】声を高く張り上げる様子。大きな声。

【用例】昨今では幼児《ようじ》教育の必要性について声高に論じられている。

513. A□ こわばる

【意味】しなやかでやわらかいものが、つっぱったように固くなる。

【用例】緊張《きんちょう》のあまり、こわばった表情になってしまった。

514. C□ 勤行《ごんぎょう》

【意味】僧《そう》などがお経《きょう》を読んだり礼拝《れいはい》したりすること。

【用例】朝の勤行が終わると、境内《けいだい》の掃除《そうじ》をするのが日課《にっか》だ。

515. C□ 権化《ごんげ》 〔類義語〕化身《けしん》

【意味】抽象的なものを形のあるものに具体化したもの。

【用例】そんな意地悪《いじわる》をきみにするなんて、A君は悪の権化だ。

516. A□ 言語道断《ごんごどうだん》

【意味】言いようのないほどひどいこと。もってのほか。

【用例】テスト前に遊んでばかりだなんて言語道断だ。

517. B□ 滾滾《こんこん》と

【意味】水などがさかんに流れるさま。アイデアがわき出るさま。

【用例】泉が滾滾《こんこん》とわき出る。

518. B□ 懇懇《こんこん》と

【意味】心をこめてくり返し説《と》くさま。

【用例】A先生は生徒たちに命の大切さについて懇懇《こんこん》と諭《さと》した。

519. B□ コンスタント

【意味】常《つね》に一定しているさま。

【用例】コンスタントに良い成績をとることは難しい。

520. C□ コンセプト 〔類義語〕概念《がいねん》

【意味】作品などを作るうえで、基本となる考え方。

【用例】くつろぎをコンセプトにした店を作りたい。

521. C□ コンテクスト 〔類義語〕文脈《ぶんみゃく》

【意味】文章の前後のつながり。物事の状況《じょうきょう》や背景《はいけい》。

【用例】同じ言葉であっても、コンテクストによって意味が異なる場合がある。

522. B□ 混沌《こんとん》

【意味】入りまじっていて物事の区別がはっきりしない様子。

【用例】世界情勢は混沌としていて、先が読めない。

523. B□ コンプレックス

〔類義語〕劣等感《れっとうかん》 〔対義語〕優越感《ゆうえつかん》

【意味】自分が他人よりも劣《おと》っていると感じること。

【用例】自分の容姿《ようし》にコンプレックスを抱《いだ》いていたが、克服《こくふく》できた。

524. B□ 金輪際《こんりんざい》 ※後ろに打ち消しの語をともなう。

【意味】どんなことがあっても。決して。絶対に。

【用例】もう金輪際、きみには頼《たの》みごとはしないよ。

525. B□ 困惑《こんわく》

【意味】どうしたらよいかわからなくて、困ること。

【用例】突然、生徒会長に推薦《すいせん》されて困惑する。

〔問題〕次の文章の空らんに適語《てきご》を入れましょう。

・■には漢字、●にはひらがな、◆にはカタカナが一字ずつ入ります。
・［　］は字数指定はありません。
・同じ問題番号には共通する言葉が入ります。
・（　）は当てはまる言葉の意味を表します。言葉の意味がないものもあります。
・解答は前ページの語彙リストを参考にしましょう。語彙リストと番号は同じにしてあります。

001. A□ かわいがっていた後輩《こうはい》がライバル会社に転職《てんしょく》した。［　］に手をかまれるとはこのことだ。

002. A□ 母はエプロン姿で朝からか●が●しく台所で働いている。（動作がきびきびしている様子）

003. B□ あまり私の力を買い●●らないでくださいね。（人を実質、実力以上に評価する）

004. C□ 鮭《さけ》は生まれた川に■帰する習性がある。（ひとめぐりしてもとの所へ戻《もど》ること）

005. C□ 現代こそ科学技術に対して懐《かい》■的でなければならない。（物事の意味や価値についてあやしむこと）

006. C□ たしかに歳はとったが懐《かい》■的な趣味《しゅみ》はない。（昔を思い出してなつかしく思うこと）

007. C□ 自分の意見に反対する人を味方にするための懐《かい》■策を考える。（相手をうまくあつかって自分の思う通りに従わせること）

008. C□ A君は見た目とはちがい、■柔■剛でしっかりとした意志を持つ人である。

009. C□ 私は［　］性がないので結婚生活は長く続かなかった。（積極的な気力や生活能力。頼《たよ》りになる気性《きしょう》）

010. A□ 試験会場から出てきた息子は■心の笑みを浮かべていた。

011. B□ 昔のアルバムを見て■想にふける。（過去のことをなつかしいこととして思い返すこと）

012. B□ 本日話し合う議題について、冒頭《ぼうとう》に●●つまんで話した。（要点《ようてん》だけを取り出してまとめる）

013. C□ A君は■■乱麻《らんま》を断つように、対立していたクラスメイトを和解させた。

014. B□ 日本国憲法の基本的人権の概《がい》■について、友人と議論する。（ある物事の大まかな意味や内容）

015. B□ Aさんの実直《じっちょく》な人柄が●●●見られるエピソードだ。（物のすきまからのぞき見る。物事の一端《いったん》を知る）

016. B□ この算数の問題の解き方は、皆■見当がつかないよ。（まるで）

017. A□ ① 父の存命中だった幼《おさな》いころを●●●みる。
② 自分の行ったことを●●●みて、急に恥《は》ずかしくなった。
③ 私の父は家庭を●●●みずに、仕事一筋に生きた人だった。

018. A□ 昔は父親とは違《ちが》い、自分は音楽の才能があると思っていたが、［　］の子は［　］で、結局は自分も変わらず凡人《ぼんじん》だった。

019. B□ A君はいくら注意しても［　］の面に■で反省の色が見えない。

020. A□ 生徒会長に立候補《りっこうほ》したので、学校中に■が売れた。
（広く世間に知られる）

021. A□ この店では、ぼくの知り合いが働いているので顔が■く。

022. A□ わたしの父は有名な音楽家なので、顔が■い。

023. A□ 好きな女の子の前で転んでしまい、顔から■が出たよ。

024. A□ 親の顔に●●をぬるようなことをしてはいけない。

025. A□ A君の野球の技術はプロも■負けするほどのものだ。

026. B□ 今度の同窓会にはちょっとだけ■を出そう。
（短い時間だけ集まりなどに出ること）

027. A□ まじめに働いて、紹介《しょうかい》した私の顔を■ててほしい。

028. B□ Aさんこそ人の●●●となる人物である。
（行いの模範《もはん》や手本となるもの）

029. C□ クリスマスのころはケーキ屋にとっては［　］入れ時だ。
（商店などで売れ行きが良く、忙《いそが》しくてもうけの多い時期）

030. C□ 火■の用事ができたので、早々《そうそう》に仕事を切り上げた。

031. C□ いよいよ話が佳■に入り、もりあがってきた。
（もっとも興味深く、味わい深いところ）

032. A□ 画■的な公立校の教育内容にはうんざりしていたところだ。（多くのものが同じようで、個性や特色がないこと）

033. C□ かくかく●●●●の理由で、本日Aさんは来られないそうだ。

034. C□ 現在、都心部では■家族が主流を占《し》める。
（夫婦《ふうふ》とその子どもだけで構成される家族）

035. B□ かげで画■していたのは、やはりA君だったか。
（計画を立てて、あれこれやること）

036. C□ あの日以来、A君と私の間には深い■執《しつ》がある。
（たがいに自分の意見を主張してゆずらないこと）

037. A□ A氏の提唱《ていしょう》した考え方は当時としては■■的なものであった。（古くからの制度、習慣、方法などを変えて新しくすること↔保守的）

038. B□ 記者が問題の■心をつくするどい質問をする。
（物事の中心となっている大切なところ）

039. C□ 思想犯や政治犯のことを■信犯とも言う。（宗教、思想、政治などの信念に基づいて正しいと信じて行う犯罪）

040. C□ 数十年ぶりに帰郷《ききょう》すると、以前とは隔《かく》■の感があった。
（変化や進歩が急で、ひどく時代が移り変わった感じ）

041. B□ 友人が急死したという知らせを聞いて、A氏はが●●んとした。（非常に驚《おどろ》くさま）

042. B□ A氏の言葉を■面通り受けとめると後悔《こうかい》するよ。
（表面通り。見た目の通り）

043. C□ 秋の野《の》に●●わしい菊《きく》の花が咲《さ》き乱《みだ》れる。
（良《よ》い香《かお》りがする。香りが高い）

044. A□ ●け●えのない命を大事にしよう。
（他のものでとりかえることのできないほど大切な）

045. C□ ぼくの作品について、きみの口から●●値《ね》なしの評価が

聞きたい。(物事を大げさに言うこと)

046. A□ そんなひどいことをするなんて、良心《りょうしん》のか●●もない。
(ほんのわずかなもの)

047. C□ 病気に●●つけて、仕事をさぼるくせがついた。
(他の事実を出して言いわけにする)

048. B□ Aさんは私の命の恩人《おんじん》だと言っても■■ではない。
(大げさな言い方ではない)

049. B□ 授業前にろくに予習もせずに教壇《きょうだん》に立つとは、A氏は教師の■■にも置けない。(性質や行動がいやしいものをののしる言い方)

050. C□ A君はガキ大将であるB君の力を●●に着ていて不愉快《ふゆかい》だ。(権力のあるものに頼《たよ》り、いばる)

051. A□ この商品は入れ物が大きいので●●ばる。
(じゃまになるくらい体積が大きくて場所をとる)

052. C□ A君は周りを見て考えをころころ変える■■鶏《どり》だ。
(そのときの情勢《じょうせい》を見て態度や考え方を変える人)

053. C□ 身体が不自由な老母に●●ずく。(世話をする)

054. B□ 自分の不注意によって、重大な■■をおかしてしまう。
(不注意から生じたあやまち↕故意)

055. C□ 図書館内にもかかわらず、大声で話をするか●●しい女の人がいた。(耳ざわりでうるさいこと)

056. B□ 彼は自分の力を■信して失敗した。
(能力や価値を実際以上に高いものと思いこんでたよること)

057. B□ 当時は保守的な社会だったため、A氏に対する世間の■当たりは強かった。(周りの人からの非難《ひなん》や攻撃《こうげき》)

058. B□ 長雨が降ったことで自分たちの商売が繁盛《はんじょう》するとは、■が吹けば●●●が儲《もう》かるとは、まさにこのことだ。

059. A□ 彼は昨年結婚したらしいと風の●●●に聞いた。
(どこからともなく伝わってくる消息《しょうそく》やうわさ)

060. C□ どういう風の吹き●●●か、めずらしくA君が時間通りに現れた。(その時のなりゆきや、物事のはずみ)

061. B□ Aさんが手伝ってくれると分かり、■然元気が出てきた。
(急に。たちまち)

062. B□ ●●書きがものをいう世の中は終わろうとしている。
(その人の社会的身分や地位など)

063. A□ か●●なに自分の意見を主張してゆずらない。
(自分の考えを変えないで、がんこな様子)

064. A□ サーカス団の離《はな》れわざを、観衆は●●●を飲んで見守った。(じっと息をつめて緊張《きんちょう》し、なりゆきを心配する様子)

065. A□ A君はテストで一位をとり、■で■を切って歩いている。
(威勢《いせい》がよく、得意な態度をする)

066. B□ 塾《じゅく》で子どもたちを教える仕事は■手間ではできないよ。
(本来の仕事の合間。本職のかたわらにする仕事)

067. B□ 偶然《ぐうぜん》とはいえ素人《しろうと》に負けるなんて、名人もかた●●だ。
(みじめなありさまになる様子)

068. A□ 学級委員としての務《つと》めをはたして、やっと肩の■が下りたよ。

069. B□ 肩●●張った態度をとらずに素直《すなお》に接すればよい。
(他に対して負けまいとして緊張《きんちょう》する)

070. B□ 結果的には、A君へのいじめの■■をかつぐことになっ

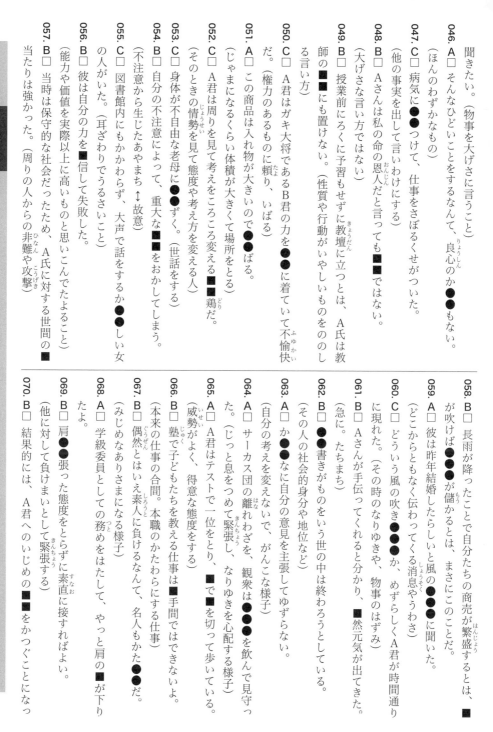

てしまった。（悪事に荷担《かたん》する）

071. B□ 父親の法事には母の■見の着物を着て行こう。
（死んだ人、または別れた人の残した品）

072. A□ ぼくが先生にしかられたことが近所に知られたら、母は■■がせまい思いをするだろう。（世間に対してはずかしい）

073. B□ 高校生のときに次々に記録を更新《こうしん》した■破りの新人選手が入団した。（世間の常識や習慣から大きく外れていること）

074. C□ A選手が放った試合終了間際《まぎわ》の逆転シュートは、のちのちまで語り■となった。

075. A□ まだ幼い弟は、いつも母のか●●らにいて離《はな》れようとしない。（すぐ近くの所）

076. A□ 人相《にんそう》のよくない男が向こうから肩《かた》を●●らして歩いてくる。（肩を高くはって、いばっている様子）

077. A□ 社長はいつも同郷《どうきょう》のAさんに●●入れする（ひいきする）。

078. A□ A君の成績は私と肩を●●●るほどに成長した。
（同じくらいの力を持つ）

079. A□ 兄にいじめられたときに、母はぼくの●●を持ってくれた。（争いをしている一方の味方をする）

080. A□ 人によって価値■が異なるのは当然と言える。（ある物事に対してどのような値打ちや意義を認めるのかについての、個人の判断や考え方）

081. B□ A君のために、先生に怒《おこ》られるようなことをするなんて、■■の栗を拾うようなものだ。

082. A□ 昔から日本人は花■風■をめでる民族であった。

083. C□ 紙面《しめん》の都合で、文章の一部を■愛する。
（おしみながら省いたり、思い切って手放したりすること）

084. C□ 私の収入では食べていくのがやっとのことで、か●か●だ。（余裕《よゆう》のないさま。限度ぎりぎり）

085. A□ 地動説《ちどうせつ》は、その当時としては画■的な学説だったといえる。（今までになかったことをして、新しい時代を開く様子）

086. B□ A氏の不正に対しては■固たる態度で臨む。
（意見や立場などが確かで、しっかりした様子）

087. B□ すばらしい演奏をしたA氏は拍手《はくしゅ》●●●を浴《あ》びた。
（手をたたいたり、声を上げたりしてほめること）

088. C□ あの俳優《はいゆう》は滑《かつ》■が悪くてセリフが聞きとりにくい。
（放送や演劇などで発声が聞き取りやすくなめらかなこと）

089. A□ テストの点数が良かった時こそ、勝って●●●の緒《お》をしめよというように、次に備えなければいけない。

090. B□ A君のことを信じるか疑うかという葛《かっ》■に苦しんでいる。
（心の中で相反《あいはん》する感情や欲求がからみあい、そのどちらをとるか迷《まよ》い悩《なや》むこと）

091. A□ 算数が得意なA君でもたまには悪い点数を取る。●●●の川流れというものだね。

092. C□ 危機的状況《じょうきょう》を脱《だっ》して、何とか■路を見出した。
（苦しい状態から逃《のが》れる方法。生きのびる方法）

093. A□ A氏の有益《ゆうえき》なアドバイスを今後の心の●●とする。
（精神をゆたかにするもの。力づけるもの）

094. C□ 勝てば■■負ければ賊軍《ぞくぐん》で、勝負事はずるい手を使ってでも勝たなければいけない。

095. A□ 彼の提案《ていあん》はあまりにも我■引■に過ぎるよ。

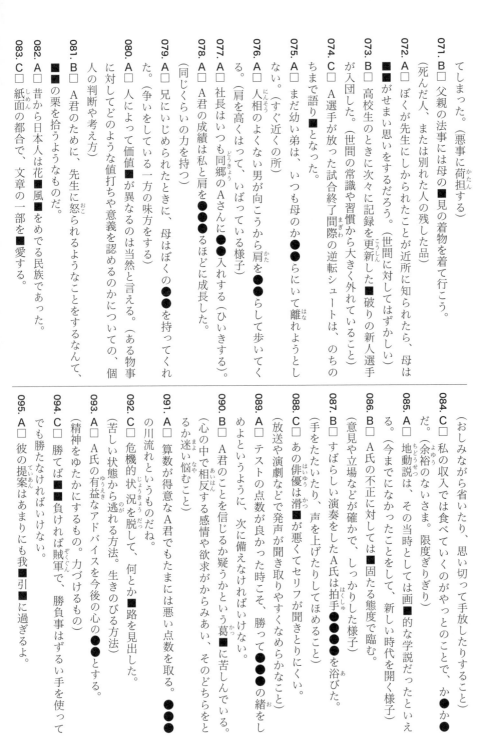

(物事が自分の利益になるように言ったりしたりすること)

096. C□ AとBは生物学的には別のカ◆◆◆ーに属している。(同類のものがすべて含まれる部類《ぶるい》や部門《ぶもん》)

097. A□ そんな■が立つ言い方をするべきではない。(人との関係が悪化する)

098. B□ 昔に比べるとAさんは■が取れて話しやすくなった。(年をとったり人生の経験を積んだりしておだやかになる)

099. B□ A君はチームのか●●となる人だ。(物事の最も大切なところ)

100. B□ 先生のおうわさはか●が● 承《うけたまわ》っておりました。(以前からずっと。前もって)

101. C□ みんなでA君を問いつめると●の鳴くような声で答えた。(弱弱《よわよわ》しい小さな声)

102. A□ Aさんの絵の才能には、A先生ですら●●●をぬいだ。(降参《こうさん》する)

103. A□ A君の必死の懇願《こんがん》にもかかわらず、B君は●●●を振《ふ》った。(頭を左右にふり、否定や不承諾《ふしょうだく》を表す)

104. A□ 今回のことは外部にもれないようにくれぐれも気をつけるように。壁《かべ》に■あり障子《しょうじ》に■ありというからね。

105. A□ いくら■■は寝て待てというからって、勉強しないで遊んでいたのでは成績は上がるわけないよ。

106. A□ 捨てられた子猫が●細い声で鳴いていた。(非常に細いさま)

107. B□ 遊びに●●けて、受験勉強をおろそかにしてはいけない。(一つのことに心をうばわれて、他がおろそかになる)

---

108. C□ 夜中だというのに、外ではかま●●しい話し声がする。(やかましい。さわがしい)

109. B□ 気になることがあったので、Aさんにそれとなく●●をかけてみた。(相手に本当のことを言わせるために、話に乗ってくるように問いかけること)

110. A□ 最後まで接戦だったが紙■■の差で勝つ。(ごくわずかな違《ちが》い)

111. A□ 若さにまかせてがむ●●●に働き、体を壊《こわ》してしまった。(よく考えないで勢いで物事を行うこと)

112. C□ A氏に本心をさとられないようカ◆◆◆◆ジュした。(本当の姿や様子を変えて人の目をごまかすこと)

113. B□ ●●つく金をためるAさんの周《まわ》りに友人はいないね。(お金儲《もう》けに抜《ぬ》け目がないさま)

114. A□ 亀の■より年の■というから、おじいちゃんに相談してごらんなさい。

115. B□ いじめられないように■面をかぶる生活につかれる。(本心を包み隠《かく》して表情に表さない)

116. C□ Aさんがそこにいるだけで和《なご》やかな雰囲気《ふんいき》をか●●出す。(ある気分や感じをそれとなく作り出す)

117. B□ いつの間にか話し合いが行われていて、自分だけ●●の外に置かれていた。(当事者からはずれた立場)

118. B□ 優秀《ゆうしゅう》な転校生によって、ぼくの自信は●が●と崩《くず》れ落ちた。(かたい物などが一度に崩《くず》れ落ちるさま)

119. A□ 今日は運動会で体がよごれているのだから、●●●の行水ではいけませんよ。

120. A□ Aさんは気に入らないことがあったのか、か●か●している。（気分がいらだっているさま）

121. B□ 初恋の相手であったAさんとは、か●●めの恋に終わってしまった。（その場限り）

122. B□ ① ●●そめにも教師であるならば言動につつしむべきだ。
② ●●そめにも死のうだなんて思ってはいけないよ。

123. A□ いつもはいたずらばかりしているA君も、先生の前では借りてきた●●みたいにおとなしいね。

124. B□ 試合の残り時間一分というところで、■竜■睛を欠いたために、逆転をされてしまった。

125. B□ 海外旅行の醍醐味《だいごみ》とは異文化に接したときに受けるカ◆◆◆◆ショックである。（異文化に接したときに受ける精神的な衝撃《しょうげき》）

126. A□ ●●●も山のにぎわいといいますので。今度のパーティには参加いたします。

127. B□ 今回の試合ではライバルに●●うじて勝利した。（何とか）

128. A□ 大学を卒業したのなら、もう親元《おやもと》をはなれて一人暮《ぐ》らしをさせるべきだよ。●●●●子には旅をさせよというだろう。

129. B□ 今年は東京公演を■切りに、全国各地で演奏会を開く予定だ。（物事のし始め）

130. B□ 悪友のA君に■化されて非行に走る。（相手に影響《えいきょう》を与《あた》えること）

131. B□ 今回のいじめの問題は悪質で、■過できない。（見すごすこと）

132. A□ 夏の太陽がか●か●と照りつける。（日光が強く照りつけるさま）

133. B□ A君は私に隠《かく》れて悪口を言っていないかと●●ぐる。（気をまわして、悪いほうに推測《すいそく》する）

134. C□ 大型ショッピングモールができて、この店は●●●鳥が鳴いている状態《じょうたい》である。（客が来なくてひっそりとしているさま）

135. B□ 生徒たちを規則で●●●がらめにするのは反対だ。（多くのことにしばられて自由に動けないこと）

136. B□ 弟は自分の思い通りにならないとすぐにか●●●●を起こす。（感情をおさえられずに、発作《ほっさ》的に興奮《こうふん》して怒《いか》りを表すこと）

137. A□ Aさんは感■性が豊かで、彼の作品にもよく表れている。（物事を心に深く受け入れることのできる性質や能力）

138. A□ 昨年亡《な》くなった旧友《きゅうゆう》を思い出して、ひとり■■にひたる。（悲しみやさびしさを強く感じること）

139. B□ いつまでも私のやることに■渉《しょう》する両親にはうんざりする。（関係のない者が口出しをし、自分の意思に従わせようとすること）

140. B□ 小説を読むと感情■■して涙《なみだ》が止まらなくなることがある。（作品などに自分の気持ちを深く入りこませ、共感し一体となること）

141. C□ 昨今の凶悪《きょうあく》犯罪は■心に堪《た》えない。（ぞっとするぐらい恐《おそ》れる）

142. C□ A君はなんとか先生の■心を買おうと必死だった。（人に気に入られようと機嫌《きげん》をとる）

143. A□ ■接的な言い回しをしたほうが角《かど》が立たないよ。

144. B□ 勧■懲■の筋書きのドラマは見ていて気持ちが良いものだ。（よい行いをすすめ、悪い行いをこらしめること）

145. A□ この世に■全■欠の人間はいない。（すべて満ちていて、欠点や不足がまったくないこと）

146. C□ 校長先生が全校生徒の前で、■蓄《ちく》に富むお話をされた。（表現に深い意味や味わいのあること）

147. B□ 仕事を選ぶうえで、お金のことなどは■中になかった。（まったく問題にしていない）

148. C□ 先生は生徒たちにひとつひとつ●●で含《ふく》めるように説明した。（よく分かるようにていねいに言い聞かせる）

149. B□ A君は両親の意見を●●として聞き入れなかった。（自分の考えを主張して他人の考えを受け入れようとしない様子）

150. B□ 温厚《おんこう》なA君でも今回の件では堪忍袋《かんにんぶくろ》の■が切れたようだ。（怒《いか》りの気持ちをこれ以上がまんできなくなる）

151. B□ 一生懸命《いっしょうけんめい》がんばったが、今回はか●●しい結果が出なかった。（好ましいさま）

152. B□ A氏が釈明《しゃくめい》をすると、●●●●を入れずに質問が浴びせられた。（すぐに）

153. B□ 今日の試合ではライバルを●●●なきまでに打ちのめした。（徹底《てってい》的に相手を痛めつける様子）

154. B□ 小学校最後のテストで好成績をとることができて感■■だ。（計《はか》り知れないほど身にしみて感じること）

155. B□ 太宰治《だざいおさむ》の「走れメロス」を読んで感●●を受けた。（忘れられないほど深く心に感じること）

---

156. B□ あのA君のことを許すなんて、寛《かん》■な精神の持ち主だ。（心が広くて人を受け入れること。寛大《かんだい》）

157. B□ 人は■来、心の弱さをもっているものだ。（初めからその状態や性質であるさま）

158. B□ 先日、父が六十歳《さい》になったので［　］のお祝いをした。

159. C□ 閑《かん》■休■、本日の議題に入りたいと思います。

160. B□ A氏のよそよそしい態度に■異の感を抱《いだ》いた。（普通とは様子がちがってあやしく思われること）

161. C□ 何も事情が分かっていないくせに■いた風なことを言うな。

162. B□ Aさんは真剣《しんけん》に仕事に取り組む生■本な人だ。（性格がまっすぐで思いこんだらそれを曲げないこと）

163. C□ A先生の授業は楽しいと聞いていたのに、実際に授業を受けてみると、聞いて■■見て地獄で、とても厳《きび》しくてつらかった。

164. C□ 今度のテストでは一位をとるとみんなの前でき●●をあげた。（さかんに勢いのよいことを言う）

165. A□ 物事を行う時は気■い過ぎるとかえって失敗する。（必要以上に張り切る）

166. A□ A先生の前ではどうも気●●●してうまく話せない。（おじけづいて心がひるむこと）

167. A□ A君はぼくにとって気が●●ない友人の一人だ。（遠慮《えんりょ》したりせずに、打ち解けられる）

168. B□ A先生は提出された宿題に■■的に目を通して検印《けんいん》を押しているだけだ。（型通《かたどお》りに一つの方式で物事を処理するさま）

169. A□ Aさんはやさしくて気が■くので、みんなから好かれている。（注意が細かいところまで行き届《とど》く）

170. B□ 電車が遅《おく》れていて約束《やくそく》した時間通りに着けるか■が■でない。（心配なことがあって落ち着いていられない）

171. A□ 試験が終わったので、今日は■が済《す》むまでゲームをしよう。（満足する）

172. B□ 渋滞《じゅうたい》で車が進まず、運転している父は気が■っていた。（感情が高ぶっていらいらする）

173. A□ 姉に手伝ってもらった絵がコンクールで入選し気が■ける。（気後《きおく》れする。遠慮《えんりょ》したい気持ちになる）

174. B□ 先週から失敗をくりかえしてしまい、気が●●るよ。（気分がしずむ。ゆううつになる）

175. A□ 消化器■の仕組みについてくわしく勉強する。（生物体を構成《こうせい》する一部分）

176. B□ 戦後しばらくの間、鉄鋼《てっこう》業は日本の基■産業であった。（物事のおおもととなるもの）

177. A□ 登山をしていたら落石があったが、■機■髪のところで助かった。

178. B□ 聞き●●った知識をひけらかすなんてこっけいだ。（話の一部分や表面だけを聞いて知っているつもりになる）

179. C□ 決勝戦の相手は聞きしに■る強さだった。（話に聞いて想像していた以上に程度《ていど》がはげしい）

180. C□ 真夜中の墓場《はかば》は何やら●●迫るものがある。（不気味《ぶきみ》で恐《おそ》ろしい気配がする）

181. B□ 不況《ふきょう》の中、わが社はまさに■急■亡の秋《とき》をむかえている。

182. B□ ぎく●●●したAさんとの関係を修復したいと願う。（動作や言葉、人間関係などがなめらかでない様子）

183. B□ 聞こえ●●に悪口をいうなんてAさんは意地悪だ。（当人がその場にいるのに、わざと聞こえるように話すこと）

184. B□ 気■の知れた友人と旅行に行くのは楽しいものだ。（その人が本来持っているものの考え方や気質）

185. A□ 足首をくじいてしまい、●●●ない歩き方になった。（動作や言葉がなめらかでなく不自然である）

186. B□ A氏は度重なる困難にもめげない気■のある人だ。（信念をつらぬき通し、妨害《ぼうがい》に屈《くっ》しない気性）

187. A□ ようやく景気回復のき●●が見えてきた。（物事が起こり始めるときのしるし）

188. A□ 土壇場《どたんば》でA選手が起■回■のホームランを打って、逆転《ぎゃくてん》勝ちした。

189. C□ 初めて訪《おとず》れた街《まち》なのに、既《き》■感を抱《いだ》くのは生まれ故郷《こきょう》に似《に》ているからかもしれない。（初めて見る光景であるのに、前に見た経験があるという思いがすること）

190. A□ A君は学級会で余計なことを言ったので、クラス全員を敵《てき》にまわしたらしい。●●も鳴かずばうたれまいというのだが。

191. B□ この時代に作られた陶器は■少価値が高い。（少なくて、めずらしいこと）

192. C□ 度重《たびかさ》なる不運にあってもAさんは気●●●にふるまっていた。（気持ちがしっかりしていること）

193. A□ きみの意見は現実味がなく、机上《きじょう》の■■に過ぎない。

194. B□ 算数のテストで高得点をとり、Aさんは■色■面となった。

195. B□ 一度ウソをつかれると、■心■鬼におちいってしまう。

196. B□ A教授の半生《はんせい》はキリストのき●●をたどることに捧《ささ》げられた。（ある人がたどってきた人生のあと）

197. C□ 最愛の祖母は先月、●せ●に入《い》りました。（死ぬこと）

198. B□ ■せずして私とAさんの意見が一致《いっち》した。（予想したところではなく。思いがけなく）

199. B□ 彼はまわりから非難されても、最後までき●●とした態度だった。（意志がしっかりしていて、恐《おそ》れない様子）

200. B□ 彼は周りから良く思われたいだけの偽■者にすぎない。

201. C□ ライバル会社の■■を制して、新製品開発の競争に勝った。（相手より先にことを行い、相手のすることを妨《さまた》げる）

202. B□ Aさんの書く小説は■想■外なあらすじが多い。（ふつうでは考えられないような変わったこと）

203. C□ どうぞ、皆様《みなさま》のき●●のないご意見をお聞かせください。（遠慮《えんりょ》することなく）

204. C□ 彼は感性が豊かで、なかなか■知に富んだ話をする人だ。（その場そのときに応じて、すばやく働く知恵《ちえ》）

205. B□ Aさんはクラスでも几《き》■■な人なので、学級委員に適任である。（性格がまじめで、細かなところまできちんとしていること）

206. C□ A氏はずっと京都に住んでいる、いわば■粋《すい》の京都人だ。（まじりけがない）

207. A□ 朝、目が覚めたら見覚えのない部屋で寝ていたなんて、きつねに●●●れたような話だ。

208. C□ 後輩《こうはい》たちにごちそうをしてくれるAさんは●●ぷのいい人だ。（損得《そんとく》を気にしないで、思い切りよく行動する性質）

209. B□ A君と一緒にいると、どうも気●●りで仕方がないなあ。（その場にいてきゅうくつに感じること）

210. A□ いくら必死にたのんでも、A君は■で■をくくった態度だった。（無愛想《ぶあいそう》に応対する）

211. A□ ぼくの妹は■怒哀■がはげしいので困るときがある。

212. B□ 一年経《た》ってようやく仕事がき●●に乗った。（物事が順調に進む）

213. C□ A君は人がやりたがらない仕事を率先して引き受ける■特な人だ。（心がけや行いが立派《りっぱ》で感心するほどだ）

214. B□ 私の言ったことが気に●●ったら謝《あやま》ります。（不愉快《ふゆかい》に思う）

215. A□ いろいろな学説をつなぎ合わせただけの■に竹を■いだような説明だった。（物事の前後のつり合いがとれないこと）

216. B□ Aさんは失敗したことをいつまでも気に■むところがある。（気にして悩《なや》む）

217. C□ さまざまな人が死んだことから、すべての人間は死ぬと言える。この考え方を帰■という。

218. B□ 火災報知器《かさいほうちき》が鳴り、■の身■のままで家を飛び出した。

219. B□ 核《かく》家族化が進むと家族間の愛情が■薄《はく》になるとの指摘《してき》もある。（ある要素がとぼしく、不足していること）

220. C□ 少しばかりのものですが、気は■ですのでお納《おさ》めください。（わずかではあるが真心《まごころ》がこもっているということ）

221. A□ 忘れ物をしたのに気づいたA君は、き●●を返して家にもどった。

222. B□ ぼくの妹は感情の■伏《ふく》が激《はげ》しくて困ることがある。
(感情などが盛《さか》んになったりおとろえたりして変化すること)

223. C□ Aさんは詭《き》■を弄《ろう》しているが、上司《じょうし》を怒《おこ》らせるだけだよ。
(筋道《すじみち》の通らないことをうまくいいくるめてごまかす議論)

224. A□ 好きな女の子の前でしりもちをついてしまい、き●●が悪い。

225. A□ 親は自分の子どもに教育を受けさせる■■がある。
(法律上、または道徳《どうとく》上しなければならないこと ↕ 権利《けんり》)

226. B□ Aさんは●●が据《す》わった人で常に冷静な判断ができる。
(どんなときでも落ち着いていて驚《おどろ》かない)

227. A□ 今回の失敗を肝《きも》に●●じて、二度と同じ失敗をしないようにする。(いつまでも忘《わす》れないように心に刻《きざ》みつけること)

228. A□ 山の中で熊《くま》を見た時は、さすがに肝《きも》を●●した。
(とても驚《おどろ》く)

229. A□ 足をすべらせて、がけから落ちそうになり肝を■やした。

230. B□ 急に雨が降ってきたので、客■がとだえた。

231. B□ 彼はあまりに■上していたので、とりつく島がなかった。
(かっとして我《われ》を忘れる)

232. B□ 「負けるが勝ち」や「急がば回れ」などは逆■の表現法である。

233. C□ Aさんは見た目こそ、き●●●だが、意外に力持ちだ。
(ほっそりしていて、弱々しい様子)

234. B□ 試合に負けたからって、ぼくに気■めを言うのはやめてくれ。(その場だけの安心。また、あてにならないなぐさめの言葉)

235. A□ 当事者だと■観的に判断するのは難しい。(自分の考えにとらわれないで物事を見たり、考えたりすること)

236. B□ ■境に打ち勝つ精神力を身につけたい。
(思い通りいかず苦しみの多い状況《じょうきょう》)

237. B□ 私たち夫婦は年齢《ねんれい》が離《はな》れているため多少のギ◆◆◆がある。(意見などのくいちがい。へだたり)

238. B□ 母の心配は、結局、●●●にすぎなかったね。
(いらない心配。とりこし苦労)

239. B□ A氏は金もうけにき●●き●●としていて、幸せそうには見えない。(一つの物事だけに心をうばわれ、ゆとりのないさま)

240. B□ 人のことを考えられない子どもが増えているというが、それは■■の一毛だと思う。

241. B□ 二十年ぶりの同窓会《どうそうかい》で■■を温める。
(昔からの友人と会って再《ふたた》び親しく交際する)

242. A□ 交通事故で車はあとかたなく大破《たいは》したが、■死に■生を得た。

243. B□ この会社を■■っているのは古株《ふるかぶ》のA氏だ。
(団体や組織《そしき》などを支配《しはい》し、自分の思うままに動かす)

244. B□ 弱い者いじめをするなよ。窮鼠《きゅうそ》●●を噛《か》むということもある。

245. C□ ■態■然とした制度は改めるべきである。
(少しの進歩も変化もなく、昔のままの状態であること)

246. A□ 先日発生した事件は急■直■、解決に向かった。

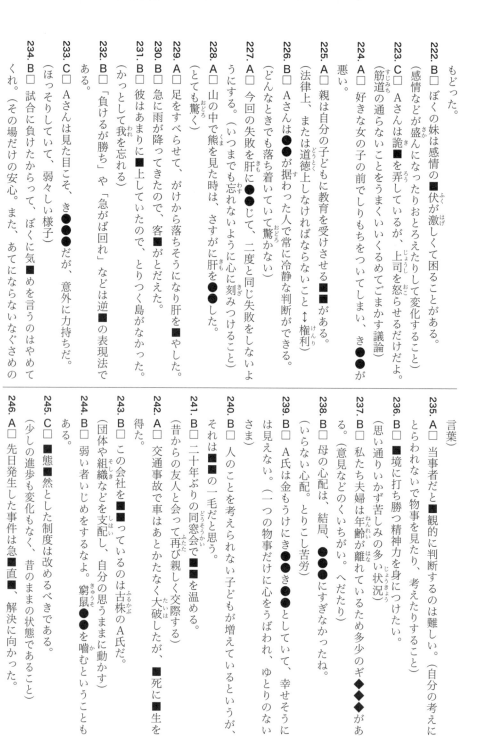

247. B□ B氏は父の突然の訃報《ふほう》に驚《きょう》●●した。（非常に驚《おどろ》くこと）

248. A□ 家庭環境が私と似ているA氏の自伝を読んで■感（≒同感）を覚えた。（他人の考え方などに対して、自分も同じだと感じる気持ち）

249. B□ 物語文では登場人物の言動から、■■を読むことも求められる。（文章の表面に表れていない筆者の真意《しんい》を読み取る）

250. A□ 父は発展途上国《はってんとじょうこく》に食糧《しょくりょう》を■■する団体で働いている。（人々が欲《ほ》しがっている品物を与《あた》えたりすること↔需要）

251. B□ ぎ●●ぎ●●しいあいさつは抜きで気楽《きらく》にやりましょう。（大げさな様子。いかにも立派《りっぱ》そうに思わせるさま）

252. C□ 昨晩《さくばん》は親友と■襟《きん》を開いて語り合った。（心の中をかくすことなく打ち明ける）

253. B□ 突然《とつぜん》そんなことを言い出すとは、何とも■ざめな話だ。（つまらなくなる）

254. C□ すべての先生は教育者としての矜《きょう》■を持つべきである。（自分の能力をすぐれたものとして抱《いだ》く誇《ほこ》り。プライド）

255. B□ 戦争が終わり、自由を享《きょう》■できる時代となった。（そのものの持つ良さを味わい楽しみ、自分の生活を豊かにすること）

256. B□ 自分が子どものころの写真を見ていたら、■愁《しゅう》にかられた。（ふるさとや過去のものを思い出し、なつかしく思う気持ち）

257. B□ わざわざお越《こ》しいただきまして恐《きょう》■に存じます。（相手にかけた迷惑《めいわく》に対して恐《おそ》れ入り、ありがたく思うこと）

258. B□ 最近はテニスに■じる毎日だ。（楽しく思う。愉快《ゆかい》に思う）

259. B□ A君に話しかけたら、なぜかものすごい形《ぎょう》■でにらまれた。（顔つきや表情）

260. A□ A選手のプレーは協■性に欠け、チームの和《わ》を乱《みだ》している。（立場や考え方のちがうもの同士が力を合わせて助け合うこと）

261. B□ Aさんの昔話を幼《おさな》い子どもたちが興味■■で聞いている。（興味がつきないさま。とても興味がひかれるさま）

262. A□ 彼の素晴らしい意見に、多くの人々が■鳴した。（人の行いや言葉に心を動かされ、同感する）

263. B□ Aさんは虚《きょ》■心が人よりも強く、みんなの前で見栄《みえ》を張ることが多い。（うわべだけかざって、自分をよく見せようとすること）

264. B□ ここの養成所にいる人たちを見ると、まさに■■混交だ。（すぐれたものとつまらないものが入り混じっている様子）

265. B□ 天気予報によると、今日は■地的に大雨だそうだ。（限《かぎ》られた一部の土地や地域）

266. B□ 虚《きょ》■を張っても、実力がないことはすぐにばれるものだ。（実力のないものが、あるふりをしていばる）

267. B□ Aさんは人の言うことを■解するので注意したほうがよい。（相手の言動などをひねくれて受けとること）

268. A□ 何のことだか分からず、きょ●●とした顔をしている。（意外なことで理解できず目を見開いてぼんやりしているさま）

269. A□ 実力校のA校とB校が対戦したので、C校が漁夫の■を得て優勝した。

270. B□ 自分には難しい仕事だったが、■■の舞台《ぶたい》から飛び降りる気持ちでがんばった。

271. B□ Aさんの申し出は■容範囲《はんい》であって特に問題はない。

（そこまではよいと認めて受け入れること）

272. C□ この前は虚《きょ》を●●れた形だったが、今度は大丈夫《だいじょうぶ》だ。
（相手が思ってもいないところを攻撃《こうげき》する）

273. B□ 国語の勉強のことになると手をぬくき●●がある。
（そうなりやすい傾向《けいこう》がある）

274. C□ A選手が投げる速球についていけず、き●き●舞《ま》いする。
（相手の速い動きについていけず、うろたえるさま）

275. C□ 入学式は校長による■り■上のあいさつから始まった。
（区切りをつけてはっきり言う、改まった調子の話し方）

276. B□ 生活費を■り詰《つ》めて将来のために貯金をする。
（むだな支出をおさえてできるだけ節約する）

277. B□ 相手に攻《せ》めこまれている今こそ、最後の切り■を出そう。
（とっておきの最も有効《ゆうこう》な手段や方法）

278. B□ A君はどうもリーダーとしての■量に欠ける。
（物事をやりとげる能力や人柄《ひとがら》）

279. A□ 少年Aは大人はき●●ごとばかり言うものだと感じていた。（見せかけを整えただけで、実質のともなわないこと）

280. C□ 就職か進学かという人生における重要な●●に立つ。
（どちらかを選ばなければならない立場に置かれる）

281. B□ この橋は破損箇所《はそんかしょ》が多く、危険き●●りない。
（非常に〜である。この上なく〜である）

282. C□ Aさんは■をてらった奇抜《きばつ》な格好《かっこう》をして、周りの人の注目を集めようとする。（わざと変わったことをして、人の注意を引こうとする）

283. C□ ■を見てせざるは■無《な》きなりというが、A君がいじめられているのに、見て見ぬふりをしてはいけない。

284. A□ 絵を描《か》くときに大切なのは、■を見て■を見ずにならないように、全体のバランスを考えることだ。

285. B□ 来週に行われる文化祭の準備が間に合うか、■をもむ。
（心配でやきもきする）

286. C□ 敬虔《けいけん》なキリスト教徒は、聖書の教えを■科■条とする。

287. B□ A君の前ではその言葉は■句だよ。
（時、場所、相手などによって言ってはならない言葉）

288. B□ A先生は医学の世界で■字塔《じとう》をうちたてた。

289. B□ 雪が降り続き、一夜明けると、外は一面、■世界であった。

290. B□ 先生の熱い言葉が、クラスのみんなの琴《きん》■に触《ふ》れた。

291. B□ 二つの製品を見比べ、品質を吟《ぎん》■する。
（物事のよしあしや内容などをていねいに調べること）

292. A□ 今日は納得《なっとく》がいくまで先生に■い下がって質問しよう。
（ねばり強く相手に立ち向かう）

293. A□ 十代で将棋《しょうぎ》のプロ棋士《きし》になるなんて、■前■後の出来事だよ。

294. B□ 母から痛いところをつかれてしまい、●●の音《ね》も出なかった。（一言も反論《はんろん》や弁解《べんかい》ができない）

295. C□ 今は裕福《ゆうふく》なA氏も若いころは食うや［　］の生活を送っていたらしい。

296. A□ 先生はA君に二度と遅刻をしないようにと●●をさした。

297. A□ 元プロ野球選手のA氏は、腐《くさ》っても●●で、歳《とし》をとったとはいえ素人《しろうと》とは比べものにならないくらい野球がうまい。

298. C□ 私から借金をして逃《に》げたA君を草の■を分けてもさがし

出すぞ。（あらゆる方法を使って徹底的《てってい》にさがす）

299. C□ 亡《な》き祖父が■■の陰《かげ》から見守ってくれている気がする。

300. B□ A氏はIT産業界の草●●的存在といえる。（ある物事を初めて行った人）

301. C□ A氏は最先端《さいせんたん》技術を駆《く》■して、新たな仕事に取り組んでいる。（思いのまま使いこなすこと）

302. B□ 私の母が亡《な》くなったのは、く●●も父の命日《めいにち》と同じであった。（不思議にも。めずらしいことに）

303. C□ A氏は■渋《じゅう》に満ちた波乱万丈《はらんばんじょう》の人生を送った。（物事がうまく進まず悩《なや》むこと）

304. B□ 家でく●●ってばかりいないで外に出かけよう。（目立った活動もせずに過ごす。ひきこもって暮《く》らす）

305. C□ 彼は見かけによらずなかなかの●●ものだ。（油断《ゆだん》できない人）

306. A□ 図を使って、■■的に説明する必要がある。（物事の形、内容などが、はっきりとしていてわかりやすいこと↕抽象《ちゅうしょう》的）

307. B□ 先生に聞かれてもいたずらをしたのがばれないように口■を合わせた。（話の内容を事前にしめし合わせる）

308. A□ Aさんは口が●●いので、秘密《ひみつ》をもらすことはないだろう。

309. A□ A君は口が■いので、うっかり秘密《ひみつ》を話せないよ。

310. A□ A君はうっかり口を●●らせて、秘密《ひみつ》をもらした。

311. A□ あんな人の口《くち》■に乗るとひどい目にあうよ。（だまされる）

312. B□ Aさんは私に何か言いかけて口●●った。（言いかけてやめる）

313. C□ A君は■八丁■八丁で、世の中を渡《わた》り歩くのがうまいやつだ。

314. A□ 思わず本音《ほんね》をもらしたために、Aさんを怒《おこ》らせてしまった。まさに口は●●●●の門だ。

315. A□ 感情的になり思わず本当のことを口《くち》■ってしまった。（言ってはならないことや余計《よけい》なことまで言ってしまう）

316. A□ けがをして出場できなくなった試合を、●●●をかみしめながら見た。（悔《く》しさや悲しさをじっとこらえる）

317. A□ 長い沈黙《ちんもく》ののち、話の■■を切ったのは、学級委員のAさんだった。（最初に発言する）

318. A□ ①けんかしてからは口を■いてくれない。
②A君が口を■いてくれたおかげで彼女に会えた。

319. A□ 口をす●●くして何度も言い聞かせたのに、まだ悪いくせが治っていない。

320. B□ 十年前の事件について、多くの関係者は口を●●んだ。（口を閉ざして何も言わない）

321. A□ 濡《ぬ》れ衣《ぎぬ》を着せられたA君は口をと●●せて先生に抗議《こうぎ》した。（唇《くちびる》をつきだして激《はげ》しく言う）

322. B□ 先生に先日のいたずらのことを問いつめられたが、口を●●ってごまかした。（悪いことをしていながら知らないふりをする）

323. C□ 朝から晩《ばん》まで働き、内職をして口を●●することができた。（やっと食べていく。やっと生計《せいけい》を立てる）

324. A□ Aさんと真剣《しんけん》に話している時に、B君が横から口を●●

んできた。(他人が話している途中にわりこんで話す)

325. A□ 逮捕《たいほ》されて一週間後に、犯人はようやく口を■った。(かくしていたことを白状《はくじょう》する)

326. B□ A先生は日本全国でも屈■の名講師である。(多くの中でも特にすぐれていること)

327. A□ 彼は何事もなかったかのように、く●●●のない笑顔で私に話しかけてきた。(気にしたり、こだわったりする様子もなく)

328. A□ 判定に納得《なっとく》がいかず、審判《しんぱん》にく●●かかる。(激《はげ》しい口調《くちょう》で相手に立ち向かう)

329. B□ 周りの人に親切にして■徳を積む。(神や仏からよい結果を与《あた》えられるよい行い)

330. C□ 私は周りからは、ぐ●●な男だと思われている。(頭が悪く、動きもにぶいこと)

331. B□ 想定外の出費がかさんだので、苦■の策を案ずる。(苦しさを打開するために考え出したやむをえない手立て)

332. C□ 人の真似《まね》ばかりして自分で決められないなんて愚《ぐ》の■頂だ。(このうえなく愚《おろ》かなこと)

333. B□ 借金をして開店したものの客が集まらず、■が回らない。

334. B□ A君は辞書と■っ引きで難しい文章を読んでいる。(手元に置いた書物などを絶《た》えず見て物事をおこなうこと)

335. A□ 注文した商品が届くのを首を■くして待つ。(待ちわびる)

336. B□ 落し物を部屋中く●●く探したが、見つからなかった。(すみからすみまで)

337. C□ 問題を起こした責任者が昨日から■隠《がく》れしている。(にげて姿《すがた》をくらますこと)

338. A□ 先生が怒鳴ると、いたずらっ子達は●●の子を散らすように走り去っていった。

339. A□ 優勢《ゆうせい》だったが反撃されて、■行きが怪《あや》しくなってきたぞ。(物事《ものごと》の成《な》り行き)

340. B□ A君は将来の目標を熱く語っていたが、現実味がなく、雲を●●●ような話だった。(とらえどころがないさま)

341. B□ 将来は美術を学びクリ◆◆◆◆ブな職業につきたい。(創造的。独創的)

342. A□ いつもなら先生の言うことを聞かないくせに、入試の前になって苦しい時の■だのみだなんて虫が良すぎるよ。

343. B□ クラスのみんなで■座になってお弁当を食べた。(大勢が輪になって、内側を向いてすわること)

344. C□ いくら失敗したからって人をぐ●●するにもほどがあるよ。(人をばかにしてからかうこと)

345. C□ 彼のギター演奏は玄人《くろうと》は●●の腕前《うでまえ》だ。(学問や技芸《ぎげい》にすぐれていること)

346. C□ あるNGO(=非政府組織)は日本国内に限らずグ◆◆◆ルな活動をしている。(世界的な規模《きぼ》であるさま)

347. B□ 事故現場には野次馬《やじうま》で■山の人だかりができていた。

348. B□ 親とけんかして家出を●●だてたが、数時間で帰宅した。(あることをしようと計画したり実行しようとしたりする)

349. A□ Aさんは■■危うきに近寄らずで、あやしい人とは関わらないようにしているそうだ。

350. C□ 今日、学校でくんず●●●つの大乱闘《らんとう》があった。

351. A□ 審判《しんぱん》はA選手に■■をあげた。（一方を勝者と判定する）

352. A□ Aさんの国語の成績は塾の生徒の中でも■を抜いている。
（多くの中でとび抜けてすぐれている）

353. B□ Aさんは頑固《がんこ》な人なので周りからは敬■されている。
（敬《うやま》うように見せかけて実際は避《さ》けて関《かか》わらないこと）

354. C□ ■骸化《がいか》した規則ならば意味がないのでなくしたほうがよい。（実質的な内容を失《うしな》っている）

355. C□ 小学校卒業を契■に運動もがんばることにした。
（ある物事に変化や発展を起こさせるきっかけ）

356. C□ 大学を卒業後は、鶏口《けいこう》となるも■■となるなかれというように、小さな会社でも自分らしくいきいきと働きたい。

357. B□ 現代社会は■済的な側面ばかり重視しがちである。
（お金に関すること）

358. B□ 今回の自然災害は、現代人の私たちに警鐘《けいしょう》を●●すものだ。

359. A□ A君は家が貧しいながらも蛍雪《けいせつ》の■が実って、見事、志望校に合格した。

360. A□ もう高学年なのだから軽■な行動はつつしむべきである。
（深く考えないで判断したり行動したりすること）

361. A□ Aさんは東京から静岡を経■して大阪へ向かった。
（目的地へ行くのに、ある地点を通っていくこと）

362. B□ 集団主義的な日本社会では、◇◇（※アルファベット）は仲間外れにされがちだ。（空気が読めないこと。また、そういう人）

363. B□ A君は自分でも気づいていないが稀■な才能の持ち主だ。
（めったにないめずらしい様子）

364. B□ A君のものすごい剣幕《けんまく》に●●される。
（相手の勢いなどに気持ちの上で負ける）

365. A□ 絵の具を思わぬところにこぼしてしまったが、それがけがの■■となり、コンクールで入賞した。

366. C□ A君のあまりに卑劣《ひれつ》なやり方に対して■昂《こう》する。
（いきり立つ）

367. B□ よく知りもしないで相手を■嫌《ぎら》いしてはいけない。
（これといったわけもなく、ただ感情的に嫌《きら》うこと）

368. B□ つい生意気なことを言ってしまい、父の■鱗《りん》に触《ふ》れる。

369. B□ 相手チームに攻《せ》められて覇気《はき》がない部員に監督《かんとく》が●●を飛ばす。（元気のない選手や部下などに刺激《しげき》を与《あた》えて活気づける）

370. A□ 声をかけたら人ちがいだったので、け●●な顔をされた。
（不思議に思うこと。納得がいかないこと）

371. B□ A君を●●かけてクラスメートにいたずらをする。
（おだてたり元気づけたりして、自分の思い通りに行動させる）

372. A□ A君に罵倒《ばとう》されて、おもわず■■ばんだ。
（怒《いか》りの気持ちを顔に表す）

373. C□ キリスト教ではイエスキリストは神の化■とみなされる。
（神や仏などが人間や動物の姿《すがた》になってこの世に現れたもの）

374. B□ 生徒会長のAさんは■高い美しさを持っている。
（上品でとうとく感じられる）

375. B□ あのチームの強さは●●違《ちが》いでかなわないよ。
（他に比べてずば抜《ぬ》けている）

376. C□ A氏の言葉はけ●●名言といえるものだ。
（思うに。たしかに。おそらく）

377. B□ 近くでけ●●●しいクラクションの音が鳴り響《ひび》いた。
（急に高い音や声が響《ひび》きわたって騒《さわ》がしい様子）

378. B□ 今回の件に関しては、チームリーダーであるA氏に●●を預けた。（相手に処置《しょち》を任せる）

379. A□ 学内のクイズ大会に出場するA君はまだ低学年なのだから、下駄《げた》を●●せてあげよう。（物事を実際よりも大きく見せる）

380. B□ ひさしぶりに■気さかんな若者を見た。
（さかんな勢い。元気いっぱいの様子。生き生きとした生命力）

381. B□ 話を聞いたらしく、Aさんが血■を変えてどなりこんできた。（顔色。顔つき）

382. A□ おぼれる兄を救おうとして、け●●にも幼《おさな》い弟は急流に飛びこんだ。（幼《おさな》い者や弱い者が立派《りっぱ》で、勇気がある様子）

383. B□ 来週の生徒会長を決める選挙は、■■評ではAさんの当選が有力だ。（責任《せきにん》のないところでなされる、うわさや評判）

384. C□ A君は都合が悪くなると、すぐに相手を●●に巻く。
（大げさなことやわけのわからないことを一方的に言って、相手をまどわせる）

385. B□ このシュートを決めて試合に●●をつけるぞ。
（終わらせる）

386. B□ わが校出身である物理学の■威《い》を、講演会に招いた。
（ある分野に優れている人）

387. A□ あの二人は昔から■猿《えん》の仲でけんかばかりしている。

388. A□ 自《みずか》らの過《あやま》ちを■虚《きょ》に認めたA君は立派《りっぱ》だ。
（おごり高ぶらず控《ひか》えめなさま）

389. C□ みんなから信頼《しんらい》されるためにも■行■致を心がけたい。

390. B□ Aさんは献《けん》■的に病気の母の看病《かんびょう》をしていた。
（人のためや社会のために力をつくすこと）

391. B□ お互いに牽《けん》■しあっていて動きがないように感じられる。
（相手の注意を自分の思うほうにひきつけて、自由に行動できないようにすること）

392. A□ 本日の話し合いで、Aさんは対立する双方《そうほう》にとって■■的な提案をした。（物事を積極的によくしていこうという前向きな様子↔破壊的）

393. B□ 不正行為《こうい》には■然とした態度で臨まなければならない。
（おごそかで近寄りがたいさま。動かしがたいさま）

394. B□ 最近、国語の成績の伸びが顕《けん》■にあらわれている。
（はっきりと目立っている様子）

395. C□ あとで問題が起きないように、しっかりと言■を取っておく。（あとの証拠《しょうこ》となる言葉）

396. C□ 決勝で敗《やぶ》れたものの、捲《けん》■重《ちょう》■を期して練習を再開した。
（一度敗《やぶ》れたものが、再《ふたた》び勢いを盛《も》り返すこと）

397. C□ 校長先生の長話に生徒たちは●●なりとする。
（飽《あ》きてうんざりするさま）

398. B□ ■聞《ぶん》を広めるために海外留学するつもりだ。

399. B□ 私の話を聞いたらしく、ものすごいけん●●でどなりこんできた。（ひどく怒《おこ》ったときの顔つきや態度）

400. B□ A氏に仕事を依頼《いらい》したのだが、けんも●●●に断《ことわ》られたよ。

401. A□ すべての子どもは小中学校で教育を受ける■■がある。（ある物事を主張《しゅちょう》し要求《ようきゅう》できる資格《しかく》↔義務）

402. B□ 以前、テストで良い点をとれた服を着て第一志望校の入試に臨み、●●をかついだ。（よい結果だったときの行為《こうい》をくりかえして幸運を願うこと）

403. A□ ■■に足をひっかけてA君を転ばせたのは良くないよ。（わざとすること↔過失）

404. B□ 今日開かれた食事会でAさんは■一点だった。（多くの男性の中にただ一人の女性がまじること）

405. A□ きみと出会ってから十年が経つとは、光陰《こういん》■のごとしだなあ。

406. C□ 退職《たいしょく》後はあくせくする毎日から逃《のが》れ、行■流■の生活を送りたいものだ。（物事にこだわらず、一切《いっさい》をなりゆきにまかせること）

407. B□ 今年の応募《おうぼ》作品は良いものが多くて、■乙つけがたい。（優劣《ゆうれつ》の区別ができない）

408. A□ 試験が終わった後に、もっと勉強しておけばよかったと思っても、後悔■に立たずだよ。

409. C□ 大学時代は哲学について友人たちと口角《こうかく》●●を飛ばしたものだ。（はげしく議論するさま）

410. C□ A君は勝つためなら狡《こう》●●な手段でさえ使う。（ずるがしこい）

411. C□ A君の■顔■恥の行《おこな》いには甚《はなは》だうんざりする。（他の人の迷惑を考えずに自分勝手にふるまう）

412. A□ 好■心にかられて、池の中をのぞいて見た。（めずらしいものや未知のものに興味を持つ心）

413. B□ 母親の死を知ったAさんは、その場で■泣した。（大声をあげて泣くこと）

414. C□ Aさんは巧■■色で世渡《よわた》りはうまいが、どうも信用できない。（人に気に入られようと言葉を飾《かざ》り、顔つきを和《やわ》らげること）

415. B□ 向《む》かいのビルは夜遅《おそ》くでも、●う●うと明かりがともっている。（まぶしいほどきらきら光りかがやく様子）

416. C□ ●う●うしい神殿《しんでん》に入ると心が洗《あら》われるようだ。（気高《けだか》さが感じられ、いかにもおごそかな様子）

417. C□ 昔はがんこだったAさんも今は■■爺《や》になった。（やさしそうな人の良い老人）

418. B□ 会社のお金を使って私物《しぶつ》を購入《こうにゅう》するとは、■■混同もはなはだしい。（仕事上のことと個人のことをきちんと区別しない）

419. B□ 日頃《ひごろ》の不摂生《ふせっせい》がたたり、病《やまい》が■じた。（はなはだしくなる）

420. C□ Aさんの後塵《こうじん》を■するのだけはがまんできない。（他人に先をゆずる。おくれをとる）

421. C□ 私の祖父は好■家で、人が見向きもしない変わったものを収集していた。

422. A□ 人の性格は先天的なものではなく■天的な性質である。

423. B□ A中学の入試では、学科試験のほかに口■■問が行われる。（試験官の質問に話して答える形式の試験）

424. C□ あまりにも荒《こう》■■稽《けい》な考えなので、相手にされなかった。（言動がでたらめでまったく現実味がないこと）

425. A□ ■に入っては■に従えというが、転校したらそちらの学校のやり方に従ったほうがよいよ。
（その土地に行ったら、そこの風俗、習慣に従うべきだ）

426. C□ 各地の名産を集めた物産展が好評を■す。
（よい評判や評価をえる）

427. B□ 今度の話し合いには、公■無■の立場で臨むつもりだ。
（平等で自分の気持ちをまじえないこと）

428. B□ この薬物の使用は日本では合■的ではない。
（規則《きそく》などに合っていること）

429. A□ バイオリン奏者のA氏は弘法《こうぼう》■を選ばずで、安いバイオリンでもきれいな音を鳴らすことができる。

430. A□ きみほどの人がこんな初歩的なミスをするとは、弘法も筆の［　］というところかな。

431. B□ A氏の■慢（≒傲慢《ごうまん》）な鼻をへし折ってやりたいよ。
（思い上がってえらそうにすること）

432. B□ 彼女は人を見下し、傲《ごう》■な態度をとるので嫌《きら》われている。
（おごり高ぶって人を見下すこと）

433. B□ A氏の巧《こう》■な手口に、まんまとだまされた。
（やり方が上手でたくみな様子）

434. B□ きみのいたずらのせいで、ぼくまで迷惑《めいわく》をこ●●●たよ。
（自分の身に受ける）

435. A□ 今回の選挙には落選したが、A氏の公■正■な態度は清々《すがすが》しかった。（正しく堂々《どうどう》としていること）

436. A□ 料理研究家であるA先生の普段《ふだん》の食事は、紺屋《こうや》の［　］で、コンビニ弁当ばかりだそうだ。

437. C□ 中学入試が近づくにつれて、高●●感が増してくる。
（気分が高まり強くなること）

438. A□ 工場に大型機械を導入し、生産ラインの■理化を図《はか》る。
（むだなく、能率《のうりつ》を高めること）

439. C□ 彼はつねに■利的な考え方をするので信用ができない。
（物事を行う時、自分の利益や手柄《てがら》を重視するさま）

440. B□ 受験プランの変更《へんこう》が功を■して、第一志望校に合格できた。

441. C□ いつまでたってもAさんから返事をもらえないので、■を煮《に》やしてこちらから聞きに行った。

442. B□ ふだんは仲の悪いA君と、今回は呉《ご》■■舟《しゅう》して意見を出しあった。

443. B□ 正義の味方が敵《てき》を小気■よく倒《たお》していくアニメが好きだった。（胸《むね》がすっとして気持ちが良い）

444. B□ オリンピックで金メダルを獲得《かくとく》したA選手は地元にもどり、故郷《こきょう》へ●●●を飾《かざ》った。

445. A□ A氏は目の前にある数々の障害《しょうがい》を克■した。
（困難にうち勝つこと）

446. C□ A君の孤《こ》■■闘《とう》の活躍《かつやく》もむなしく、一回戦で敗退した。
（ひとりで困難を克服しようとがんばること）

447. A□ 怒《おこ》られるのを覚悟《かくご》で、先生に相談をしに行こうよ。虎《こ》■に入《い》らずんば虎《こ》■を得ずというからね。

448. C□ 昨日、A劇場のこ●●落としとして、B氏のコンサートが行われた。（新築や改築された劇場などで行われる初めての催《もよお》し物）

449. C□ 弟の前で情けない姿《すがた》を見せたら、兄としてのこ●●に関わる。（名誉《めいよ》や体面、品位《ひんい》にきずがつく）

450. B□ 今日は心●●なく語り合おうではないか。（遠慮《えんりょ》することなく。安心して）

451. B□ Aさんに話しかけても心ここに●●●といった感じだ。（他のことに心を奪《うば》われて目の前のことに関心が向かない）

452. A□ 一部の■ない人たちのせいで、富士山はゴミだらけだった。（考えが浅く、良識《りょうしき》がない。思いやりがない）

453. B□ 新人のAさんは心●●い演技を見せ、周りを驚《おどろ》かせた。（とてもすぐれていて見事である）

454. B□ 壁《かべ》にかかっている額縁《がくぶち》の位置を●●●もち右にずらした。（ほんの少し。ちょっとだけ）

455. A□ Aさんは実は優《やさ》しい心■の持ち主だ。（心の奥底《おくそこ》にある気持ち）

456. A□ 妹は心●●ないようすで、覚えたての自転車をこぎ始めた。（安心できない。たよりない）

457. A□ 古■東■を問わず、親はわが子の幸せを第一に考えるものだ。

458. B□ こそこそと私にかくれて、■賢《ざか》しい真似《まね》をするな。（ずるがしこい。生意気である）

459. C□ 敵軍《てきぐん》は圧倒《あっとう》的な武力を誇《こ》■している。（得意になって見せること）

460. B□ A君は仕事以外のこととなると●●が重い。（めんどうがって身軽に行動しない）

461. B□ 夏休みの学習計画は途中《とちゅう》で腰《こし》が●●けてしまった。（物事を行う意気ごみがくずれる）

462. A□ Aさんは著名人なのにだれに対しても腰《こし》が■い。（他人に対してへりくだりていねいに接する）

463. B□ 従来のやり方に■執《しつ》してばかりいては、新しいことには挑戦《ちょうせん》できない。（自分の意見などを守ってゆずらないこと）

464. C□ さきほどの話には興味深い後日■があるんだよ。（ある事件が終わった後に、どんなことがあったかという話）

465. A□ あそこまでなら電車で行ってもバスで行っても時間的には■■歩■歩だろう。（似たりよったりであまり違《ちが》いがない）

466. C□ この大学の出身者でノーベル賞を受賞した人物は五■に余る。（すぐれたものを選んで数える時に、五つより多いということ）

467. C□ 兄は何年も前の古い雑誌を■生大事に取っている。（物事をいつまでも大切にすること）

468. B□ ① 問題を●●らせて、いまだに解決していない。
② 風邪《かぜ》を●●らせて、一週間寝こんだ。

469. B□ 今回の仕事は●●をすえて取り組もうではないか。（落ちついて事をする）

470. A□ お化《ば》け屋敷《やしき》に入り、よくできたおばけに驚いて腰《こし》を●●す。（驚《おどろ》きや恐怖《きょうふ》のために立ち上がれなくなる）

471. B□ ■人となった中学時代の恩師《おんし》をしのぶ。（死亡《しぼう》した人）

472. C□ 暑くてのどが渇《かわ》いている時の冷水は■臓■腑《ぷ》にしみわたるようでおいしかった。（身にしみて強く感じる）

473. C□ 姑《こ》■な手段をつかって、なんとかその場はのがれることができた。（一時の間に合わせ。その場しのぎ）

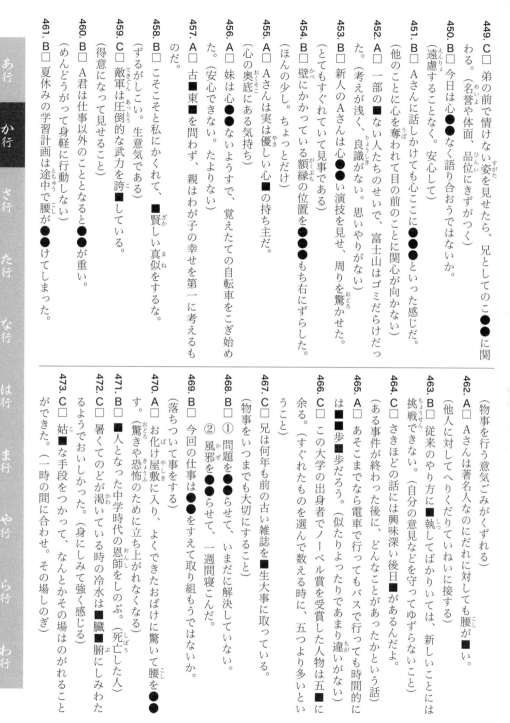

474. B□ Aさんの意見に、クラスのみんなは●●って賛成した。
（一人も残らず。みんなそろって）

475. C□ ご●●を並べている時間があれば、さっさと仕事にとりかかってくれよ。（あれこれと自分勝手なことをえらそうに言う）

476. C□ 不況《ふきょう》が続く中、ご●●●にもれず、うちの生活もかなり苦しい。（世の中の大多数のものと同様に）

477. C□ 受験勉強には欲望に負けない克■心も求められる。
（自分の怠《なま》け心や欲望《よくぼう》、邪念《じゃねん》に打ち勝つこと）

478. B□ わざとこ●●いな話をして、場を和《なご》ませる。
（ふざけていて、おかしいこと。ばかばかしいこと）

479. B□ あらかじめ出席者に話の骨■を説明しておく。
（いちばん大切なところ。物事の中心となる部分）

480. B□ 何の前触《ぶ》れもなく、彼は●●ぜんと（≒突然）姿を消した。
（たちまち変化がおこる）

481. B□ 祭りがおこなわれる神社は見物人で●●●がえしていた。
（ひどく混雑《こんざつ》している）

482. C□ 父の遺産《いさん》相続をめぐり、兄弟の間で骨■の争いとなった。
（親子や兄弟など互《たが》いに血のつながっている者）

483. B□ 小手■の処置《しょち》ではなく抜本《ばっぽん》的な改革が必要である。
（ちょっとした技術や才能）

484. B□ ほんの小■調べにボールを的《まと》に投げてみた。
（本格的に始める前に、ちょっと試《ため》してみること）

485. A□ 今回の作戦はこと●●く失敗に終わった。（すべて。残らず）

---

486. B□ ① こと●●に騒《さわ》ぎ立てる必要はない。
② 歳《とし》の離《はな》れた妹をこと●●かわいがる。

487. C□ 試合中、Aさんが相手選手と衝突《しょうとつ》して心配したが、■なきを得てほっとした。（めんどうなこともなく済《す》む）

488. A□ 私は甘《あま》いものの中でも、こ●に（≒中でもとくに、とりわけ）アイスクリームには目がない。

489. B□ ① 今日の試験は自信がなかったが、●●のほかうまくできた。
② 上野公園の桜《さくら》は、●●のほか美しいと感じる。

490. C□ 言葉●●をとらえて、いちいち非難するのはよくないよ。
（人のささいな言いそこないをとがめる）

491. C□ 単なる言葉の●●にすぎず、そこに深い意味はない。
（文章表現の上での巧《たく》みな言い回し。表面的な言葉の飾《かざ》り）

492. C□ 事も●●●に、デート中にかつてのいじめっ子に会うなんてついてない。（最も良くない事態が起こり、なげく言葉）

493. B□ 難しい仕事だと思ってお願いしたのだが、Aさんはことも●●にやってのけた。（大したことだとも思っていない様子）

494. A□ 子は●●●●というが、私が暴君《ぼうくん》の夫《おっと》と離婚《りこん》しなかったのは子どもがいたからだ。

495. B□ けちな社長の前では給料の話はご■■だ。
（禁《きん》じられていること）

496. A□ 今日は朝から天気もよく、■春■和ですね。
（十一月ごろのあたたかい日）

497. A□ Aさんは先生に好かれようと●●てばかりいる。
（人に気に入られるように機嫌《きげん》をとる）

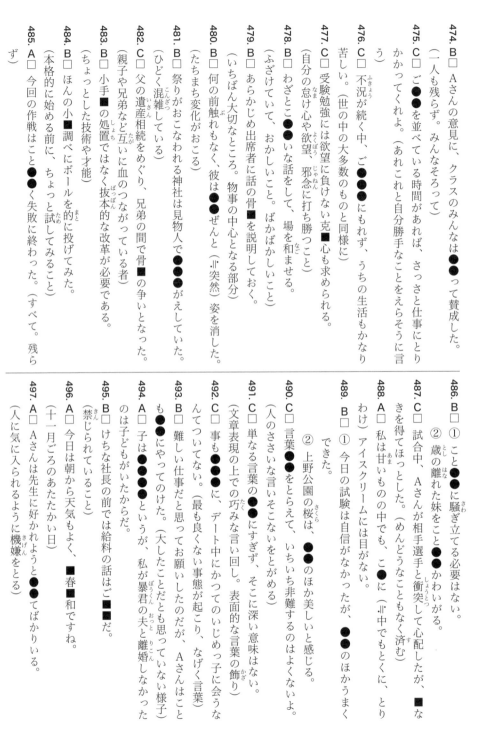

498. C□ 決勝戦の前にみんなの士気を●●する。
(はげまし元気づけること。気持ちを奮《ふる》い立たせること)

499. A□ 母に●●をすって、何とかおこづかいを上げてもらった。
(他人にお世辞《せじ》を言うなど機嫌《きげん》をとる)

500. B□ Aさんが犯人だという証拠《しょうこ》はご●●とある。
(非常にたくさんある様子)

501. A□ 友だちのA君が転校するという話を■■にはさんだ。
(ちらりと聞く)

502. B□ 祖母は学校と地域社会が一体になって教育を行うコ◆◆◆ティースクールに通っている。(地域社会。生活共同体)

503. B□ 木●●日が降り注ぐ、その光景はとても美しかった。
(木の枝《えだ》や木の葉の間からさしてくる日の光)

504. A□ 平安時代に生まれたかな文字は、日本の■有の文字である。(そのものだけが特別に持っていること)

505. B□ アメリカ人のAさんは、京都の風情を●●なく愛する外国人の一人だ。(この上なく。格別に)

506. C□ 孤■無■で奮闘《ふんとう》したが、力つきた。
(ひとりぼっちで、どこからも助けが得られないこと)

507. A□ 新しいことを始めるときは■里■中で、先行きはわからないものだ。(すっかり迷《まよ》ってどうしたらよいかわからないこと)

508. B□ 御利■があるお札を神棚《かみだな》に飾《かざ》る。
(神仏《しんぶつ》から与《あた》えられていただく恵《めぐ》み)

509. B□ Aさんはこれ見●●しに高級車を乗り回しているらしい。
(得意になってほこらしげに見せつける様子)

---

510. B□ ●●合いを見て、Aさんに仕事の相談をしてみた。
(何かするのにちょうどいいとき)

511. A□ 若いうちにしっかりと生命保険に入っておくのは、転ばぬ先の●●というものだ。

512. A□ 昨今では幼児《ようじ》教育の必要性について声■に論じられている。(声を張り上げる様子。大きな声)

513. A□ 緊張《きんちょう》のあまり、●●ばった表情になってしまった。
(しなやかでやわらかいものが、つっぱったように固くなる)

514. C□ 朝の■行が終わると、境内《けいだい》の掃除《そうじ》をするのが日課《にっか》だ。
(僧《そう》などがお経《きょう》を読んだり礼拝《れいはい》したりすること)

515. C□ そんな意地悪《いじわる》をきみにするなんて、A君は悪の■化だ。
(抽象《ちゅうしょう》的なものを形のあるものに具体化したもの)

516. A□ テスト前に遊んでばかりだなんて言■道■だ。
(言いようのないほどひどいこと。もってのほか)

517. B□ 泉《いずみ》がこ●こ●とわき出る。
(水などがさかんに流れるさま)

518. B□ A先生は生徒たちに命の大切さについて●ん●んと諭《さと》した。(心をこめてくり返し説《と》くさま)

519. B□ コン◆◆◆トに良い成績をとることは難しい。
(常《つね》に一定しているさま)

520. C□ くつろぎをコン◆◆◆にした店を作りたい。
(作品などを作るうえで、基本となる考え方)

521. C□ 同じ言葉であっても、コン◆◆◆トによって意味が異なる場合がある。(文章の前後のつながり。物事の状況《じょうきょう》や背景《はいけい》)

522. B□ 世界情勢は混《こん》●●としていて、先が読めない。

（入りまじっていて物事の区別がはっきりしない様子）

523. B□ 自分の容姿《ようし》にコン◆◆◆◆スを抱《いだ》いていたが、克服《こくふく》できた。（自分が他人よりも劣《おと》っていると感じること）

524. B□ もう金■際、きみには頼《たの》みごとはしないよ。
（どんなことがあっても。決して。絶対に）

525. B□ 突然、生徒会長に推薦《すいせん》されて困■する。
（どうしたらよいかわからなくて、困《こま》ること）

【さ行】

さ

001. A□ 罪悪感《ざいあくかん》〔類義語〕後ろめたさ
【意味】自分が道徳《どうとく》などにそむき、罪《つみ》を犯したと思う気持ち。

【用例】親友に嘘《うそ》をつき、罪悪感にさいなまれる。

002. C□ 塞翁《さいおう》が馬
【意味】人生の幸せや不幸は予測できないものだ。

【用例】人間万事《ばんじ》塞翁が馬で、少しのことで悲観的になってはいけない。

003. B□ 際限《さいげん》がない（際限《さいげん》なく）
【意味】かぎりがない。はてがない。

【用例】Aさんの際限なく続く話にはうんざりするよ。

004. B□ 再三再四《さいさんさいし》
【意味】何度もくり返して。

【用例】再三再四、彼女に手紙を書いたのだが、返信が来なかった。

005. B□ 才色兼備《さいしょくけんび》
【意味】すぐれた才能と見た目の美しさをそなえていること。※女性に言うことが多い。

【用例】Aさんは才色兼備のアナウンサーとして人気を集めている。

006. A□ 細心《さいしん》
【意味】こまかいところまで心を配ること。

【用例】細心の注意を払《はら》って検査をする必要がある。

007. A□ 細大《さいだい》
【意味】細かなことと、大きなこと。全部。

【用例】先生の言ったことを、細大もらさずにメモをとる。

008. B□ さいなむ
【意味】責《せ》める。苦しめる。悩《なや》ます。

【用例】親友を裏切《うらぎ》ったという罪悪感《ざいあくかん》にさいなまれる。

009. B□ 逆手《さかて》
【意味】相手の攻撃《こうげき》や自分の不利な立場を逆に利用すること。

【用例】相手の言い分を逆手に取って言いこめる。

010. B□ 逆《さか》なで
【意味】わざと相手の気にさわるような言動をとること。

【用例】A大臣の発言は国民の感情を逆なでした。

011. B□ 先駆《さきが》け
【意味】他のものより先に事を始めること。先んじること。

【用例】A社は流行の先駆けとなるデザインを発表した。

012. C□ 先立《さきだ》つもの
【意味】お金のこと。

【用例】実家を出て独立しようにも、先立つものがない。

013. B□ 先《さき》んずれば人を制《せい》す
【意味】人より先に事を行えば、有利な立場に立つことができるということ。

【用例】先んずれば人を制すというから、塾の授業の前にテキストを予習しておくとよい。

014. A□ さげすむ〔類義語〕軽蔑《けいべつ》、侮蔑《ぶべつ》
【意味】見下す。低く見る。

【用例】他人をさげすむような態度をとってはいけません。

015. A□ ささやか
【意味】小さい。わずかな様子。つつましい様子。

【用例】Aさんへ感謝《かんしゃ》の気持ちをこめて、ささやかな贈《おく》り物を渡《わた》す。

016. B□ 差《さ》し置《お》く
【意味】人を無視する。

【用例】先輩《せんぱい》を差し置いて勝手に事を進めるのはよくないよ。

017. B□ さじ加減《かげん》
【意味】人に対する配慮《はいりょ》の程度《ていど》や具合。物事を処理《しょり》する場合の手加減。

【用例】先生のしかり方のさじ加減一つで生徒のやる気は変わる。

018. C□ 差《さ》し金《がね》
【意味】陰《かげ》で指図《さしず》して人をあやつること。
【用例】だれの差し金でこんなことをしたのか、白状《はくじょう》しなさい。

019. B□ さしずめ
【意味】① まずは。さしあたって。
② つまり。けっきょくは。
【用例】① 預金もあるので、さしずめ生活に困ることはない。
② こんな易しい問題を間違《まちが》えるなんて、さしずめ、ぼくはあわてんぼうなのだ。

020. B□ 差《さ》し支《つか》える
【意味】具合《ぐあい》の悪いことになる。
【用例】酒を飲み過ぎると、明日の仕事に差し支えるのでほどほどにしよう。

021. B□ さして ※後ろに「～ない」など打ち消しの言葉がくる。
【意味】たいして。それほど。とりたてていうほど。
【用例】彼がテストで良い点をとるのはさして驚くことでもない。

022. C□ 砂上《さじょう》の楼閣《ろうかく》
〔類義語〕机上《きじょう》の空論《くうろん》 絵に描《か》いた餅《もち》
【意味】土台がもろくて長続きしないこと。また、実現が不可能なこと。
【用例】その場しのぎのいいかげんな計画を立てたところで、砂上の楼閣である。

023. A□ さじを投げる
【意味】結果を出す見こみがないとあきらめる。
【用例】いくらきみに教えてもうまくならないので、もうさじを投げたよ。

024. A□ さぞかし 〔類義語〕さだめし
【意味】どんなにか。きっと。
【用例】両親が事故で亡くなり、さぞかし悲しんだことだろう。

025. C□ さだめし 〔類義語〕さぞかし
【意味】きっと。かならず。さぞ。
※「だろう」「でしょう」などの言葉がくる。
【用例】今日は長旅だったので、さだめしお疲《つか》れのことでしょう。

026. B□ 早急《さっきゅう》 〔類義語〕至急《しきゅう》
※「そうきゅう」という読みは受験国語では避《さ》けたほうがよい。
【意味】非常に急ぐこと。
【用例】その件に関しては早急に対策を講《こう》じる必要がある。

027. C□ ざっくばらん
【意味】遠慮《えんりょ》やかくしごとのないさま。率直《そっちょく》に心情を表すさま。
【用例】今日はお互《たが》いが思っていることをざっくばらんに話し合おう。

028. A□ 刷新《さっしん》
【意味】これまでの事態《じたい》を改めて、新しくすること。
【用例】市長は就任《しゅうにん》するやいなや、制度の刷新に着手《ちゃくしゅ》した。

029. A□ 察《さっ》する
【意味】物事の事情や人の気持ちなどを正しく想像し理解する。
【用例】先日母親を亡くしたAさんの悲しみは察するに余《あま》りある。

030. B□ 雑然《ざつぜん》
【意味】まとまりがなくごちゃごちゃと入り乱れているさま。
【用例】A君は整理整頓《せいりせいとん》が苦手らしく、部屋は雑然としていた。

031. A□ 殺風景《さっぷうけい》
【意味】味わいやおもしろみがない様子。
【用例】私の部屋は、必要最低限のものしかなくて、まことに殺風景だ。

032. A□ 諭《さと》す
【意味】物事の道理《どうり》がよく分かるように目下の

人に言い聞かせる。

【用例】子どもたちに命の大切さについてこんこんと諭す。

033. B□ さながら
【意味】まるで。ちょうど。「さながら…（の）ようだ・みたいだ」の比喩《ひゆ》の形で使われることが多い。

【用例】辺りには多くのラベンダーがさいていて、さながら紫《むらさき》のじゅうたんのようだ。

034. A□ さばさば
〔類義語〕竹を割《わ》ったよう
【意味】性格がさっぱりしてこだわりのない様子。また、ことが終わって気分がすっきりした様子。
【用例】Aさんはさばさばした性格の人なので、付き合いやすい。

035. A□ さばを読む
【意味】自分の都合の良いように数をごまかす。
※主に年齢《ねんれい》で用いる。
【用例】人気タレントのAさんは五歳《さい》もさばを読んでいたそうだ。

036. B□ さびれる 〔対義語〕にぎわう
【意味】にぎやかでさかんだったものが衰《おとろ》える。

【用例】かつては炭鉱《たんこう》の町として栄《さか》えたが、今はさびれてしまった。

037. C□ 瑣末《さまつ》（些末《さまつ》）
【意味】とるにたりない。ささいな様子。

【用例】そんな瑣末なことにこだわる必要はない。

038. B□ 様《さま》になる
【意味】かっこうがつく。

【用例】A君はおしゃれな人で、着こなしが様になっている。

039. A□ さまよう
【意味】あてもなくあちこち歩きまわる。

【用例】一緒《いっしょ》にいた仲間とはぐれてしまい、町をさまよう。

040. C□ 五月雨《さみだれ》式 〔類義語〕断続《だんぞく》的
【意味】同じことがだらだらと途切れがちにくり返されること。

【用例】敵《てき》は五月雨式に攻撃《こうげき》をしかけてきたため長期戦となった。

041. B□ さめざめ
【意味】涙《なみだ》を流しながら静かに泣《な》き続けるさま。

【用例】Aさんは恋人の前で顔をふせてさめざめと泣《な》いた。

042. B□ さも
【意味】いかにも。実に。

【用例】本当はそうでもないのだが、さも悲しそうに泣《な》いている。

043. C□ さもありなん
【意味】そうであってもおかしくない。そうであろう。もっともだ。

【用例】Aさんの性格からすると、今回のもめごともさもありなんと思われた。

044. C□ さもしい
【意味】見苦しい。いやしい。

【用例】お金を稼《かせ》ぐためならどんなきたない手でも使うなんて、さもしい考え方だ。

045. B□ 座右《ざゆう》の銘《めい》
【意味】身近に備えて戒《いまし》めとする言葉《ことば》や格言《かくげん》。

【用例】私の座右の銘は「原因なき結果はなし」だ。

046. B□ 猿真似《さるまね》
【意味】考えもなく、うわべだけ他人のまねをすること。

【用例】彼の作品は見た目は良くても、しょせんは猿真似で自分らしさがまったくない。

047. A□ 猿《さる》も木から落ちる
〔似《に》た意味のことわざ〕河童《かっぱ》の川流れ、弘法《こうぼう》も筆の誤り
【意味】名人も時には失敗する。
【用例】名選手のAが守備で平凡《へいぼん》なボールをとりそこねた。猿も木から落ちるとはこのことだ。

048. B□ 触《さわ》らぬ神に祟《たた》りなし
〔似《に》た意味のことわざ〕君子危《くんしあや》うきに近寄《ちかよ》らず
【意味】めんどうなことにかかわったりしなければ、災《わざわ》いを受けるおそれはない。
【用例】触らぬ神に祟りなしというから、素行《そこう》が悪いA君とは関わらないほうがよいよ。

049. B□ さわり
【意味】話などで最も感動的な（印象深い）ところ。
※「初めの部分」「少しだけ」という意味ではないので注意！
【用例】今日見た新作映画のさわりを友人に教える。

050. A□ 三寒四温《さんかんしおん》
【意味】冬から春になるまでの陽気。だんだん暖かくなる春の初めの気候。

【用例】三月に入り、三寒四温の気候が続く。

051. A□ 三三五五《さんさんごご》（三々五々）
【意味】人があちこちに散らばっている様子。

【用例】三三五五、生徒たちが集合場所に集まってきた。

052. C□ 山紫水明《さんしすいめい》
【意味】山や川の景色の美しいこと。

【用例】山紫水明の地を訪れる。

053. B□ 山椒《さんしょう》は小粒《こつぶ》でもぴりりと辛《から》い
【意味】体は小さくても才能や手腕《しゅわん》がすぐれていてあなどれない。

【用例】A社は小さな会社だが山椒は小粒でもぴりりと辛いというように、技術力は高い。

054. B□ 山川草木《さんせんそうもく》
【意味】あらゆる自然。

【用例】このあたりは山川草木が残されていて、豊かな自然を味わえる。

055. C□ 暫定的《ざんていてき》
【意味】仮《かり》にしばらくの間だけ決めておくこと。

【用例】今回はあくまでも暫定的な処置であり、変更《へんこう》はありうる。

056. A□ 三人寄《よ》れば文殊《もんじゅ》の知恵《ちえ》
〔反対の意味のことわざ〕船頭《せんどう》多くして船山《ふねやま》にのぼる
【意味】平凡《へいぼん》な人間でも三人寄り集まれば良い考えが浮かぶものだ。
【用例】三人寄れば文殊の知恵というから、今日の放課後、学芸会の出し物についてみんなで話し合おう。

057. A□ 三拝九拝《さんぱいきゅうはい》
【意味】何度も頭を下げて、物事を頼《たの》んだりすること。

【用例】今月は出費がかさみ、おこづかいが足りなくなったため、母親に三拝九拝してお金を借りた。

058. B□ 賛否両論《さんぴりょうろん》
【意味】賛成と反対の二つの考え。

【用例】賛否両論がうずまくなか、その日の会議は始まった。

059. B□ 三枚目《さんまいめ》
〔関連語〕二枚目（＝見た目が良い人）
【意味】こっけいな役を演じる俳優《はいゆう》。また、ふざけて笑わせる人のこと。
【用例】彼はいつもふざけてみんなを笑わせているので、二枚目というよりも三枚目だね。

し

060. A□ 思案《しあん》
【意味】思いめぐらすこと。あれこれと考えること。

【用例】将来のことについて思案に暮れる毎日だ。

061. C□ しいたげる 〔類義語〕虐待《ぎゃくたい》する
【意味】ひどいあつかいをして苦しめる。

【用例】飼っている動物をしいたげると条例《じょうれい》により罰《ばっ》せられます。

062. C□ **恣《し》意《い》的** 〔類義語〕勝手気《かってき》ままな
【意味】自分が好きなように思いつくままに物事をするさま。
【用例】規則を各々《おのおの》が恣意的に解釈《かいしゃく》してしまうと、収拾《しゅうしゅう》がつかなくなる。

063. B□ **しお（しおどき）**
【意味】あることをするのに、ちょうどよいとき。ちょうどいい機会。
【用例】新たな来客をしおに席を離《はな》れた。

064. B□ **しおしおと**
〔類義語〕しょんぼり
【意味】気落《きお》ちして元気のない様子。
【用例】Aさんに言い負かされてしおしおと退散《たいさん》する。

065. B□ **しおらしい**
〔類義語〕いじらしい
【意味】ひかえめで従順《じゅうじゅん》な様子。
【用例】きみにしてはめずらしく、しおらしいことを言うね。

066. A□ **自画自賛《じがじさん》** 〔類義語〕手前《てまえ》みそ
【意味】自分で、自分のことや自分の作品などをほめること。

【用例】友だちが自分の作品を自画自賛するので、聞いていたぼくたちはしらけてしまった。

067. B□ **直談判《じかだんぱん》**
【意味】間に人を入れず、直接相手に会って話し合いをすること。
【用例】今回クラスで起きた問題について、校長先生に直談判する。

068. C□ **しかつめらしい**
【意味】堅苦《かたくる》しく真面目《まじめ》くさったような。
【用例】A君はしかつめらしい顔をして自分の意見を述べた。

069. C□ **しがない**
【意味】とるに足りない、つまらない。
【用例】私などしがない塾の講師にすぎません。
※謙遜《けんそん》の意も含まれる。

070. C□ **歯牙《しが》にもかけない**
【意味】無視《むし》して問題にしない。相手にしない。
【用例】A君はどれだけ周りに非難されても歯牙にもかけない。

071. A□ **～しかねない**
【意味】～する可能性が大きい。～することが考えられる。
【用例】その程度の意見では彼なら反対しかねない。

072. B□ **しがらみ**
【意味】ひきとめるもの。人の心にまつわりついて行動をしばるもの。
【用例】世間《せけん》のしがらみを断ち切って、山奥《やまおく》で暮《く》らしたい。

073. B□ **鹿《しか》を追う者は山を見ず**
〔近い意味のことわざ〕木を見て森を見ず
【意味】目先の利益に気をとられて、全体的な判断ができなくなること。
【用例】鹿を追う者は山を見ずというが、一年後のことだけを考えて軽率に行動するのは結局損をするだけだ。

074. B□ **敷居《しきい》が高い**
【意味】相手に不義理《ふぎり》などをして、その人の家に行きづらい。
【用例】A君に借りたお金をまだ返していないので、敷居が高いよ。

075. B□ **しきたり** 〔類義語〕慣習《かんしゅう》
【意味】古くから行われてきたやり方。今までの習《なら》わし。
【用例】どの家庭でも独自のしきたりというものは存在《そんざい》する。

076. B□ **自虐的《じぎゃくてき》** 〔類義語〕卑下《ひげ》
【意味】自分で自分の心や体を必要以上に責《せ》めること。
【用例】Aさんは自分の容姿《ようし》について自虐的に語り、冗談《じょうだん》にした。

077. A□ **自給自足《じきゅうじそく》**

【意味】生活に必要なものをすべて自分で作って間に合わせること。
【用例】私の家には畑があるので、野菜はほとんど自給自足だ。

078. A□ しきりに
【意味】同じことをくりかえして。むやみに。さかんに。
【用例】風邪《かぜ》をひいたのか、Aさんはしきりにせきをしている。

079. B□ 試金石《しきんせき》
【意味】あるものの価値《かち》や人物の評価《ひょうか》や力量を見きわめるもの。
【用例】明日からの仕事は今後の成否《せいひ》を占《うらな》う試金石となるだろう。

080. A□ しぐさ 〔類義語〕身ぶり　そぶり
【意味】何かをするときの、ちょっとした動作や表情。
【用例】彼女の髪《かみ》をかき上げるときのしぐさがすてきだ。

081. A□ しくしく
【意味】① 弱弱《よわよわ》しく泣くさま。
② 鈍《にぶ》い痛みがいつまでも続くさま。
【用例】① 妹は自分の部屋にこもり、しくしくと泣いていた。
② 昨日から腹がしくしくと痛むので病院に行った。

082. C□ じくじたる
【意味】非常に恥《は》ずかしいと思うさま。※自分に関することで使う。
【用例】このような事態となって、内心じくじたるものがある。

083. A□ 四苦八苦《しくはっく》 〔類義語〕七転八倒《しちてんばっとう》
【意味】非常に苦しむこと。
【用例】今回のテストは難しかったので、問題を解くのに四苦八苦した。

084. A□ しげしげと
【意味】よくよく。じっと。
【用例】教室に入ってきたAさんの顔をしげしげと見つめた。

085. A□ 試行錯誤《しこうさくご》 ※「思考錯誤」ではない！
【意味】失敗をくりかえしながら、目的に近づいていくこと。
【用例】試行錯誤を重ねたのちに、ようやく新製品の完成までこぎつけた。

086. A□ 自業自得《じごうじとく》 〔類義語〕因果応報《いんがおうほう》
【意味】自分でした悪い行いが報《むく》いとなって自分に返ってくること。
【用例】遊んでばかりいて、成績が下がったのは自業自得だよ。

087. B□ 至極《しごく》
【意味】この上もなく。きわめて。
【用例】先日購入《こうにゅう》した商品は至極便利なものだった。

088. A□ 自己嫌悪《じこけんお》
【意味】自分自身を嫌《いや》だと思うこと。自分のことが疎《うと》ましくなること。
【用例】失敗して自己嫌悪におちいることは日常茶飯事《にちじょうさはんじ》である。

089. B□ 示唆《しさ》
【意味】それとなく教えること。ほのめかすこと。
【用例】授業中、先生は生徒たちに解決方法を示唆した。

090. B□ 師事《しじ》
【意味】先生としてその人に仕え、教えを受けること。
【用例】海外に渡り、著名な音楽家に師事する。

091. C□ 獅子《しし》の子《こ》落《お》とし
〔似《に》た意味のことわざ〕可愛《かわい》い子には旅をさせよ
【意味】自分の子にあえて苦しい試練《しれん》を課《か》して才能を試し、立派《りっぱ》な人間に育てようとすること。
【用例】獅子の子落としというから、つきはなして苦労させてみよう。

092. B□ 至上《しじょう》

【意味】これより上がない。最高。

【用例】第一志望校に合格して、至上の喜びをかみしめる。

093. C□ 事象《じしょう》

【意味】ことの様子。ことがら。

【用例】世の中の事象には、すべて因果《いんが》関係がある。

094. B□ 指針《ししん》

【意味】めあて。方針。進む方向を教えてくれるもの。

【用例】新しく社長に就任《しゅうにん》したA氏が会社経営の指針を示した。

095. B□ しずしず

【意味】ゆっくりと静かに。しとやかに。

【用例】厳《おごそ》かな雰囲気《ふんいき》の中、彼女はしずしずと歩いた。

096. C□ 資《し》する

【意味】役立つ。助けとなる。

【用例】彼の発見は、今後の医学の発展に資するだろう。

097. B□ 辞《じ》する

【意味】断る。辞退する。※「辞さない」という打ち消しの形で使われることが多く、「どんなことでも避《さ》けない。何事をも恐《おそ》れない」という意味になる。

【用例】A氏は革命を成功させるために、死をも辞さない強い覚悟《かくご》で臨んだ。

098. C□ 市井《しせい》の人 ※「しい」という読みではないので注意！

【意味】一般《いっぱん》の人。庶民《しょみん》。

【用例】かつて著名人だったA氏も晩年《ばんねん》は市井の人として暮《く》らした。

099. A□ 自尊心《じそんしん》 〔類義語〕プライド　矜持《きょうじ》

【意味】自分の才能や人格などをほこる気持ち。

【用例】A君の無神経《むしんけい》な一言で私の自尊心は傷ついた。

100. B□ 時代錯誤《じだいさくご》

〔類義語〕アナクロニズム

【意味】その時代や世の中の動きに合わない考え方や言動。方法。

【用例】今どき、彼のような古い考え方は時代錯誤もはなはだしい。

101. A□ 舌《した》打ち

【意味】思いどおりにいかないときなどに、舌ではじいて不快感を表すこと。

【用例】パソコンが思うように作動せず、思わず舌打ちをした。

102. B□ 下心《したごころ》

【意味】心の中に隠《かく》し持っている意図《いと》やたくらみ。

【用例】下心があってAさんに親切をよそおったが、すぐ見破られた。

103. B□ 舌先三寸《したさきさんずん》 ※「口先三寸」とは言わないので注意！

【意味】心がこもっておらず、口先だけであること。

【用例】Aさんを舌先三寸でまるめこんだ。

104. B□ したたか

【意味】①てごわい様子。②ひどく。強く。

【用例】①今日の対戦相手は、なかなかしたたかで油断ならない。②階段で転んで、したたかに腰をうった。

105. B□ したためる

【意味】書き記す。気持ちを文章に表現する。

【用例】昨晩《さくばん》、旧友《きゅうゆう》へ感謝《かんしゃ》の思いをこめて手紙をしたためた。

106. B□ 舌足《したた》らず

【意味】舌がよく回らず発音がはっきりしない。表現が十分でない。

【用例】Aさんは幼《おさな》い子どものように舌足らずな話し方をする。

107. A□ 舌《した》つづみを打つ ※「舌づつみ」

は誤《あやま》った読み方。
【意味】おいしいものを味わう。
【用例】おいしいお寿司《すし》を食べて、舌つづみを打った。

108. B□ 舌《した》なめずり
【意味】かっこうの獲物《えもの》や好物を待ち構えている様子。
【用例】ごちそうを目の前にして、思わず舌なめずりした。

109. B□ 舌《した》の根《ね》の乾《かわ》かぬうち
【意味】その言葉を言い終わったそのすぐあとに。
【用例】A君は舌の根の乾かぬうちにまた嘘《うそ》をついた。

110. B□ したり顔
【意味】自慢《じまん》げな顔。してやったりという顔つき。
【用例】算数の難問を解いたA君は、したり顔で周りの人を見た。

111. A□ 舌《した》を巻《ま》く
【意味】驚《おどろ》いて言葉も出ない。感嘆《かんたん》し、あきれるほどだ。
【用例】A君の国語の成績の伸《の》びには先生も舌を巻くほどだった。

112. B□ 地団駄《じだんだ》を踏《ふ》む
〔類義語〕歯ぎしりをする
【意味】激《はげ》しく悔《く》しがる様子。
【用例】絶好のチャンスをのがし、A君は地団駄を踏んだ。

113. A□ 七転八倒《しちてんばっとう》
【意味】のたうちまわって苦しむこと。〔類義語〕四苦八苦《しくはっく》
【用例】昨晩《さくばん》は突然《とつぜん》の腹痛に、七転八倒の苦しみだった。

114. B□ 七難八苦《しちなんはっく》
【意味】ありとあらゆる苦難。
【用例】Aさんは七難八苦を経験し、波乱万丈《はらんばんじょう》の生涯《しょうがい》を送った。

115. B□ 自重《じちょう》
【意味】自分の行いをつつしんで、軽はずみなことをしないこと。
【用例】チームワークを乱さないように、自重しなさい。

116. B□ 自嘲《じちょう》
【意味】自分のことを軽蔑《けいべつ》しあざけること。
【用例】彼は自嘲気味に自分のことを話し始めた。

117. B□ 質疑応答《しつぎおうとう》
【意味】質問と、それに対する回答。
【用例】学校説明会の最後に、質疑応答の時間がもうけられた。

118. C□ 質実剛健《しつじつごうけん》
【意味】真面目《まじめ》で飾《かざ》り気がなく、しっかりとしていて強いこと。
【用例】父は私を質実剛健な男子に育てようとした。

119. C□ 十指《じっし》に余る
【意味】十以上である。
【用例】A氏は多方面で才能を発揮《はっき》し、肩書《かたが》きは十指に余る。

120. B□ 失笑《しっしょう》を買う
【意味】ばかなことをして人から笑われる。
【用例】間抜《まぬ》けな質問をしてしまい、まわりから失笑を買った。

121. B□ 質素《しっそ》
【意味】身なりや暮《く》らしぶりなどが地味でつつましい様子。
【用例】ぜいたくはせずに質素な生活を心がける。

122. A□ 嫉妬《しっと》
〔類義語〕ねたみ、そねみ、ジェラシー
【意味】やきもちをやくこと。うらやむこと。
【用例】友達の成績のよさに思わず嫉妬する。

123. B□ 十把《じっぱ》ひとからげ
〔類義語〕画一《かくいつ》的
【意味】いろいろな種類のものを、価値《かち》の低いものとしてひとまとめにして扱《あつか》うこと。

【用例】応募《おうぼ》作品を十把ひとからげにして論じるのはよくない。

124. B□ しっぽを出す

【意味】悪事《あくじ》やごまかしなどが見つかる。

〔類義語〕ぼろを出す

【用例】A君は散々《さんざん》悪さをしてきたが、ついにしっぽを出した。

125. C□ 自転車操業《じてんしゃそうぎょう》

【意味】なんとか資金をやりくりし、仕事を続けないと倒産《とうさん》しそうな危ない状態。

※自転車は走るのをやめると倒れてしまうことから。

【用例】不景気《ふけいき》で、多くの中小企業《きぎょう》が自転車操業でしのいでいる。

126. A□ しとしと

【意味】雨が静かに降る様子。

【用例】窓の外は雨がしとしとと降っている。

127. A□ しとやか ※「おしとやか」という使い方が多い。

【意味】動作や話し方などが上品で物静かな様子。※主に女性に使う。

【用例】Aさんは上品でおしとやかな人だ。

128. A□ しどろもどろ

【意味】言葉や話の内容がひどく乱れる様子。

【用例】いたずらをしたのを先生に追及されて、しどろもどろになった。

129. B□ 至難《しなん》の業《わざ》

【意味】きわめて難しいこと。

【用例】A中学の入試問題で満点をとるのは至難の業だ。

130. B□ 老舗《しにせ》

【意味】古くから何代も同じ商売を続け、栄えている店。

【用例】江戸時代創業《そうぎょう》の老舗で働いている。

131. B□ しのぎを削《けず》る

【意味】はげしく争う。

【用例】低価格競争で、ライバル会社がしのぎを削る。

132. A□ しのぐ

【意味】①他のものより勝《まさ》る。こえて上になる。
②たえしのぶ。きりぬける。

【用例】①息子は、学者である両親をしのぐほどの勉強家だ。
②山で遭難《そうなん》した際に、雨水で飢《う》えと空腹をしのいだ。

133. B□ 四《し》の五《ご》の 〔類義語〕つべこべ

【意味】めんどうなことをあれこれ言いたてるさま。

【用例】四の五の言わずに、さっさと自分の仕事をしたらどうなんだ。

134. B□ しのびない

【意味】つらくてたえられない。こらえきれない。

【用例】交通事故でわが子を亡《な》くした親の涙は、見るにしのびない。

135. B□ 偲《しの》ぶ

【意味】遠く離《はな》れている人や昔のこと、死者などを懐《なつ》かしく思い慕《した》う。

【用例】数年前に亡《な》くなった恩師《おんし》を偲《しの》ぶ会が母校で開かれた。

136. B□ 自腹《じばら》を切る

【意味】必ずしも払《はら》う必要のない費用を自分の金で支払《しはら》う。

【用例】世話になったAさんには自腹を切ってごちそうしよう。

137. B□ 慈悲《じひ》

【意味】あわれみ、いつくしむ気持ち。

【用例】イエスキリストは慈悲深い人であった。

138. B□ しばたたく

【意味】しきりにまばたきをする。

【用例】Aさんは思いもかけないことに、目をしばたたいている。

139. C□ シビア

【意味】厳《きび》しい様子。深刻《しんこく》なさま。

【用例】こうなった今は現実をシビアに受け止めなければならない。

140. B□ しびれを切《き》らす
【意味】長い間待たされてがまんができなくなる。待ちくたびれる。
【用例】連絡《れんらく》がないので、しびれを切らして先に行くことにした。

141. C□ 私腹《しふく》を肥《こ》やす
【意味】公《おおやけ》の地位や立場を利用して、自分の財産《ざいさん》をふやす。
【用例】A氏はわいろを受け取って私腹を肥やしたことで逮捕《たいほ》された。

142. A□ 自負《じふ》する
【意味】自分の才能や力量に自信をもち、ほこること。
【用例】今度の作品はよくできたと、自負している。

143. C□ 思慕《しぼ》
【意味】懐《なつ》かしく思って慕《した》うこと。恋しく思うこと。
【用例】昨年亡《な》くなった母を思慕する。

144. B□ 自暴自棄《じぼうじき》
〔類義語〕捨てばち　やけくそ
【意味】もうどうでもいいという気持ちになり、投げやりな行動をとること。
【用例】付き合っていた彼女に振《ふ》られて、自暴自棄になっていた時期があった。

145. A□ 四方八方《しほうはっぽう》
【意味】あらゆる方角《ほうがく》。あたり一面。
【用例】A君が四方八方から非難されていて、いたたまれなくなる。

146. A□ しみじみ
【意味】心に深く感じ入るさま。心静かに落ちついているさま。
【用例】人生は何があるか分からないとAさんはしみじみと語った。

147. B□ シミュレーション
【意味】現実の世界にあるシステムや、これから作ろうとするシステムの模型《もけい》を使って実験すること。

【用例】シミュレーションの結果、計画は問題ないことが立証《りっしょう》された。

148. B□ 自明《じめい》　※「自明の理《り》」という言い回しが多い。
【意味】それだけで明白なこと。
【用例】やみくもに勉強をしても成績は伸びないのは自明の理《り》だ。

149. C□ しめやかに
【意味】静かな様子。悲しくてさびしい様子。
【用例】先日、しめやかにA氏の葬《そう》式が行われた。

150. B□ 四面楚歌《しめんそか》
【意味】周りから非難され、味方がいないこと。
【用例】自分勝手な行動が明るみとなり、四面楚歌となった。

151. B□ 耳目《じもく》をひく（耳目を集める）
【意味】多くの人々の注目を集める。
【用例】今回の一件で、彼は耳目をひくこととなった。

152. C□ ジャーナリズム
〔関連語〕ジャーナリスト（ジャーナリズムの仕事をする記者など）
【意味】新聞、テレビ放送などを通じて時事《じじ》的な情報を伝える活動。
【用例】直接現地に行き取材をするのがジャーナリズムの基本だ。

153. A□ 釈迦《しゃか》に説法《せっぽう》
【意味】そのことをよく知っている人に教えるおろかさのたとえ。
【用例】柔道黒帯《じゅうどうくろおび》のA君に柔道の技を教えるなんて釈迦に説法だ。

154. B□ 釈然《しゃくぜん》としない
【意味】疑いや迷い、うらみなどの気持ちが晴れずすっきりしない。
【用例】Aさんに説明を受けたが、どうも釈然としなかった。

155. A□ 弱肉強食《じゃくにくきょうしょく》
【意味】力の強いものが弱いものを負かす。

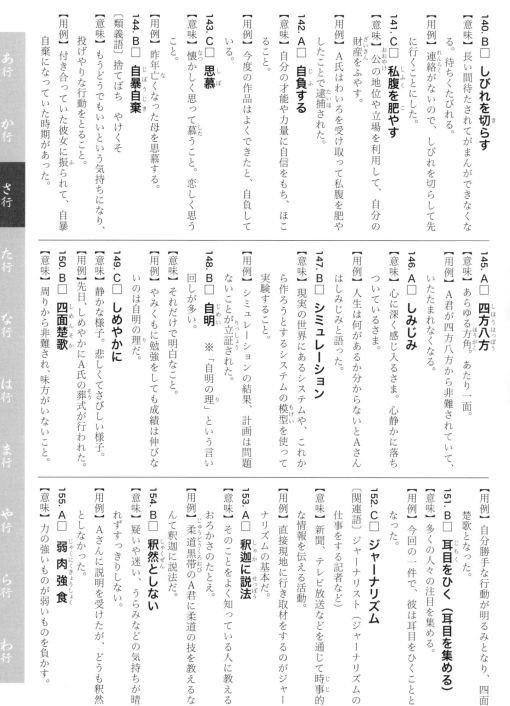

【用例】スポーツの世界は弱肉強食と言える。

156. A□ しゃくにさわる

【意味】気に入らなくて腹が立つ。不快に思う。

【用例】A君はいちいちしゃくにさわることを言う奴《やつ》だ。

157. B□ しゃくりあげる

【意味】息をすいこむような声で、肩をふるわせて泣く。

【用例】悲しい話を聞かされて、激《はげ》しくしゃくしゃくりあげた。

158. B□ 社交辞令《しゃこうじれい》

【意味】人とうまくつきあうためのほめ言葉やあいさつ。

【用例】大人の世界では社交辞令が多く、それを真《ま》に受けてはいけない。

159. A□ 社交《しゃこう》的

【意味】人とのつき合いが上手な様子。

【用例】社交的な姉は初対面の人でも積極的に話しかけられる。

160. C□ 捨象《しゃしょう》

【意味】ある概念《がいねん》（考え）を形成するとき、個々の事物から共通する性質だけを残して、本質的でない要素や特徴《とくちょう》を考えに入れないこと。

【用例】教育環境を改善しようとする際には、生徒たちの意見を聞いて、どのような点を重視して何を捨象するかを考えるのが大切だ。

161. C□ 邪推《じゃすい》

【意味】他人の言動を、事実とはちがい悪いほうに考えること。

【用例】Aさんが陰《かげ》で悪口を言っているだなんて、きみの邪推だよ。

162. B□ 斜《しゃ》に構《かま》える ※「はすに構える」ともいう。

【意味】物事を正面からまともに対応せず、皮肉やからかいの態度をとる。

【用例】思春期に入ると、息子は世間に対して斜に構えるようになった。

163. B□ しゃにむに

〔類義語〕がむしゃらに

【意味】ほかのことは考えないで強引に物事をするさま。

【用例】入試直前になり、しゃにむに勉強をする。

164. B□ 蛇《じゃ》の道は蛇《へび》 〔類義語〕餅《もち》は餅屋《もちや》

【意味】同類の者はたがいにその方面の専門的な事情に通じていること。

【用例】蛇の道は蛇というし、パソコンの調子が悪いなら電気屋に見てもらったほうがよい。

165. B□ 縦横無尽《じゅうおうむじん》 〔類義語〕自由自在《じゆうじざい》

【意味】思いのままにふるまうこと。思う存分。

【用例】A氏は組織という枠《わく》にとらわれず縦横無尽に活動した。

166. C□ 修辞《しゅうじ》 〔類義語〕レトリック

【意味】言葉をうまく用いて美しく効果《こうか》的に表現すること。

【用例】比喩《ひゆ》法や擬人《ぎじん》法などは修辞の形式である。

167. B□ 終止符《しゅうしふ》を打つ

〔類義語〕ピリオドを打つ

【意味】続いてきた物事を終わりにする。

【用例】A選手は二十年間の選手生活に終止符を打った。

168. B□ 終生《しゅうせい》 〔類義語〕一生《いっしょう》

【意味】生まれてから死ぬまでの間。

【用例】今回の旅行は終生忘《わす》れえぬ思い出となった。

169. B□ 周知《しゅうち》

【意味】広く知れ渡っていること。また、広く知らせること。

【用例】周知のとおり、日本は不況《ふきょう》のまっただなかにある。

170. B□ 羞恥心《しゅうちしん》

【意味】はずかしいと感じる気持ち。

【用例】そんなみっともないことをするとは羞

恥心のかけらもないね。

171. B□ 執着《しゅうちゃく》
【意味】ある物事に心がとらわれてしまい離《はな》れないこと。

【用例】お金に執着しすぎると大切なものを見失うことになる。

172. B□ 衆知《しゅうち》を集める
【意味】多くの人の知恵《ちえ》を結集《けっしゅう》させる。

【用例】全国から衆知を集めて、難題に取り組んだ。

173. A□ 十人十色《じゅうにんといろ》 〔類義語〕千差万別《せんさばんべつ》
【意味】人は好みや性格、考えが違《ちが》い、個性があるということ。

【用例】食べ物の好みは十人十色だ。

174. C□ 柔《じゅう》よく剛《ごう》を制《せい》す
【意味】しなやかなものがかたいものをうまくかわして勝ってしまう。弱そうに見えるものが強いものに勝つこと。

【用例】A君は見た目は華奢《きゃしゃ》な体つきだが柔よく剛を制すで、相撲《すもう》では自分よりもりっぱな体格の相手に勝っている。

175. C□ 雌雄《しゆう》を決《けっ》する
【意味】戦って勝敗を決める。どちらが優《すぐ》れているか決める。

【用例】今度の試合は雌雄を決する重要な一戦となる。

176. A□ 主客転倒《しゅかくてんとう》
〔類義語〕本末転倒《ほんまつてんとう》 枝葉末節《しようまっせつ》
【意味】重要なこととそうでないことをとりちがえること。
【用例】遊びを優先して勉強を疎《おろそ》かにするなんて、主客転倒も甚《はなは》だしい。

177. A□ 主観的《しゅかんてき》 〔対義語〕客観的《きゃっかんてき》
【意味】物事を判断するときに、自分の見方や考え方にたよること。

【用例】それはあくまであなたの主観的な意見に過ぎない。

178. C□ 趣向《しゅこう》を凝《こ》らす
〔同じ意味の言葉〕意匠《いしょう》を凝《こ》らす
【意味】面白《おもしろ》みを出すための工夫をする。
【用例】この店の内装《ないそう》は趣向を凝らしたものにしたい。

179. C□ 趣旨《しゅし》
【意味】中心にある考えや目的。述《の》べようとする事柄《ことがら》。

【用例】憲法《けんぽう》改正の趣旨に反対する。

180. A□ 取捨選択《しゅしゃせんたく》
【意味】良いものを取り、悪いものを捨てること。

【用例】多くの資料から取捨選択して、報告書《ほうこくしょ》をまとめた。

181. A□ 殊勝《しゅしょう》 〔類義語〕けなげ 神妙《しんみょう》
【意味】立派《りっぱ》で感心なこと。

【用例】先生の言われたことをきちんと実行するとは殊勝な心がけだ。

182. C□ 守銭奴《しゅせんど》 〔類義語〕けちんぼう
【意味】お金を貯《た》めるばかりで使おうとしないけちな人。

【用例】後輩《こうはい》にも一切ごちそうしたことがないA君は、陰《かげ》では守銭奴呼ばわりされている。

183. A□ 主体性《しゅたいせい》
〔類義語〕自主《じしゅ》性、自発《じはつ》的、自律《じりつ》的 〔関連語〕主体的、能動《のうどう》的、
【意味】自分の考えや立場をきちんと持ち、他から影響《えいきょう》されずに行動できる性質。
【用例】受験生なのだから、もっと主体性を持つべきだ。

184. B□ 手中《しゅちゅう》に収《おさ》める
【意味】自分のものにする。支配《しはい》する。

【用例】大事な一戦で勝利を手中に収め、見事優勝した。

185. C□ 出自《しゅつじ》
【意味】出どころ。生まれ。

【用例】わが社では出自があきらかでない人を雇《やと》うわけにはいかない。

186. C□ 出色《しゅっしょく》
【意味】他よりもきわだってすぐれていること。
【用例】今回発表したA氏の作品は出色のできばえだ。

187. A□ 受動《じゅどう》的 〔類義語〕受身《うけみ》 〔対義語〕能動《のうどう》的
【意味】他から働きかけられて行動するさま
【用例】本来、ボランティア活動は受動《じゅどう》的ではなく能動《のうどう》的に行うべきものである。

188. A□ 朱《しゅ》に交《まじ》われば赤くなる
【意味】交際する友だちによって良くも悪くもなる。

【用例】朱に交われば赤くなるというが、A君はあのグループに入ってから急に人が変わった。

189. A□ 首尾一貫《しゅびいっかん》 〔類義語〕終始《しゅうし》一貫 徹頭徹尾《てっとうてつび》
【意味】考え方や態度などが最初から最後まで変わらないこと。
【用例】A教授はある学説《がくせつ》に対して、首尾一貫した姿勢《しせい》をとり続けた。

190. A□ 首尾《しゅび》よく
【意味】うまいぐあいに。都合《つごう》よく。
【用例】国語の読み解き方を井上先生に教わったら、首尾よく志望校に合格した。

191. A□ 需要《じゅよう》 〔対義語〕供給
【意味】あるものを必要として求めること。商品を買い求めようとする欲望。
【用例】一般的に、物の価格は需要と供給のバランスで決まる。

192. B□ 修羅場《しゅらば》
【意味】戦争や争いなどで悲惨《ひさん》な状態《じょうたい》になった場所。
【用例】友だち同士で大げんかになり修羅場と化《か》した。

193. C□ 春秋《しゅんじゅう》に富《と》む
【意味】年が若く、将来が長い。
【用例】春秋に富む若者にはいろいろなことに挑戦《ちょうせん》してほしい。

194. C□ 逡巡《しゅんじゅん》する 〔類義語〕躊躇《ちゅうちょ》する
【意味】決心がつかず、ためらうこと。しりごみすること。
【用例】逡巡している間に好機をのがしてしまった。

195. B□ 順当《じゅんとう》
【意味】意外ではなく予想などに合っていて、当然と思われる様子。
【用例】大会では強豪《きょうごう》校のA高校が順当に勝ち進んだ。

196. B□ 順風満帆《じゅんぷうまんぱん》
【意味】物事がとても順調に運ぶこと。
【用例】二十歳《さい》まではA氏の人生は順風満帆に見えた。

197. A□ 消極《しょうきょく》的 〔対義語〕積極《せっきょく》的
【意味】自分から進んで物事に取り組もうとしないさま。
【用例】そんなに消極的な態度では習得するのに時間がかかるよ。

198. C□ 常軌《じょうき》を逸《いっ》する
【意味】世間一般《せけんいっぱん》のやり方や常識から外《はず》れたことをする。
【用例】変わり者のA君はしばしば常軌を逸した行動をとる。

199. C□ 小康《しょうこう》
【意味】病気が少しよくなること。世の中の混乱《こんらん》が少しおさまること。
【用例】祖父の体調は小康状態を保っているようだ。

200. C□ 性懲《しょうこ》りもない
【意味】何度もこらしめられても、こりることがない。
【用例】性懲りもなくギャンブルに手を出すA君は困った人だ。

201. B□ 小心《しょうしん》

【意味】おくびょうなこと。気が小さいこと。
【用例】A君は小心でいつもおどおどしている。

202. A□ 精進《しょうじん》
【意味】一生懸命《けんめい》、努力すること。一つのことに打ちこんではげむこと。
【用例】志望校合格に向けて、日夜、精進してきた。

203. B□ 上手《じょうず》の手から水がもれる
〔類義語〕弘法《こうぼう》も筆の誤り　河童《かっぱ》の川流れ　猿《さる》も木から落ちる
【意味】名人も時には思いがけない失敗をすることがある。
【用例】鉄棒《てつぼう》が得意なA君が失敗して骨折《こっせつ》したらしい。上手の手から水がもれるとはこのことだ。

204. B□ 定石《じょうせき》
【意味】物事を処理するときの決まったやり方。
【用例】まずは定石として、この問題から解決していこう。

205. B□ 饒舌《じょうぜつ》 〔対義語〕寡黙《かもく》
【意味】口数の多いこと。おしゃべり。
【用例】Aさんは饒舌な人で、寡黙《かもく》なBさんとは対照的だ。

206. B□ 焦燥《しょうそう》
【意味】あせっていらだつこと。
【用例】勉強をしていて知らないことが多くて、焦燥を感じる。

207. C□ 情操《じょうそう》
【意味】美しいもの、純粋《じゅんすい》なものなどに素直に感動する、豊かな心の働き。
【用例】A中学校は生徒の情操教育にも力を入れているそうだ。

208. A□ 消息《しょうそく》
【意味】様子を知らせるもの。便《たよ》り。
【用例】数日間、消息不明だった船から無線で連絡《れんらく》が入った。

209. C□ 常態化《じょうたいか》
【意味】ふつうになること。いつものありさま。
【用例】新聞記事によると、A社は不正が常態化していたとのことだ。

210. B□ 情緒《じょうちょ》
【意味】①しみじみとした特有の趣《おもむ》きや雰囲《ふんい》気《き》。
②一時的に急激《きゅうげき》にわきおこる感情。
【用例】①このあたりは江戸の情緒を感じさせる。
②最近のAさんは突然泣《とつぜんな》き出すなど、情緒不安定だ。

211. A□ 象徴《しょうちょう》 〔類義語〕シンボル
【意味】考えや感じなど、言葉では説明しにくく形のないものを具体的《ぐたいてき》なもので表すこと。また、そのもの。

【用例】旧約聖書《きゅうやくせいしょ》の記述からハトは平和の象徴とされる。

212. C□ 冗長《じょうちょう》 〔対義語〕簡潔《かんけつ》
【意味】文章や話などが長たらしくて、むだが多いこと。
【用例】Aさんは話が冗長に流れがちで、言いたいことがよく分からない。

213. B□ 衝動《しょうどう》
【意味】目的もなしに発作《ほっさ》的、本能《ほんのう》的に行動しようとする心の動き。
【用例】さけびたい衝動にかられたが何とか抑《おさ》えた。

214. C□ 常套《じょうとう》
※「常套句《じょうとうく》（＝決まり文句《もんく》）」「常套手段《じょうとうしゅだん》」の形で使うことが多い。
【意味】古くから変わりなく、ありふれていること。決まったやり方。
【用例】常套句を並べるだけでは良い文章は書けないものだ。

215. B□ 正念場《しょうねんば》
【意味】実力を発揮させるべき最も大事な場面、局面。
【用例】あと数か月で受験をむかえる六年生の

諸君《しょくん》にとっては、まさに今が正念場だ。

216. B□ 性分《しょうぶん》〔類義語〕たち
【意味】生まれつき持っている性質。
【用例】とりかかったら最後までやらないと気がすまない性分だ。

217. A□ 枝葉末節《しようまっせつ》
【意味】全体から見て重要でないこと。
【用例】彼は本質からはずれた枝葉末節にこだわりすぎる。

218. B□ 常連《じょうれん》
【意味】いつも決まってくる客。また、いっしょに行動する仲間。
【用例】Aさんはこの店に毎週やってくる常連だ。

219. C□ 食指《しょくし》が動く
【意味】ある物事をしてみようという気になる。
【用例】A氏から提案《ていあん》を受けて食指が動いた。

220. C□ 触手《しょくしゅ》を伸《の》ばす
【意味】欲しいものを手に入れようとして、はたらきかける。
【用例】高価な品だったが、思わず触手を伸ばした。

221. C□ 食傷《しょくしょう》
【意味】同じ物事に接して、嫌《いや》になること。
【用例】先生の長いお説教《せっきょう》には食傷する。

222. A□ 所在《しょざい》ない（所在《しょざい》なげ）
〔類義語〕手持《ても》ちぶさた
【意味】することがなくて退屈《たいくつ》である。
【用例】予定が急になくなり、彼は所在なげに見たくもないテレビを見ていた。

223. C□ 如才《じょさい》ない
【意味】よく気が利き、手抜《ぬ》かりがない。また愛想《あいそ》がいい。
【用例】Aさんは万事《ばんじ》に如才ない人で、彼のお店も繁盛《はんじょう》している。

224. B□ 初志貫徹《しょしかんてつ》
【意味】最初にやろうと決めたことを最後までやりぬくこと。
【用例】苦しいことも多々あったが初志貫徹して志望校に合格した。

225. B□ 処世術《しょせいじゅつ》
【意味】世渡《よわた》りや世間で生活していくための方法。
【用例】私の場合は五歳年上の兄を観察し、処世術を学んだ。

226. B□ 助長《じょちょう》
【意味】ある働きかけによって物事の成長や傾向《けいこう》などを強くすること。
※近年は好《この》ましくない意味で使うことが多い。
【用例】過度《かど》の手助けは、A君のわがままを助長することになる。

227. A□ 序《じょ》の口《くち》
【意味】物事が始まったばかりのところ。はじめの部分。
【用例】この暑さはまだ序の口で、来週からはもっと暑くなるようだ。

228. A□ 白白《しらじら》しい
【意味】知っていて知らないふりをしている。見えすいている。
【用例】結果が分かっているくせに白白しい態度はやめてくれ。

229. A□ 知らぬが仏《ほとけ》
【意味】何も知らなければ、余計なことで思いわずらうこともなく、仏《ほとけ》のような広い心でいられる。※ひやかしたり軽蔑《けいべつ》したりする場合に使われることが多い。

【用例】A君が今食べているのは、賞味期限《しょうみきげん》がとっくに過ぎたチョコレートなんだよ。まさに知らぬが仏だ。

230. B□ しらばくれる〔類義語〕しらを切る
【意味】知っていながら知らないふりをする。
【用例】きみがやったのは分かっているので、しらばくれてもむだだ。

231. B□ 白旗《しらはた》をあげる ※「しろはた」と

読むことがある。

〔同じ意味の言葉〕かぶとを脱《ぬ》ぐ

【意味】降服《こうふく》（降伏）する。戦う気がないことを表す。

【用例】周りは算数ができる子たちばかりで、内心では白旗をあげた。

232. B□ 白羽《しらは》の矢《や》が立つ 〔類義語〕選抜《せんばつ》

【意味】多くの中から特に選び出される。ねらいをつけられる。

【用例】今度の運動会の選手代表としてA君に白羽の矢が立った。

233. B□ しらみつぶし

〔類義語〕かたっぱしから

【意味】一つひとつもらさず処理《しょり》すること。

【用例】刑事《けいじ》は犯人の手がかりになるものを求めて、しらみつぶしに聞いて回った。

234. A□ しらを切る

〔類義語〕しらばくれる

【意味】知っているのに知らないと言いはる。とぼける。

【用例】A君はあくまでもしらを切るつもりだったようだ。

235. C□ 尻《しり》上がり

【意味】物事の状態《じょうたい》があとになるほど良くなること。

【用例】入試が近づく中、尻《しり》上がりに調子が良くなってきた。

236. A□ 尻馬《しりうま》に乗る 〔類義語〕付和雷同《ふわらいどう》

【意味】人の後について考えもなく行動したりする。

【用例】彼は尻馬に乗るだけで、主体性というものがない。

237. A□ しりごみする 〔類義語〕逡巡《しゅんじゅん》

【意味】決心がつかず、ぐずぐずする。

【用例】A君はつり橋を渡る直前になって、あまりの高さにしりごみした。

238. B□ 私利私欲《しりしよく》

【意味】自分だけの利益や欲望。

【用例】私利私欲に走る経営者は、やがて社員の信用を失うだろう。

239. A□ じりじり

【意味】少しずつ着実に進んでいく様子。

【用例】後半でペースを上げて、じりじりと首位にせまる。

240. B□ しり目《め》

【意味】問題にしないで無視すること。

【用例】A氏はかけつけた報道陣をしり目にさっさと車に乗りこんだ。

241. B□ 支離滅裂《しりめつれつ》

【意味】めちゃめちゃで、筋道《すじみち》の立たないこと。

【用例】彼の話は支離滅裂で何が言いたいのかさっぱり分からなかった。

242. B□ 思慮《しりょ》深い

【意味】物事を深く考え、慎重《しんちょう》に判断すること。

【用例】Aさんはみんなのことを第一に考えられる思慮深い人である。

243. C□ 尻《しり》をぬぐう

【意味】他人の失敗の後始末《あとしまつ》をする。

【用例】Aさんの尻をぬぐうのは、いつも私の役目でいやになる。

244. C□ 熾烈《しれつ》

【意味】勢いがさかんで激《はげ》しいこと。

【用例】ライバル校同士が熾烈な戦いをくりひろげた。

245. C□ ジレンマ

【意味】二つの対立することがらの板ばさみになって、どちらとも決められない状態。

【用例】多忙《たぼう》なAさんは仕事と家庭のどちらを優先《ゆうせん》させるか、ジレンマに苦しんでいた。

246. A□ 白い目で見る 〔類義語〕白眼視《はくがんし》

【意味】冷たい目つきで他人を見る。

【用例】自分勝手なふるまいをしたAさんは白い目で見られた。

247. A□ 四六時中《しろくじちゅう》

【意味】一日中。いつも。

【用例】A君は四六時中、仕事の不平ばかり言っている。

248. B□ しわ寄《よ》せ

【意味】不利なことや困難なことを解決しないために悪影響《あくえいきょう》が他に及《およ》ぶこと。

【用例】無理な環境開発のしわ寄せを受けるのは、私たちの子孫《しそん》だ。

249. C□ 人為《じんい》的

【意味】自然のままではなく人の手を加えること。

【用例】物の値段を人為的な操作《そうさ》でつりあげる。

250. B□ 真価《しんか》 〔類義語〕真骨頂《しんこっちょう》

【意味】物や人の持つ本当の価値《かち》や能力。

【用例】問題が起きた時こそ、A先生の教育者としての真価が問われる。

251. B□ 仁義《じんぎ》 〔類義語〕道徳《どうとく》 倫理《りんり》

【意味】人として守るべき道。社会生活を送るうえで欠かせない礼儀《れいぎ》。

【用例】世話になった人にはお礼を言わないと仁義を欠くことになる。

252. A□ 心機一転《しんきいってん》 ※「心気一転」ではないので注意！

【意味】すっかり気持ちを入れかえること。

【用例】テストができなかったA君は心機一転して勉強にはげんだ。

253. A□ 親近感《しんきんかん》 〔類義語〕親《した》しみ

【意味】自分と近いものを感じて生じる親しみ。

【用例】Aさんとは偶然にも出身地が同じであったため、親近感を抱いた。

254. B□ 心血《しんけつ》を注《そそ》ぐ

【意味】全力をつくして事を行う。

【用例】新型ウイルスの新薬開発に心血を注いだ。

255. A□ 人工《じんこう》 〔対義語〕自然

【意味】人間の力で作り出したり、人間が手を加えたりすること。

【用例】私は人工的なものよりも自然に美しさを感じる。

256. C□ 人口《じんこう》に膾炙《かいしゃ》する

【意味】世間の人々の話題となり、よく知れわたる。

【用例】A氏が残した名言は人口に膾炙している。

257. B□ 真骨頂《しんこっちょう》 〔類義語〕真価《しんか》

【意味】その人や物が本来持っている姿。

【用例】人は窮地《きゅうち》に追いこまれた時にこそ、その人の真骨頂を発揮《はっき》する。

258. C□ 人後《じんご》に落ちない

【意味】他人におとらない。

【用例】算数に関しては人後に落ちないと自負している。

259. C□ 辛酸《しんさん》をなめる

【意味】つらく苦しい目にあう。

【用例】Aさんは幼《おさな》いころ両親を事故で亡《な》くし、貧しさゆえに学校でもいじめにあうなど辛酸をなめてきた。

260. C□ 進取《しんしゅ》

【意味】進んで物事に取り組もうとすること。

【用例】わが社の社長であるA氏は進取の気性《きしょう》に富《と》んだ方だ。

261. A□ 針小棒大《しんしょうぼうだい》 〔類義語〕誇張《こちょう》

【意味】ちょっとしたことを大げさに言うこと。

【用例】ある政治家の私生活に関して、週刊誌《しゅうかんし》は針小棒大に書き立てた。

262. B□ 寝食《しんしょく》を忘《わす》れる

【意味】寝ることや食べることも忘れるぐらいある物事に熱中する。

【用例】A博士は寝食を忘れて多くの発明に取り組んだ。

263. B□ 人事《じんじ》を尽《つ》くして天命《てんめい》を待《ま》つ

【意味】できる限りの努力をしたうえで、あとは運命にまかせる。

【用例】今までこのテストのために精一杯《せいいっぱい》、勉強してきたので、人事を尽くして天命を待つという心境だ。

264. C□ 新進気鋭《しんしんきえい》
【意味】その分野に新しく進出してきたばかりで、勢いがあること。また、その人。
【用例】A氏は昨年にデビューしたばかりの新進気鋭の人気作家だ。

265. A□ しんしんと
【意味】①ひっそりと静まりかえっている。②寒さなどが身にしみる。

【用例】①今朝から雪がしんしんと降り続いている。②北国の冬は寒さがしんしんと身にこたえる。

266. C□ 心酔《しんすい》
【意味】一つのことに夢中《むちゅう》になる。また、ある人を心から敬《うやま》うこと。
【用例】学生時代は太宰治《だざいおさむ》に心酔していた。

267. B□ 新陳代謝《しんちんたいしゃ》
【意味】新しいものが古いものと入れ替《か》わっていくこと。
【用例】社員を募集《ぼしゅう》し、社内の新陳代謝を図る。

268. B□ 新天地《しんてんち》
【意味】新たに生活や活動を始める場所。
【用例】A君には新天地でもがんばってもらいたい。

269. A□ 神妙《しんみょう》 〔類義語〕殊勝《しゅしょう》
【意味】おとなしい。けなげで感心なこと。
【用例】過《あやま》ちをくり返さないようにするとは、神妙な心がけだ。

270. C□ 辛辣《しんらつ》
【意味】言うことや言い方がとても厳しいこと。
【用例】A氏の作品に対して辛辣な意見が多く寄《よ》せられた。

271. B□ 森羅万象《しんらばんしょう》
〔類義語〕生《い》きとし生《い》けるもの
【意味】宇宙《うちゅう》間に存在するすべてのものやあらゆる現象《げんしょう》。
【用例】かつて森羅万象は神のなせる業《わざ》だとされていた。

272. C□ 尽力《じんりょく》 ※「尽力をつくす」は重言《じゅうげん》（意味が重なること）で誤り！
【意味】力をつくすこと。
【用例】生徒が志望校に合格するように尽力する。

273. C□ 親和性《しんわせい》
【意味】親しみ結びつきやすい性質。
【用例】意外なことだが、民主主義は権力にも親和性がある。

す

274. B□ 水魚《すいぎょ》の交《まじ》わり
【意味】きわめて親密《しんみつ》な間柄《あいだがら》。
【用例】ぼくとA君はとても仲が良く、水魚の交わりのようだ。

275. C□ 遂行《すいこう》
【意味】なしとげること。
【用例】重大な任務《にんむ》を遂行する。

276. B□ 推敲《すいこう》
【意味】文章の字句《じく》を練《ね》りなおして良いものにすること。
【用例】人気作家のAさんでさえ原稿《げんこう》を何度も推敲するそうだ。

277. B□ 随所《ずいしょ》
【意味】いたるところ。どこにでも。
【用例】子どもの日には随所で子ども向けのイベントが開催《かいさい》される。

278. C□ 粋人《すいじん》
【意味】豊かな趣味《しゅみ》を持っていて風流《ふうりゅう》を好む人。
【用例】祖父は伝統芸能にも精通《せいつう》している粋人だった。

279. C□ 水泡《すいほう》に帰《き》す
【意味】努力のかいもなくむだに終わる。
【用例】Aさんとの関係を修復しようと努力してきたが水泡に帰した。

280. B□ 酸《す》いも甘《あま》いも噛《か》み分ける
【意味】人生の経験を積み、世の中の複雑さや人情がよくわかる。

【用例】酸いも甘いも嚙み分けたAさんなら、有益な助言をもらえると思うよ。

281. C□ 数奇《すうき》
【意味】不運や不幸のくり返されるさま。運命がめまぐるしく変わる様子。

【用例】生き別れた母親と再会できたかと思ったら、すぐに事故で他界するという数奇な運命をたどった。

282. A□ ずうずうしい
【意味】人に対する遠慮《えんりょ》がなく、自分中心に行動するさま。

【用例】自分の意見ばかり通そうとするとは、ずうずうしい人だ。

283. B□ 据《す》え置く
【意味】そのままにして手をつけない。

【用例】値上げを考えていたが、定価を据え置きにして販売する。

284. A□ すかさず 〔類義語〕すぐさま
【意味】間をおかないで行動するさま。

【用例】先生の話を聞いたAさんは、すかさず質問した。

285. A□ 清清《すがすが》しい 〔類義語〕爽快《そうかい》だ
【意味】すっきりしていて人を心地よくさせるさま。さわやかだ。

【用例】ぐっすり眠《ねむ》れたので清清しい気分だ。

286. A□ 過《す》ぎたるは（なお）及《およ》ばざるがごとし
【意味】やりすぎは何もやらないのと同じくらいよくない。ほどほどが肝心《かんじん》だ。

【用例】少し具合が悪いからといって薬ばかり飲んでいると、過ぎたるは及ばざるがごとしで、かえって体によくないよ。

287. B□ スキル
【意味】訓練《くんれん》や経験によって身につけた技能や技術。

【用例】先輩に同行し、仕事で必要なスキルを身につける。

288. A□ すくめる
【意味】体をちぢめる。 ※「肩《かた》を―」「首を―」の使い方が多い。

【用例】Aさんは先生から注意されて、おもわず首をすくめた。

289. C□ スケープゴート
〔類義語〕いけにえ
【意味】他人の罪を負わされて身代わりになる人。
【用例】上司の失策《しっさく》にもかかわらず、彼の部下がスケープゴートとなり責任《せきにん》を負わされた。

290. A□ ずけずけ
【意味】遠慮《えんりょ》しないで思ったことを言う様子。

【用例】Aさんはだれにでもずけずけと文句《もんく》を言う。

291. B□ すげない 〔類義語〕つれない
【意味】愛想《あいそ》がない。思いやりがなく冷たい。

【用例】彼女を食事に誘《さそ》ったが、すげなく断られた。

292. A□ すごすご 〔類義語〕しおしお
【意味】がっかりして元気なく立ち去る様子。

【用例】先輩《せんぱい》に考えを伝えたが、怒鳴《どな》られてすごすごと引き下がる。

293. B□ すこぶる
【意味】非常《ひじょう》に。たいそう。

【用例】いつもは不愛想《ぶあいそう》なA君だが、今日はすこぶる機嫌《きげん》がよい。

294. B□ すごむ
【意味】相手をおどすようなおそろしい様子をする。

【用例】貸したお金を返さないA君にすごんでみせた。

295. B□ すさむ
【意味】投げやりになり、生活が荒《あ》れる。とげとげしくなる。

【用例】すさんだ生活を送らないように心がけ

る。

296. B□ ずさん
【意味】いいかげんで間違《まちが》いが多いこと。

【用例】ずさんな手抜《ぬ》き工事が、今回の大事故《じこ》を引き起こした。

297. B□ 筋金入《すじがねい》り
【意味】考えや行動、体などが非常にしっかりしていること。

【用例】Aさんは危険を恐《おそ》れない筋金入りの冒険家《ぼうけんか》だ。

298. B□ すし詰《づ》め
【意味】人や物などがすきまなくいっぱいに入っていること。

【用例】平日の朝はすし詰めの通勤《つうきん》電車に乗ることが多い。

299. B□ 鈴《すず》なり
【意味】①果実がたくさんなっている。
②大勢の人が一ヵ所にかたまっている。
【用例】①みかんが鈴なりになっている。
②イベント会場には、鈴なりの見物人が見られた。

300. A□ 雀《すずめ》の涙《なみだ》
【意味】とても少ないこと。

【用例】いっしょうけんめい働いたわりには報酬《ほうしゅう》は雀の涙ほどしかもらえなかった。

301. A□ 雀百《すずめひゃく》まで踊《おど》り忘《わす》れず
〔似《に》た意味のことわざ〕三つ子の魂《たましい》百まで
【意味】幼い時からの習慣や覚えたことは歳《とし》をとっても忘れない。
【用例】祖母は雀百まで踊り忘れずというように、お手玉《てだま》が得意だ。

302. A□ すたれる 〔類義語〕さびれる
【意味】盛《さか》んだったものが衰《おとろ》えたり勢いをなくしたりする。

【用例】最近は流行がすたれるのがはやくなったと感じる。

303. B□ スタンダード
【意味】標準的であること。基準。

【用例】文化人類学《ぶんかじんるいがく》の立場からすると、スタンダードな文化というものはそもそも存在しない。

304. C□ すったもんだ
【意味】意見がまとまらなくてもめること。

【用例】話し合いがまとまらなくて、すったもんだのあげく、責任者のAさん一人で決めることになった。

305. C□ すっとんきょう
【意味】場違《ばちが》いなことや非常にまのぬけた言動を突然《とつぜん》するさま。

【用例】背後《はいご》からA君に話しかけたらすっとんきょうな声を出した。

306. B□ 捨てぜりふ
【意味】立ち去《さ》るときに言い捨てていく、ののしりや怒《いか》りなどの言葉。

【用例】A君は捨てぜりふを吐《は》いて私たちのもとを去っていった。

307. B□ 捨《す》てる神《かみ》あれば拾《ひろ》う神《かみ》あり
【意味】一方では見捨てられても、他方では救いの手が差しのべられることがある。

【用例】Aさんに冷たくあしらわれたからって気にすることはない。捨てる神あれば拾う神ありって言うだろう。

308. B□ ステレオタイプ
〔類義語〕紋切《もんき》り型、画一《かくいつ》的
【意味】行動や考え方が型にはまっていて目新しさがないこと。
【用例】ステレオタイプな発想ばかりではつまらない。

309. C□ ストイック 〔類義語〕禁欲《きんよく》的
【意味】感情に流されず、欲をおさえるさま。

【用例】ストイックなA君は、毎朝厳しいトレーニングを欠かさず続けている。

310. C□ すねに傷《きず》を持つ
【意味】人に隠《かく》したい、やましいことがある。

【用例】前の学校では問題児《もんだいじ》で、すねに傷を持つ身である。

311. B□ すねをかじる
【意味】独立せずに親や他人に養ってもらう。
【用例】三十歳《さい》を過ぎても実家にいて、親のすねをかじっている。

312. B□ スパルタ（式）
【意味】厳しくきたえる教育や訓練《くんれん》のやり方。
【用例】自らの失敗をいかし、わが子にはスパルタ教育を行う。

313. C□ ずぶ
【意味】まったく。まるっきり。
【用例】私は釣《つ》りに関してはずぶの素人《しろうと》だ。

314. B□ すべ ※「術」と書く。「なすすべがない」という使い方が多い。
【意味】仕方。手だて。方法。
【用例】科学技術の進んだ現代でも、人は自然災害の前には、なすすべがない。

315. C□ すべからく ※「すべて」という意味ではないので注意！
【意味】当然するべきこととして。ぜひとも。
【用例】学生はすべからく勉学に励《はげ》むべきである。

316. A□ 図星《ずぼし》を指《さ》される
【意味】重大な秘密《ひみつ》や思惑《おもわく》、急所などを言い当てられる。
【用例】何も言っていないのに母親に図星をさされて絶句《ぜっく》した。

317. A□ 住めば都《みやこ》
【意味】どんな場所でも長く住んでいれば一番住みやすくなるものだ。

【用例】父の仕事の都合《つごう》で仕方なく引っ越《こ》してきたこの町も住めば都で、良い所だと思うようになった。

318. B□ スローガン
〔類義語〕モットー　標語
【意味】ある団体や運動の主張を短く表したもの。
【用例】「動物虐待《ぎゃくたい》反対」のスローガンをかかげる。

319. B□ 寸暇《すんか》を惜《お》しんで ※「寸暇を惜しまず」という表現は誤用！
【意味】わずかのひま。
【用例】苦労人のAさんは、寸暇を惜しんで朝から晩まで働いた。

320. C□ すんでのこと（で）
〔類義語〕すんでのところ
【意味】もう少しのところ。ほとんど。あぶなく。
【用例】すんでのことで車にはねられて大けがをするところだった。

せ

321. C□ 青雲《せいうん》の志《こころざし》 〔類義語〕功名心《こうみょうしん》
【意味】社会的に高い評価を受けるような人間になりたいという気持ち。
【用例】A君は地元の大学卒業後に、青雲の志を抱《いだ》いて上京した。

322. B□ 制御《せいぎょ》
【意味】意志の力でおさえる。コントロールする。
【用例】遊びたいという自分の欲望を制御できない。

323. A□ 晴耕雨読《せいこううどく》
【意味】いなかでのんびり楽しみながら生活すること。
【用例】将来、会社を辞《や》めたら、いなかで晴耕雨読の生活がしたい。

324. C□ 整合性《せいごうせい》
【意味】考えや意見の中に矛盾《むじゅん》がないこと。ぴったり合うこと。
【用例】A氏の発言は前と今ではまったく整合性が取れていない。

325. A□ 清算《せいさん》
【意味】これまでの関係やことがらに結末《けつまつ》をつけること。※「精算《せいさん》（細かく正確に計算すること）」と区別しよう！

【用例】過去の人間関係を清算して出直すことにした。

326. B□ 成算《せいさん》

【意味】成功する見こみ。

【用例】今度の仕事は十分に準備期間があったので成算がある。

327. A□ 制止《せいし》

【意味】人の言動をおさえとどめること。

【用例】その男は警官の制止を振《ふ》り切って逃走《とうそう》した。

328. A□ せいせい

【意味】さっぱりして気持ちの良いさま。すがすがしい様子。

【用例】これでA君と縁《えん》が切れると思うとせいせいする。

329. A□ 正正堂堂《せいせいどうどう》

【意味】態度が正しくて立派《りっぱ》な様子。

【用例】卑怯《ひきょう》な手を使うのではなく、ぼくと正正堂堂と戦おう。

330. B□ 生前《せいぜん》

【意味】亡《な》くなった人が生きていたとき。

【用例】亡《な》き恩師《おんし》の生前をしのぶ会がとりおこなわれた。

331. B□ 清楚《せいそ》

【意味】飾《かざ》り気がなくさっぱりしていて美しいこと。

【用例】Aさんは清楚な身なりをしていて、すてきな女性だ。

332. A□ 生存競争《せいぞんきょうそう》

【意味】生物が生きのびようとしてたがいに争うこと。

【用例】自然界の厳しい生存競争に打ち勝つ。

333. A□ 生態系《せいたいけい》 〔類義語〕エコシステム

【意味】一定の地域にすむすべての生物の集まりと、それをとりまく環境《かんきょう》をひとまとまりにしてとらえたもの。

【用例】私たちはできるだけ生態系に手を加えるべきではない。

334. A□ 急《せ》いては事《こと》を仕損《しそん》じる

〔似《に》た意味のことわざ〕急がば回れ

〔反対の意味のことわざ〕善《ぜん》は急げ

【意味】物事をあわててすると失敗する。

【用例】急いては事を仕損じるというから、ここはじっくりと時間をかけてやろう。

335. B□ 青天《せいてん》の霹靂《へきれき》 〔類義語〕寝耳《ねみみ》に水

※「晴天」ではない！

【意味】突然《とつぜん》起きる思いがけない事件。

【用例】キャプテンのA君がサッカー部を辞《や》めるなんて、部員にとって青天の霹靂だ。

336. A□ 青天白日《せいてんはくじつ》 ※「晴天白日」ではない！

【意味】無罪であることが明らかになること。

【用例】疑いが晴れて、青天白日の身になった。

337. A□ 正当化《せいとうか》

【意味】理屈《りくつ》をつけて行いが正しいと思わせること。

【用例】いかなる場合も武力における侵略《しんりゃく》は正当化してはならない。

338. B□ 生来《せいらい》 〔類義語〕天性《てんせい》

【意味】生まれつき。

【用例】Aさんは生来の正直者で嘘《うそ》をついたことがない。

339. B□ 清廉潔白《せいれんけっぱく》

【意味】心にけがれがなく、清く正しいこと。

【用例】彼は清廉潔白で、けがれがない好青年である。

340. A□ 精《せい》を出す

【意味】熱心に働く。いっしょうけんめい取り組む。

【用例】結婚《けっこん》してからというもの、Aさんは仕事に精を出している。

341. A□ せかせか

【意味】あわただしくて落ち着かないさま。

【用例】あわただしい店内で従業員《じゅうぎょういん》はせかせか動き回っている。

342. B□ 是《ぜ》が非《ひ》でも

【意味】ぜひとも。何が何でも。

【用例】今度の試合には是が非でも勝ちたい。

343. C□ 昔日《せきじつ》

【意味】過去の日々。むかし。

【用例】郷里《きょうり》に戻《もど》り、昔日のおもかげをなつかしむ。

344. B□ 関《せき》の山

【意味】それより上はない、ぎりぎりのところ。

【用例】今の実力では、本番の試合では予選通過が関の山だ。

345. C□ 赤貧《せきひん》洗うがごとし

【意味】非常に貧しくて何も持っていないこと。

【用例】戦後まもなくは、まさに赤貧洗うがごとしの生活だった。

346. C□ 赤面《せきめん》の至《いた》り

【意味】自分の失態《しったい》で恥ずかしくなり、顔が赤くなること。

【用例】こんな初歩的なミスを犯すとは、赤面の至りです。

347. B□ 赤裸裸《せきらら》

【意味】包《つつ》み隠《かく》さず。ありのまま。

【用例】A氏の新作は人間の本性《ほんしょう》を赤裸裸に描《えが》いた傑作《けっさく》である。

348. B□ 堰《せき》を切ったよう

【意味】今までこらえていたものが、あふれ出る様子。

【用例】お葬式《そうしき》で涙《なみだ》が堰を切ったようにあふれ出た。

349. A□ 世間知《せけんし》らず

【意味】経験が浅く、世の中の事情などをよく知らないこと。また人。

【用例】先生の家に招いてもらったのに手ぶらで行くなんて、Aさんは世間知らずにもほどがある。

350. B□ 世間《せけん》ずれ

【意味】世の中でもまれて純真《じゅんしん》さが薄《うす》れ、悪賢《わるがしこ》くなった。

※「世の中の考えから外《はず》れている」という意味ではない！

【用例】A氏は何事も打算的な見方をする世間ずれした男だ。

351. A□ 世間体《せけんてい》 〔類義語〕体裁《ていさい》

【意味】世の中（の人）に対する体面《たいめん》。見栄《みえ》。

【用例】いくら世間体をとりつくろっても、いずれ本性《ほんしょう》を現わすよ。

352. A□ 〜（せ）ざるをえない

【意味】〜するしかない。〜しないわけにはいかない。

【用例】彼が指導者だとは、こっけいだとしか言わざるをえない。

353. C□ 世襲《せしゅう》

【意味】その家の地位や財産、職業などを子孫《しそん》が代々《だいだい》うけつぐこと。

【用例】A氏は子どもに地位と財産を世襲させることにした。

354. B□ 是正《ぜせい》

【意味】悪い点や間違《まちが》っている点を改めること。

【用例】現在のシステムの欠点を是正する。

355. A□ せせらぎ

【意味】川の浅い所などを水がさらさらと流れる音。また、その所。

【用例】小川のせせらぎが聞こえて耳に心地よい。

356. B□ せせら笑《わら》う

【意味】相手を小馬鹿《こばか》にして笑う。あざ笑う。

【用例】A君なんかにやれるはずがないとせせら笑う。

357. C□ 世相《せそう》

【意味】その時の世の中のありさま。世の中の大きな流れと特徴《とくちょう》。

【用例】長引く不況《ふきょう》の中、世相を反映《はんえい》した歌が大ヒットしている。

358. B□ 世知辛《せちがら》い

【意味】①人情がうすく暮らしにくい。

②計算高くてずるい。

【用例】①昔に比べて世知辛い世の中になったものだ。

②Aさんは損得勘定《そんとくかんじょう》を考えて行動する世知辛い人だ。

359. A□ 積極《せっきょく》的 〔対義語〕消極《しょうきょく》的

【意味】自分から進んで物事を行うさま。

【用例】積極的にボランティア活動をするなんて感心な子だ。

360. B□ 絶句《ぜっく》

【意味】話の途中《とちゅう》で言葉につまり、あとが続かなくなること。

【用例】信じられないことを聞かされ、驚《おどろ》きのあまり絶句する。

361. C□ 席巻《せっけん》 〔類義語〕台頭《たいとう》

【意味】勢力をどんどんのばすこと。

【用例】昨年にA社から販売《はんばい》された商品が大ヒットし、市場《しじょう》を席巻している。

362. B□ 切磋琢磨《せっさたくま》

【意味】仲間同士が互《たが》いに励《はげ》ましあい、また競い合って学問や人格の向上をはかること。

【用例】学生時代は良い友達を持って、お互いに切磋琢磨しあうことが大切だ。

363. A□ 切実《せつじつ》

【意味】自分に影響《えいきょう》するのを身にしみて強く感じるさま。

【用例】今回の件は私たちの日常生活にかかわる切実な問題だ。

364. B□ 殺生《せっしょう》

【意味】生き物を殺すこと。また、残酷《ざんこく》な様子。

【用例】和尚《おしょう》はむだな殺生をいましめた。

365. A□ 絶《ぜっ》する

【意味】はるかにこえる。

【用例】真冬のアラスカは想像を絶する寒さだった。

366. C□ 絶世《ぜっせい》

【意味】この世で比べるものがないほどすぐれていること。

【用例】古代エジプトのクレオパトラは絶世の美女として知られている。

367. B□ 節操《せっそう》

【意味】自分の信念や主張をしっかりと守ること。

【用例】あれもこれも取り入れようとするなんて節操がないよ。

368. A□ 絶対《ぜったい》的 〔対義語〕相対《そうたい》的

【意味】ほかに比べるものがないほど、最高で完全な様子。

※「絶体的」は誤りなので注意！

【用例】かつて、ローマ帝国は絶対的な権力をほこっていた。

369. A□ 絶体絶命《ぜったいぜつめい》 ※「絶対絶命」ではないので注意！

【意味】非常に危険なところに追いこまれ、逃《に》げることができない状態にあること。

【用例】戦場で敵《てき》に追いつめられ、絶体絶命の危機にみまわれる。

370. C□ 刹那《せつな》

【意味】非常に短い時間。ほんのわずかの間。

【用例】刹那的な快楽だけを求めて人生を浪費《ろうひ》するべきではない。

371. A□ 切《せつ》ない 〔類義語〕やるせない

【意味】つらかったり悲しかったりして、やりきれない。

【用例】転校する親友を駅まで送り、急に切ない気持ちになった。

372. A□ せっぱつまる

【意味】ぎりぎりまで追《お》い詰《つ》められ、どうにもならなくなる。

【用例】せっぱつまって、つい嘘《うそ》をついてしまった。

373. A□ 折半《せっぱん》

【意味】金銭《きんせん》などを半分ずつ分け合うこと。

【用例】かかった費用はA君と折半することにした。

374. B□ 瀬戸際《せとぎわ》

【意味】うまくいくか失敗するかの分かれ目。

【用例】今まさに、志望校合格か不合格かの瀬戸際にある。

375. B□ 背中《せなか》合わせ

【意味】表裏の関係にあること。

【用例】案外、幸運と不運は背中合わせかもしれない。

376. A□ 背《せ》に腹は代《か》えられない

【意味】必要で大切なもののためには、多少の犠牲《ぎせい》は仕方がない。

【用例】船が沈《しず》みそうになり、背に腹は代えられないので、荷物を捨てて海に飛びこんだ。

377. B□ せめぎ合う

※「せめぎ合い」という名詞の形でも用いられる。

【意味】互《たが》いに対抗《たいこう》して争う。

【用例】自然界では、動植物がせめぎ合いながら生息《せいそく》している。

378. A□ せわしない

【意味】いろいろなことがあっていそがしい様子。「せわしい」を強めた言い方（この「ない」は打消しの意味はない）。

【用例】中学に入学すると、毎日がせわしなく過ぎ去っていった。

379. B□ 千客万来《せんきゃくばんらい》

【意味】多くの客が入れ代わり立ち代わり、出入りすること。

【用例】新しくできたラーメン屋はいつも行列《ぎょうれつ》ができ、千客万来の大繁盛《はんじょう》だ。

380. A□ 先見《せんけん》の明《めい》 ※「先見の目」ではない！

【意味】将来を見通す力。

【用例】先見の明があるA社は、いち早く最新機器を導入した。

381. B□ 善後策《ぜんごさく》

【意味】うまく後始末をつけるやり方。

【用例】事件が起こった今は、善後策を講《こう》じる以外になかろう。

382. C□ 前後不覚《ぜんごふかく》

【意味】あとさきの区別もつかないほど意識を失うこと。

【用例】昨晩《さくばん》は前後不覚におちいるまで酒を飲んでしまった。

383. B□ 繊細《せんさい》 〔類義語〕デリケート

【意味】細かくて弱弱《よわよわ》しい様子。また、感情などが細やかでするどいこと。

【用例】彼女は繊細な神経の持ち主で、少しのことでも傷つきやすい。

384. B□ 千載一遇《せんざいいちぐう》

【意味】めったにない良い機会。

【用例】昨年の海外留学は、私にとって千載一遇の好機だった。

385. C□ 潜在《せんざい》的 〔対義語〕顕在《けんざい》的

【意味】外面にははっきりと現れず、内面にひそんでいるさま。

【用例】A君の潜在的能力に期待して、コーチがスカウトした。

386. A□ 千差万別《せんさばんべつ》

【意味】さまざまな種類があり、多くの違《ちが》いがあること。

【用例】クラスの友だちは千差万別で、いろいろなタイプの人がいる。

387. C□ 煎《せん》じ詰《つ》める

【意味】これ以上考えられないところまで考える。

【用例】煎じ詰めれば、確認を怠《おこた》ったAさんの責任と言える。

388. B□ 千秋楽《せんしゅうらく》

【意味】演劇やすもうなどの興行《こうぎょう》の最後の日。

【用例】長い間上演していたこのミュージカルも、いよいよ今日で千秋楽を迎える。

389. C□ 善処《ぜんしょ》

【意味】物事をうまく処理すること。

【用例】客からの苦情について、すみやかに善処する。

390. C□ 戦戦恐恐《せんせんきょうきょう》

【意味】恐れて震《ふる》える様子。びくびくする。

【用例】母に嘘《うそ》がばれていつ怒《おこ》られるかと戦戦恐恐としている。

391. A□ 前代未聞《ぜんだいみもん》

【意味】今までに聞いたことのないようなめずらしいこと。

【用例】先日、学校で前代未聞の事件が起こった。

392. B□ 先《せん》だって

【意味】この間《あいだ》。先日。

【用例】先だってインターネットで注文した品物が届いた。

393. C□ センチメンタル

〔類義語〕感傷《かんしょう》的

【意味】ちょっとしたことにも感じやすく涙《なみだ》もろいさま。

【用例】秋風に舞《ま》う落ち葉を見ると、なぜかセンチメンタルになる。

394. A□ 先天《せんてん》的 〔対義語〕後天《こうてん》的

【意味】生まれつき身にそなわっているさま。

【用例】学校の成績の良し悪しは先天的なものではなく、後天的なものだ。

395. C□ 扇動《せんどう》（煽動《せんどう》）

【意味】ある行動を起こすようにしむけること。そそのかすこと。

【用例】大衆《たいしゅう》を扇動して暴動を起こそうとする。

396. A□ 船頭《せんどう》多くして船山《ふねやま》にのぼる

〔反対の意味のことわざ〕三人寄《よ》れば文殊《もんじゅ》の知恵《ちえ》

【意味】指図するような立場の人が多いとまとまりがなくなって、かえってうまくいかない。

【用例】船頭多くして船山にのぼるというが、今日のクラス会は意見を主張する人が多すぎてまとまらなかった。

397. A□ 先入観《せんにゅうかん》 〔類義語〕固定観念《こていかんねん》 偏見《へんけん》

【意味】最初からの思いこみ。以前からある固定された考え。

【用例】先入観にとらわれないで、公平に判断すべきだ。

398. A□ 千変万化《せんぺんばんか》

【意味】さまざまに変わること。

【用例】半世紀《はんせいき》で東京の街並《まちな》みも千変万化した。

399. C□ 羨望《せんぼう》

【意味】うらやましく思うこと。

【用例】かつて高級車を所有することは人々の羨望の的《まと》であった。

400. C□ 禅問答《ぜんもんどう》

【意味】意味のよく分からないやりとり。話がかみ合わないこと。

【用例】Aさんに状況《じょうきょう》を尋《たず》ねても禅問答のようだった。

401. B□ 前門《ぜんもん》の虎《とら》 後門《こうもん》の 狼《おおかみ》

【意味】ある災難《さいなん》をのがれた後に、また別の災難にあうこと。

【用例】学校の帰り道、犬に追いかけられて逃《に》げ切ったと思ったら、いじめっ子に遭遇《そうぐう》した。まさに前門の虎後門の狼だ。

402. C□ 戦慄《せんりつ》

【意味】恐《おそ》れのために、体が震《ふる》えること。

【用例】あまりの恐怖《きょうふ》に戦慄が走った。

403. A□ 千里《せんり》の道も一歩から

〔似《に》た意味のことわざ〕ちりも積もれば山となる、雨だれ石をうがつ

【意味】どんなに大きな目標もまず小さなことから始めて、積み重ねることだということ。

【用例】受験勉強も、千里の道も一歩からというように、毎日の積み重ねが大切だ。

404. C□ 洗礼《せんれい》を受ける

【意味】ある物事で初めて厳しい経験をすること。※比喩《ひゆ》的な意味。

【用例】期待されて入団した新人投手が初回に

いきなりホームランを打たれ、プロの洗礼を受ける。

405. A□ 洗練《せんれん》
〔類義語〕垢抜《あかぬ》ける　〔対義語〕野暮《やぼ》
【意味】練《ね》りきたえて風格や品格を高めること。
【用例】A社の製品は洗練されたデザインが魅力《みりょく》である。

そ

406. C□ 造詣《ぞうけい》
【意味】学問や芸術などのある分野について、広い知識と深い理解をもっていること。
【用例】A氏は西洋音楽だけでなく民族音楽にも造詣が深い。

407. B□ 相好《そうごう》を崩《くず》す　〔類義語〕破顔一笑《はがんいっしょう》
【意味】顔をほころばせて大いに笑う。
【用例】数十年ぶりの旧友《きゅうゆう》との再会に相好を崩した。

408. B□ 相殺《そうさい》
【意味】差し引きされてゼロになること。
【用例】今日はぼくが食事をごちそうしたから、これで貸し借りは相殺されたね。

409. B□ 造作《ぞうさ》ない　〔類義語〕朝飯前《あさめしまえ》
【意味】簡単だ。たやすい。
【用例】そんな仕事なら私にとっては造作ないことだ。

410. A□ 喪失感《そうしつ》　〔対義語〕充実感《じゅうじつ》
【意味】大切なものを失い、むなしい気持ち。
【用例】最愛の祖母を亡《な》くし、喪失感を抱《かか》えたまま、日々を過ごした。

411. B□ 相乗効果《そうじょうこうか》
【意味】たがいに作用しあうことで、効果がより高まること。
【用例】かつおとこんぶの相乗効果により、スープのうま味が増した。

412. A□ そうぞうしい
【意味】さわがしい。やかましい。うるさくて落ち着かない。
【用例】私語《しご》で教室がそうぞうしくて、授業に集中できない。

413. A□ そうそうに
【意味】急いで物事をするさま。はやばや。さっさと。
【用例】明日は本番なので、今日はそうそうに切り上げよう。

414. A□ 相対《そうたい》的　〔対義語〕絶対《ぜったい》的
【意味】他のものと比べて、その価値《かち》が定まる様子。
【用例】ぼくの国語の成績は、相対的に見ると良いほうだと言える。

415. B□ 増長《ぞうちょう》
【意味】しだいにつけあがって高慢《こうまん》になること。
【用例】Aさんはほめすぎると増長するので、ほどほどにしよう。

416. B□ 相場《そうば》が決まっている
【意味】世間一般的な考えである。
【用例】うそはいつかは人にばれるものと相場が決まっている。

417. C□ そうは問屋《とんや》がおろさない
【意味】物事はそんなに具合良く運ぶものではないということ。
【用例】利益を独《ひと》り占《じ》めしようと思ってもそうは問屋がおろさない。

418. B□ 走馬灯《そうまとう》
【意味】過去のことをつぎつぎと思い起こす様子。
【用例】卒業を目前にして、思い出が走馬灯のように浮かんでくる。

419. B□ 疎遠《そえん》　〔対義語〕親密《しんみつ》
【意味】手紙などのやりとりや訪問《ほうもん》をしなくなり親しみが薄《うす》れること。
【用例】昔は仲《なか》が良かったが、大学を卒業してからは疎遠になった。

420. A□ 疎外《そがい》
【意味】いやがって遠ざける、のけものにする。

【用例】問題を起こしたA君は、クラスで疎外感を味わった。

421. C□ 俗《ぞく》っぽい
【意味】世間一般《いっぱん》にありふれていて品がない。〔類義語〕世俗《せぞく》的
【用例】俗っぽいセリフばかりが出てくるその小説は読む価値がないと、母は切り捨てた。

422. A□ 側面《そくめん》
【意味】多くの中の、ある一面。

【用例】彼は見かけによらず、心やさしい側面もあると思うよ。

423. B□ そぐわない
【意味】似《に》つかわしくない。ふさわしくない。

【用例】現状《げんじょう》にそぐわない規則は廃止《はいし》したほうがよい。

424. B□ 底知《そこし》れない（底知《そこし》れぬ）
【意味】どこまであるか分からない。限度が分からない。

【用例】この算数の難問をいとも簡単に解くとは、A君は底知れない実力の持ち主にちがいない。

425. C□ そこつ
【意味】軽はずみなこと。そそっかしいこと。

【用例】そこつな行動をとることがあり、よく親から注意される。

426. B□ 底抜《そこぬ》け
【意味】程度がはなはだしいこと。並外れていること。

【用例】私の母は底抜けに明るい性格で陰気《いんき》な父とは対照的だ。

427. C□ そこはかとなく
【意味】何となく。どことなく。

【用例】近所を散歩していると、梅《うめ》の香りがそこはかとなく、ただよってきた。

428. A□ 底《そこ》をつく
【意味】たくわえがなくなる。

【用例】しばらく働かずに遊びまわっていたら貯金が底をついた。

429. C□ そしり 〔類義語〕非難《ひなん》
【意味】悪口を言うこと。

【用例】今回の件では軽率《けいそつ》のそしりはまぬかれないだろう。

430. A□ そそくさと
【意味】いそがしそうに動く様子。

【用例】用件だけ伝えると、そそくさと部屋を出ていった。

431. A□ そそのかす
〔類義語〕けしかける
【意味】相手をおだてて、さそいすすめる。
※よくないことに使うことが多い。
【用例】仲間にそそのかされて盗《ぬす》みを働いてしまった。

432. A□ そぞろ
【意味】①はっきりとした理由や目的なく。②気持ちが落ち着かない。

【用例】①公園をそぞろ歩く若者がいた。「そぞろ歩き＝散歩」②A君は合格発表前で、気もそぞろであった。

433. C□ そつがない
【意味】むだや失敗がない。

【用例】ある政治家は国会でそつがない答弁《とうべん》をくり返した。

434. C□ ぞっとしない
【意味】あまり感心しない。いい気持ちがしない。おもしろくない。

【用例】東京育ちの私としては、今さら浅草観光はぞっとしない。

435. B□ 袖《そで》にする
【意味】ないがしろにする。おろそかにする。冷たくあしらう。

【用例】Aさんをデートに誘《さそ》ったが、袖にされてひどく落ち込む。

436. B□ 袖振《そでふ》り合《あ》うも多生《たしょう》（他生《たしょう》）の縁《えん》

※「多少」ではないので注意！

【意味】道で見知らぬ人と袖《そで》が触《ふ》れ合うようなちょっとしたことでも、偶然《ぐうぜん》のことではなく、そうなるめぐりあわせ（前世《ぜんせ》からの因縁《いんねん》）によって起こるものであるということ。

【用例】袖振り合うも多生の縁というから、出会いを大切にしよう。

437. C□ 袖《そで》をしぼる

【意味】涙《なみだ》を流して泣《な》く。ひどく悲しんで泣く。

【用例】袖をしぼって親友とのお別れをおしんだ。

438. A□ 備《そな》えあれば憂《うれ》いなし

【意味】ふだんから用意をしておけば、万一《まんいち》のことが起こっても心配することはない。

【用例】備えあれば憂いなしというから、防災《ぼうさい》グッズをそろえておいたほうがよいだろう。

439. A□ そばだてる

【意味】注意力を集中させる。

【用例】夜中に怪《あや》しげな物音がしたので、おもわず耳をそばだてた。

440. A□ そもそも

【意味】最初から。もともと。

【用例】そもそも、ぼくはこの計画には反対だった。

441. C□ 粗野《そや》

【意味】言動などがあらくて礼儀《れいぎ》を欠くこと。

【用例】親しい友人に対しても粗野な態度をとるのはよくない。

442. B□ 空空《そらぞら》しい

【意味】知っているのに知らないふりをする。見えすいているさま。

【用例】ぼくが失恋《しつれん》したのを知っているくせに空空しい態度をとる。

443. B□ そらんじる

【意味】そらで覚える。暗記する。

【用例】あの詩なら大好きなので、全部そらんじているよ。

444. B□ 反《そ》りが合わない

【意味】お互《たが》いの気持ちが合わない。

【用例】彼とはどうも反りが合わなくて口論になってしまう。

445. A□ それとなく

【意味】それとははっきり示《しめ》さずに。遠回しに。

【用例】A君は何か悩《なや》みがありそうなのでそれとなく聞いてみよう。

446. B□ 尊厳《そんげん》

【意味】とうとくおごそかなこと。

【用例】いかなる場合も人間の尊厳を傷つけてはいけない。

447. B□ ぞんざい

【意味】物事のやり方がいいかげんなさま。言動が乱暴なさま。

【用例】A君は先生に対してもぞんざいな口のきき方をする。

448. C□ 遜色《そんしょく》が（の）ない

【意味】他と比べてもおとっていない。

【用例】姉はプロの歌手と比べても遜色のない歌唱力《かしょう》を持っている。

449. B□ 尊大《そんだい》

【意味】他人に対してえらそうにすること。

【用例】彼はいつも尊大に構えているから、私は苦手だ。

450. C□ 忖度《そんたく》

【意味】自分なりに考えて、他人の気持ちをおしはかること。

【用例】Aさんの気持ちを忖度して、今回は遠慮《えんりょ》することにした。

〔問題〕次の文章の空らんに適語《てきご》を入れましょう。
・■には漢字、●にはひらがな、◆にはカタカナが一字ずつ入ります。
・［　］は字数指定はありません。
・同じ問題番号には共通する言葉が入ります。
・（　）は当てはまる言葉の意味を表します。言葉の意味がないものもあります。
・解答は前ページの語彙リストを参考にしましょう。語彙リストと番号は同じにしてあります。

001. A□ 親友に嘘《うそ》をつき、罪■感にさいなまれる。
（自分が道徳《どうとく》などにそむき、罪《つみ》を犯したと思う気持ち）

002. C□ 人間万事塞翁《ばんじさいおう》が■で、少しのことで悲観的になってはいけない。

003. B□ Aさんの■限なく続く話にはうんざりするよ。
（かぎりがない。はてがない）

004. B□ 再■再■、彼女に手紙を書いたのだが、返信が来なかった。
（何度もくり返して）

005. B□ Aさんは才■■備のアナウンサーとして人気を集めている。（すぐれた才能と見た目の美しさをそなえていること）

006. A□ ■心の注意を払《はら》って検査をする必要がある。
（こまかいところまで心を配ること）

007. A□ 先生の言ったことを、細■もらさずにメモをとる。（全部）

008. B□ 親友を裏切《うらぎ》ったという罪悪感《ざいあくかん》に●●なまれる。
（責《せ》める。苦しめる。悩《なや》ます）

009. B□ 相手の言い分を■手に取って言いこめる。
（相手の攻撃《こうげき》や自分の不利な立場を利用すること）

010. B□ A大臣の発言は国民の感情を逆《さか》●●した。
（わざと相手の気にさわるような言動をとること）

011. B□ A社は流行の先《さき》●●となるデザインを発表した。
（他のものより先に事を始めること。先んじること）

012. C□ 実家を出て独立しようにも、■立つものがない。
（お金のこと）

013. B□ 先んずれば人を■すというから、塾の授業の前にテキストを予習しておくとよい。

014. A□ 他人を●●すむような態度をとってはいけません。
（見下す。低く見る）

015. A□ Aさんへ感謝《かんしゃ》の気持ちをこめて、●●やかな贈《おく》り物を渡《わた》す。（小さい。わずかな様子。つつましい様子）

016. B□ 先輩《せんぱい》を●●置いて勝手に事を進めるのはよくないよ。
（人を無視する）

017. B□ 先生のしかり方の●●加減一つで生徒のやる気は変わる。
（人に対する配慮《はいりょ》の程度《ていど》や具合。物事を処理《しょり》する場合の手加減）

018. C□ だれの差し■でこんなことをしたのか、白状《はくじょう》しなさい。
（陰《かげ》で指図《さしず》して人をあやつること）

019. B□ ① 預金もあるので、さし●●生活に困ることはない。
② こんな易しい問題を間違《まちが》えるなんて、さし●●、ぼくはあわてんぼうなのだ。

020. B□ 酒を飲み過ぎると、明日の仕事に差し●●●るのでほどほどにしよう。（具合《ぐあい》の悪いことになる）
021. B□ 彼がテストで良い点をとるのはさ●●驚くことでもない。（それほど。とりたてていうほど）
022. C□ その場しのぎのいいかげんな計画を立てたところで、■の楼閣《ろうかく》である。（土台がもろくて長続きしないこと）
023. A□ いくらきみに教えてもうまくならないので、もう●●を投げたよ。（結果を出す見こみがないとあきらめる）
024. A□ 両親が事故で亡くなり、●●かし悲しんだことだろう。（どんなにか。きっと）
025. C□ 今日は長旅だったので、●●めしお疲《つか》れのことでしょう。（きっと。かならず。さぞ）
026. B□ その件に関しては■急（≒至急《しきゅう》）に対策を講《こう》じる必要がある。（非常に急ぐこと）
027. C□ 今日はお互《たが》いが思っていることをざっく●●んに話し合おう。
028. A□ 市長は就任《しゅうにん》するやいなや、制度の■新に着手《ちゃくしゅ》した。（これまでの事態《じたい》を改めて、新しくすること）
029. A□ 先日母親を亡くしたAさんの悲しみは■するに余《あま》りある。（物事の事情や人の気持ちなどを正しく想像し理解する）
030. B□ A君は整理整頓《せいりせいとん》が苦手らしく、部屋は■然としていた。（まとまりがなくごちゃごちゃと入り乱れているさま）
031. A□ 私の部屋は、必要最低限のものしかなくて、まことに■風景だ。（味わいやおもしろみがない様子）
032. A□ 子どもたちに命の大切さについてこんこんと●●す。（物事の道理《どうり》がよく分かるように目下の人に言い聞かせる）
033. B□ 辺りには多くのラベンダーがさいていて、さ●●ら紫《むらさき》のじゅうたんのようだ。（まるで。ちょうど）
034. A□ Aさんはさ●さ●した性格の人なので、付き合いやすい。（性格がさっぱりしてこだわりのない様子）
035. A□ 人気タレントのAさんは五歳《さい》も●●を読んでいたそうだ。
036. B□ かつては炭鉱《たんこう》の町として栄《さか》えたが、今は●●れてしまった。（にぎやかでさかんだったものが衰《おとろ》える）
037. C□ そんな瑣《さ》■なことにこだわる必要はない。（とるにたりない。ささいな様子）
038. B□ A君はおしゃれな人で、着こなしが●●になっている。（かっこうがつく）
039. A□ 一緒《いっしょ》にいた仲間とはぐれてしまい、町を●●よう。（あてもなくあちこち歩きまわる）
040. C□ 敵《てき》は■月雨式に攻撃《こうげき》をしかけてきたため長期戦となった。（同じことがだらだらと途切れがちにくり返されること）
041. B□ Aさんは恋人の前で顔をふせてさ●ざ●と泣《な》いた。（涙《なみだ》を流しながら静かに泣《な》き続けるさま）
042. B□ 本当はそうでもないのだが、さ●悲しそうに泣《な》いている。（いかにも。実に）
043. C□ Aさんの性格からすると、今回のもめごとも、さも●●なんと思われた。（そうであってもおかしくない。もっともだ）
044. C□ お金を稼《かせ》ぐためならどんなきたない手でも使うなんて、●●しい（≒いやしい　見苦しい）考え方だ。
045. B□ 私の座■の銘《めい》は「原因なき結果はなし」だ。

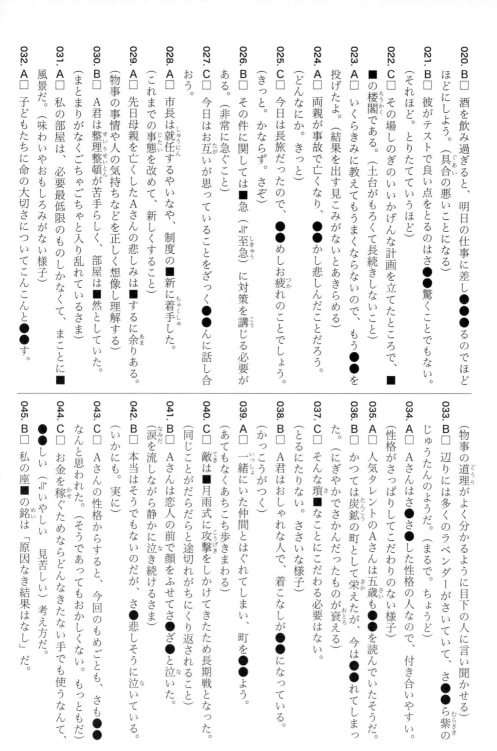

046. B□ 彼の作品は見た目は良くても、しょせんは●●真似《まね》で自分らしさがまったくない。（考えもなく、うわべだけ他人のまねをすること）

047. A□ 名選手のAが守備で平凡《へいぼん》なボールをとりそこねた。●●も木から落ちるとはこのことだ。

048. B□ 触《さわ》らぬ■に祟《たた》りなしというから、素行《そこう》が悪いA君とは関わらないほうがよいよ。

049. B□ 今日見た新作映画のさ●●を友人に教える。（話などで最も印象深いところ）

050. A□ 三月に入り、■寒■温の気候が続く。（冬から春になるまでの陽気）

051. A□ 三三■■、生徒たちが集合場所に集まってきた。（人があちこちに散らばっている様子）

052. C□ ■紫■明の地を訪れる。（山や川の景色の美しいこと）

053. B□ A社は小さな会社だが●●●●●は小粒《こつぶ》でもぴりりと辛いというように、技術力は高い。

054. B□ このあたりは■川■木が残されていて、豊かな自然を味わえる。（あらゆる自然）

055. C□ 今回はあくまでも暫《ざん》■的な処置であり、変更《へんこう》はありうる。（仮《かり》にしばらくの間だけ決めておくこと）

056. A□ ■人寄れば文殊《もんじゅ》の●●というから、今日の放課後、学芸会の出し物についてみんなで話し合おう。

057. A□ 今月は出費がかさみ、おこづかいが足りなくなったため、母親に■拝■拝してお金を借りた。

058. B□ 賛■両■がうずまくなか、その日の会議は始まった。（賛成と反対の二つの考え）

059. B□ 彼はいつもふざけてみんなを笑わせているので、■枚目（見た目が良い人）というよりも■枚目だね。

060. A□ 将来のことについて思■に暮れる毎日だ。（思いめぐらすこと。あれこれと考えること）

061. C□ 飼っている動物を●●たげると条例《じょうれい》により罰《ばっ》せられます。（ひどいあつかいをして苦しめる）

062. C□ 規則を各々《おのおの》が恣《し》■的に解釈《かいしゃく》してしまうと、収拾《しゅうしゅう》がつかなくなる。（自分が好きなように思いつくままに物事をするさま）

063. B□ 新たな来客を●●に席を離《はな》れた。（ちょうどいい機会）

064. B□ Aさんに言い負かされてし●し●と退散《たいさん》する。（気落《きお》ちして元気のない様子）

065. B□ きみにしてはめずらしく、●●らしい（≒いじらしい）ことを言うね。（ひかえめで従順《じゅうじゅん》な様子）

066. A□ 友だちが自分の作品を自■自■するので、聞いていたぼくたちはしらけてしまった。（自分で、自分のことなどをほめること）

067. B□ 今回クラスで起きた問題について、校長先生に直■判する。（間に人を入れず、直接相手に会って話し合いをすること）

068. C□ A君はしか●●らしい顔をして自分の意見を述べた。（堅苦《かたくる》しく真面目《まじめ》くさったような）

069. C□ 私など●●ない塾の講師にすぎません。（とるに足りない、つまらない）

070. C□ A君はどれだけ周りに非難されても●●にもかけない。（無視して問題にしない。相手にしない）

071. A□ その程度の意見では彼なら反対し●●ない。
(～する可能性が大きい。～することが考えられる)

072. B□ 世間《せけん》のし●●●を断ち切って、山奥《やまおく》で暮《く》らしたい。
(ひきとめるもの。人の心にまつわりついて行動をしばるもの)

073. B□ ●●を追う者は山を見ずというが、一年後のことだけを考えて軽率に行動するのは結局損をするだけだ。

074. B□ A君に借りたお金をまだ返していないので、●●●が高いよ。(相手に不義理《ふぎり》などをして、その人の家に行きづらい)

075. B□ どの家庭でも独自のしき●●というものは存在《そんざい》する。
(古くから行われてきたやり方)

076. B□ Aさんは自分の容姿《ようし》について自●●●的に語り、冗談《じょうだん》にした。(自分で自分の心や体を必要以上に責《せ》めること)

077. A□ 私の家には畑があるので、野菜はほとんど自■自■だ。
(生活に必要なものをすべて自分で作って間に合わせること)

078. A□ 風邪《かぜ》をひいたのか、Aさんはし●●にせきをしている。
(同じことをくりかえして。むやみに。さかんに)

079. B□ 明日からの仕事は今後の成否《せいひ》を占《うらな》う試金■となるだろう。
(あるものの価値《かち》や人物の評価《ひょうか》や力量を見きわめるもの)

080. A□ 彼女の髪《かみ》をかき上げるときのし●●がすてきだ。
(何かをするときの、ちょっとした動作や表情)

081. A□ ①妹は自分の部屋にこもり、し●し●と泣いていた。
②昨日から腹がし●し●と痛むので病院に行った。

082. C□ このような事態となって、内心じ●●たるものがある。
(非常に恥《は》ずかしいと思うさま)

083. A□ 今回のテストは難しかったので、問題を解くのに■苦■苦した。

084. A□ 教室に入ってきたAさんの顔をし●し●と見つめた。
(よくよく。じっと)

085. A□ ■行錯■を重ねたのちに、ようやく新製品の完成までこぎつけた。(失敗をくりかえしながら、目的に近づいていくこと)

086. A□ 遊んでばかりいて、成績が下がったのは自■自■だよ。

087. B□ 先日購入《こうにゅう》した商品は至■便利なものだった。
(この上もなく。きわめて)

088. A□ 失敗して自己嫌■におちいることは日常茶飯事《にちじょうさはんじ》である。
(自分自身を嫌《いや》だと思うこと)

089. B□ 授業中、先生は生徒たちに解決方法を■唆《さ》した。
(それとなく教えること。ほのめかすこと)

090. B□ 海外に渡り、著名な音楽家に■事する。
(先生としてその人に仕え、教えを受けること)

091. C□ 獅子《しし》の子●●●というから、つきはなして苦労させてみよう。(自分の子に苦しい試練《しれん》を課《か》して、立派《りっぱ》な人間に育てようとすること)

092. B□ 第一志望校に合格して、■上の喜びをかみしめる。
(これより上がない。最高)

093. C□ 世の中の事■には、すべて因果《いんが》関係がある。
(ことの様子。ことがら)

094. B□ 新しく社長に就任《しゅうにん》したA氏が会社経営の■針(＝方針)を示した。(めあて。進む方向を教えてくれるもの)

095. B□ 厳《おごそ》かな雰囲気《ふんいき》の中、彼女はし●し●と歩いた。
(ゆっくりと。しとやかに)

096. C□ 彼の発見は、今後の医学の発展に■するだろう。
(役立つ。助けとなる)

097. B□ A氏は革命を成功させるために、死をも■さない強い覚悟《かくご》で臨んだ。(どんなことでも避《さ》けない。何事をも恐《おそ》れない)

098. C□ かつて著名人だったA氏も晩年《ばんねん》は市■の人として暮《く》らした。(一般《いっぱん》の人。庶民《しょみん》)

099. A□ A君の無神経《むしんけい》な一言で私の自■心(≒プライド)は傷ついた。(自分の才能や人格などをほこる気持ち)

100. B□ 今どき、彼のような古い考え方は時代錯《さく》■もはなはだしい。(その時代や世の中の動きに合わない考え方や言動。方法)

101. A□ パソコンが思うように作動せず、思わず●●打ちをした。(思いどおりにいかないときなどに、不快感を表すこと)

102. B□ ■心があってAさんに親切をよそおったが、すぐ見破られた。(心の中に隠《かく》し持っている意図《いと》やたくらみ)

103. B□ Aさんを■先三寸でまるめこんだ。(心がこもっておらず、口先だけであること)

104. B□ ①今日の対戦相手は、なかなかし●●かで油断ならない。
②階段で転んで、し●●かに腰をうった。

105. B□ 昨晩《さくばん》、旧友《きゅうゆう》へ感謝《かんしゃ》の思いをこめて手紙を●●ためた。(書き記す。気持ちを文章に表現する)

106. B□ Aさんは幼《おさな》い子どものように舌●●ずな話し方をする。(舌がよく回らず発音がはっきりしない。表現が十分でない)

107. A□ おいしいお寿司《すし》を食べて、舌●●みを打った。

108. B□ ごちそうを目の前にして、思わず舌●●ずりした。

109. B□ A君は舌の■の乾《かわ》かぬうちにまた嘘《うそ》をついた。

110. B□ 算数の難問を解いたA君は、し●●顔で周りの人を見た。(自慢《じまん》げな顔)

111. A□ A君の国語の成績の伸《の》びには先生も舌を●くほどだった。(驚《おどろ》いて言葉も出ない)

112. B□ 絶好のチャンスをのがし、A君はじ●●だを踏《ふ》んだ。

113. A□ 昨晩《さくばん》は突然《とつぜん》の腹痛に、■転■倒の苦しみだった。

114. B□ Aさんは■難■苦を経験し、波乱万丈《はらんばんじょう》の生涯《しょうがい》を送った。

115. B□ チームワークを乱さないように、自■しなさい。(自分の行いをつつしんで、軽はずみなことをしないこと)

116. B□ 彼は自●●●気味に自分のことを話し始めた。(自分のことを軽蔑《けいべつ》しあざけること)

117. B□ 学校説明会の最後に、質■■答の時間がもうけられた。(質問と、それに対する回答)

118. C□ 父は私を質■剛■な男子に育てようとした。(真面目《まじめ》で飾《かざ》り気がなく、しっかりとしていて強いこと)

119. C□ A氏は多方面で才能を発揮《はっき》し、肩書《かたが》きは十■に余る。(十以上である)

120. B□ 間抜《まぬ》けな質問をしてしまい、まわりから■笑を買った。(ばかなことをして人から笑われる)

121. B□ ぜいたくはせずに■素な生活を心がける。(身なりや暮《く》らしぶりなどが地味でつつましい様子)

122. A□ 友達の成績のよさに思わず、し●●する。(やきもちをやくこと。うらやむこと)

123. B□ 応募《おうぼ》作品を十把《じっぱ》●●●●げにして論じるのはよくない。

124. B□ A君は散々《さんざん》悪さをしてきたが、ついにし●●を出した。

（悪事《あくじ》やごまかしなどが見つかる）

125.C□ 不景気《ふけいき》で、多くの中小企業《きぎょう》が自■車■業でしのいでいる。
（資金をやりくりし、仕事を続けないと倒産《とうさん》しそうな危ない状態）

126.A□ 窓の外は雨がし●し●と降っている。
（雨が静かに降る様子）

127.A□ Aさんは上品でお●●やかな人だ。
（動作や話し方などが上品で物静かな様子）

128.A□ いたずらをしたのを先生に追及《ついきゅう》されて、し●ろも●ろになった。

129.B□ A中学の入試問題で満点をとるのは至■の業だ。

130.B□ 江戸時代創業《そうぎょう》の●に●で働いている。
（古くから何代も同じ商売を続け、栄えている店）

131.B□ 低価格競争で、ライバル会社がし●●を削《けず》る。

132.A□ ①息子は、学者である両親を●●ぐほどの勉強家だ。
②山で遭難《そうなん》した際に、雨水で飢《う》えと空腹を●●いだ。

133.B□ ■の■の言わずに、さっさと自分の仕事をしたらどうなんだ。（めんどうなことをあれこれ言いたてるさま）

134.B□ 交通事故でわが子を亡《な》くした親の涙《なみだ》は、見るにし●●ない。（つらくてたえられない）

135.B□ 数年前に亡《な》くなった恩師《おんし》を●●ぶ会が母校で開かれた。
（遠く離《はな》れている人や昔のこと、死者などを懐《なつ》かしく思い慕《した》う）

136.B□ 世話になったAさんには自■を切ってごちそうしよう。
（必ずしも払《はら》う必要のない費用を自分の金で支払《しはら》う）

137.B□ イエスキリストは慈《じ》■深い人であった。
（あわれみ、いつくしむ気持ち）

138.B□ Aさんは思いもかけないことに、目を●●たたいている。
（しきりにまばたきをする）

139.C□ こうなった今は現実をシ◆◆に受け止めなければならない。（厳《きび》しい様子。深刻《しんこく》なさま）

140.B□ 連絡《れんらく》がないので、し●●を切らして先に行くことにした。
（長い間待たされてがまんができなくなる）

141.C□ A氏はわいろを受け取って私腹を■やしたことで逮捕《たいほ》された。（公《おおやけ》の地位や立場を利用して、自分の財産《ざいさん》をふやす）

142.A□ 今度の作品はよくできたと、自■している。
（自分の才能や力量に自信をもち、ほこること）

143.C□ 昨年亡《な》くなった母を思●する。（恋しく思うこと）

144.B□ 付き合っていた彼女に振《ふ》られて、■■自棄《き》になっていた時期があった。（投げやりな行動をとること）

145.A□ A君が■方■方から非難されていて、いたたまれなくなる。（あらゆる方角《ほうがく》。あたり一面）

146.A□ 人生は何があるか分からないとAさんはし●じ●と語った。（心に深く感じ入るさま）

147.B□ シ◆◆◆◆ションの結果、計画は問題ないことが立証《りっしょう》された。（現実の世界にあるシステムや、これから作ろうとするシステムの模型《もけい》を使って実験すること）

148.B□ やみくもに勉強をしても成績は伸びないのは自■の理《り》だ。
（それだけでわかりきっていること）

149.C□ 先日、し●●かにA氏の葬《そう》式が行われた。
（静かな様子。悲しくてさびしい様子）

150. B□ 自分勝手な行動が明るみとなり、■■楚歌《そか》となった。
（周りから非難され、味方がいないこと）
151. B□ 今回の一件で、彼は■■をひくこととなった。
（多くの人々の注目を集める）
152. C□ 直接現地に行き取材をするのがジ◆◆◆◆ズムの基本だ。
（新聞、テレビ放送などを通じて時事《じじ》的な情報を伝える活動）
153. A□ 柔道黒帯《じゅうどうくろおび》のA君に柔道の技を教えるなんて釈迦《しゃか》に■■だ。
154. B□ Aさんに説明を受けたが、どうも釈《しゃく》■としなかった。
（疑いや迷い、うらみなどの気持ちが晴れずすっきりしない）
155. A□ スポーツの世界は弱■強■と言える。
（力の強いものが弱いものを負かす）
156. A□ A君はいちいち、し●●にさわることを言う奴《やつ》だ。
（気に入らなくて腹が立つ。不快に思う）
157. B□ 悲しい話を聞かされて、激《はげ》しく●●●りあげた。
（息をすいこむような声で、肩をふるわせて泣く）
158. B□ 大人の世界では■交■令が多く、それを真《ま》に受けてはいけない。（人とうまくつきあうためのほめ言葉やあいさつ）
159. A□ 社■的な姉は初対面の人でも積極的に話しかけられる。
（人とのつき合いが上手な様子）
160. C□ 教育環境を改善しようとする際には、生徒たちの意見を聞いて、どのような点を重視して何を■象するかを考えるのが大切だ。（ある概念《がいねん》や考えを形成するとき、個々の事物から共通する性質だけを残して、本質的でない要素や特徴《とくちょう》を考えに入れないこと）

161. C□ Aさんが陰《かげ》で悪口を言っているだなんて、きみの邪《じゃ》■だよ。（他人の言動を、事実とはちがい悪いほうに考えること）
162. B□ 思春期に入ると、息子は世間に対して●●に構えるようになった。（物事を正面から対応せず、皮肉やからかいの態度をとる）
163. B□ 入試直前になり、しゃ●●に勉強をする。
（ほかのことは考えないで強引に物事をするさま）
164. B□ 蛇《じゃ》の道は●●というし、パソコンの調子が悪いなら電気屋に見てもらったほうがよい。
165. B□ A氏は組織という枠《わく》にとらわれず■■無尽《むじん》に活動した。
（思いのままにふるまうこと。思う存分）
166. C□ 比喩《ひゆ》法や擬人《ぎじん》法などは■辞の形式である。
（言葉をうまく用いて美しく効果《こうか》的に表現すること）
167. B□ A選手は二十年間の選手生活に■■゜符を打った。
（続いてきた物事を終わりにする）
168. B□ 今回の旅行は■生（〃一生）忘《わす》れえぬ思い出となった。
（生まれてから死ぬまでの間）
169. B□ ■知のとおり、日本は不況《ふきょう》のまっただなかにある。
（広く知れ渡っていること）
170. B□ そんなみっともないことをするとは羞《しゅう》■心のかけらもないね。
171. B□ お金に執《しゅう》■しすぎると大切なものを見失うことになる。
（ある物事に心がとらわれてしまい離《はな》れないこと）
172. B□ 全国から■知を集めて、難題に取り組んだ。
（多くの人の知恵《ちえ》を結集《けっしゅう》させる）

173. A□ 食べ物の好みは■人■色だ。
（人は好みや性格、考えが違《ちが》い、個性があるということ）

174. C□ A君は見た目は華奢《きゃしゃ》な体つきだが、柔よく■を制すで、相撲《すもう》では自分よりもりっぱな体格の相手に勝っている。

175. C□ 今度の試合は雌雄《しゆう》を■する重要な一戦となる。

176. A□ 遊びを優先して勉強を疎《おろそ》かにするなんて、■客■倒も甚《はなは》だしい。

177. A□ それはあくまであなたの■観的な意見に過ぎない。
（物事を判断するときに、自分の見方や考え方にたよること）

178. C□ この店の内装《ないそう》は趣《しゅ》■を凝《こ》らしたものにしたい。
（面白《おもしろ》みを出すための工夫をする）

179. C□ 憲法《けんぽう》改正の●●旨《し》に反対する。
（中心にある考えや目的。述《の》べようとする事柄《ことがら》）

180. A□ 多くの資料から■■選択《せんたく》して、報告《ほうこく》書をまとめた。

181. A□ 先生の言われたことをきちんと実行するとは殊《しゅ》■な心がけだ。（立派《りっぱ》で感心なこと）

182. C□ 後輩《こうはい》にも一切ごちそうしたことがないA君は、陰《かげ》では■銭奴《せんど》呼ばわりされている。

183. A□ 受験生なのだから、もっと■体性を持つべきだ。（自分の考えや立場をきちんと持ち、他から影響《えいきょう》されずに行動できる性質）

184. B□ 大事な一戦で勝利を手■に収め、見事優勝した。
（自分のものにする）

185. C□ わが社では■自があきらかでない人を雇《やと》うわけにはいかない。（家がらや生まれ）

186. C□ 今回発表したA氏の作品は出■のできばえだ。
（他よりもきわだってすぐれていること）

187. A□ 本来、ボランティア活動は■動的ではなく能動《のうどう》的に行うべきものである。

188. A□ 朱に交われば■くなるというが、A君はあのグループに入ってから急に人が変わった。

189. A□ A教授はある学説《がくせつ》に対して、首■■貫した姿勢《しせい》をとり続けた。（考え方や態度などが最初から最後まで変わらないこと）

190. A□ 国語の読み解き方を井上先生に教わったら、■尾よく志望校に合格した。（うまいぐあいに。都合よく）

191. A□ 一般的に、物の価格は■■と供給のバランスで決まる。
（あるものを必要として求めること。商品を買い求めようとする欲望）

192. B□ 友だち同士で大けんかになり■羅場と化《か》した。
（戦争や争いなどで悲惨《ひさん》な状態《じょうたい》になった場所）

193. C□ 春秋《しゅんじゅう》に■む若者にはいろいろなことに挑戦《ちょうせん》してほしい。
（年が若く、将来が長い）

194. C□ ●●●巡《じゅん》している間に好機をのがしてしまった。
（決心がつかず、ためらうこと）

195. B□ 大会では強豪《きょうごう》校のA高校が■当に勝ち進んだ。
（意外ではなく予想などに合っていて、当然と思われる様子）

196. B□ 二十歳《さい》まではA氏の人生は順■■帆に見えた。
（物事がとても順調に運ぶこと）

197. A□ そんなに■極的な態度では習得するのに時間がかかるよ。
（自分から進んで物事に取り組もうとしないさま）

198. C□ 変わり者のA君はしばしば■軌《き》を逸《いっ》した行動をとる。（世間一般《せけんいっぱん》のやり方から外《はず》れたことをする）

199. C□ 祖父の体調は小■状態を保っているようだ。（病気が少しよくなること）

200. C□ ●●●こりもなくギャンブルに手を出すA君は困った人だ。（何度もこらしめられても、こりることがない）

201. B□ A君は■心でいつもおどおどしている。（おくびょうなこと）

202. A□ 志望校合格に向けて、日夜、精■してきた。（一生懸命《けんめい》、努力すること）

203. B□ 鉄棒《てつぼう》が得意なA君が失敗して骨折《こっせつ》したらしい。■■の手から水がもれるとはこのことだ。

204. B□ まずは■石として、この問題から解決していこう。（物事を処理するときの決まったやり方）

205. B□ Aさんは饒《じょう》■な人で、寡黙《かもく》なBさんとは対照的だ。（口数の多いこと。おしゃべり）

206. B□ 勉強をしていて知らないことが多くて、焦《しょう》●●を感じる。（あせっていらだつこと）

207. C□ A中学校は生徒の情■教育にも力を入れているそうだ。（美しいもの、純粋《じゅんすい》なものなどに素直に感動する、豊かな心の働き）

208. A□ 数日間、消■不明だった船から無線で連絡《れんらく》が入った。（様子を知らせるもの。便《たよ》り）

209. C□ 新聞記事によると、A社は不正が常■化していたとのことだ。（ふつうになること。いつものありさま）

210. B□ ①このあたりは江戸の■緒を感じさせる。②最近のAさんは突然《とつぜん》泣《な》き出すなど、■緒不安定だ。

211. A□ 旧約聖書《きゅうやくせいしょ》の記述からハトは平和の■徴《ちょう》（≒シンボル）とされる。（考えや感じなど、言葉では説明しにくく形のないものを具体的《ぐたいてき》なもので表すこと）

212. C□ Aさんは話が●●●長に流れがちで、言いたいことがよく分からない。（文章や話などが長たらしくて、むだが多いこと）

213. B□ さけびたい●●●動にかられたが何とか抑《おさ》えた。（目的もなしに発作《ほっさ》的、本能《ほんのう》的に行動しようとする心の動き）

214. C□ 常●●句を並べるだけでは良い文章は書けないものだ。（古くから変わりなく、ありふれていること。決まったやり方）

215. B□ あと数か月で受験をむかえる六年生の諸君《しょくん》にとっては、まさに今が正■場だ。（実力を発揮させるべき最も大事な場面、局面）

216. B□ とりかかったら最後までやらないと気がすまない■分だ。（生まれつき持っているもの。たち）

217. A□ 彼は本質からはずれた■葉■節にこだわりすぎる。（全体から見て重要でないこと）

218. B□ Aさんはこの店に毎週やってくる常■だ。（いつも決まってくる客。また、いっしょに行動する仲間）

219. C□ A氏から提案《ていあん》を受けて食■が動いた。（ある物事をしてみようという気になる）

220. C□ 高価な品だったが、思わず触■を伸ばした。（欲しいものを得《え》ようとして、はたらきかける）

221. C□ 先生の長いお説教《せっきょう》には食■する。

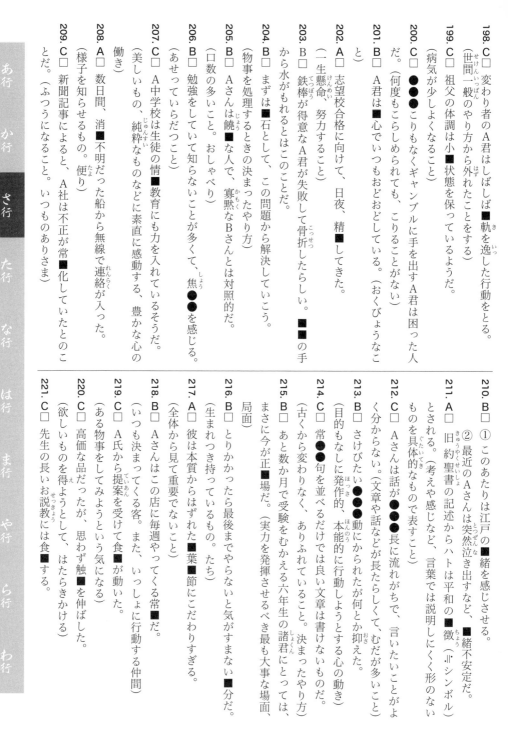

（同じ物事に接して、嫌《いや》になること）

222. A□ 予定が急になくなり、彼は所■なげに見たくもないテレビを見ていた。（することがなくて退屈《たいくつ》である）

223. C□ Aさんは万事《ばんじ》に如《じょ》■ない人で、彼のお店も繁盛《はんじょう》している。（よく気が利き、手抜《ぬ》かりがない。また愛想《あいそ》がいい）

224. B□ 苦しいことも多々あったが初■■徹して志望校に合格した。（最初にやろうと決めたことを最後までやりぬくこと）

225. B□ 私の場合は五歳年上の兄を観察し、処■術を学んだ。（社会の中で生活していくための方法）

226. B□ 過度《かど》の手助けは、A君のわがままを■長することになる。（ある働きかけによって物事の成長や傾向《けいこう》などを強くすること）

227. A□ この暑さはまだ■の口で、来週からはもっと暑くなるようだ。（物事が始まったばかりのところ。はじめの部分）

228. A□ 結果が分かっているくせにし●じ●しい態度はやめてくれ。（知っていて知らないふりをしている。見えすいている）

229. A□ A君が今食べているのは、賞味期限《しょうみきげん》がとっくに過ぎたチョコレートなんだよ。まさに知らぬが■だ。

230. B□ きみがやったのは分かっているので、し●●くれてもむだだ。（知っていながら知らないふりをする）

231. B□ 周りは算数ができる子たちばかりで、内心では■旗をあげた。（降服《こうふく》する。戦う気がないことを表す）

232. B□ 今度の運動会の選手代表としてA君に白羽の■が立った。（多くの中から特に選び出される。ねらいをつけられる）

233. B□ 刑事《けいじ》は犯人の手がかりになるものを求めて、し●●つぶしに聞いて回った。（一つひとつもらさず処理《しょり》すること）

234. A□ A君はあくまでも●●を切るつもりだったようだ。（知っているのに知らないと言いはる。とぼける）

235. C□ 入試が近づく中、●●上がりに調子が良くなってきた。（物事の状態《じょうたい》があとになるほど良くなること）

236. A□ 彼は尻《しり》■に乗るだけで、主体性というものがない。（人の後について考えもなく行動したりする）

237. A□ A君はつり橋を渡る直前になって、あまりの高さに●●ごみした。（決心がつかず、ぐずぐずする）

238. B□ ■利■欲に走る経営者は、やがて社員の信用を失うだろう。（自分だけの利益や欲望）

239. A□ 後半でペースを上げて、●り●りと首位にせまる。（少しずつ着実に進んでいく様子）

240. B□ A氏はかけつけた報道陣を●●目にさっさと車に乗りこんだ。（問題にしないで無視すること）

241. B□ 彼の話は■■滅裂《めつれつ》で何が言いたいのかさっぱり分からなかった。（めちゃめちゃで、筋道《すじみち》の立たないこと）

242. B□ Aさんはみんなのことを第一に考えられる■慮《りょ》深い人である。（物事を深く考え、慎重《しんちょう》に判断すること）

243. C□ Aさんの●●をぬぐうのは、いつも私の役目でいやになる。（他人の失敗の後始末《あとしまつ》をする）

244. C□ ライバル校同士が●烈《れつ》な戦いをくりひろげた。（勢いがさかんで激《はげ》しいこと）

245. C□ 多忙《たぼう》なAさんは仕事と家庭のどちらを優先《ゆうせん》させるか、ジ◆◆マに苦しんでいた。

246. A□ 自分勝手なふるまいをしたAさんは■い目で見られた。

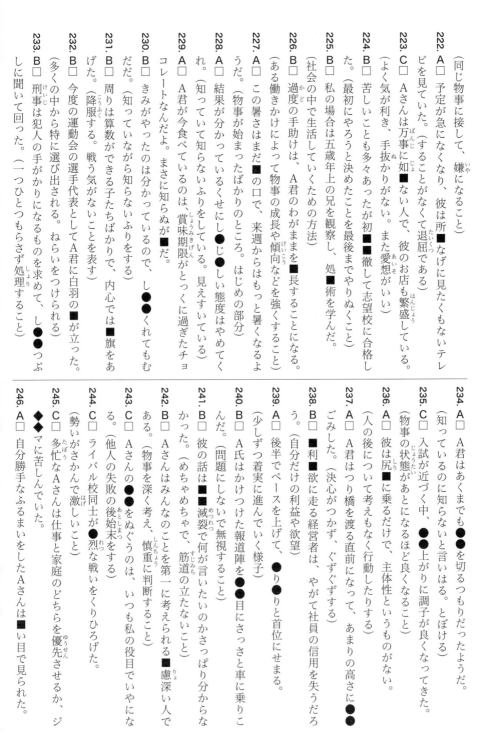

(冷たい目つきで他人を見る)

247. A□ A君は■■時中、仕事の不平ばかり言っている。(いつも)

248. B□ 無理な環境開発の●●寄せを受けるのは、私たちの子孫《しそん》だ。
(困難なことなどを解決しないために悪影響《あくえいきょう》が他に及《およ》ぶこと)

249. C□ 物の値段を人●的な操作《そうさ》でつりあげる。
(自然のままではなく人の手を加えること)

250. B□ 問題が起きた時こそ、A先生の教育者としての■価が問われる。(物や人の持つ本当の価値《かち》や能力)

251. B□ 世話になった人にはお礼を言わないと仁《じん》■を欠くことになる。(人として守るべき道。社会生活を送るうえで欠かせない礼儀《れいぎ》)

252. A□ テストができなかったA君は心■一■して勉強にはげんだ。(すっかり気持ちを入れかえること)

253. A□ Aさんとは偶然にも出身地が同じであったため、親■感(≒親しみ)を抱いた。

254. B□ 新型ウイルスの新薬開発に心■を注いだ。
(全力をつくして事を行う)

255. A□ 私は人■的なものよりも自然に美しさを感じる。
(人間の力で作り出したり、人間が手を加えたりすること)

256. C□ A氏が残した名言は人■に膾炙《かいしゃ》している。
(世間の人々の話題となり、よく知れわたる)

257. B□ 人は窮地《きゅうち》に追いこまれた時にこそ、その人の真■頂を発揮《はっき》する。(その人や物が本来持っている姿)

258. C□ 算数に関しては人■に落ちないと自負している。
(他人におとらない)

259. C□ Aさんは幼《おさな》いころ両親を事故で亡《な》くし、貧しさゆえに学校でもいじめにあうなど辛酸《しんさん》を●●てきた。(つらく苦しい目にあう)

260. C□ わが社の社長であるA氏は■取の気性《きしょう》に富《と》んだ方だ。
(新しい物事に取り組もうとすること)

261. A□ ある政治家の私生活に関して、週刊誌《しゅうかんし》は■小■大に書き立てた。(ちょっとしたことを大げさに言うこと)

262. B□ A博士は寝■を忘《わす》れて多くの発明に取り組んだ。
(ある物事に熱中する)

263. B□ 今までこのテストのために精一杯《せいいっぱい》、勉強してきたので、人事を尽《つ》くして■■を待つという心境だ。

264. C□ A氏は昨年にデビューしたばかりの新■■鋭の人気作家だ。(その分野に新しく出てきたばかりで、勢いがあること)

265. A□ ①今朝から雪がし●し●と降り続いている。
②北国の冬は寒さがし●し●と身にこたえる。

266. C□ 学生時代は太宰治《だざいおさむ》に心●●していた。
(一つのことに夢中《むちゅう》になる。また、ある人を心から敬《うやま》うこと)

267. B□ 社員を募集《ぼしゅう》し、社内の■陳■謝を図る。
(新しいものが古いものと入れ替《か》わっていくこと)

268. B□ A君には新■地でもがんばってもらいたい。
(新たに生活や活動を始める場所)

269. A□ 過《あやま》ちをくり返さないようにするとは、■妙《みょう》な心がけだ。
(おとなしい。けなげで感心なこと)

270. C□ A氏の作品に対して■辣《らつ》な意見が多く寄《よ》せられた。

(言うことや言い方がとても厳しいこと)

271. B□ かつて■羅《ら》■象は神のなせる業《わざ》だとされていた。
(宇宙《うちゅう》間に存在するすべてのものやあらゆる現象《げんしょう》)

272. C□ 生徒が志望校に合格するように●●力する。
(力をつくすこと)

273. C□ 意外なことだが、民主主義は権力にも親■性がある。
(親しみ結びつきやすい性質)

274. B□ ぼくとA君はとても仲が良く、水■の交わりのようだ。
(きわめて親密な間柄《あいだがら》)

275. C□ 重大な任務《にんむ》を●●行する。(なしとげること)

276. B□ 人気作家のAさんでさえ原稿《げんこう》を何度も■敲《こう》するそうだ。

277. B□ 子どもの日には●●所で子ども向けのイベントが開催《かいさい》される。(いたるところ。どこにでも)

278. C□ 祖父は伝統芸能にも精通《せいつう》している●●人《じん》だった。
(豊かな趣味《しゅみ》を持っていて風流《ふうりゅう》を好む人)

279. C□ Aさんとの関係を修復しようと努力してきたが水泡《すいほう》に■した。(努力のかいもなくむだに終わる)

280. B□ ■いも■いも噛《か》み分けたAさんなら、有益な助言をもらえると思うよ。(人生の経験を積み、世の中の複雑さや人情がよくわかる)

281. C□ 生き別れた母親と再会できたかと思ったら、すぐに事故で他界するという数■な運命をたどった。(不運や不幸のくり返されるさま)

282. A□ 自分の意見ばかり通そうとするとは、ず●ず●しい人だ。
(人に対する遠慮《えんりょ》がなく、自分中心に行動するさま)

283. B□ 値上げを考えていたが、定価を●●置きにして販売する。
(そのままにして手をつけない)

284. A□ 先生の話を聞いたAさんは、●●さず質問した。
(間をおかないで行動するさま)

285. A□ ぐっすり眠《ねむ》れたので、す●す●しい気分だ。
(すっきりしていて人を心地よくさせるさま。さわやかだ)

286. A□ 少し具合が悪いからといって薬ばかり飲んでいると、〔　〕は及《およ》ばざるがごとしで、かえって体によくないよ。

287. B□ 先輩に同行し、仕事で必要なス◆◆を身につける。
(訓練《くんれん》や経験によって身につけた技能や技術)

288. A□ Aさんは先生から注意されて、おもわず首を●●めた。
(体をちぢめる)

289. C□ 上司の失策《しっさく》にもかかわらず、彼の部下がスケープ◆◆◆となり責任《せきにん》を負わされた。(他人の罪を負わされて身代わりになる人)

290. A□ Aさんはだれにでもず●ず●と文句《もんく》を言う。
(遠慮《えんりょ》しないで思ったことを言う様子)

291. B□ 彼女を食事に誘《さそ》ったが、す●●く断られた。
(愛想《あいそ》がない。思いやりがなく冷たい)

292. A□ 先輩《せんぱい》に考えを伝えたが、怒鳴《どな》られてす●す●と引き下がる。(がっかりして元気なく立ち去る様子)

293. B□ いつもは不愛想《ぶあいそう》なA君だが、今日はす●●る機嫌《きげん》がよい。
(非常《ひじょう》に。たいそう)

294. B□ 貸したお金を返さないA君に●●んでみせた。
(相手をおどすようなおそろしい様子をする)

295. B□ ●●んだ生活を送らないように心がける。
(投げやりになり、生活が荒《あ》れる)

296. B□ ず●●な手抜《ぬ》き工事が、今回の大事故《じこ》を引き起こした。
(いいかげんで間違《まちが》いが多いこと)

297. B□ Aさんは危険を恐《おそ》れない■金入りの冒険家《ぼうけんか》だ。
(考えや行動、体などが非常にしっかりしていること)

298. B□ 平日の朝は●●詰《づ》めの通勤《つうきん》電車に乗ることが多い。
(人や物などがすきまなくいっぱいに入っていること)

299. B□ ①みかんが■なりになっている。
②イベント会場には、■なりの見物人が見られた。

300. A□ いっしょうけんめい働いたわりには報酬《ほうしゅう》は雀《すずめ》の●●●ほどしかもらえなかった。

301. A□ 祖母は雀《すずめ》百まで●●●忘《わす》れずというように、お手玉《てだま》が得意だ。

302. A□ 最近は流行が●●れる（≒さびれる）のがはやくなったと感じる。(盛《さか》んだったものが衰《おとろ》えたり勢いをなくしたりする)

303. B□ 文化人類学《ぶんかじんるいがく》の立場からすると、ス◆◆◆ドな文化というものはそもそも存在しない。(標準的であること)

304. C□ 話し合いがまとまらなくて、すったも●●のあげく、責任者のAさん一人で決めることになった。(意見がまとまらずもめること)

305. C□ 背後《はいご》からA君に話しかけたらすっ●●きょうな声を出した。(場違《ばちが》いなことや非常にまのぬけた言動を突然《とつぜん》するさま)

306. B□ A君は捨て●●●を吐《は》いて私たちのもとを去っていった。
(立ち去《さ》るときに言い捨てていく、ののしりや怒《いか》りなどの言葉)

307. B□ Aさんに冷たくあしらわれたからって気にすることはない。■てる神あれば■う神ありって言うだろう。

308. B□ ス◆◆◆タイプな発想ばかりではつまらない。
(行動や考え方が型にはまっていて目新しさがないこと)

309. C□ ス◆◆◆クなA君は、毎朝厳しいトレーニングを欠かさず続けている。(感情に流されず、欲をおさえるさま)

310. C□ 前の学校では問題児《もんだいじ》で、●●に傷を持つ身である。
(人に隠《かく》したい、やましいことがある)

311. B□ 三十歳《さい》を過ぎても実家にいて、親のすねを●●っている。
(独立せずに親や他人に養ってもらう)

312. B□ 自らの失敗をいかし、わが子にはス◆◆タ教育を行う。
(厳しくきたえる教育や訓練《くんれん》のやり方)

313. C□ 私は釣《つ》りに関しては●●の素人《しろうと》だ。
(まったく。まるっきり)

314. B□ 科学技術の進んだ現代でも、人は自然災害の前には、なす●●がない。(仕方。手だて。方法)

315. C□ 学生はすべ●●く勉学に励《はげ》むべきである。
(当然。ぜひとも)

316. A□ 何も言っていないのに母親に図■をさされて絶句《ぜっく》した。
(重大な秘密《ひみつ》や思惑《おもわく》、急所などを言い当てられる)

317. A□ 父の仕事の都合《つごう》で仕方なく引っ越《こ》してきたこの町も住めば■で、良い所だと思うようになった。

318. B□ 「動物虐待《ぎゃくたい》反対」のス◆◆◆ンをかかげる。
(ある団体や運動の主張を短く表したもの)

319. B□ 苦労人のAさんは、寸暇《すんか》を●●で朝から晩まで働いた。

(わずかの暇《ひま》もむだにせず)

320. C□ す●●のことで車にはねられて大けがをするところだった。(もう少しのところ。あぶなく)

321. C□ A君は地元の大学卒業後に、■雲の 志《こころざし》を抱《いだ》いて上京した。(社会的に高い評価を受けるような人間になりたいという気持ち)

322. B□ 遊びたいという自分の欲望を■御できない。(意志の力でおさえる。コントロールする)

323. A□ 将来、会社を辞《や》めたら、いなかで晴■雨■の生活がしたい。(いなかでのんびり楽しみながら生活すること)

324. C□ A氏の発言は前と今ではまったく整■性が取れていない。(考えや意見の中に矛盾《むじゅん》がないこと)

325. A□ 過去の人間関係を■算して出直すことにした。(これまでの関係やことがらに結末《けつまつ》をつけること)

326. B□ 今度の仕事は十分に準備期間があったので■算がある。(うまくいく見こみ)

327. A□ その男は警官の■止を振《ふ》り切って逃走《とうそう》した。(人の言動をおさえとどめること)

328. A□ これでA君と縁《えん》が切れると思うとせ●せ●する。(さっぱりして気持ちの良いさま。すがすがしい様子)

329. A□ 卑怯《ひきょう》な手を使うのではなく、ぼくと正正■■と戦おう。(態度が正しくて立派《りっぱ》な様子)

330. B□ 亡き恩師《おんし》の生■をしのぶ会がとりおこなわれた。(亡《な》くなった人が生きていたとき)

331. B□ Aさんは■楚《そ》な身なりをしていて、すてきな女性だ。(飾《かざ》り気がなくさっぱりしていて美しいこと)

332. A□ 自然界の厳しい生■■争に打ち勝つ。(生物が生きのびようとしてたがいに争うこと)

333. A□ 私たちはできるだけ生■系に手を加えるべきではない。(一定の地域にすむすべての生物の集まりと、それをとりまく環境《かんきょう》をひとまとまりにしてとらえたもの)

334. A□ ■いては事を仕■じるというから、ここはじっくりと時間をかけてやろう。

335. B□ キャプテンのA君がサッカー部を辞《や》めるなんて、部員にとって■天の霹靂《へきれき》だ。

336. A□ 疑いが晴れて、■天■日の身になった。(無罪であることが明らかになること)

337. A□ いかなる場合も武力における侵略《しんりゃく》は正■化してはならない。(理屈《りくつ》をつけて行いが正しいと思わせること)

338. B□ Aさんは生■の正直者で嘘《うそ》をついたことがない。(生まれつき)

339. B□ 彼は■廉■白で、けがれがない好青年である。(心にけがれがなく、きよく正しいこと)

340. A□ 結婚《けっこん》してからというもの、Aさんは仕事に■を出している。(熱心に働く。いっしょうけんめい取り組む)

341. A□ あわただしい店内で従業員《じゅうぎょういん》はせ●せ●動き回っている。(あわただしくて落ち着かないさま)

342. B□ 今度の試合には是《ぜ》が■でも勝ちたい。(何が何でも)

343. C□ 郷里《きょうり》に戻《もど》り、■日のおもかげをなつかしむ。(過去の日々)

344. B□ 今の実力では、本番の試合では予選通過が■の山だ。
(それより上はない。ぎりぎりのところ)

345. C□ 戦後まもなくは、まさに■貧洗うがごとしの生活だった。
(非常に貧しくて何も持っていないこと)

346. C□ こんな初歩的なミスを犯すとは、赤■の至《いた》りです。
(自分の失態《しったい》で恥ずかしくなり、顔が赤くなること)

347. B□ A氏の新作は人間の本性《ほんしょう》を赤●●に描《えが》いた傑作《けっさく》である。
(包み隠《かく》さず。ありのまま)

348. B□ お葬式《そうしき》で涙《なみだ》が●●を切ったようにあふれ出た。
(今までこらえていたものが、あふれ出る様子)

349. A□ 先生の家に招いてもらったのに手ぶらで行くなんて、Aさんは世■知らずにもほどがある。(経験が浅く、世の中の事情などをよく知らないこと。また人)

350. B□ A氏は何事も打算的な見方をする世間●●した男だ。
(世の中でもまれて純真《じゅんしん》さが薄《うす》れ、悪賢《わるがしこ》くなった)

351. A□ いくら世間■をとりつくろっても、いずれ本性《ほんしょう》を現わすよ。(世の中に対するたいめん。みえ)

352. A□ 彼が指導者だとは、こっけいだとしか言わ●●●えない。
(~するしかない。~しないわけにはいかない)

353. C□ A氏は子どもに地位と財産を■襲《しゅう》させることにした。
(その家の地位や財産、職業などを子孫《しそん》が代々《だいだい》うけつぐこと)

354. B□ 現在のシステムの欠点を是《ぜ》■する。
(悪い点や間違《まちが》っている点を改めること)

355. A□ 小川のせせ●●が聞こえて耳に心地よい。
(川の浅い所などを水がさらさらと流れる音。また、その所)

356. B□ A君なんかにやれるはずがないと●●ら笑う。
(相手を小馬鹿《こばか》にして笑う。あざ笑う)

357. C□ 長引く不況《ふきょう》の中、世■を反映《はんえい》した歌が大ヒットしている。
(その時の世の中のありさま。世の中の大きな流れと特徴《とくちょう》)

358. B□ ① 昔に比べて世知《せち》●●い世の中になったものだ。
② Aさんは損得勘定《そんとくかんじょう》を考えて行動する世知《せち》●●い人だ。

359. A□ ■極的にボランティア活動をするなんて感心な子だ。
(自分から進んで物事を行うさま)

360. B□ 信じられないことを聞かされ、驚《おどろ》きのあまり■句する。
(話の途中《とちゅう》で言葉につまり、あとが続かなくなること)

361. C□ 昨年にA社から販売《はんばい》された商品が大ヒットし、市場《しじょう》を席■している。(勢力をどんどんのばすこと)

362. B□ 学生時代は良い友達を持って、お互いに■磋琢■しあうことが大切だ。(仲間同士が互《たが》いに励《はげ》ましあい、また競い合って学問や人格の向上をはかること)

363. A□ 今回の件は私たちの日常生活にかかわる■実な問題だ。
(自分に影響《えいきょう》するのを身にしみて強く感じるさま)

364. B□ 和尚《おしょう》はむだな■生をいましめた。
(生き物の命をうばうこと)

365. A□ 真冬のアラスカは想像を■する寒さだった。
(はるかにこえる)

366. C□ 古代エジプトのクレオパトラは■世の美女として知られている。(この世で比べるものがないほどすぐれていること)

367. B□ あれもこれも取り入れようとするなんて■操がないよ。
(自分の信念や主張をしっかりと守ること)

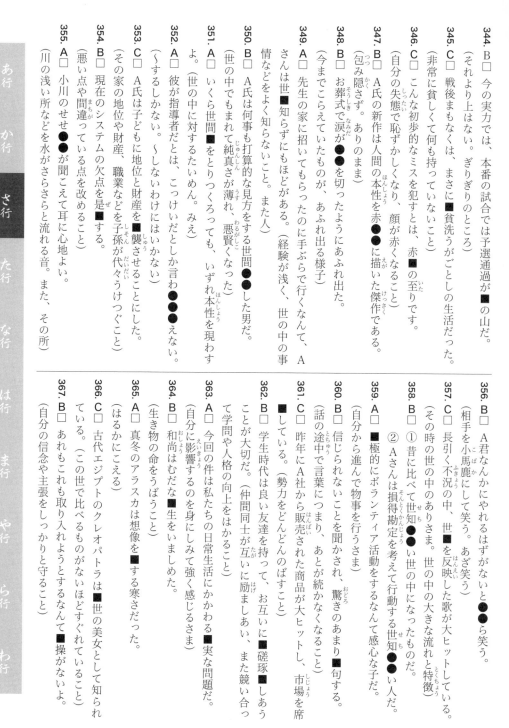

368. A□ かつて、ローマ帝国は■■的な権力をほこっていた。
(ほかに比べるものがないほど、最高で完全な様子)

369. A□ 戦場で敵《てき》に追いつめられ、絶■絶■の危機にみまわれる。
(非常に危険なところに追いこまれ、逃《に》げることができない状態にあること)

370. C□ せ●●的な快楽だけを求めて人生を浪費《ろうひ》するべきではない。(非常に短い時間。ほんのわずかの間)

371. A□ 転校する親友を駅まで送り、急に●●ない気持ちになった。(つらかったり悲しかったりして、やりきれない)

372. A□ せっぱ●●って、つい嘘《うそ》をついてしまった。
(ぎりぎりまで追《お》い詰《つ》められ、どうにもならなくなる)

373. A□ かかった費用はA君と■半することにした。
(金銭《きんせん》などを半分ずつ分け合うこと)

374. B□ 今まさに、志望校合格か不合格かの瀬戸《せと》■にある。
(うまくいくか失敗するかの分かれ目)

375. B□ 案外、幸運と不運は■■合わせかもしれない。
(表裏の関係にあること)

376. A□ 船が沈《しず》みそうになり、背に■は■えられないので、荷物を捨てて海に飛びこんだ。

377. B□ 自然界では、動植物がせ●●合いながら生息《せいそく》している。
(互《たが》いに対抗《たいこう》して争う)

378. A□ 中学に入学すると、毎日がせ●●なく過ぎ去っていった。
(いろいろなことがあっていそがしい様子)

379. B□ 新しくできたラーメン屋はいつも行列《ぎょうれつ》ができ、■客■来の大繁盛《はんじょう》だ。(多くの客が入れ代わり立ち代わり、出入りすること)

---

380. A□ 先見の■があるA社は、いち早く最新機器を導入した。

381. B□ 事件が起こった今は、■後策を講《こう》じる以外になかろう。
(うまく後始末をつけるやり方)

382. C□ 昨晩《さくばん》は前■不■におちいるまで酒を飲んでしまった。
(あとさきの区別もつかないほど意識を失うこと)

383. B□ 彼女は繊《せん》■な神経の持ち主で、少しのことでも傷つきやすい。(弱弱《よわよわ》しい様子。また、感情などがするどいこと。デリケート)

384. B□ 昨年の海外留学は、私にとって■載■遇の好機だった。
(めったにない良い機会)

385. C□ A君の潜《せん》■的能力に期待して、コーチがスカウトした。
(外面にははっきりと現れず、内面にひそんでいるさま)

386. A□ クラスの友だちは■差■別で、いろいろなタイプの人がいる。(さまざまな種類があり、多くの違《ちが》いがあること)

387. C□ せ●●詰《つ》めれば、確認を怠《おこた》ったAさんの責任と言える。
(これ以上考えられないところまで考える)

388. B□ 長い間上演していたこのミュージカルも、いよいよ今日で千■楽を迎える。(演劇やすもうなどの興行《こうぎょう》の最後の日)

389. C□ 客からの苦情について、すみやかに■処する。
(物事をうまく処理すること)

390. C□ 母に嘘《うそ》がばれていつ怒《おこ》られるかと■■恐恐としている。
(恐《おそ》れて震《ふる》える様子。びくびくする)

391. A□ 先日、学校で■代■聞の事件が起こった。
(今までに聞いたことのないようなめずらしいこと)

392. B□ ■だってインターネットで注文した品物が届いた。（この間《あいだ》）

393. C□ 秋風に舞《ま》う落ち葉を見ると、なぜかセ◆◆◆◆タルになる。（ちょっとしたことにも感じやすく涙《なみだ》もろいさま）

394. A□ 学校の成績の良し悪しは■天的なものではなく、後天的なものだ。（生まれつき身にそなわっているさま）

395. C□ 大衆《たいしゅう》を●●動して暴動を起こそうとする。（ある行動を起こすようにしむけること。そそのかすこと）

396. A□ ■■多くして船山にのぼるというが、今日のクラス会は意見を主張する人が多すぎてまとまらなかった。

397. A□ ■■観にとらわれないで、公平に判断すべきだ。（最初からの思いこみ。以前からある固定された考え）

398. A□ 半世紀《はんせいき》で東京の街並《まちな》みも■変■化した。（さまざまに変わること）

399. C□ かつて高級車を所有することは人々の羨《せん》■の的《まと》であった。（うらやましく思うこと）

400. C□ Aさんに状況《じょうきょう》を尋《たず》ねても禅《ぜん》■■のようだった。（意味のよく分からないやりとり。話がかみ合わないこと）

401. B□ 学校の帰り道、犬に追いかけられて逃《に》げ切ったと思ったら、いじめっ子に遭遇《そうぐう》した。まさに前門の●●　後門の●●●●だ。

402. C□ あまりの恐怖《きょうふ》に■慄《りつ》が走った。（恐《おそ》れのために、体が震《ふる》えること）

403. A□ 受験勉強も、■里の道も■歩からというように、毎日の積み重ねが大切だ。

404. C□ 期待されて入団した新人投手が初回にいきなりホームランを打たれ、プロの洗■を受ける。（初めて厳しい経験をすること）

405. A□ A社の製品は■練されたデザインが魅力《みりょく》である。（練《ね》りきたえて風格や品格を高めること）

406. C□ A氏は西洋音楽だけでなく民族音楽にも■詣《けい》が深い。（学問や芸術などについて、広い知識と深い理解をもっていること）

407. B□ 数十年ぶりの旧友《きゅうゆう》との再会に相■を崩《くず》した。（顔をほころばせて大いに笑う）

408. B□ 今日はぼくが食事をごちそうしたから、これで貸し借りは相■されたね。（差し引きされてゼロになること）

409. B□ そんな仕事なら私にとっては■作ないことだ。（たやすい）

410. A□ 最愛の祖母を亡《な》くし、喪《そう》■感を抱《かか》えたまま、日々を過ごした。（大切な人やものをなくし、むなしい気持ち）

411. B□ かつおとこんぶの相■効果により、スープのうま味が増した。（たがいに作用しあうことで、効果がより高まること）

412. A□ 私語《しご》で教室がそ●ぞ●しくて、授業に集中できない。（やかましい。うるさくて落ち着かない）

413. A□ 明日は本番なので、今日はそ●そ●に切り上げよう。（急いで物事をするさま。さっさと）

414. A□ ぼくの国語の成績は、■■的に見ると良いほうだと言える。（他のものと比べて、その価値《かち》が定まる様子）

415. B□ Aさんはほめすぎると■長するので、ほどほどにしよう。（しだいにつけあがって高慢《こうまん》になること）

416. B□ 嘘《うそ》はいつかは人にばれるものと相■が決まっている。

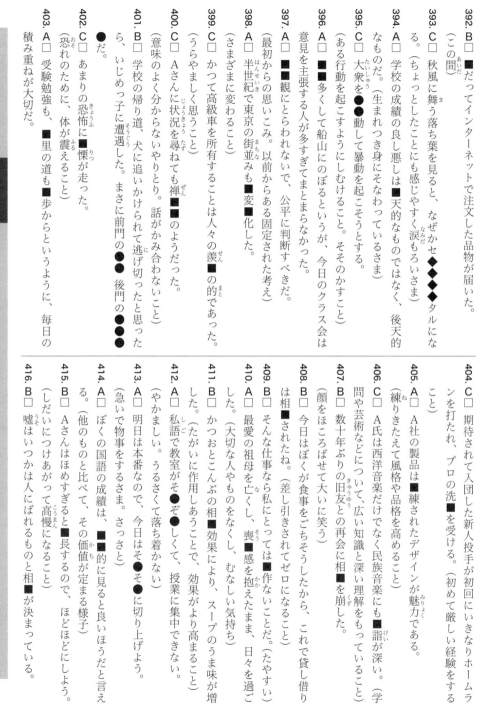

（世間一般的な考えである）

417.C□ 利益を独《ひと》り占《じ》めしようと思ってもそうは■屋がおろさない。（物事はそんなに具合良く運ぶものではないということ）

418.B□ 卒業を目前にして、思い出が走■灯のように浮かんでくる。（過去のことをつぎつぎと思い起こす様子）

419.B□ 昔は仲《なか》が良かったが、大学を卒業してからは疎《そ》■になった。（手紙などのやりとりや訪問《ほうもん》をしなくなり親しみが薄《うす》れること）

420.A□ 問題を起こしたA君は、クラスで疎《そ》■感を味わった。（いやがって遠ざける。のけものにする）

421.C□ ■っぽいセリフばかりが出てくるその小説は読む価値がないと、母は切り捨てた。（世間一般《いっぱん》にありふれていて品がない）

422.A□ 彼は見かけによらず、心やさしい■面もあると思うよ。（多くの中の、ある一面）

423.B□ 現状《げんじょう》にそ●●ない規則は廃止《はいし》したほうがよい。（似《に》つかわしくない。ふさわしくない）

424.B□ この算数の難問をいとも簡単に解くとは、A君は■知れない実力の持ち主にちがいない。（限度が分からない）

425.C□ そ●●な行動をとることがあり、よく親から注意される。（軽はずみなこと。そそっかしいこと）

426.B□ 私の母は■抜《ぬ》けに明るい性格で陰気《いんき》な父とは対照的だ。（程度がはなはだしいこと。並外れていること）

427.C□ 近所を散歩していると、梅《うめ》の香りがそこ●●となく、ただよってきた。（何となく。どことなく）

428.A□ しばらく働かずに遊びまわっていたら貯金が底を●●た。（たくわえがなくなる）

429.C□ 今回の件では軽率《けいそつ》のそ●●はまぬかれないだろう。（悪口を言うこと）

430.A□ 用件だけ伝えると、そそ●●と部屋を出ていった。（いそがしそうに動く様子）

431.A□ 仲間にそそ●●されて盗《ぬす》みを働いてしまった。（相手をおだてて、さそいすすめる）

432.A□ ① 公園をそ●●歩く若者がいた。
② A君は合格発表前で、気もそ●●であった。

433.C□ ある政治家は国会で●●がない答弁《とうべん》をくり返した。（むだや失敗がない）

434.C□ 東京育ちの私としては、今さら浅草観光は●●としない。（あまり感心しない。いい気持ちがしない。おもしろくない）

435.B□ Aさんをデートに誘《さそ》ったが、●●にされてひどく落ち込む。（ないがしろにする。冷たくあしらう）

436.B□ ●●振《ふ》り合うも多■の縁《えん》というから、出会いを大切にしよう。

437.C□ 袖《そで》を●●って親友とのお別れをおしんだ。（涙《なみだ》を流して泣《な》く。ひどく悲しんで泣く）

438.A□ ■えあれば●●●なしというから、防災《ぼうさい》グッズをそろえておいたほうがよいだろう。

439.A□ 夜中に怪《あや》しげな物音がしたので、おもわず耳を●●だてた。（注意力を集中させる）

440.A□ そ●そ●、ぼくはこの計画には反対だった。（最初から）

441.C□ 親しい友人に対しても粗《そ》■な態度をとるのはよくない。

（言動などがあらくて礼儀《れいぎ》を欠くこと）

442. B□ ぼくが失恋《しつれん》したのを知っているくせに、そ●ぞ●しい態度をとる。（知っているのに知らないふりをする。見えすいているさま）

443. B□ あの詩なら大好きなので、全部●●んじているよ。（暗記する）

444. B□ 彼とはどうも、そ●が合わなくて口論になってしまう。（お互《たが》いの気持ちが合わない）

445. A□ A君は何か悩《なや》みがありそうなので●●となく聞いてみよう。（遠回しに）

446. B□ いかなる場合も人間の尊■を傷つけてはいけない。（とうとくおごそかなこと）

447. B□ A君は先生に対しても●●ざいな口のきき方をする。（物事のやり方がいいかげんなさま。言動が乱暴なさま）

448. C□ 姉はプロの歌手と比べても遜《そん》■のない歌唱《かしょう》力を持っている。（他と比べてもおとっていない）

449. B□ 彼はいつも■大に構えているから、私は苦手だ。（他人に対してえらそうにすること）

450. C□ Aさんの気持ちを●●たくして、今回は遠慮《えんりょ》することにした。（自分なりに考えて、他人の気持ちをおしはかること）

【た行】

た

001. B□ 第一人者《だいいちにんしゃ》
【意味】その分野でいちばんすぐれている人。

【用例】A医師は脳外科《のうげか》の第一人者で世界的にも有名だ。

002. B□ 第一線《だいいっせん》
【意味】その分野で最も重要で活発な活動をしている地位や場所。

【用例】今年六十歳《さい》になるA氏だが今でも第一線で活躍《かつやく》している。

003. A□ 対岸《たいがん》の火事
【意味】自分には関係のない出来事だと思うこと。

【用例】彼の犯した過ちは決して対岸の火事ではない。

004. A□ 大儀《たいぎ》
【意味】めんどうくさいこと。

【用例】今は疲《つか》れ果《は》てていて、何をするにも大儀だ。

005. A□ 大器晩成《たいきばんせい》
【意味】大人物は普通の人よりずっとおくれて才能をあらわし、立派《りっぱ》になるということ。

【用例】三十歳《さい》を過ぎてから活躍《かつやく》したA選手は大器晩成といえる。

006. B□ 大義名分《たいぎめいぶん》
【意味】行動の基準となる道理《どうり》。何かするときのはずかしくない理由や根拠《こんきょ》。

【用例】両親の介護《かいご》のために実家にもどるのであれば、大義名分が立つ。

007. A□ 大局《たいきょく》
【意味】広く全体を見渡した場合の物事のなりゆき。

【用例】A社長がわが社の将来について大局的見地《けんち》から発言する。

008. B□ 体系的《たいけいてき》
【意味】ばらばらのものを一定の考え方によって一つにまとめたもの。

【用例】過去から現在に至《いた》る日本語の体系的な研究に取り組む。

009. C□ 大言壮語《たいげんそうご》
【意味】自分の力以上に大きなことを言うこと。

【用例】勉強もしないでA中学に合格するだなんて大言壮語もはなはだしい。

010. B□ 大黒柱《だいこくばしら》
【意味】家や団体の中心となる人。

【用例】父の亡《な》きあと、母は一家の大黒柱となって働いた。

011. A□ 太鼓判《たいこばん》をおす
【意味】確かだと保証する。

【用例】A君のテニスの腕前《うでまえ》は確かだとコーチが太鼓判をおす。

012. A□ 醍醐味《だいごみ》
【意味】いちばんすばらしいところ。もっとも面白みのあるところ。

【用例】山の頂上《ちょうじょう》から四方をながめ、登山の醍醐味を味わう。

013. C□ 太鼓持《たいこも》ち 〔類義語〕腰巾着《こしぎんちゃく》
【意味】人にこびへつらって、気に入られようとする人のたとえ。

【用例】Aさんが社長の太鼓持ちであることは、社内でも知られている。

014. A□ 第三者《だいさんしゃ》
【意味】そのことがらに直接関係のない人。

【用例】ここは冷静になって第三者の意見を聞くことが大切だ。

015. A□ 大山鳴動《たいざんめいどう》して鼠一匹《ねずみいっぴき》
【意味】大さわぎしたわりには、たいした結果につながらないこと。

【用例】武器《ぶき》を隠《かく》し持っているらしいと大勢の警官《けいかん》が調べたところ、大山鳴動して鼠一匹で、小さな木刀《ぼくとう》しか出てこなかった。

016. B□ 対峙《たいじ》
【意味】向き合って立つこと。

【用例】両軍は国境《こっきょう》付近で対峙して、

一触即発《いっしょくそくはつ》の事態《じたい》となった。

017. C□ **ダイジェスト** 〔類義語〕要約
【意味】書物などの内容を分かりやすく短くまとめること。また、まとめたもの。
【用例】名作と呼ばれる文学のダイジェスト版《ばん》を読む。

018. A□ **対照的《たいしょうてき》** ※「対象《たいしょう》（目標となるもの）」「対称《たいしょう》（対応してつりあっているもの」との意味のちがいに注意！
【意味】二つのものが比較《ひかく》されて、違いがはっきりすること。
【用例】あの兄弟は見た目はそっくりだが、性格は対照的だ。

019. A□ **大勢《たいせい》** ※「おおぜい」と読むと「たくさんの人」という意味。
【意味】おおよその形勢。世の成り行き。
【用例】先日行われた話し合いでは反対意見が大勢を占めた。

020. A□ **態勢《たいせい》**
【意味】ある物事に対する身構《みがま》えや態度《たいど》。
【用例】外国人旅行客の受け入れ態勢を整える。

021. C□ **大団円《だいだんえん》** 〔類義語〕ハッピーエンド
【意味】小説や演劇などの最後で、めでたく解決する結末。
【用例】人気の連載《れんさい》小説が大団円を迎《むか》えた。

---

022. B□ **台頭《たいとう》**
【意味】新しいものが勢力を増して進出してくること。
【用例】わが社は若手社員の台頭が著《いちじる》しい。

023. A□ **大同小異《だいどうしょうい》** 〔類義語〕同工異曲《どうこういきょく》
【意味】細かい違《ちが》いがあっても、だいたいは同じであること。
【用例】今回の応募《おうぼ》作品は大同小異のできばえです。

024. C□ **退廃《たいはい》**
【意味】道徳《どうとく》や健全な気風がすたれて乱《みだ》れること。
【用例】仕事も辞《や》めて、退廃的な生活を送る。

025. A□ **大《だい》は小《しょう》を兼《か》ねる** 〔反対の意味のことわざ〕しゃくしは耳かきにならず
【意味】大きいものは小さいものの代わりができる。
【用例】大は小を兼ねるというから、中学校の制服は少し大きいぐらいでかまわないと思う。

026. B□ **大枚《たいまい》をはたく**
【意味】多くのお金を使う。
【用例】大枚をはたいて高級車を買ったのに、交通事故で大破《たいは》した。

---

027. A□ **絶《た》え間《ま》**
【意味】続いてきた動作や状態がとぎれている間。
【用例】日中は絶え間なく道路工事が続けられた。

028. C□ **たおやか**
【意味】姿《すがた》や動作などがしとやかで、美しく上品な様子。
【用例】Aさんは舞台《ぶたい》でたおやかに舞《ま》う姿を披露《ひろう》した。

029. A□ **高《たか》が知れている**
【意味】たいしたことはない。
【用例】この問題なら、算数が得意なぼくにとっては高が知れている。

030. B□ **多角的《たかくてき》** 〔類義語〕多面的《ためんてき》
【意味】一つの物事にこだわることなく、多方面にわたるさま。
【用例】国際社会では多角的なものの見方ができる人材《じんざい》が求められる。

031. B□ **高嶺《たかね》の花**
【意味】遠くから見ているだけで自分には手の届かないもの。
【用例】プールのついている豪邸《ごうてい》なんてぼくには高嶺の花だ。

032. B□ **高飛車《たかびしゃ》** 〔類義語〕高圧的《こうあつてき》

【意味】相手を頭ごなしに威圧《いあつ》し、従わせようとするさま。

【用例】A君の高飛車な態度はどこへ行っても歓迎《かんげい》されないだろう。

033. B□ 宝《たから》の持ちぐされ
【意味】役に立つ才能や物などを持っていながら、利用しなかったり発揮しなかったりすること。

【用例】A君は才能はあるのに、努力をおこたっていて、宝の持ちぐされだ。

034. A□ 高《たか》をくくる
【意味】たいしたことないと見くびる。安易に予測《よそく》する。

【用例】試験にまさかこの問題は出ないだろうと、高をくくっていた。

035. B□ たがを外《はず》す
【意味】はめをはずして自由に楽しむ。

【用例】年に一度のクリスマスなので、たがを外して楽しもう。

036. C□ たきつける
〔類義語〕そそのかす　けしかける
【意味】相手の感情を刺激《しげき》して、ある行動をおこさせる。
【用例】A君をたきつけて、先生への不満を言わせるのは良くない。

037. B□ 妥協《だきょう》
【意味】両方の意見がちがうとき、ゆずりあって一つの考えにまとめること。また、相手の意見に合わせて自分の意見をおさえること。

【用例】長い話し合いが行われた後、こちらから妥協案を提示した。

038. B□ 類《たぐ》いない 〔類義語〕類《たぐ》いまれな
【意味】他と比べるものがない様子。

【用例】A選手は入団当初から類いない才能を遺憾《いかん》なく発揮《はっき》していた。

039. C□ 卓越《たくえつ》
【意味】他をはるかにこえてすぐれていること。

【用例】A選手は新人ながら卓越した技量の持ち主である。

040. C□ たけなわ
【意味】物事のいちばんさかんなとき。まっさかり。

【用例】春たけなわとなり、過ごしやすい気候となった。

041. A□ 竹《たけ》を割《わ》ったよう
〔類義語〕さばさば
【意味】性格などがさっぱりしているさま。
【用例】彼女は竹を割ったような性格で付き合いやすいので、友達が多い。

042. C□ 多元《たげん》的
【意味】根本になるものがいくつもあるさま。

【用例】多元的社会では個々《ここ》の価値観が尊重される。

043. A□ 打算《ださん》的
〔類義語〕計算高い　そろばんずく
【意味】物事を行う前に、まず自分の損得《そんとく》を考える様子。
【用例】Aさんは打算的に行動をするので、周りの人から信頼《しんらい》は得《え》られないだろう。

044. A□ 他山《たざん》の石
【意味】他人のどんなにつまらない言葉や行動も、自分を反省し向上させる役に立てられる。

【用例】今回の彼の失敗を他人事《ひとごと》と考えるのではなく他山の石としたいものだ。

045. B□ たしなむ
【意味】好《この》んで親しんでいる。

【用例】お酒はたしなむ程度に飲みます。

046. A□ たしなめる 〔類義語〕さとす
【意味】いけないことだと注意して、言い聞かせる。

【用例】ゲームばかりして、ちっとも勉強をしない弟をたしなめる。

047. B□ 出《だ》し抜《ぬ》けに

【意味】いきなり。突然《とつぜん》、思いがけないことが起こること。
【用例】出し抜けにA君から罵倒《ばとう》されて驚《おどろ》いた。

048. A□ たじろぐ 〔類義語〕ひるむ
【意味】驚《おどろ》いたりおそれたりして、しりごみする。
【用例】反抗《はんこう》的な彼の態度に、私は一瞬《いっしゅん》たじろいだ。

049. B□ 打診《だしん》
【意味】相手にそれとなく働きかけ、その反応で様子をさぐること。
【用例】Aさんがどう思っているか、それとなく打診してみる。

050. B□ 助《たす》け船《ぶね》
【意味】人が困っている時に力を貸すこと。また、助けとなるもの。
【用例】Aさんが仕事で困っていたので、見るに見かねて助け船を出した。

051. C□ 惰性《だせい》
【意味】今までの（なかなかやめられない）習慣や勢い。
【用例】惰性で吸っているたばこが、どうしてもやめられない。

052. A□ 多勢《たぜい》に無勢《ぶぜい》
【意味】少数の者に大勢が相手では勝ち目がない。
【用例】私の意見に賛同《さんどう》するものは少なく、多勢に無勢で引き下がるしかなかった。

053. A□ 蛇足《だそく》
【意味】よけいなもの。なくてもよいもの。
【用例】昨日の会議で、A君の最後の一言は蛇足だった。

054. B□ たたずまい
【意味】物の様子。ありさま。自然の雰囲気《ふんいき》。
【用例】早朝《そうちょう》の雲のたたずまいにも春の訪《おとず》れが感じられる。

055. B□ ただならぬ
【意味】ふつうではない。大変な。
【用例】ただならぬ気配を感じて、事情を聴《き》くことにした。

056. B□ 駄駄《だだ》をこねる
【意味】子どもなどが甘《あま》えてわがままを通そうとすること。
【用例】幼《おさな》い子どもみたいに駄駄をこねてもどうしようもないよ。

057. B□ 立ち居《い》振《ふ》る舞《ま》い
【意味】立ったり座ったりする、日常の動作。
【用例】Aさんは立ち居振る舞いから優雅《ゆうが》な印象を受ける。

058. B□ 太刀《たち》打《う》ち ※後に打ち消しの言葉がくることが多い。
【意味】まともに張《は》り合って勝負すること。
【用例】戦った相手チームは強すぎてまったく太刀打ちできなかった。

059. A□ 立《た》ち往生《おうじょう》
【意味】止まったまま動きがとれなくなること。
【用例】季節外《はず》れの大雪で列車《れっしゃ》が立ち往生した。

060. A□ 立ちすくむ
【意味】驚《おど》きやこわさで立ったまま動けなくなる。
【用例】事故現場のあまりのひどさに、思わず立ちすくんだ。

061. A□ 立ちつくす
【意味】いつまでもじっと立ったままでいる。
【用例】訃報《ふほう》を聞いてAさんは呆然《ぼうぜん》と立ちつくした。

062. B□ たちどころに
【意味】時間をおかずに。すぐに。

【用例】先生の言われた通りに問題を解くようになって、たちどころに効果があらわれた。

063. B□ 立ちはだかる
【意味】障害《しょうがい》が行く手のじゃまをする。
【用例】前途《ぜんと》に立ちはだかる困難が待ち受けて

いた。

064. B□ 立つ瀬《せ》がない
【意味】ある人が置かれている立場や境遇《きょうぐう》、面目《めんぼく》が悪くなる。

【用例】あんなふうにみんなの前で責《せ》められては立つ瀬がないよ。

065. C□ たっての 〔類義語〕ぜひとも
【意味】強く希望や要求をするさま。

【用例】親友たっての希望で、生徒会長を引き受けることにした。

066. C□ 脱兎《だっと》のごとく
【意味】（逃《に》げるうさぎのように）非常にすばやいことのたとえ。

【用例】先生にいたずらが見つかり脱兎のごとく逃《に》げた。

067. A□ 立つ鳥跡《あと》をにごさず
〔反対の意味のことわざ〕後《あと》は野《の》となれ山となれ
【意味】立ち去ったあとが見苦しくならないように後始末すべきだ。
【用例】立つ鳥跡をにごさずというから、後輩《こうはい》のためにきちんと教室をそうじしておこう。

068. B□ 手綱《たづな》を締《し》める
〔対義語〕手綱《たづな》をゆるめる
【意味】勝手な行動をしたり気をゆるめたりしないように他人をきびしく抑制《よくせい》する。
【用例】テストで良い点数をとっても油断しないように、わが子の手綱を締める。

069. B□ 脱帽《だつぼう》
【意味】降参《こうさん》すること。相手に敬意を表すこと。

【用例】彼のたゆまぬ努力には脱帽せざるをえない。

070. A□ 立て板《いた》に水 〔類義語〕流暢《りゅうちょう》に
【意味】よどみなくすらすらと話すこと。

【用例】A君は大勢の生徒の前でも臆《おく》することなく、立て板に水のように話した。

071. B□ たで食《く》う虫も好《す》き好《ず》き
【意味】人の好みはさまざまだということ。

【用例】こんなにおいのきつい変わった食べ物が好きだなんて、たで食う虫も好き好きだね。

072. B□ 盾《たて》に取《と》る
【意味】あることを理由にして、言いわけや言いがかりの手段とする。

【用例】援助《えんじょ》はおしまないと言われたことを盾に取って、次々に無理な要求を出してきた。

073. A□ 建《た》て前《まえ》（建前） 〔対義語〕本音《ほんね》
【意味】表向きはそのようになっている方針《ほうしん》。

【用例】建て前の上では、本音をおさえて賛成せざるをえない雰囲気《ふんいき》となった。

074. B□ 立役者《たてやくしゃ》
【意味】中心となる重要な人。

【用例】今回のチーム優勝の立役者はA君だ。

075. A□ たどたどしい
〔類義語〕ぎこちない、おぼつかない
【意味】動作や話し方などが滑《なめ》らかでないさま。また、未熟《みじゅく》で頼《たよ》りないさま。あぶなっかしい。
【用例】A君はたどたどしい英語で店員に話しかけた。

076. A□ 棚《たな》からぼたもち
【意味】思いがけない幸運をつかむこと。

【用例】偶然《ぐうぜん》買った宝くじでハワイ旅行が当ったよ。棚からぼたもちとはこのことだ。

077. A□ 棚《たな》に上げる
【意味】問題として取り上げない。ほうっておく。

【用例】自分の言動は棚に上げて、人の悪口を言うのはよくない。

078. B□ たなびく
【意味】雲や霞《かすみ》、煙《けむり》などがうすく横に長くただよう。

【用例】煙突《えんとつ》から煙《けむり》がたなびいているのが見える。

079. B□ 他人行儀《たにんぎょうぎ》
【意味】親しい間柄《あいだがら》なのに他人のようによそよそしくふるまうこと。

【用例】Aさんはなぜか他人行儀なあいさつをした。

080. A□ たぬき寝入《ねい》り
【意味】眠《ねむ》っているふりをすること。

【用例】弟はたぬき寝入りをきめこんでいるが、起きているのは分かっている。

081. B□ 旅の恥《はじ》はかき捨《す》て
【意味】旅先では知人もいないし、そこに長くいるわけでもないので、はずかしい行いも平気だということ。

【用例】旅の恥はかき捨てとばかりに、ばか騒《さわ》ぎをして迷惑《めいわく》をかける。

082. C□ タブー 〔類義語〕禁句《きんく》
【意味】ふれてはならないとされている事柄《ことがら》。

【用例】初対面の人との会話では、政治と宗教の話はタブーだ。

083. A□ 玉《たま》にきず
【意味】他は文句《もんく》のつけようがないのに、ほんのわずかの欠点がある。

【用例】A君は性格もよくクラスの人気者だが、調子に乗りすぎるところが玉にきずだ。

084. B□ 玉虫色《たまむしいろ》
【意味】どうにでも解釈《かいしゃく》できてしまうあいまいな表現。

【用例】国会議員のA氏は、国会での答弁《とうべん》で玉虫色の言葉をくり返した。

085. B□ 賜物《たまもの》
【意味】努力の結果得られた良いもの。

【用例】志望校の合格は努力の賜物である。

086. B□ たむろする
【意味】人が群《む》れて集まる。

【用例】コンビニの前で若者がたむろしている。

087. B□ だめ押《お》し
【意味】①念を入れるために、さらに確かめること。
②スポーツなどで、ほとんど勝ちが決まっているときに、さらに得点すること。
【用例】①だめ押しで、Aさんに確認しておいたほうがよいだろう。
②試合の終了間際《まぎわ》にだめ押しの一点を入れた。

088. B□ ためつすがめつ
【意味】正体を確かめるために、あらゆる角度からよく見ること。

【用例】骨董品《こっとうひん》を品定《しなさだ》めするため、ためつすがめつ眺《なが》める。

089. B□ たもとを分《わ》かつ
【意味】分かれる。人との縁《えん》を切る。

【用例】うそをついてばかりいるA君と、たもとを分かつ。

090. A□ たやすい
【意味】手間もなく楽《らく》に行えるさま。簡単だ。

【用例】この程度の算数の問題ならば、ぼくにとってたやすいものだ。

091. B□ たゆまぬ
【意味】努力をおこたらない。油断しない。

【用例】A君が成功できたのは、たゆまぬ努力の賜物《たまもの》です。

092. A□ 多様性《たようせい》
【意味】いろいろであるさま。さまざまな様子。
〔反対の意味合いの語〕画一的《かくいつてき》
【用例】現在は画一的ではなく多様性を認める社会が求められている。

093. B□ たらい回し
【意味】責任《せきにん》を持って処理しないで送りまわすこと。

【用例】気の毒なA氏はあちこちの病院をたらい回しにされた。

094. B□ 他力本願《たりきほんがん》
【意味】他人の力や助けをあてにして物事をすること。

【用例】受験勉強は他力本願ではうまくいかないのは明白だ。

095. A□ たわいのない

【意味】とるにたらない、たいしたことではない。

【用例】親友のA君とたわいのない話をして、楽しい時を過ごした。

096. B□ たわごと

【意味】ふざけた言葉。ばかげた言葉。

【用例】努力もしないでたわごとを言うなんて言語道断だ。

097. B□ たわわ

【意味】たわんで曲がるぐらい。※「実がたわわである」は間違い。

【用例】枝《えだ》もたわわにたくさんのリンゴが実っている。

098. C□ 啖呵《たんか》を切る

【意味】威勢《いせい》のいい言葉で、相手を圧倒《あっとう》するようにまくしたてる。

【用例】勝算はないのにやってみせると父親に啖呵を切ってしまった。

099. A□ 断《だん》じて

【意味】決して。何としても。※後ろに打ち消しの言葉がくる。

【用例】学校でのいじめは断じて許されるものではない。

100. A□ 談笑《だんしょう》

【意味】ときには笑いながら打ち解けて語り合うこと。

【用例】酒を飲みながら旧友《きゅうゆう》と親《した》しげに談笑する。

101. B□ 丹精《たんせい》

【意味】誠実《せいじつ》な心。真心《まごころ》。

【用例】これは私が丹精をこめて作った手作りの品です。

102. B□ 断続《だんぞく》的

【意味】切れたり続いたりすること。

【用例】今朝から窓の外では断続的に雨音が聞こえる。

103. A□ たんたん

【意味】あっさりしたさま。物事にこだわらない様子。

【用例】A氏は新聞記者に、たんたんと心境《しんきょう》を語った。

104. B□ 断腸《だんちょう》の思い

【意味】こらえきれない深い悲しみ。〔類義語〕苦渋《くじゅう》

【用例】ここであきらめてしまうのは断腸の思いだが、仕方《しかた》がない。

105. B□ 端的《たんてき》

【意味】要点だけをはっきりと示す様子。はっきりしている様子。

【用例】時間があまりないので言いたいことを端的に述べてください。

106. A□ 単刀直入《たんとうちょくにゅう》 ※「短刀」ではない！

【意味】いきなり話の中心にはいること。

【用例】時間がないので、単刀直入に仕事の話に入る。

107. B□ 堪能《たんのう》

【意味】①十分に満足すること。②学問や技芸などに習熟していること。※本来は「かんのう」と読んだが、今は「たんのう」が一般的。

【用例】①有名レストランで秋の味覚を（に）堪能した。②A氏はフランス語とドイツ語が堪能だ。

108. B□ 淡泊《たんぱく》（淡白《たんぱく》）

【意味】人の性質や態度がさっぱりしていること。欲が強くないこと。

【用例】Aさんはお金に執着《しゅうちゃく》しない淡泊な人なのでつきあいやすい。

ち

109. B□ 血が騒《さわ》ぐ

【意味】気持ちが高ぶって、落ち着いていられなくなる。

【用例】高校時代は野球部だったので、高校野球を見ると血が騒ぐ。

110. A□ 知己《ちき》
【意味】知り合い。友達。
【用例】A君は昔からの知己の一人だ。

111. A□ 竹馬《ちくば》の友《とも》 〔類義語〕幼《おさな》なじみ
【意味】一緒《いっしょ》に遊んだ幼いころからの友だち。
【用例】A君とは竹馬の友で、小さいころの思い出がたくさんある。

112. C□ 稚拙《ちせつ》
【意味】幼《おさな》い感じで下手である。
【用例】弟が稚拙な字で、入院している祖父への手紙を書いていた。

113. A□ ちなむ
【意味】関係づける。つながりをもつ。
【用例】来週は、敬老の日にちなんだ行事が各地で行われる。

114. A□ 血のにじむような
〔類義語〕血の出るような
【意味】並大抵《なみたいてい》ではない努力をすること。
【用例】志望校合格のために血のにじむような努力をしてきた。

115. C□ 地《ち》の利《り》
【意味】物事をするのに、土地の位置や形状が有利なこと。
【用例】地の利を得て、ライバル店よりも繁盛《はんじょう》している。

116. B□ 血は争《あらそ》えない
【意味】子どもの性格や性質などは親のそれとそっくりである。
【用例】血は争えないというが、A氏は親子そろってプロの音楽家だ。

117. C□ 血は水よりも濃《こ》い
【意味】他人よりも肉親のほうが強いつながりがある。

【用例】血は水よりも濃いというが、いざとなったときにいちばん大切にするのは親だ。

118. A□ 血《ち》まなこになる
【意味】ある目的のために他のことをわすれて熱中すること。
【用例】大事な書類《しょるい》をなくし、血まなこになってさがす。

119. C□ 血道《ちみち》をあげる
〔類義語〕のぼせる
【意味】あることに対して異常《いじょう》なほど熱中する。
【用例】Aさんは若いころ、ギャンブルに血道をあげていたそうだ。

120. A□ 血も涙《なみだ》もない 〔類義語〕非情《ひじょう》
【意味】人間らしい心も思いやりもまったくない。
【用例】親友が困っているときに助けないなんて血も涙もないよ。

121. B□ 茶化《ちゃか》す
【意味】人の話を冗談《じょうだん》にしてしまう。からかう。ひやかす。
【用例】まじめな話をしているのに茶化すなんてひどいなあ。

122. B□ 茶番《ちゃばん》
【意味】ばからしい底の見えすいたふるまい。
【用例】政治家であるA氏の釈明《しゃくめい》会見はとんだ茶番だった。

123. A□ 忠言耳《ちゅうげんみみ》に逆《さか》らう
〔似《に》た意味のことわざ〕良薬《りょうやく》は口に苦《にが》し
【意味】忠告はつらく、素直には聞き入れにくいものだ。
【用例】忠言耳に逆らうというように、親の説教は子どもにとって受け入れがたい。

124. B□ 中傷《ちゅうしょう》
【意味】ありもしないでたらめを言って他人の名誉《めいよ》を傷つけること。
【用例】A氏を中傷する記事が雑誌に掲載《けいさい》された。

125. A□ 抽象《ちゅうしょう》的 〔対義語〕具体《ぐたい》的
【意味】実際のことがらから離《はな》れて、はっきりしない様子。
【用例】Aさんの説明は抽象的で、具体的に何がしたいのかが分からなかった。

126. B□ **躊躇《ちゅうちょ》する**
【意味】あれこれと迷《まよ》って決心がつかないこと。〔類義語〕ためらう
【用例】思ったよりも値段が高かったので購入《こうにゅう》を躊躇した。

127. B□ **昼夜兼行《ちゅうやけんこう》**
【意味】昼も夜も休まずに仕事などを続けること。
【用例】昼夜兼行で電力の復旧にあたる。

128. B□ **兆候《ちょうこう》**〔類義語〕兆《きざ》し
【意味】物事が起こるしるし。まえぶれ。
【用例】風邪《かぜ》の兆候が見られたので病院に行った。

129. A□ **朝三暮四《ちょうさんぼし》**
【意味】目の前の違《ちが》いにこだわって、結果が同じことに気づかない。
【用例】給料を上げて、休みを少なくするのは朝三暮四といえる。

130. A□ **嘲笑《ちょうしょう》**
【意味】人をばかにして笑うこと。
【用例】A大臣は失言《しつげん》をして世間の嘲笑を買った。

131. C□ **帳尻《ちょうじり》を合わせる**
【意味】物事や話のつじつま。
【用例】Aさんにうそがばれそうになったが、何とか話の帳尻を合わせた。

132. B□ **長足《ちょうそく》の進歩《しんぽ》**
【意味】わずかの間に非常によくなること。
【用例】Aコーチの指導により、長足の進歩をとげた。

133. C□ **丁丁発止《ちょうちょうはっし》**
【意味】激《はげ》しく打ち合うさま。また、激しく議論を戦わせるさま。
【用例】Aさんは上司《じょうし》に対して丁丁発止と渡《わた》り合った。

134. A□ **提灯《ちょうちん》に釣《つ》り鐘《がね》**
〔似《に》た意味の言葉〕月とすっぽん　雲泥《うんでい》の差　天と地
【意味】形は似ているが、くらべものにならないこと。物事のつり合いがとれないこと。
【用例】この商品はA社のものと見た目は似ているが、提灯に釣り鐘で作りがまったく違う。

135. A□ **重複《ちょうふく》**　※テストでは「じゅうふく」と読んではいけない。
【意味】同じ物事が重なること。だぶること。
【用例】今、Aさんが話している内容は昨日聞いた話と重複している。

136. A□ **重宝《ちょうほう》**
【意味】便利なものとしてよく使う。
【用例】きみにもらった道具は使いやすくて、とても重宝している。

137. B□ **張本人《ちょうほんにん》**
【意味】事件などの一番の原因を作った人。
【用例】彼がいたずらをした張本人にちがいない。

138. B□ **長幼《ちょうよう》の序《じょ》**
【意味】年長者と年少者との間にある守るべき秩序《ちつじょ》や規則。
【用例】長幼の序をわきまえて、私から先輩《せんぱい》にあいさつをしに行こう。

139. A□ **朝令暮改《ちょうれいぼかい》**
【意味】命令などがすぐに変わって一定せず、あてにならないこと。
【用例】新任の部長は朝令暮改なので、部下たちは困惑《こんわく》するばかりだった。

140. C□ **直情径行《ちょくじょうけいこう》**
【意味】周りのことを考えず、自分の思うままにふるまうこと。
【用例】A君は横暴《おうぼう》で直情径行型の人間である。

141. A□ **直接《ちょくせつ》的**〔対義語〕間接《かんせつ》的
【意味】じかに接する様子。
【用例】直接的な言い回しをさけたほうが角《かど》が

立たないよ。

142. A□ **ちりも積《つ》もれば山となる**

〔似《に》た意味のことわざ〕千里《せんり》の道も一歩から

【意味】少しずつでも積み重ねていけば大きな結果につながる。

【用例】毎日十円ずつでも貯金をすれば、ちりも積もれば山となるで、いずれはまとまった金額《きんがく》になるよ。

143. C□ **陳腐《ちんぷ》**

【意味】古くさいこと。また、ありふれていてつまらないこと。

【用例】A氏の発想は陳腐で面白みに欠ける。

144. B□ **沈黙《ちんもく》は金、雄弁《ゆうべん》は銀《ぎん》**

【意味】べらべらとしゃべらず黙《だま》っているほうが価値《かち》がある。

【用例】日本の社会では沈黙は金、雄弁は銀といって、おしゃべりはうとまれる傾向《けいこう》がある。

つ

145. C□ **追憶《ついおく》**

【意味】昔のことを思い出してしのぶこと。

【用例】還暦《かんれき》をむかえた今、過ぎ去った日々を思い出し追憶にひたる。

146. A□ **追究《ついきゅう》**

【意味】物事の内容を深く調べて明らかにしようとすること。

【用例】哲学《てつがく》とは真理を追究する学問でもある。

147. A□ **追求《ついきゅう》**

【意味】あるものをあくまで手に入れようとすること。

【用例】幸福を追求する。

148. A□ **追及《ついきゅう》**

【意味】悪事や責任《せきにん》などをきびしく問いつめること。

【用例】先生はA君に遅刻《ちこく》した理由を追及した。

149. B□ **追従《ついしょう》**　※「お追従《ついしょう》」の形で使うことが多い。

〔類義語〕おべっか　迎合《げいごう》

【意味】人のご機嫌《きげん》をとること。こびへつらうこと。

【用例】お追従を言って上司に気に入られようとする人は苦手だ。

150. C□ **追随《ついずい》を許《ゆる》さない**

【意味】まねをしようと思ってもついていけないほど高い段階にある。

【用例】A社は技術力の高さにおいて他の追随を許さない。

151. C□ **ついぞ**

【意味】今までに一度も。いまだかつて。

※後に「…ない」など打ち消しの言葉がくる。

【用例】東京に住んでいるが、有名人についぞ出会ったことがない。

152. B□ **ついばむ**

【意味】鳥がくちばしで物をつついて食べる。

【用例】親鳥が運んできた虫をひな鳥がついばんでいる。

153. A□ **痛切《つうせつ》（に）**

【意味】心に強く感じる様子。

【用例】今回ほど人の親切心を痛切に感じたことはなかった。

154. B□ **つがい**

【意味】二つ組み合わせて一組となるもの。特にメスとオス。

【用例】小鳥をオスとメスのつがいで飼《か》うことにした。

155. B□ **司《つかさど》る**

【意味】職務や任務として行う。また、管理したり支配したりする。

【用例】今度の定例会議では、私が司会進行役を司る。

156. A□ **月とすっぽん**

〔似《に》た意味のことわざ〕提灯《ちょうちん》に釣《つ》り鐘《がね》　雲泥《うんでい》の差　天《てん》と地《ち》

【意味】比べものにならないほど差が大きいこ

と。

【用例】うちの学校のサッカー部とA中学のそれとでは実力は月とすっぽんで試合にならないよ。

157. B□ 月並《つきな》み 〔類義語〕凡庸《ぼんよう》

【意味】どこにでもある、平凡《へいぼん》な様子。

【用例】最近出版された、A氏の新作は月並みな作品であった。

158. A□ 月夜《つきよ》に提灯《ちょうちん》

【意味】不必要なこと。役に立たないこと。

【用例】こんな涼《すず》しい夜なのにクーラーを入れるのは月夜に提灯だよ。

159. A□ つぐなう

【意味】罪《つみ》や責任《せきにん》を他のことでうめ合わせる。

【用例】友だちを傷つけてしまったので罪をつぐないたい。

160. B□ つけあがる 〔類義語〕思い上がる

【意味】調子に乗っていばる。いい気になる。

【用例】A君はちょっとおだてると、すぐつけあがる。

161. B□ 付《つ》け焼刃《やきば》

【意味】一時を間に合わせるためだけに覚えた知識。

【用例】中学受験は付け焼刃の学習ではどうにもならない。

162. B□ つじつま

【意味】物事のすじみち。初めと終わり。

【用例】思いつきで書き始めたのでは話のつじつまが合わない。

163. A□ つたない

【意味】下手《へた》である。

【用例】娘《むすめ》はまだ幼《おさな》く、つたない字で書かれた手紙だったが、気持ちが伝わってきた。

164. A□ 培《つちか》う 〔類義語〕育《はぐく》む

【意味】養い育てる。育成する。

【用例】長い歴史の中で培われてきた日本文化を大切にしよう。

165. A□ 津津浦浦《つつうらうら》（津々浦々）

〔類義語〕いたるところ

【意味】全国いたるところ。国じゅう。

【用例】ここの郷土《きょうど》料理は有名で全国、津津浦浦に知れわたっている。

166. B□ つつがなく

【意味】何事もなく。無事に。

【用例】おかげさまで結婚《けっこん》式も、つつがなく終了いたしました。

167. B□ つっけんどん

〔類義語〕木で鼻をくくる

【意味】とげとげしく無愛想《ぶあいそ》に言ったり物事を行ったりする様子。

【用例】友人のつっけんどんな返事に不快な気分になった。

168. C□ 筒抜《つつぬ》け

【意味】話や秘密《ひみつ》などがそのまま他人に伝わること。

【用例】秘密にしていたはずの情報がA君のせいで筒抜けになった。

169. A□ つつましい

【意味】遠慮《えんりょ》深い。ひかえめだ。

【用例】年老いた父は余生《よせい》をつつましく暮らした。

170. B□ つのる

【意味】①ますます激《はげ》しくなる。②広く呼び集める。

【用例】①日本を離《はな》れて生活していると、郷愁《きょうしゅう》の念がつのる。②今度のピクニックの参加者をつのる。

171. A□ 角《つの》を矯《た》めて牛を殺す ※「矯《た》める」は形を整えること。

【意味】欠点を直そうとしたことで、全体をだめにしてしまうこと。

【用例】コーチから打撃フォームを無理やり直されたA選手は、急にヒットが打てなくなった。角を矯めて牛を殺すとは、まさにこのことだ。

172. C□ つばぜり合《あ》い
【意味】ほぼ互角《ごかく》の力で激《はげ》しく勝負を争うこと。
【用例】両者はゴールの直前でつばぜり合いを演じた。

173. A□ つぶさに
【意味】くわしく。細かく、ていねいに。〔類義語〕もれなく
【用例】シートンは動物たちの暮《く》らしぶりを、つぶさに観察した。

174. A□ つぶら
【意味】まるくて、かわいらしいさま。
【用例】Aさんはつぶらな瞳《ひとみ》が印象的な美しい女性だ。

175. B□ つましい
【意味】地味《じみ》で質素《しっそ》である様子。
【用例】つましい暮《く》らしの中にも喜びを見つける。

176. C□ つまはじき
【意味】嫌《きら》って除《の》け者にすること。仲間外《なかまはず》れにすること。
【用例】余計なことを言ったからか、ぼくだけつまはじきにあった。

177. B□ つまびらか
【意味】くわしく。
【用例】真相をつまびらかにする検証が研究チームにより行われた。

178. B□ 紡《つむ》ぐ
【意味】①綿《わた》や繭《まゆ》から糸を作る。
②素材《そざい》を組み合わせて作品を作る。
【用例】①綿花《めんか》を紡いで糸を作る。
②言葉を紡いで詩を作る。

179. B□ つむじを曲《ま》げる
【意味】気分をそこねて、わざと反対したり意地悪《いじわる》をしたりすること。
〔類義語〕へそを曲げる
【用例】A君は頑固《がんこ》者だから、いったんつむじを曲げられたら大変だよ。

180. B□ 爪《つめ》に火をともす
【意味】非常にけちなこと。極端《きょくたん》に倹約《けんやく》すること。〔類義語〕吝嗇《りんしょく》
【用例】このお金は爪に火をともすようにしてためたものだ。

181. C□ 爪《つめ》の垢《あか》を煎《せん》じて飲む
【意味】すぐれている人に少しでもあやかろうとすること。
【用例】きみも成績優秀なA君の爪の垢を煎じて飲むといいよ。

182. B□ つゆ
【意味】少しも。ちっとも。（後に打ち消しの言葉がくる）
【用例】そんなことになっているなんて、つゆ知らず待ち続けた。

183. B□ つらつら
【意味】よくよく。つくづく。
【用例】つらつらと時代の流れについて自分なりに考えてみた。

184. B□ 面《つら》の皮《かわ》が厚《あつ》い
【意味】恥《はじ》を感じないで、厚《あつ》かましくずうずうしい。〔類義語〕鉄面皮《てつめんぴ》
【用例】借りた金を返さずに、また金を借りに来るなんてお前は面の皮が厚いよ。

185. C□ つるし上げる
【意味】大勢の者が、ある人を激《はげ》しく問いつめ責め立てる。
【用例】よってたかってA君をつるし上げるのは卑怯《ひきょう》だ。

186. A□ 鶴《つる》の一声
【意味】権力のある人の一言で、他の意見を圧倒《あっとう》してしまう。
【用例】長時間の話し合いでも結論が出なかったが、社長の鶴の一声で決定した。

187. A□ つれない
【意味】思いやりがなく冷たい。よそよそしい。
【用例】Aさんにあいさつをしたが、つれない態度で通り過ぎた。

て

188. B□ 手垢《てあか》のついた
【意味】多くの人に使い古された。（※否定的な表現に用いる）
【用例】手垢のついた言い回しでは、人の心を打たない。

189. A□ 体裁《ていさい》 〔類義語〕世間体《せけんてい》
【意味】人から見られたときの自分の様子。
【用例】急な来客で掃除《そうじ》できず部屋がきたなかったので、体裁が悪かった。

190. B□ 体《てい》たらく
【意味】人の（好ましくない）ありさまや様子。
【用例】あれほど注意したのにまた遅刻《ちこく》してくるとは、何という体たらくだ。

191. A□ 定評《ていひょう》
【意味】多くの人から認められている評価。※多くの場合、良い評価。
【用例】日本を代表するA社の技術力の高さには定評がある。

192. B□ ディベート 〔類義語〕議論
【意味】テーマを決め、二グループに分かれて行う討論《とうろん》。
【用例】欧米《おうべい》では小学校からディベートの授業がある。

193. B□ 体《てい》よく
【意味】さしさわりがないように。うわべをとりつくろうさま。
【用例】Aさんを食事にさそってみたが、体よく断られた。

194. A□ 手がかかる
【意味】めんどうを見なければならないことがいろいろある。
【用例】幼《おさな》い弟に手がかかって、母は毎日大変そうだ。

195. A□ 手堅《てがた》い 〔類義語〕堅実《けんじつ》
【意味】やり方が確実で危《あぶ》ないところがない。
【用例】危険を回避《かいひ》して手堅く攻める作戦をとった。

196. A□ 手がつけられない
〔類義語〕お手上《てあ》げ
【意味】とるべき方法がない。処置《しょち》のほどこしようがない。
【用例】A君のいたずらにはA先生でさえ手がつけられない。

197. C□ 溺愛《できあい》
【意味】限度をこえて、むやみにかわいがること。
【用例】Aさんは初孫を溺愛していた。

198. A□ 適材適所《てきざいてきしょ》
【意味】その人の持っている能力がもっともいかされる役目につけること。
【用例】学芸会の出し物でクラスのみんなを適材適所に配置する。

199. B□ 敵《てき》に塩《しお》を送る
【意味】苦しい状況《じょうきょう》の敵を助ける。

【用例】ライバルに練習場所を提供《ていきょう》してあげるなんて、敵に塩を送るようなもので、お人好しすぎるよ。

200. C□ てきめん
【意味】ある物事の効果や報いなどがすぐにあらわれること。
【用例】Aさんに説得をお願いしたところ、効果てきめんだった。

201. B□ 手ぐすね引く
【意味】十分に用意して機会を待つ。
【用例】A君を驚《おどろ》かせようと物陰《ものかげ》にかくれ、手ぐすね引いて待っていた。

202. B□ てこ入れ
【意味】悪い状態《じょうたい》になるのをくいとめて良い状態《じょうたい》になるように、援助《えんじょ》すること。
【用例】このところ国語の成績は順調に伸《の》びてきたので、算数のてこ入れを図りたい。

203. A□ てこずる
【意味】処置《しょち》に困る。扱《あつか》いかねる。
【用例】夜泣《な》きする赤ん坊《ぼう》にてこずる。

204. A□ 手塩《てしお》にかける
【意味】みずから世話をして大切に育てる。

【用例】手塩にかけて育てた娘《むすめ》が結婚《けっこん》してしまうのは、何とも言えないさびしさもある。

205. A□ 手立《てだ》て
【意味】ある物事をなしとげるための方法や手段。

【用例】困っているA君を救う手立てを必死に考えた。

206. A□ 徹頭徹尾《てっとうてつび》 〔類義語〕終始一貫《しゅうしいっかん》
【意味】はじめから終わりまで同じ考えや方針《ほうしん》を持つさま。

【用例】環境保護の立場から徹頭徹尾、この計画には反対した。

207. B□ 轍《てつ》を踏《ふ》む
〔類義語〕二《に》の舞《まい》を演《えん》ずる
【意味】前の人と同じ失敗をくりかえす。
【用例】兄は不勉強で受験に失敗しているので、轍を踏むことだけは避《さ》けなければいけない。

208. A□ 手取《てと》り足取《あしと》り
【意味】細かいことまで親切に教え導《みちび》くこと。

【用例】祖父に手取り足取りパソコンの操作《そうさ》を教えた。

209. B□ 手《て》なずける
【意味】うまくあつかっていうことをきくようにさせる。

【用例】食事をごちそうして、後輩《こうはい》を手なずける。

210. A□ 手に汗《あせ》をにぎる
【意味】危ないことを見聞きしてはらはらする。

【用例】あの映画の後半は手に汗をにぎる場面の連続だった。

211. A□ 手に余《あま》る 〔類義語〕手に負えない
【意味】自分の力ではどうにもならない。

【用例】このような責任《せきにん》のある仕事は、私には手に余るよ。

212. A□ 手に負《お》えない 〔類義語〕手に余る
【意味】自分の力ではどうしようもない。

【用例】この問題は難しすぎてぼくの手に負えない。

213. B□ 手に取《と》るよう
【意味】目の前に見えるように、はっきりとわかる様子。

【用例】彼の言いたいことは私には手に取るようにわかる。

214. B□ 手のこんだ
【意味】細工《さいく》や技巧《ぎこう》が複雑で手間《てま》がかかっている様子。

【用例】A君はよく私に手のこんだいたずらをしかけてくる。

215. A□ 手《て》の平《ひら》を返《かえ》す
【意味】がらりと態度を変える。

【用例】ヒット作を出すと周りが手の平を返すようにやさしくなった。

216. A□ 出《で》ばなをくじく
【意味】相手がやり始めようとするところをじゃまする。

【用例】みんなに説明しようとした矢先《やさき》にA君から余計なことを言われて、出ばなをくじかれた。

217. A□ 手前《てまえ》みそ 〔類義語〕自画自賛《じがじさん》
【意味】自分で自分のことをほめること。

【用例】手前みそを並《なら》べるようだが、今度の作品は自信がある。

218. A□ 手も足も出ない
【意味】対処する方法がわからず、どうにもできない。

【用例】しばらく考えてみたが、この問題には手も足も出ない。

219. A□ 手持《ても》ち無沙汰《ぶさた》 〔類義語〕所在《しょざい》ない
【意味】することがなくてひまを持て余している様子。

【用例】予定が急になくなったので、手持ち無沙汰な時間を過ごした。

220. B□ デリケート

【意味】感情が繊細《せんさい》で細やかなこと。また、取り扱《あつか》いが難《むずか》しい様子。

【用例】宗教についての議論はデリケートな問題でもある。

221. A□ 出《で》る杭《くい》は打《う》たれる

【意味】とびぬけてすぐれている人や出しゃばりは人から憎《にく》まれて妨害《ぼうがい》などを受ける。

【用例】A君は優秀な社員だが、出る杭は打たれるというように、同僚《どうりょう》から嫌《いや》がらせを受けている。

222. C□ 手練手管《てれんてくだ》

【意味】あの手この手と、人をだましたりまるめこんだりする手段。

【用例】手練手管の限りをつくして、次々とライバルたちを排除《はいじょ》した。

223. B□ 手《て》を替《か》え品《しな》を替《か》え

〔類義語〕あの手この手

【意味】あれこれと手段や方法などをかえて。

【用例】手を替え品を替え、両親を何とか説得しようとした。

224. A□ 手を切る

【意味】縁《えん》を切る。関係をなくする。

【用例】悪い仲間《なかま》とは早く手を切ったほうがいいよ。

225. A□ 手をこまねく 〔類義語〕傍観《ぼうかん》

※本来は「こまぬく」だが、今は「こまねく」が多く使われる。

【意味】何もしないで、そのまま見過《みす》ごす。

【用例】車内で急病人が出たが、周りの人は手をこまねいて見ているだけだった。

226. A□ 手を広げる

【意味】今までやっていなかったことにまで範囲《はんい》を広げる。

【用例】あれこれ商売の手を広げすぎて収拾《しゅうしゅう》がつかなくなった。

227. A□ 手を焼《や》く

【意味】もてあます。てこずる。

【用例】A君のいたずらには、どの先生も手を焼いている。

228. C□ 天衣無縫《てんいむほう》

〔類義語〕屈託《くったく》がない、天真爛漫《てんしんらんまん》

【意味】飾《かざ》り気がなく純粋《じゅんすい》である様子。

【用例】幼い妹は天衣無縫で、みんなから愛されている。

229. B□ 伝家《でんか》の宝刀《ほうとう》

【意味】いざというときにだけ使う、とっておきの手段。

【用例】追いこまれても、ぼくたちには伝家の宝刀があるではないか。

230. A□ 天狗《てんぐ》になる

【意味】うぬぼれること。自慢《じまん》すること。

【用例】ちょっとテストの点が良かったからって天狗になるなよ。

231. A□ 典型《てんけい》

【意味】特徴《とくちょう》をいちばんよく表しているもの。

【用例】能や歌舞伎《かぶき》は、日本の伝統芸能の典型といえる。

232. A□ 電光石火《でんこうせっか》

【意味】非常に短い時間。すばやい行動のたとえ。

【用例】電光石火の早業《はやわざ》で、だれも手品のしかけがわからなかった。

233. C□ 天真爛漫《てんしんらんまん》

〔類義語〕屈託《くったく》がない、天衣無縫《てんいむほう》

【意味】言葉や行いに偽《いつわ》りや飾《かざ》り気がなく、自然で無邪気《むじゃき》なさま。

【用例】Aさんは天真爛漫な性格でクラスの人気者だ。

234. B□ 天高《てんたか》く馬肥《うまこ》ゆる秋《あき》

【意味】秋の季節のすばらしさを表した言葉。

【用例】暑い夏が終わり、天高く馬肥ゆる秋が到来《とうらい》した。

235. C□ 天地無用《てんちむよう》

【意味】荷物などの上下をさかさまにしてはいけないという意味の注意書き。※「上下を気にしないでよい」という意味ではない！

【用例】破損《はそん》しやすいので天地無用の荷物として運んでもらう。

236. A□ てんてこまい

【意味】休む間もなく、忙《いそが》しく動き回ること。

【用例】明日の合格祝賀会の準備で、てんてこまいだった。

237. A□ てんてん（と）

【意味】落ち着くことなく次々と移っていく様子。

【用例】A社を辞めたあとは職場をてんてんとした。

238. B□ 天王山《てんのうざん》

【意味】勝敗や運命を左右する重大な時や場面。

【用例】受験生にとって、長い夏休みは志望校の合否に関わる天王山と言える。

239. C□ 天《てん》は二物《にぶつ》を与《あた》えず

【意味】一人の人間は、そういくつもの才能や長所を持っているものではない。

【用例】天は二物を与えずというが、秀才のA君もスポーツは苦手らしいよ。

240. A□ 天変地異《てんぺんちい》

【意味】自然の変異（台風や地震《じしん》など）。

【用例】このところ日本では天変地異が続いて起こっている。

241. B□ てんまつ 〔類義語〕一部始終

【意味】物事のはじめから終わりまでのいきさつ。

【用例】Aさんは事件のてんまつをくわしく語ってくれた。

242. B□ てんやわんや

【意味】思いがけない出来事のために、多くの人が動き回り混乱《こんらん》すること。

【用例】偶然現れた芸能人に気づき、店内はてんやわんやの大さわぎになった。

と

243. B□ 頭角《とうかく》を現《あらわ》す

【意味】学問や才能などが、他の人よりすぐれて目立つようになる。

【用例】最近はAさんの国語の成績がのびてきて、頭角を現してきた。

244. B□ 峠《とうげ》を越《こ》す

【意味】物事の最もさかんなときが過《す》ぎておとろえはじめる。

【用例】熱も下がってきて、ようやく病気は峠を越した。

245. C□ 桃源郷《とうげんきょう》 〔類義語〕ユートピア

【意味】だれもが求めたがる、世の中をはなれた理想の場所。

【用例】いつの時代でも、人々は桃源郷を夢《ゆめ》見てきた。

246. B□ 同工異曲《どうこういきょく》 〔類義語〕大同小異《だいどうしょうい》、似《に》たり寄《よ》ったり

【意味】見かけはちがっているようでも、内容はほとんど同じであること。

【用例】量販店で売られている洋服はたしかに安いが、私には同工異曲に思える。

247. B□ 洞察《どうさつ》力

【意味】物事をよく観察して本質を見抜《ぬ》く力。

【用例】A君は人の心理を見抜《ぬ》くすぐれた洞察力がある。

248. A□ 同情《どうじょう》

【意味】苦しんでいる人や悲しんでいる人に対して、その人の気持ちになって思いやること。

※物語文では「相手をかわいそうに思う。相手が自分より下の立場であるとみなす」というよくない意味で使われることがある。

【用例】友人は私の身《み》の上《うえ》を案《あん》じたが、同情されるのは余計《よけい》につらい。

249. A□ 等身大《とうしんだい》

【意味】人体と同じ大きさであること。誇張《こちょう》の

ないありのままの姿であること。
【用例】等身大の小中学生を主人公にした物語文は中学入試で出題されやすい。

250. A□ 灯台下暗し《とうだいもとくら》 ※「灯台」とは昔の明かり取りの道具。
【意味】身近なことのほうが案外分かりにくいということ。

【用例】かくれんぼの時は、鬼《おに》の近くのほうが灯台下暗しで、かえって見つかりにくいよね。

251. A□ 同調《どうちょう》
【意味】他の人の意見や行動などに調子を合わせること。
【用例】日本の社会ではいまだに同調圧力《あつりょく》が働きがちである。

252. B□ とうてい ※後ろに「ない」などの打消しの言葉がくる。
【意味】どうやっても。どうしても。
【用例】明日の試合は私の実力ではとうてい勝てる見込《みこ》みはない。

253. B□ とうとう（と）
【意味】すらすらとよどみなく話をするさま。
【用例】Aさんは一度もつかえることなく、とうとうと演説《えんぜつ》した。

254. B□ 堂堂《どうどう》めぐり
【意味】話し合いなどで、話す内容がくり返されて、少しも先へ進まないこと。
【用例】先ほどから堂堂めぐりの議論が続いている。

255. B□ 堂《どう》に入《い》る 〔類義語〕習熟《しゅうじゅく》
※「はいる」ではない！
【意味】学問や技芸などをきわめていて、物事をよく理解している。
【用例】さすがベテラン俳優だけあって、A氏は堂に入った演技をする。

256. B□ 逃避《とうひ》
【意味】のがれること。困難からにげかくれること。
【用例】世間のわずらわしさから現実逃避したくなる。

257. A□ とうふにかすがい ※「かすがい」とはコの字型のくぎ
〔似《に》た意味のことわざ〕のれんに腕押《うでお》し　ぬかに釘《くぎ》
【意味】手応《てごた》えや効《き》き目のないこと。
【用例】A君に遅刻《ちこく》のことを何度注意しても改善《かいぜん》されない。とうふにかすがいとはこのことだ。

258. B□ 東奔西走《とうほんせいそう》
【意味】仕事などであちこち忙《いそが》しくかけまわること。
【用例】会社の資金集めに東奔西走する毎日だ。

259. A□ 動揺《どうよう》
【意味】不安で心が落ち着かないこと。
【用例】思ったよりテストの点数が悪くて動揺の色をかくせなかった。

260. A□ 道理《どうり》
【意味】物事の正しい筋道《すじみち》や論理《ろんり》。人として行うべき正しい道。
【用例】道理にかなった説明をしてくれないと納得できないよ。

261. A□ 登竜門《とうりゅうもん》
【意味】立身出世への難《むずか》しい関門。
【用例】直木賞は文壇《ぶんだん》への登竜門となっている。

262. B□ 十日《とおか》の菊《きく》、六日《むいか》の菖蒲《あやめ》
〔似《に》た意味のことわざ〕後《あと》の祭り
【意味】時機《じき》に遅《おく》れて役立たないもののたとえ。
【用例】入試が終わった後に参考書を買っても、十日の菊、六日の菖蒲というものだよ。

263. B□ 遠巻《とおま》き
【意味】遠くのほうからとりまいて。
【用例】事故現場を遠巻きにして見物する。

264. A□ 遠回《とおまわ》し
【意味】あからさまにではなく、それとなくわかるように言うこと。
【用例】遠回しに注意したのだが、よくわかっていないようだった。

265. B□ 度外視《どがいし》
【意味】問題にしないこと。考えに入れずに無視すること。
【用例】開店初日なので、もうけは度外視して考えてもよい。

266. B□ とかく
【意味】①そのようになりやすいさま。②いずれにしても。とにかく。
【用例】①寒い季節になると、とかく遅刻者が多くなる。②とかくこの世は住みにくいと感じる。

267. A□ とがめる 〔関連語〕おとがめなし（＝とがめられないこと）
【意味】過《あやま》ちや罪《つみ》を責《せ》める。非難《ひなん》する。
【用例】A君は反省しているので失敗をとがめることはよそう。

268. B□ 時《とき》ならぬ
【意味】思いがけない。その時ではない。〔類義語〕予想外
【用例】出かけるときは晴れていたのに、途中で時ならぬ大雪に見舞《みま》われた。

---

269. A□ どぎまぎする
【意味】不意をつかれてうろたえる様子。
〔類義語〕あたふたする、狼狽《ろうばい》する
【用例】あまりに突然のことにどぎまぎしてしまった。

270. A□ ときめく
【意味】ちょうどよい時機《じき》にめぐりあって栄《さか》える。もてはやされる。
【用例】今をときめく俳優《はいゆう》の出演する映画を鑑賞《かんしょう》した。

271. A□ 度肝《どぎも》を抜《ぬ》く
【意味】びっくりさせる。非常《ひじょう》に驚《おどろ》かせる。〔類義語〕驚愕《きょうがく》
【用例】無名だったA選手の優勝は人々の度肝を抜く快挙《かいきょ》だった。

272. A□ 得意満面《とくいまんめん》
【意味】自慢《じまん》そうな様子が顔いっぱいにあふれること。
【用例】テストが良い結果だったので、A君は得意満面だ。

273. B□ 独善《どくぜん》的 〔類義語〕ひとりよがり
【意味】自分だけが正しいと思いこむさま。
【用例】A先生は独善的なので、生徒たちから好かれてはいない。

274. B□ 独壇場《どくだんじょう》 ※本来は「独擅場《どくせんじょう》」だが、今は独壇場が一般的。
【意味】他人は入りこめず思いのままにふるまえる場所。ひとり舞台《ぶたい》。
【用例】試合はすべての点数をA君が決め、彼の独壇場に終わった。

---

275. A□ 特筆《とくひつ》すべき
【意味】取り立てて書き記すべきこと。
【用例】今回の件に関しては特筆すべき点はない。

276. B□ どこ吹《ふ》く風《かぜ》
〔類義語〕馬耳東風《ばじとうふう》、知らん顔
【意味】他人の言葉や思いを自分とは関係がないと無視する様子。
【用例】何度も先生が注意してもどこ吹く風と涼《すず》しい顔をしている。

277. C□ ところてん式
【意味】あとから押されて先に進むこと。またそういった方式。
【用例】大学付属《ふぞく》の小学校から大学までところてん式に進学した。

278. C□ 年《とし》がい
【意味】年齢《ねんれい》にふさわしい考えや行い。
【用例】年がいもなく浮《う》かれ騒《さわ》いだことを恥《は》じる。

279. C□ 年端《としは》の行かぬ

【意味】十分に成熟《せいじゅく》していない年齢《ねんれい》の子ども。

【用例】Aちゃんは年端の行かぬ子どもなのに、いろいろと苦労を経験している。

280. B□ 年寄《としよ》りの冷《ひ》や水《みず》
※「冷や水」とは本来、飲料《いんりょう》水（生水《なまみず》）のこと。
【意味】老人が年齢《ねんれい》にふさわしくないふるまいや危険なことをするのを冷やかしたり警告《けいこく》したりする言葉。

【用例】年寄りの冷や水で、急に激《はげ》しい運動などはしないほうがよい。

281. A□ 土壇場《どたんば》〔類義語〕せっぱつまる
【意味】決断をせまられる最後の場面。

【用例】一方的な試合展開だと思われたが、相手チームに土壇場で逆転された。

282. B□ 土着《どちゃく》
【意味】その土地に根づいていること。また、住みつくこと。

【用例】文化人類学《ぶんかじんるいがく》では土着の文化を尊重する。

283. C□ 突貫工事《とっかんこうじ》
【意味】短期間に一気に事を進めることのたとえ。

【用例】残り一カ月で突貫工事をして、締《し》め切り期限に間に合わせた。

284. A□ 突拍子《とっぴょうし》もない〔類義語〕突飛《とっぴ》
【意味】常識では考えられない。

【用例】天才はときに突拍子もない考えを抱《いだ》くものだ。

285. A□ 徒党《ととう》を組《く》む
【意味】あることをたくらんで集まった団体。

【用例】A君は徒党を組んで、またいたずらをしている。

286. B□ とどのつまり
〔類義語〕挙句《あげく》の果《は》て
【意味】結局のところ。※出世魚《しゅっせうお》の「おぼこ」は最後に「とど」と呼ばれることから。悪い意味で使うことが多い。
【用例】とどのつまり、長時間の話し合いにもかかわらず、もの別れに終わってしまった。

287. A□ とどろく
【意味】①大きな音が響《ひび》きわたる。
②広く世間に知れわたる。
【用例】①突然《とつぜん》、雷鳴《らいめい》がとどろく。
②彼の名声が天下にとどろいた。

288. B□ 隣《となり》の芝生《しばふ》は青い
【意味】他人のものは何でもよく見えるということ。

【用例】Aさんの家庭がうらやましいと思っていたが、Aさんは私のことをうらやましく思っていたらしい。まさに隣の芝生は青いというものだ。

289. B□ とばっちりを食《く》う
〔類義語〕まきぞえ
【意味】そばにいたため受けなくてもよい災難《さいなん》を受けること。
【用例】いたずらをした子のそばにいただけなのに、とばっちりを食って先生に怒《おこ》られた。

290. C□ 怒髪天《どはつてん》を衝《つ》く
【意味】髪《かみ》が逆立つほど激《はげ》しく怒《おこ》る様子。怒《いか》りの形相《ぎょうそう》。

【用例】裏切り行為《こうい》を知ったA君は怒髪天を衝くという感じだった。

291. A□ とびがたかをうむ
〔反対の意味のことわざ〕うりのつるになすびはならぬ　蛙《かえる》の子は蛙
【意味】平凡《へいぼん》な親から優秀な子どもが生まれることのたとえ。
【用例】わが子がオリンピック選手に選ばれるとは、とびがたかをうむということだね。

292. A□ 飛ぶ鳥を落とす
【意味】勢いがあるということ。

【用例】新人タレントのAさんは飛ぶ鳥を落とす勢いで人気が出ている。

293. A□ 途方《とほう》にくれる
【意味】どうしていいかわからず、困ってしまう。
【用例】知らない場所で道に迷ってしまい、途方にくれる。

294. A□ とぼとぼ（と）
【意味】元気なく歩く様子。
【用例】返却《へんきゃく》されたテストの点数が悪くてとぼとぼと家に帰った。

295. A□ とまどう
【意味】どうしたらよいかわからず、迷う。まごつく。
【用例】外国人にいきなり英語で道を聞かれて、とまどった。

296. B□ とみに
【意味】急に。にわかに。しきりに。
【用例】近ごろ、食べ物の健康志向《けんこうしこう》がとみに高まっている。

297. A□ とめどなく
【意味】とどまるところもなく。かぎりなく。
【用例】祖母の訃報《ふほう》を聞き、涙がとめどなく頬《ほお》を流れた。

298. B□ どよめく
【意味】大勢の人が思わず上げる声で騒《さわ》がしくなる。
【用例】A選手がホームランを打ち、観衆がどよめく。

299. B□ トラウマ
【意味】精神的に大きなショックを受けたことで、あとまで残る障害《しょうがい》。
【用例】幼《おさな》いころプールでおぼれかけたことがトラウマとなって、水が怖《こわ》くなった。

300. A□ 捕《と》らぬたぬきの皮算用《かわざんよう》
【意味】自分のものになるか分からないものをあてにして、あれこれ計画を立てること。

【用例】お年玉をもらう前から何を買おうか考えるなんて、捕らぬたぬきの皮算用というものだよ。

301. A□ 虎《とら》の威《い》を借《か》る狐《きつね》
【意味】他人の強い力に頼《たよ》ってからいばりする、つまらない人のたとえ。
【用例】がき大将のA君と友だちなのでいばっている彼は虎の威を借る狐だ。

302. B□ 虎《とら》の尾《お》を踏《ふ》む
【意味】非常に危険なことをすること。
【用例】横暴な社長を非難するなんて虎の尾を踏むようなものだ。

303. A□ 虎《とら》の子
【意味】大切なもの。手ばなしたくないもの。
【用例】苦労して貯めた虎の子の五万円をぬすまれた。

304. B□ 虜《とりこ》
【意味】何かに心をうばわれ、のがれられないこと。またその人。
【用例】恋の虜になって勉強に手がつかなくなっては困るよ。

305. B□ 取《と》り越《こ》し苦労《ぐろう》 〔類義語〕杞憂《きゆう》
【意味】先のことをあれこれ考えて余計《よけい》な心配をすること。
【用例】母は取り越し苦労で白髪《しらが》が増えたとぼやいていた。

306. A□ 取りつく島もない
【意味】相手が不愛想《ぶあいそう》で近寄れない。
【用例】兄に相談しようとしたが、今は忙《いそが》しいと言われ、取りつく島もなかった。

307. A□ とりつくろう
【意味】都合の悪いことを隠《かく》して、うわべだけ良くする。
【用例】体面をとりつくろっても、いずれはばれることだ。

308. A□ とりどり
【意味】性質や様子、種類などの異《こと》なっているさま。
【用例】庭には花が色とりどりに咲《さ》いている。

309. A□ 鳥《とり》なき里《さと》のこうもり
【意味】すぐれた者がいない所ではつまらない

者がいばる。

【用例】今日は部長がお休みなので無能な課長がえらそうに指示を出している。鳥なき里のこうもりとはこのことだ。

310. B□ 鳥肌《とりはだ》が立つ
【意味】寒さや恐怖《きょうふ》のために皮膚にぶつぶつが浮き出ること。
※感動やうれしさなど良い意味で使うのは本来は誤り。
【用例】ぼくはこわがりなので想像しただけで鳥肌が立つよ。

311. B□ 取り巻《ま》き
【意味】権力《けんりょく》や財力《ざいりょく》のある人につきまとって機嫌《きげん》をとる人。

【用例】著名人であるA氏には取り巻きが大勢いるが、腹心《ふくしん》はいない。

312. B□ とりもつ 〔類義語〕仲立《なかだ》ち
【意味】両方の間に入ってうまくいくように世話をする。

【用例】けんかして不和《ふわ》だった二人の間をとりもったのはAさんだった。

313. B□ とりもなおさず
【意味】すなわち。言いかえると。

【用例】地区大会の決勝戦に勝つこと、それはとりもなおさず全国大会に出場するということだ。

314. A□ 取るに足《た》りない
【意味】とりあげるほどの価値がない。問題にもならない。

【用例】そんな根も葉もないうわさなど取るに足りないよ。

315. B□ 泥仕合《どろじあい》 ※「泥試合」ではない！
【意味】たがいに相手の悪いところをあばきあう、みにくい争い。

【用例】犬猿の仲のA君とBさんは、みんなの前で泥仕合を演じた。

316. B□ 泥沼《どろぬま》
【意味】入りこむとなかなか抜《ぬ》けだせない悪い状態《じょうたい》。

【用例】彼との関係をこじらせてしまい、泥沼の争いとなる。

317. A□ 泥棒《どろぼう》を見て縄《なわ》をなう
【意味】何か事が起こってからあわてて対策を考える、用意の悪いことのたとえ。

【用例】テストの直前にあわてて勉強するなんて、泥棒を見て縄をなうようなものだよ。

318. C□ 問《と》わず語《がた》り
【意味】人が問わないのに自分から話し出すこと。

【用例】それまで無口だったAさんが問わず語りに身の上話を始めた。

319. A□ どんぐりの背比《せいくら》べ
〔似《に》た意味のことわざ〕五十歩百歩《ごじっぽひゃっぽ》
【意味】それもみな同じようで、飛びぬけて優《すぐ》れたものがない。似《に》たり寄《よ》ったり。
【用例】今年の新人はみんな、どんぐりの背比べで特に優《すぐ》れた選手は見当たらない。

320. B□ 頓着《とんちゃく》
【意味】気にすること。

【用例】A君は周りの人の意見など頓着しない。

321. A□ 飛んで火にいる夏の虫
【意味】自分から進んで危険や災難《さいなん》の中に飛びこむこと。

【用例】わざわざ不良たちに文句を言ってなぐられるとは、飛んで火にいる夏の虫とはきみのことだよ。

322. B□ どんでん返し
【意味】話、立場、状況《じょうきょう》などが正反対に変わること。一気に逆転すること。

【用例】昨日見た映画は最後でどんでん返しがあって、筋書《すじが》きが読めなかった。

323. B□ とんと
【意味】①まったく。すっかり。
②少しも（後に「〜ない」など打ち消しの言葉がくる）

【用例】①彼に頼《たの》まれていたことをとんと忘れていた。
②最近、彼女はとんと姿を見せなくなったね。

324. B□ とんびに油《あぶら》揚《あ》げをさらわれる

【意味】自分が手に入れようと思っていたものを、いきなり横からうばわれ呆然《ぼうぜん》とすること。

【用例】転校生のA君にリレー選手の座をうばわれて補欠にまわされてしまった。とんびに油揚げをさらわれたというところだ。

325. B□ どんぶり勘定《かんじょう》

【意味】細かい計算をしないで、大ざっぱにお金を出し入れすること。

【用例】どんぶり勘定でお店の売り上げを計算する。

326. C□ とんぼ返《がえ》り

【意味】目的地に行って、すぐ戻《もど》ってくること。

【用例】仕事のため東京に行ったが、急に予定が入ったため、すぐに地元の大阪にとんぼ返りした。

327. A□ 貪欲《どんよく》 ※「貧欲」としないように注意!

【意味】欲が深いこと。
※もともと仏教用語では悪い意味であったが、近年は良い意味でも使うようになった。

【用例】若いときはいろいろな本を読み、貪欲に知識を吸収《きゅうしゅう》したいものだ。

〔問題〕次の文章の空らんに適語《てきご》を入れましょう。

・■には漢字、●にはひらがな、◆にはカタカナが一字ずつ入ります。

・［　］は字数指定はありません。

・同じ問題番号には共通する言葉が入ります。

・（　）は当てはまる言葉の意味を表します。言葉の意味がないものもあります。

・解答は前ページの語彙リストを参考にしましょう。語彙リストと番号は同じにしてあります。

001. B□ A医師は脳外科《のうげか》の第■■者で世界的にも有名だ。
（その分野でいちばんすぐれている人）

002. B□ 今年六十歳《さい》になるA氏だが今でも第■■で活躍《かつやく》している。
（その分野で最も重要で活発な活動をしている地位や場所）

003. A□ 彼の犯した過ちは決して■■の火事ではない。
（自分には関係のない出来事だと思うこと）

004. A□ 今は疲《つか》れ果《は》てていて、何をするにも■儀だ。
（めんどうくさいこと）

005. A□ 三十歳《さい》を過ぎてから活躍《かつやく》したA選手は大■晩■といえる。
（大人物は普通の人よりずっとおくれて才能をあらわし、立派《りっぱ》になるということ）

006. B□ 両親の介護《かいご》のために実家にもどるのであれば、■義■分が立つ。（行動の基準となる道理《どうり》）

007. A□ A社長がわが社の将来について■局的見地《けんち》から発言する。
（広く全体を見渡した場合の物事のなりゆき）

008. B□ 過去から現在に至《いた》る日本語の体■的な研究に取り組む。
（ばらばらのものを一定の考え方によって一つにまとめたもの）

009. C□ 勉強もしないでA中学に合格するだなんて大■壮■もはなはだしい。（自分の力以上に大きなことをいうこと）

010. B□ 父の亡《な》きあと、母は一家の大■柱となって働いた。

011. A□ A君のテニスの腕前《うでまえ》は確かだとコーチが●●●●をおす。（確かだと保証する）

012. A□ 山の頂上《ちょうじょう》から四方をながめ、登山の●●●味を味わう。
（いちばんすばらしいところ。もっとも面白みのあるところ）

013. C□ Aさんが社長の●●●持ちであることは、社内でも知られている。（人にこびへつらって、気に入られようとする人のたとえ）

014. A□ ここは冷静になって第■者の意見を聞くことが大切だ。
（そのことがらに直接関係のない人）

015. A□ 武器《ぶき》を隠《かく》し持っているらしいと大勢の警官《けいかん》が調べたところ、■山鳴動して●●●一匹で、小さな木刀《ぼくとう》しか出てこなかった。

016. B□ 両軍は国境《こっきょう》付近で■峙《じ》して、一触即発《いっしょくそくはつ》の事態《じたい》となった。
（向き合って立つこと）

017. C□ 名作と呼ばれる文学のダ◆◆◆◆ト版《ばん》を読む。
（書物などの内容を分かりやすく短くまとめたもの）

018. A□ あの兄弟は見た目はそっくりだが、性格は対■的だ。
（二つのものが比較《ひかく》されて、違いがはっきりすること）

019. A□ 先日行われた話し合いでは反対意見が■勢を占めた。
（おおよその形勢）

020. A□ 外国人旅行客の受け入れ■勢を整える。

021. C□ 人気の連載《れんさい》小説が大■円を迎《むか》えた。
（小説や演劇などの最後で、めでたく解決する結末）

022. B□ わが社は若手社員の■頭が著《いちじる》しい。
（新しいものが勢力を増して進出してくること）

023. A□ 今回の応募《おうぼ》作品は■同■異のできばえです。
（細かい違《ちが》いがあっても、だいたいは同じであること）

024. C□ 仕事も辞《や》めて、■廃《はい》的な生活を送る。
（道徳《どうとく》や健全な気風がすたれて乱《みだ》れること）

025. A□ ■は■を兼《か》ねるというから、中学校の制服は少し大きいぐらいでかまわないと思う。

026. B□ 大■をはたいて高級車を買ったのに、交通事故で大破《たいは》した。（多くのお金を使う）

027. A□ 日中はた●●なく道路工事が続けられた。
（続いてきた動作や状態がとぎれている間）

028. C□ Aさんは舞台《ぶたい》でた●●かに舞《ま》う姿を披露《ひろう》した。
（姿《すがた》や動作などがしとやかで、美しく上品な様子）

029. A□ この問題なら、算数が得意なぼくにとっては●●が知れている。（たいしたことはない）

030. B□ 国際社会では多■的なものの見方ができる人材《じんざい》が求められる。（一つの物事にこだわることなく、多方面にわたるさま）

031. B□ プールのついている豪邸《ごうてい》なんてぼくには高嶺《たかね》の■だ。
（遠くから見ているだけで自分には手の届かないもの）

032. B□ A君の■飛車な態度はどこへ行っても歓迎《かんげい》されないだろう。（相手を頭ごなしに威圧《いあつ》し、従わせようとするさま）

033. B□ A君は才能はあるのに、努力をおこたっていて、■の持ちぐされだ。

034. A□ 試験にまさかこの問題は出ないだろうと、●●をくくっていた。（たいしたことないと見くびる。安易に予測《よそく》する）

035. B□ 年に一度のクリスマスなので、●●を外して楽しもう。
（はめをはずして自由に楽しむ）

036. C□ A君を●●つけて、先生への不満を言わせるのは良くない。（相手の感情を刺激《しげき》して、ある行動をおこさせる）

037. B□ 長い話し合いが行われた後、こちらから妥《だ》■案を提示した。（両方の意見がちがうとき、ゆずりあって一つの考えにまとめること）

038. B□ A選手は入団当初からた●●ない才能を遺憾《いかん》なく発揮《はっき》していた。（他と比べるものがない様子）

039. C□ A選手は新人ながら●●越《えつ》した技量の持ち主である。
（他をはるかにこえてすぐれていること）

040. C□ 春た●●わとなり、過ごしやすい気候となった。
（物事のいちばんさかんなとき。まっさかり）

041. A□ 彼女は■を割ったような性格で付き合いやすいので、友達が多い。（性格などがさっぱりしているさま）

042. C□ 多■的社会では個々《ここ》の価値観が尊重される。
（根本になるものがいくつもあるさま）

043. A□ Aさんは打■的に行動をするので、周りの人から信頼《しんらい》は得《え》られないだろう。（物事を行う前に、まず自分の損得《そんとく》を考え

る様子）

044. A□ 今回の彼の失敗を他人事《ひとごと》と考えるのではなく■■の石としたいものだ。（他人のどんなにつまらない言葉や行動も、自分を反省し向上させる役に立てられる）

045. B□ お酒はた●●む程度に飲みます。（好《この》んで親しんでいる）

046. A□ ゲームばかりして、ちっとも勉強をしない弟をたし●●る。（いけないことだと注意して、言い聞かせる）

047. B□ ●●抜《ぬ》けにA君から罵倒《ばとう》されて驚《おどろ》いた。（いきなり。突然《とつぜん》）

048. A□ 反抗《はんこう》的な彼の態度に、私は一瞬《いっしゅん》た●●いだ。（驚《おどろ》いたりおそれたりして、しりごみする）

049. B□ Aさんがどう思っているか、それとなく■診《しん》してみる。（相手にそれとなく働きかけ、その反応で様子をさぐること）

050. B□ Aさんが仕事で困っていたので、見るに見かねて助け■を出した。（人が困っている時に力を貸すこと。また、助けとなるもの）

051. C□ ●性で吸っているたばこが、どうしてもやめられない。（今までのなかなかやめられない習慣や勢い）

052. A□ 私の意見に賛同《さんどう》するものは少なく、多勢に■勢で引き下がるしかなかった。

053. A□ 昨日の会議で、A君の最後の一言は蛇《だ》■だった。（よけいなもの。なくてもよいもの）

054. B□ 早朝《そうちょう》の雲のた●●まいにも春の訪《おとず》れが感じられる。（物の様子。ありさま。自然の雰囲気《ふんいき》）

055. B□ ●●ならぬ気配を感じて、事情を聴《き》くことにした。（ふつうではない。大変な）

056. B□ 幼《おさな》い子どもみたいに●●をこねてもどうしようもないよ。（子どもなどが甘《あま》えてわがままを通そうとすること）

057. B□ Aさんは立ち●●●舞《ま》いから優雅《ゆうが》な印象を受ける。（立ったり座ったりする、日常の動作）

058. B□ 戦った相手チームは強すぎてまったく●●打ちできなかった。（まともに張《は》り合って勝負すること）

059. A□ 季節外《はず》れの大雪で列車《れっしゃ》が立ち■■した。（止まったまま動きがとれなくなること）

060. A□ 事故現場のあまりのひどさに、思わず立ち●●んだ。（驚《おどろ》きやこわさで立ったまま動けなくなる）

061. A□ 訃報《ふほう》を聞いてAさんは呆然《ぼうぜん》と立ち●●した。（いつまでもじっと立ったままでいる）

062. B□ 先生の言われた通りに問題を解くようになって、たち●●ろに効果があらわれた。（時間をおかずに。すぐに）

063. B□ 前途《ぜんと》に立ち●●かる困難が待ち受けていた。（障害《しょうがい》が行く手のじゃまをする）

064. B□ あんなふうにみんなの前で責《せ》められては立つ■がないよ。（ある人が置かれている立場や境遇《きょうぐう》、面目《めんぼく》が悪くなる）

065. C□ 親友●●ての希望で、生徒会長を引き受けることにした。（強く希望や要求をするさま）

066. C□ 先生にいたずらが見つかり、●●とのごとく逃《に》げた。（逃《に》げるうさぎのように、非常にすばやいことのたとえ）

067. A□ 立つ■●●をにごさずというから、後輩《こうはい》のためにきちんと教室をそうじしておこう。

068. B□ テストで良い点数をとっても油断しないように、わが子の手■を締《し》める。

069. B□ 彼のたゆまぬ努力には■帽《ぼう》せざるをえない。
(降参《こうさん》すること。相手に敬意を表すこと)

070. A□ A君は大勢の生徒の前でも臆《おく》することなく、立て板に■のように話した。

071. B□ こんなにおいのきつい変わった食べ物が好きだなんて、●●食う虫も好き好きだね。

072. B□ 援助《えんじょ》はおしまないと言われたことを●●に取って、次々に無理な要求を出してきた。

073. A□ ●●前の上では、本音をおさえて賛成せざるをえない雰囲気《ふんいき》となった。(表向きはそのようになっている方針《ほうしん》↕本音)

074. B□ 今回のチーム優勝の立■者はA君だ。
(中心となる重要な人)

075. A□ A君はた●た●しい英語で店員に話しかけた。
(動作や話し方などが滑《なめ》らかでないさま)

076. A□ 偶然《ぐうぜん》買った宝くじでハワイ旅行が当たったよ。棚《たな》から●●●とはこのことだ。

077. A□ 自分の言動は●●に上げて、人の悪口を言うのはよくない。(問題として取り上げない。ほうっておく)

078. B□ 煙突《えんとつ》から煙《けむり》がた●●いているのが見える。
(雲や霞《かすみ》、煙《けむり》などがうすく横に長くただよう)

079. B□ Aさんはなぜか他人■儀なあいさつをした。
(親しい間柄《あいだがら》なのに他人のようによそよそしくふるまうこと)

080. A□ 弟は●●●寝《ね》入りをきめこんでいるが、起きているのは分かっている。

081. B□ 旅の●●はかき捨てとばかりに、ばか騒《さわ》ぎをして迷惑《めいわく》をかける。

082. C□ 初対面の人との会話では、政治と宗教の話はタ◆◆だ。
(ふれてはならないとされている事柄《ことがら》)

083. A□ A君は性格もよくクラスの人気者だが、調子に乗りすぎるところが■にきずだ。

084. B□ 国会議員のA氏は、国会での答弁《とうべん》で玉■色の言葉をくり返した。(どうにでも解釈《かいしゃく》できてしまうあいまいな表現)

085. B□ 志望校の合格は努力の●●ものである。
(努力の結果得られた良いもの)

086. B□ コンビニの前で若者がた●●している。
(人が群《む》れて集まる)

087. B□ ①●●押しで、Aさんに確認しておいたほうがよいだろう。
②試合の終了間際《まぎわ》に●●押しの一点を入れた。

088. B□ 骨董品を品定《しなさだ》めするため、ためつ●●めつ眺《なが》める。

089. B□ うそをついてばかりいるA君と、●●●を分かつ。
(分かれる。人との縁《えん》を切る)

090. A□ この程度の算数の問題ならば、ぼくにとって、た●●いものだ。(手間もなく楽《らく》に行えるさま。簡単だ)

091. B□ A君が成功できたのは、た●●ぬ努力のたまものです。
(努力をおこたらない。油断しない)

092. A□ 現在は画一的ではなく■様性を認める社会が求められている。(いろいろであるさま。さまざまな様子)

093. B□ 気の毒なA氏はあちこちの病院をた●●回しにされた。
(責任《せきにん》を持って処理しないで送りまわすこと)

094. B□ 受験勉強は他■本■ではうまくいかないのは明白だ。
(他人の力や助けをあてにして物事をすること)

095. A□ 親友のA君とた●●のない話をして、楽しい時を過ごした。(とるにたらない、たいしたことではない)

096. B□ 努力もしないで●●ごとを言うなんて言語道断だ。
(ふざけた言葉。ばかげた言葉)

097. B□ 枝《えだ》もた●●にたくさんのリンゴが実っている。
(曲がるぐらい)

098. C□ 勝算はないのにやってみせると父親にた●●を切ってしまった。(威勢《いせい》のいい言葉で、相手を圧倒《あっとう》するようにまくしたてる)

099. A□ 学校でのいじめは■じて許されるものではない。(決して)

100. A□ 酒を飲みながら旧友《きゅうゆう》と親《した》しげに■笑する。
(ときには笑いながら打ち解けて語り合うこと)

101. B□ これは私が丹《たん》■をこめて作った手作りの品です。
(誠実《せいじつ》な心)

102. B□ 今朝から窓の外では■続的に雨音が聞こえる。
(切れたり続いたりすること)

103. A□ A氏は新聞記者に、た●た●と心境《しんきょう》を語った。(あっさりしたさま。物事にこだわらない様子)

104. B□ ここであきらめてしまうのは断■の思いだが、仕方《しかた》がない。(こらえきれない深い悲しみ)

105. B□ 時間があまりないので言いたいことを●●的に述べてください。(要点だけをはっきりと示す様子)

106. A□ 時間がないので、■刀■入に仕事の話に入る。
(いきなり話の中心にはいること)

107. B□ ①有名レストランで秋の味覚を●●能した。
②A氏はフランス語とドイツ語が●●能だ。

108. B□ Aさんはお金に執着《しゅうちゃく》しない淡《たん》●●な人なのでつきあいやすい。(人の性質や態度がさっぱりしていること。欲が強くないこと)

109. B□ 高校時代は野球部だったので、高校野球を見ると血が●●ぐ。(気持ちが高ぶって、落ち着いていられなくなる)

110. A□ A君は昔からの■己の一人だ。(友達)

111. A□ A君とは■馬の友で、小さいころの思い出がたくさんある。

112. C□ 弟が稚《ち》●●な字で、入院している祖父への手紙を書いていた。(幼《おさな》い感じで下手である)

113. A□ 来週は、敬老の日にち●●だ行事が各地で行われる。
(関係づける。つながりをもつ)

114. A□ 志望校合格のために血のに●●ような努力をしてきた。
(並大抵《なみたいてい》ではない努力をすること)

115. C□ 地の■を得て、ライバル店よりも繁盛《はんじょう》している。
(物事をするのに、土地の位置や形状が都合のよいこと)

116. B□ 血はあ●●えないというが、A氏は親子そろってプロの音楽家だ。(子どもの性格や性質などは親のそれとそっくりである)

117. C□ 血は■よりも濃いというが、いざとなったときにいちばん大切にするのは親だ。

118. A□ 大事な書類《しょるい》をなくし、血●●●になってさがす。
（ある目的のために他のことをわすれて熱中すること）

119. C□ Aさんは若いころ、ギャンブルに血■をあげていたそうだ。（あることに対して異常《いじょう》なほど熱中する）

120. A□ 親友が困っている時に助けないなんて血も●●●もないよ。（人間らしい心も思いやりもまったくない）

121. B□ まじめな話をしているのに■■すなんてひどいなあ。
（人の話を冗談《じょうだん》にしてしまう。からかう。ひやかす）

122. B□ 政治家であるA氏の釈明《しゃくめい》会見はとんだ■番だった。
（ばからしい底の見えすいたふるまい）

123. A□ 忠言■に逆らうというように、親の説教は子どもにとって受け入れがたい。

124. B□ A氏を中■する記事が雑誌に掲載《けいさい》された。
（ありもしないでたらめを言って他人の名誉《めいよ》をきずつけること）

125. A□ Aさんの説明は抽《ちゅう》■的で、具体的に何がしたいのかが分からなかった。（実際のことがらから離《はな》れて、はっきりしない様子）

126. B□ 思ったよりも値段が高かったので購入《こうにゅう》を躊《ちゅう》●●した。
（あれこれと迷《まよ》って決心がつかないこと）

127. B□ ■夜■行で電力の復旧にあたる。
（休まずに仕事などを続けること）

128. B□ 風邪《かぜ》の兆■が見られたので病院に行った。
（物事が起こるしるし。まえぶれ）

129. A□ 給料を上げて、休みを少なくするのは朝■暮■といえる。
（目の前の違《ちが》いにこだわって、結果が同じことに気づかない）

130. A□ A大臣は失言《しつげん》をして世間の●●●笑を買った。
（人をばかにして笑うこと）

131. C□ Aさんにうそがばれそうになったが、何とか話の帳●●を合わせた。（物事や話のつじつま）

132. B□ Aコーチの指導により、長■の進歩をとげた。
（わずかの間に非常によくなること）

133. C□ Aさんは上司《じょうし》に対して丁丁《ちょうちょう》■■と渡《わた》り合った。
（激《はげ》しく打ち合うさま。また、激しく議論を戦わせるさま）

134. A□ この商品はA社のものと見た目は似ているが、提灯《ちょうちん》に●●●●で、作りがまったく違う。

135. A□ 今、Aさんが話している内容は昨日聞いた話と重■している。（同じ物事が重なること）

136. A□ きみにもらった道具は使いやすくて、とても重■している。（便利なものとしてよく使う）

137. B□ 彼がいたずらをした■本人にちがいない。
（事件などの一番の原因を作った人）

138. B□ 長■の序をわきまえて、私から先輩《せんぱい》にあいさつをしに行こう。

139. A□ 新任の部長は朝■暮■なので、部下たちは困惑《こんわく》するばかりだった。（命令などがすぐに変わって一定せず、あてにならないこと）

140. C□ A君は横暴《おうぼう》で直■径■型の人間である。
（周りのことを考えず、自分の思うままにふるまうこと）

141. A□ ■接的な言い回しをさけたほうが角《かど》が立たないよ。

（じかに接する様子↕間接的）

142.A□ 毎日十円ずつでも貯金をすれば、●●も積もれば山となるで、いずれはまとまった金額《きんがく》になるよ。

143.C□ A氏の発想はち●●で面白みに欠ける。
（古くさいこと。また、ありふれていてつまらないこと）

144.B□ 日本の社会では沈黙《ちんもく》は■、雄弁《ゆうべん》は■といって、おしゃべりはうとまれる傾向《けいこう》がある。

145.C□ 還暦《かんれき》をむかえた今、過ぎ去った日々を思い出し■憶《おく》にひたる。（昔のことを思い出してしのぶこと）

146.A□ 哲学《てつがく》とは真理を追■する学問でもある。
（物事の内容を深く調べて明らかにしようとすること）

147.A□ 幸福を追■する。
（あるものをあくまで手に入れようとすること）

148.A□ 先生はA君に遅刻《ちこく》した理由を追■した。
（悪事や責任《せきにん》などをきびしく問いつめること）

149.B□ お追■を言って上司に気に入られようとする人は苦手だ。

150.C□ A社は技術力の高さにおいて他の■随《ずい》を許さない。

151.C□ 東京に住んでいるが、有名人につ●●出会ったことがない。（今までに一度も。いまだかつて）

152.B□ 親鳥が運んできた虫をひな鳥が●●ばんでいる。
（鳥がくちばしで物をつついて食べる）

153.A□ 今回ほど人の親切心を■切に感じたことはなかった。
（心に強く感じる様子）

154.B□ 小鳥をオスとメスの●●いで飼《か》うことにした。
（二つ組み合わせて一組となるもの。特にメスとオス）

155.B□ 今度の定例会議では、私が司会進行役をつ●●どる。
（職務や任務として行う）

156.A□ うちの学校のサッカー部とA中学のそれとでは実力は月と●●●●で試合にならないよ。

157.B□ 最近出版された、A氏の新作は■並みな作品であった。
（どこにでもある、平凡《へいぼん》な様子）

158.A□ こんな涼《すず》しい夜なのにクーラーを入れるのは■■に提灯《ちょうちん》だよ。

159.A□ 友だちを傷つけてしまったので罪をつ●●いたい。
（罪《つみ》や責任《せきにん》を他のことでうめ合わせる）

160.B□ A君はちょっとおだてると、すぐ●●あがる。
（調子に乗っていばる。いい気になる）

161.B□ 中学受験は●●焼刃《やきば》の学習ではどうにもならない。
（一時を間に合わせるためだけに覚えた知識）

162.B□ 思いつきで書き始めたのでは話のつ●●まが合わない。
（物事のすじみち）

163.A□ 娘《むすめ》はまだ幼《おさな》く、●●ない字で書かれた手紙だったが、気持ちが伝わってきた。（下手《へた》である）

164.A□ 長い歴史の中でつ●●われてきた日本文化を大切にしよう。（養い育てる。育成する）

165.A□ ここの郷土《きょうど》料理は有名で全国、津津■■に知れわたっている。（全国いたるところ。国じゅう）

166.B□ おかげさまで結婚式《けっこんしき》も、つ●●なく終了いたしました。
（何事もなく。無事に）

167.B□ 友人のつっ●●●んな返事に不快な気分になった。

（とげとげしく無愛想《ぶあいそ》に言ったり物事を行ったりする様子）

168. C□ 秘密《ひみつ》にしていたはずの情報がA君のせいで●●抜《ぬ》けになった。（話や秘密などがそのまま他人に伝わること）

169. A□ 年老いた父は余生《よせい》をつ●●しく暮らした。（遠慮《えんりょ》深い。ひかえめだ）

170. B□ ①日本を離《はな》れて生活していると、郷愁《きょうしゅう》の念がつ●る。
②今度のピクニックの参加者をつ●る。

171. A□ コーチから打撃フォームを無理やり直されたA選手は、急にヒットが打てなくなった。■を矯《た》めて■を殺すとは、まさにこのことだ。

172. C□ 両者はゴールの直前で●●ぜり合いを演じた。（ほぼ互角《ごかく》の力で激《はげ》しく勝負を争うこと）

173. A□ シートンは動物たちの暮《く》らしぶりを、つ●●に観察した。（くわしく。細かく、ていねいに）

174. A□ Aさんはつ●●な瞳《ひとみ》が印象的な美しい女性だ。（まるくて、かわいらしいさま）

175. B□ ●●しい暮《く》らしの中にも喜びを見つける。（地味《じみ》で質素《しっそ》である様子）

176. C□ 余計なことを言ったからか、ぼくだけ●●はじきにあった。（嫌《きら》って除《の》け者にすること。仲間外《なかまはず》れにすること）

177. B□ 真相をつ●●らかにする検証が研究チームにより行われた。（くわしく）

178. B□ ①綿花《めんか》を●●いで糸を作る。②言葉を●●いで詩を作る。

179. B□ A君は頑固《がんこ》者だから、いったんつ●●を曲げられたら大変だよ。（気分をそこねて、わざと反対したり意地悪《いじわる》をしたりすること）

180. B□ このお金は●●に火をともすようにしてためたものだ。（極端《きょくたん》に倹約《けんやく》すること）

181. C□ きみも成績優秀なA君の爪の●●を煎《せん》じて飲むといいよ。（すぐれている人に少しでもあやかろうとすること）

182. B□ そんなことになっているなんて、●●知らず待ち続けた。（少しも。ちっとも）

183. B□ つ●つ●と時代の流れについて自分なりに考えてみた。（よくよく。つくづく）

184. B□ 借りた金を返さずに、また金を借りに来るなんてお前は■の■が厚いよ。（恥《はじ》を感じないで、厚《あつ》かましくずうずうしい）

185. C□ よってたかってA君をつ●●上げるのは卑怯《ひきょう》だ。（大勢の者が、ある人を激《はげ》しく問いつめ責め立てる）

186. A□ 長時間の話し合いでも結論が出なかったが、社長の●●の一声で決定した。

187. A□ Aさんにあいさつをしたが、●●ない態度で通り過ぎた。（思いやりがなく冷たい。よそよそしい）

188. B□ 手●●のついた言い回しでは、人の心を打たない。（多くの人に使い古された）

189. A□ 急な来客で掃除《そうじ》できず部屋がきたなかったので、体《てい》■が悪かった。（人から見られたときの自分の様子）

190. B□ あれほど注意したのにまた遅刻《ちこく》してくるとは、何という体《てい》た●●だ。（人の好ましくないありさまや様子）

191. A□ 日本を代表するA社の技術力の高さには■評がある。（多くの人から認められている評価）

192. B□ 欧《おう》米では小学校からディ◆◆◆の授業がある。
(テーマを決め、二グループに分かれて行う討論《とうろん》)

193. B□ Aさんを食事にさそってみたが、体《てい》●●断られた。
(さしさわりがないように。うわべをとりつくろうさま)

194. A□ 幼《おさな》い弟に手が●●って、母は毎日大変そうだ。
(めんどうを見なければならないことがいろいろある)

195. A□ 危険を回避《かいひ》して■堅《がた》く攻める作戦をとった。
(やり方が確実で危《あぶ》ないところがない)

196. A□ A君のいたずらにはA先生でさえ■がつけられない。

197. C□ Aさんは初孫を●●愛していた。
(むやみにかわいがること)

198. A□ 学芸会の出し物でクラスのみんなを適■適■に配置する。
(その人の持っている能力がもっともいかされる役目につけること)

199. B□ ライバルに練習場所を提供《ていきょう》してあげるなんて、敵に■を送るようなもので、お人好しすぎるよ。

200. C□ Aさんに説得をお願いしたところ、効果てき●●だった。
(ある物事の効果や報いなどがすぐにあらわれること)

201. B□ A君を驚《おどろ》かせようと物陰《ものかげ》にかくれ、手●●ね引いて待っていた。(十分に用意して機会を待つ)

202. B□ このところ国語の成績は順調に伸《の》びてきたので、算数の●●入れを図りたい。(悪い状態《じょうたい》になるのをくいとめて良い状態《じょうたい》になるように、援助《えんじょ》すること)

203. A□ 夜泣きする赤ん坊《ぼう》に●●ずる。(処置《しょち》に困る。扱《あつか》いかねる)

204. A□ ■■にかけて育てた娘《むすめ》が結婚《けっこん》してしまうのは、何とも言えないさびしさもある。(みずから世話をして大切に育てる)

205. A□ 困っているA君を救う手●●を必死に考えた。
(ある物事をなしとげるための方法や手段)

206. A□ 環境保護の立場から徹■徹■、この計画には反対した。
(はじめから終わりまで同じ考えや方針《ほうしん》を持つさま)

207. B□ 兄は不勉強で受験に失敗しているので、●●を踏《ふ》むことだけは避《さ》けなければいけない。
(前の人と同じ失敗をくりかえす)

208. A□ 祖父に■取り■取りパソコンの操作《そうさ》を教えた。
(細かいことまで親切に教え導《みちび》くこと)

209. B□ 食事をごちそうして、後輩《こうはい》を手●●ける。
(うまくあつかっていうことをきくようにさせる)

210. A□ あの映画の後半は手に●●をにぎる場面の連続だった。
(危ないことを見聞きしてはらはらする)

211. A□ このような責任《せきにん》のある仕事は、私には手に■るよ。
(自分の力ではどうにもならない)

212. A□ この問題は難しすぎてぼくの手に■えない。
(自分の力ではどうしようもない)

213. B□ 彼の言いたいことは私には手に■るようにわかる。
(目の前に見えるように、はっきりとわかる様子)

214. B□ A君はよく私に手の●●だいたずらをしかけてくる。
(細工《さいく》や技巧《ぎこう》が複雑で手間《てま》がかかっている様子)

215. A□ ヒット作を出すと周りが手の■を返すようにやさしくなった。(がらりと態度を変える)

216. A□ みんなに説明しようとした矢先《やさき》にA君から余計なことを

言われて、出●●をくじかれた。
（相手がやり始めようとするところをじゃまする）

217. A□ ■■みそを並《なら》べるようだが、今度の作品は自信がある。
（自分で自分のことをほめること）

218. A□ しばらく考えてみたが、この問題には■も■も出ない。
（対処する方法がわからず、どうにもできない）

219. A□ 予定が急になくなったので、手持ち●●●な時間を過ごした。（することがなくてひまを持て余している様子）

220. B□ 宗教についての議論はデ◆◆◆トな問題でもある。
（取り扱《あつか》いが難《むずか》しい様子）

221. A□ A君は優秀な社員だが、出る●●は打たれるというように、同僚《どうりょう》から嫌《いや》がらせを受けている。

222. C□ 手■手■の限りをつくして、次々とライバルたちを排除《はいじょ》した。（あの手この手と、人をだましたりまるめこんだりする手段）

223. B□ ■を替え■を替え、両親を何とか説得しようとした。
（あれこれと方法などをかえて）

224. A□ 悪い仲間《なかま》とは早く手を■ったほうがいいよ。
（関係をなくする）

225. A□ 車内で急病人が出たが、周りの人は手を●●ねいて見ているだけだった。（何もしないで、そのまま見過《みす》ごす）

226. A□ あれこれ商売の手を■げすぎて収拾《しゅうしゅう》がつかなくなった。
（今までやっていなかったことにまで関わる）

227. A□ A君のいたずらには、どの先生も手を■いている。
（もてあます。てこずる）

228. C□ 幼い妹は■衣■縫で、みんなから愛されている。
（飾《かざ》り気がなく純粋《じゅんすい》である様子）

229. B□ 追いこまれても、ぼくたちには伝家《でんか》の■■があるではないか。（いざというときにだけ使う、とっておきの手段）

230. A□ ちょっとテストの点が良かったからって、●ん●になるなよ。（うぬぼれること。自慢《じまん》すること）

231. A□ 能や歌舞伎《かぶき》は、日本の伝統芸能の■型といえる。
（特徴《とくちょう》をいちばんよく表しているもの）

232. A□ ■光■火の早業《はやわざ》で、だれも手品のしかけが分からなかった。（非常に短い時間。すばやい行動のたとえ）

233. C□ Aさんは■■爛漫《らんまん》な性格でクラスの人気者だ。
（言葉や行いに偽《いつわ》りや飾《かざ》り気がなく、自然で無邪気《むじゃき》なさま）

234. B□ 暑い夏が終わり、■高く■肥ゆる秋が到来《とうらい》した。

235. C□ 破損《はそん》しやすいので■地■用の荷物として運んでもらう。
（荷物などの上下をさかさまにしてはいけないという意味）

236. A□ 明日の合格祝賀会の準備で、てん●●●いだった。
（休む間もなく、忙《いそが》しく動き回ること）

237. A□ A社を辞めたあとは職場をて●て●とした。
（落ち着くことなく次々と移っていく様子）

238. B□ 受験生にとって、長い夏休みは志望校の合否に関わる天■山と言える。（勝敗や運命を左右する重大な時や場面）

239. C□ ■は■物を与えずというが、秀才のA君もスポーツは苦手らしいよ。（一人の人間は、そういくつもの才能や長所を持っているものではない）

240. A□ このところ日本では天■地■が続いて起こっている。

(自然の変異)

241. B□ Aさんは事件の●●まつをくわしく語ってくれた。(物事のはじめから終わりまでのいきさつ)

242. B□ 偶然現れた芸能人に気づき、店内はてんや●●●の大さわぎになった。(思いがけない出来事のために、多くの人が動き回り混乱《こんらん》すること)

243. B□ 最近はAさんの国語の成績がのびてきて、■角を現してきた。(学問や才能などが、他の人よりすぐれて目立つようになる)

244. B□ 熱も下がってきて、ようやく病気はと●●を越《こ》した。(物事の最もさかんなときが過《す》ぎておとろえはじめる)

245. C□ いつの時代でも、人々は桃《とう》■郷《きょう》を夢《ゆめ》見てきた。(だれもが求めたがる、世の中をはなれた理想の場所)

246. B□ 量販店で売られている洋服はたしかに安いが、私には同■異■に思える。(見かけはちがっているようでも、内容はほとんど同じであること)

247. B□ A君は人の心理を見抜《ぬ》くすぐれた洞《どう》■力がある。(物事の本質を見抜《ぬ》く力)

248. A□ 友人は私の身《み》の上《うえ》を案《あん》じたが、同■されるのは余計《よけい》につらい。(苦しんでいる人や悲しんでいる人に対して、その人の気持ちになって思いやること)

249. A□ 等■大の小中学生を主人公にした物語文は中学入試で出題されやすい。(誇張《こちょう》のないありのままの姿であること)

250. A□ かくれんぼの時は、鬼《おに》の近くのほうが灯台■暗しで、かえって見つかりにくいよね。

251. A□ 日本の社会ではいまだに同■圧力《あつりょく》が働きがちである。(他の人の意見や行動などに合わせること)

252. B□ 明日の試合は私の実力ではと●●い勝てる見込《みこ》みはない。(どうやっても。どうしても)

253. B□ Aさんは一度もつかえることなく、と●と●と演説《えんぜつ》した。(すらすらとよどみなく話をするさま)

254. B□ 先ほどから■■めぐりの議論が続いている。(話す内容がくり返されて、少しも先へ進まないこと)

255. B□ さすがベテラン俳優だけあって、A氏は■に入《い》った演技をする。(学問や技芸などをきわめていて、物事をよく理解している)

256. B□ 世間のわずらわしさから現実●う●したくなる。(のがれること。困難からにげかくれること)

257. A□ A君に遅刻《ちこく》のことを何度注意しても改善《かいぜん》されない。とうふに●●●●とはこのことだ。

258. B□ 会社の資金集めに■奔《ほん》■走する毎日だ。(仕事などであちこち忙《いそが》しくかけまわること)

259. A□ 思ったよりテストの点数が悪くて■揺《よう》の色をかくせなかった。(不安で心が落ち着かないこと)

260. A□ 道■にかなった説明をしてくれないと納得できないよ。(物事の正しい筋道《すじみち》)

261. A□ 直木賞は文壇《ぶんだん》への■竜門となっている。(立身出世への難《むずか》しい関門)

262. B□ 入試が終わった後に参考書を買っても、■日の菊《きく》、■日の菖蒲《あやめ》というものだよ。

263.B□ 事故現場を遠●●にして見物する。（遠くのほうから取り囲む）

264.A□ 遠●●しに注意したのだが、よくわかっていないようだった。（あからさまにではなく、それとなくわかるように言うこと）

265.B□ 開店初日なので、もうけは度■視して考えてもよい。（問題にしないこと。考えに入れずに無視すること）

266.B□ ①寒い季節になると、と●●遅刻者が多くなる。
②と●●この世は住みにくいと感じる。

267.A□ A君は反省しているので失敗を●●めることはよそう。（過《あやま》ちや罪《つみ》を責《せ》める。非難《ひなん》する）

268.B□ 出かけるときは晴れていたのに、途中で●●ならぬ大雪に見舞《みま》われた。（思いがけない）

269.A□ あまりに突然のことに●ぎ●ぎしてしまった。（不意をつかれてうろたえる様子）

270.A□ 今をと●●く俳優《はいゆう》の出演する映画を鑑賞《かんしょう》した。（ちょうどよい時機《じき》にめぐりあって栄《さか》える。もてはやされる）

271.A□ 無名だったA選手の優勝は人々の度●●を抜く快挙《かいきょ》だった。（びっくりさせる。非常《ひじょう》に驚《おどろ》かせる）

272.A□ テストが良い結果だったので、A君は得■満■だ。（自慢《じまん》そうな様子が顔いっぱいにあふれること）

273.B□ A先生は独■的なので、生徒たちから好かれてはいない。（自分だけが正しいと思いこむさま）

274.B□ 試合はすべての点数をA君が決め、彼の■壇場に終わった。（他人は入りこめず思いのままにふるまえる場所）

275.A□ 今回の件に関しては特■すべき点はない。（取り立てて書き記すべきこと）

276.B□ 何度も先生が注意してもどこ●●風と涼《すず》しい顔をしている。（他人の言葉や思いを自分とは関係がないと無視する様子）

277.C□ 大学付属《ふぞく》の小学校から大学までと●●ん式に進学した。（あとから押されて先に進むこと。またそういった方式）

278.C□ 年●●もなく浮《う》かれ騒《さわ》いだことを恥《は》じる。（年齢《ねんれい》にふさわしい考えや行い）

279.C□ Aちゃんはと●●の行かぬ子どもなのに、いろいろと苦労を経験している。（十分に成熟《せいじゅく》していない年齢《ねんれい》の子ども）

280.B□ 年寄りの●●●●で、急に激《はげ》しい運動などはしないほうがよい。

281.A□ 一方的な試合展開だと思われたが、相手チームに■壇場で逆転された。（決断をせまられる最後の場面）

282.B□ 文化人類学《ぶんかじんるいがく》では土■の文化を尊重する。（その土地に根づいていること）

283.C□ 残り一カ月で突貫《とっかん》■■をして、締《し》め切り期限に間に合わせた。（短期間に一気に事を進めることのたとえ）

284.A□ 天才はときに突《と》●●●●もない考えを抱《いだ》くものだ。（常識では考えられない）

285.A□ A君は●●●を組んで、またいたずらをしている。（あることをたくらんで集まった団体）

286.B□ ●●のつまり、長時間の話し合いにもかかわらず、もの別れに終わってしまった。（結局のところ）

287.A□ ①突然《とつぜん》、雷鳴《らいめい》が●●ろく。②彼の名声が天下に●●ろいた。

288.B□ Aさんの家庭がうらやましいと思っていたが、Aさんは私のことをうらやましく思っていたらしい。まさに隣《となり》の芝生《しばふ》は■いというものだ。

289. B□ いたずらをした子のそばにいただけなのに、と●●●りを食って先生に怒《おこ》られた。（そばにいたため受けなくてもよい災難《さいなん》を受けること）

290. C□ 裏切り行為《こうい》を知ったA君は怒髪天《どはつてん》を●●という感じだった。（髪《かみ》が逆立つほど激《はげ》しく怒る様子。怒《いか》りの形相《ぎょうそう》）

291. A□ わが子がオリンピック選手に選ばれるとは、とびが●●をうむということだね。

292. A□ 新人タレントのAさんは飛ぶ鳥を●●●勢いで人気が出ている。

293. A□ 知らない場所で道に迷ってしまい、■■にくれる。（どうしていいかわからず、困ってしまう）

294. A□ 返却《へんきゃく》されたテストの点数が悪くてと●と●と家に帰った。（元気なく歩く様子）

295. A□ 外国人にいきなり英語で道を聞かれて、と●●った。（どうしたらよいかわからず、迷う。まごつく）

296. B□ 近ごろ、食べ物の健康志向《けんこうしこう》が●●に高まっている。（急に。にわかに。しきりに）

297. A□ 祖母の訃報《ふほう》を聞き、涙がと●●なく頬《ほお》を流れた。（とどまるところもなく。かぎりなく）

298. B□ A選手がホームランを打ち、観衆がど●●く。（大勢の人が思わず上げる声でさわがしくなる）

299. B□ 幼《おさな》いころプールでおぼれかけたことがト◆◆マとなって、水が怖《こわ》くなった。

300. A□ お年玉をもらう前から何を買おうか考えるなんて、捕《と》らぬたぬきの■■■というものだよ。

301. A□ がき大将のA君と友だちなのでいばっている彼は、●●の●を借る狐《きつね》だ。

302. B□ 横暴な社長を非難するなんて●●の●を踏《ふ》むようなものだ。（非常に危険なことをすること）

303. A□ 苦労して貯めた●●の子の五万円をぬすまれた。（大切なもの。手ばなしたくないもの）

304. B□ 恋のと●●になって勉強に手がつかなくなっては困るよ。（何かに心をうばわれ、のがれられないこと。またその人）

305. B□ 母はと●●し苦労で白髪《しらが》が増えたとぼやいていた。（先のことをあれこれ考えて余計《よけい》な心配をすること）

306. A□ 兄に相談しようとしたが、今は忙《いそが》しいと言われ、取りつく■もなかった。

307. A□ 体面をとり●●ろっても、いずれはばれることだ。（都合の悪いことを隠《かく》して、うわべだけ良くする）

308. A□ 庭には花が色●り●りに咲《さ》いている。（性質や様子、種類などの異《こと》なっているさま）

309. A□ 今日は部長がお休みなので無能な課長がえらそうに指示を出している。鳥なき里の●●●●とはこのことだ。

310. B□ ぼくはこわがりなので想像しただけで鳥●●が立つよ。（寒さや恐怖《きょうふ》のために皮膚《ひふ》にぶつぶつが浮き出ること）

311. B□ 著名人であるA氏には取り●●が大勢いるが、腹心《ふくしん》はいない。（権力《けんりょく》や財力《ざいりょく》のある人につきまとって機嫌《きげん》をとる人）

312. B□ けんかして不和《ふわ》だった二人の間をとり●●たのはAさん

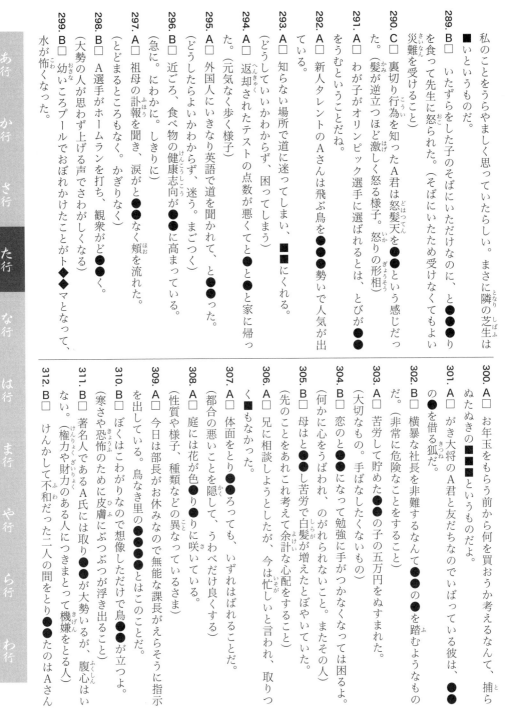

だった。（両方の間に入ってうまくいくように世話をする）

313. B□ 地区大会の決勝戦に勝つこと、それはとりも●●さず全国大会に出場するということだ。（すなわち。言いかえると）

314. A□ そんな根も葉もないうわさなど取るに●●ないよ。（とりあげるほどの価値がない。問題にもならない）

315. B□ 犬猿の仲のA君とBさんは、みんなの前で泥《どろ》■■を演じた。（たがいに相手の悪いところをあばきあう、みにくい争い）

316. B□ 彼との関係をこじらせてしまい、泥《どろ》■の争いとなる。（入りこむとなかなか抜《ぬ》けだせない悪い状態《じょうたい》）

317. A□ テストの直前にあわてて勉強するなんて、泥棒を見て●●をなうようなものだよ。

318. C□ それまで無口だったAさんが問わず●●●に身の上話を始めた。（人が問わないのに自分から話し出すこと）

319. A□ 今年の新人はみんな、●●●●の背比べで特に優《すぐ》れた選手は見当たらない。

320. B□ A君は周りの人の意見など頓《とん》■しない。（気にすること）

321. A□ わざわざ不良たちに文句を言ってなぐられるとは、飛んで■にいる■の虫とはきみのことだよ。

322. B□ 昨日見た映画は最後でど●●●返しがあって、筋書《すじが》きが読めなかった。（話、立場、状況《じょうきょう》などが正反対に変わること）

323. B□ ①彼に頼《たの》まれていたことを●●と忘れていた。
②最近、彼女は●●と姿を見せなくなったね。

324. B□ 転校生のA君にリレー選手の座をうばわれて補欠にまわされてしまった。●●●に油揚《あぶらあ》げをさらわれたというところだ。

325. B□ ●●●●勘定《かんじょう》でお店の売り上げを計算する。（細かい計算をしないで、大ざっぱにお金を出し入れすること）

326. C□ 仕事のため東京に行ったが、急に予定が入ったため、すぐに地元の大阪に●●●返りした。（目的地に行って、すぐ戻《もど》ってくること）

327. A□ 若いときはいろいろな本を読み、●●欲に知識を吸収《きゅうしゅう》したいものだ。（欲が深いこと）

【な行】

な

001. C□ **ナーバス**
【意味】神経質《しんけいしつ》なさま。神経過敏《しんけいかびん》なさま。

【用例】入試が近づくと生徒たちは往往《おうおう》にしてナーバスになる。

002. C□ **ナイーブ** 〔類義語〕純真《じゅんしん》
【意味】感じ方や考え方が素直なさま。また、感じやすい性質。

【用例】彼はナイーブな少年なので、少し非難されただけでも傷つきやすい。

003. B□ **ないがしろ** 〔類義語〕粗末《そまつ》
【意味】いいかげんにあつかう様子。

【用例】経験豊かなA先生の意見をないがしろにするとは！

004. C□ **内向《ないこう》的**
【意味】気持ちが自分の内部にばかり向かうこと。自分の気持ちの中にとじこもりがちなこと。

【用例】学生時代のA君は内向的な性格だったが、今はずいぶん社交的になった。

005. C□ **内助《ないじょ》の功《こう》**
【意味】表立たずに内部から援助《えんじょ》すること。特に夫が外で仕事をしやすいように妻が家庭内から手助けをすること。

【用例】Aさんが成功できたのは内助の功があったからだ。

006. B□ **ない袖《そで》は振《ふ》れない**
【意味】力になりたいが、資力（財力）がなくどうしようもない。

【用例】君《きみ》の借金の肩《かた》代わりをしたいが、ない袖は振れないからね。

007. B□ **ないまぜ**
【意味】いろいろなものをまぜ合わせて一つにすること。

【用例】リアルな夢を見て、目が覚めても現実とないまぜになった。

008. C□ **萎《な》える**
【意味】意気込みがぬけて、ぐったりとする。

【用例】今から勉強しようと思っていたのに、そんなことを言われたら気力が萎えるよ。

009. B□ **なおざり** ※「おざなり」とは異なり、「何の対応もしない」ときに使う。
【意味】物事をいいかげんにしておくこと。おろそかにすること。

【用例】親しい間柄《あいだがら》であっても、礼儀作法《れいぎさほう》をなおざりにしてはならない。

010. A□ **長い目で見る**
【意味】今の状態《じょうたい》だけで判断せず、将来《しょうらい》まで考えに入れて見る。

【用例】こちらのプランの方が長い目で見れば得《とく》だ。

011. A□ **長い物には巻《ま》かれろ**
〔似《に》た意味のことわざ〕寄《よ》らば大樹《たいじゅ》の陰《かげ》
【意味】権力や勢力のあるものにはさからわずに従った方が得《とく》であるということ。
【用例】長い物には巻かれろというが、この会社に長くいたいのならA部長には逆《さか》らわない方がよいよ。

012. A□ **仲《なか》むつまじい**
【意味】間柄《あいだがら》や関係が親密《しんみつ》である。仲が良い。

【用例】となりに住んでいる老夫婦はいつも仲むつまじくて、すてきだなあ。

013. B□ **流《なが》れに棹《さお》さす**
【意味】大勢《たいせい》に逆《さか》らわずに、うまくやっていくこと。
※「時流《じりゅう》に逆《さか》らう」という意味ではないので注意！
【用例】この時期に流れに棹さして、何とか成功を収めたい。

014. C□ **なかんずく** 〔類義語〕とりわけ
【意味】数ある物事の中でも
【用例】夏目漱石《なつめそうせき》の作品、なかんずく「それから」は評価が高く映画化もされている。

015. C□ **なきがら** 〔類義語〕しかばね

【意味】死体。魂《たましい》のぬけがら。
【用例】娘《むすめ》のなきがらを抱《だ》いて泣《な》きさけぶ戦時中の写真が忘《わす》れられない。

016. A□ 泣《な》き面《つら》に蜂《はち》

〔似《に》た意味のことわざ〕弱り目にたたり目
【意味】悪いことの上にさらに悪いことが重なること。
【用例】火事で家が全焼《ぜんしょう》したうえに、交通事故にあってしまった。まったく泣き面に蜂だ。

017. B□ 泣《な》き寝入《ねい》り

【意味】ひどい目にあわされながら、そのままあきらめること。
【用例】A君に暴力をふるわれて泣き寝入りしてはいけないよ。

018. A□ 泣く子と地頭《じとう》には勝てぬ

【意味】理屈《りくつ》の分からない子どもや権力者とは争ってもむだである。

【用例】あの社長が相手なら今回はあきらめたほうがいいね。昔から泣く子と地頭には勝てぬと相場《そうば》が決まっているだろう。

019. A□ なくて七癖《ななくせ》

【意味】人はだれでもいくつかの癖《くせ》を持っている。
【用例】なくて七癖というが、どんな人でも自分では気づかない癖はあるものだ。

020. B□ なけなし

【意味】あるかないかわからないほどわずかなこと。
【用例】なけなしの貯金をはたいて、安い中古車を買った。

021. A□ 和《なご》む

【意味】心や表情がおだやかになる。
【用例】おっとりした性格のAさんといると心が和むよ。

022. A□ 名残《なごり》

【意味】物事がすんだあとに、その様子や気分がまだ残っていること。
【用例】このあたりは、まだ昭和《しょうわ》時代の名残をとどめている。

023. A□ 情《なさ》けは人のためならず

【意味】人に親切にしておくと、めぐりめぐって自分のところに返ってくるものだから、人には親切にしておいたほうがよい。
※「中途半端《ちゅうとはんぱ》な優《やさ》しさは相手を甘《あま》やかすことになり、その人のためにならない」という意味ではない！
【用例】情けは人のためならずというから、知り合いのA君を助けることにしよう。

024. B□ なし崩《くず》し

【意味】物事を少しずつ片づけること。
【用例】A君に借りていたお金をなし崩しに返す。

025. B□ なしのつぶて

【意味】便《たよ》りを出しても、おとさたのないこと。
【用例】数年前に会って以来、彼からはなしのつぶてだ。

026. B□ なじる 〔類義語〕非難《ひなん》する

【意味】相手の悪いところをとがめる。
【用例】他人のミスをなじるのはよくないことだ。

027. B□ なぞらえる

【意味】あるものを他のものにたとえる。似せる。
【用例】人生を旅になぞらえることはよくあることだ。

028. C□ 名《な》だたる

【意味】有名な。名前を知られた。
【用例】最近は海外の名だたる著名人が、続いて来日する。

029. A□ 七転《ななころ》び八起《やお》き 〔類義語〕不退転《ふたいてん》

【意味】何度失敗してもくじけずにがんばること。
【用例】私の人生をふりかえれば失敗の連続で、七転び八起きの人生だった。

030. B□ なまじ

【意味】中途半端《ちゅうとはんぱ》な様子。いいかげん。

【用例】人に物を教える際に、相手がなまじ知っていることだと、かえって困ることがある。

031. B□ **生半可《なまはんか》**
【意味】不十分であること。〔類義語〕中途半端《ちゅうとはんぱ》
【用例】そんな生半可な勉強ではA中学の合格はおぼつかないよ。

032. B□ **生兵法《なまびょうほう》は大怪我《おおけが》のもと**
【意味】中途半端《ちゅうとはんぱ》な知識や技術などがあると、かえって大きな失敗をするということ。

【用例】生兵法は大怪我のもとというから、きちんと専門家《せんもん》の指導《しどう》を受けた方がよいね。

033. A□ **生返事《なまへんじ》**
【意味】はっきりしない返事。気のない返事。

【用例】何度たずねても生返事しか返ってこない。

034. B□ **波風《なみかぜ》を立てる**
【意味】もめごとや争いごとを持ちこむ。

【用例】クラスでわざわざ波風を立てることはしたくない。

035. B□ **なみなみ**
【意味】液体が容器からあふれてこぼれそうなほどいっぱいある様子。

【用例】酒豪《しゅごう》（＝大酒飲み）の父はなみなみと酒をついだ。

036. A□ **習《なら》うより慣《な》れよ**
【意味】人に教えられるよりも、実際に経験を重ねた方がよく覚えられるということ。

【用例】習うより慣れよというが、英語が苦手だったAさんもアメリカで暮《く》らすようになってから流暢《りゅうちょう》な英語を話せるようになった。

037. C□ **奈落《ならく》の底《そこ》**
【意味】二度と立ち上がれない境遇《きょうぐう》。抜《ぬ》け出せないほど困難な状態。

【用例】親友が亡くなったと聞き、奈落の底に突《つ》き落とされた。

038. B□ **鳴《な》り物入《ものい》り**
【意味】大げさに宣伝《せんでん》すること。

【用例】A選手は鳴り物入りでジャイアンツに入団した。

039. B□ **鳴《な》りをひそめる**
【意味】物音をおさえたり、表立った行動をせずおとなしくしたりすること。

【用例】警察《けいさつ》の検挙《けんきょ》により、犯罪組織《はんざいそしき》が鳴りをひそめている。

040. A□ **なれなれしい**
【意味】特に親しくないのに親しそうにふるまって遠慮《えんりょ》しないさま。

【用例】Aさんとは初めて会ったのに、みょうになれなれしい。

041. C□ **なれの果《は》て**
【意味】落ちぶれた結果のみじめな状態やその姿《すがた》。

【用例】かつては人気歌手だったA氏のなれの果ては見たくなかった。

042. A□ **名をあげる**
【意味】（良いことをして）有名になる。

【用例】人命を救助したことがテレビで報じられ、名をあげる。

043. B□ **名《な》をはせる**
【意味】名前が広く知られる。

【用例】彼女の美しさは他校まで名をはせるほどであった。

044. B□ **難色《なんしょく》を示《しめ》す**
【意味】賛成《さんせい》できないという顔つき。不賛成の態度。

【用例】私の提案に対してA氏はあからさまに難色を示した。

045. B□ **ナンセンス**
【意味】無意味なこと。ばかげたこと。

【用例】そんなナンセンスな話は信じられるわけがない。

046. A□ **南船北馬《なんせんほくば》**

【意味】あちこちを旅行すること。昔の中国では南部は船で移動し、北部は馬で移動したことから。

【用例】講演会のため、A氏は北海道から沖縄まで移動し、南船北馬のようであった。

に

047. A□ にえきらない 〔類義語〕優柔不断《ゆうじゅうふだん》
【意味】考えや態度がはっきりしない。
【用例】私の提案に対して、Aさんはにえきらない返事をした。

048. C□ 煮《に》え湯《ゆ》を飲まされる
【意味】信じていた人に裏切《うらぎ》られて、ひどい目にあわされる。
【用例】友人のA君に煮え湯を飲まされて、人間不信になった。

049. B□ 仁王立《におうだ》ち
【意味】力強くどっしりと気迫《きはく》をもって立つこと。
【用例】門限《もんげん》を過《す》ぎて帰宅した私の前に父は仁王立ちになった。

050. A□ 二階から目薬《めぐすり》
〔似《に》た意味のことわざ〕天井《てんじょう》から目薬
【意味】思うようにいかなくてじれったい。
【用例】彼にやさしく注意したのでは、二階から目薬で効き目がない。

051. A□ 荷《に》が重い
【意味】責任《せきにん》や負担《ふたん》が大きすぎる。
【用例】あの仕事の責任者だなんて、私には荷が重いよ。

052. B□ 苦虫《にがむし》をかみつぶしたような
【意味】ひどく不愉快《ふゆかい》な顔をする。
【用例】大失敗を犯し、A君は苦虫をかみつぶしたような顔をした。

053. C□ 二極化《にきょくか》（二極分化《にきょくぶんか》）
【意味】中心となる勢力がはっきりと二つに分かれること。
【用例】今回の政策によって、金持ちと貧しい人に二極化した。

054. C□ 肉薄《にくはく》
【意味】競争などで目標とするものや相手などにせまること。
【用例】目標としていたライバルの順位に肉薄する。

055. B□ 逃《に》げ腰《ごし》になる
【意味】困難《こんなん》や責任《せきにん》などをのがれようとする態度。
【用例】A君は威勢《いせい》のいいことを言っておきながらも、いざとなると逃げ腰になる。

056. A□ 二束三文《にそくさんもん》
【意味】（たくさんあっても）ただ同然の安い値段であること。
【用例】古本はたくさん売っても二束三文にしかならない。

057. A□ 二足《にそく》のわらじをはく
【意味】二つの職業を兼《か》ねること。
【用例】Aさんは医者と音楽家という二足のわらじをはいている。

058. A□ 日常茶飯事《にちじょうさはんじ》
【意味】ふつうのごくありふれたこと。
【用例】都心部での交通渋滞《じゅうたい》は日常茶飯事といえる。

059. B□ 似《に》つかわしい
【意味】ふさわしい。よく似合《にあ》っている。
【用例】京都の町並《まちな》みには似つかわしくない建造物があった。

060. A□ 日進月歩《にっしんげっぽ》
【意味】絶《た》えず進歩すること。
【用例】科学技術は日進月歩の発展をとげている。

061. C□ にっちもさっちも
〔類義語〕どうにもこうにも
【意味】物事がいきづまって動きがとれないさま。
【用例】計画を実行する予算が足りなくて、にっちもさっちも行かないようだ。

062. B□ 煮詰《につ》まる

【意味】時間をかけて議論を重ねて、間もなく結論が出る状態。

※「いきづまる」という意味ではないので注意！

【用例】長時間の話し合いで内容が煮詰まり、後は結論を出すのみとなった。

063. C□ 煮《に》ても焼《や》いても食《く》えない

【意味】どうにも手に負えない。どうしようもない。

【用例】彼は人の意見をまったく聞こうとしない頑固者《がんこもの》で、煮ても焼いても食えないやつだ。

064. A□ 二兎《にと》を追う者は一兎《いっと》をも得《え》ず

〔同じ意味のことわざ〕あぶはちとらず

【意味】同時に二つのことをしようと欲張《よくば》ってもうまくいかない。

【用例】勉強も野球もと欲張《よくば》ると二兎を追う者は一兎をも得ずで、どちらも中途半端《ちゅうとはんぱ》になってしまう。

065. A□ 二《に》の足《あし》を踏《ふ》む

〔類義語〕躊躇《ちゅうちょ》する　逡巡《しゅんじゅん》する

【意味】悪い結果が予想されるので、決断するのをためらう。

【用例】値段の高い物だったので、すぐ買うことに二の足を踏んだ。

066. A□ 二《に》の句《く》が継《つ》げない

〔類義語〕閉口《へいこう》する

【意味】あきれて次に言うべき言葉が出てこない。

【用例】A君のふてぶてしい態度にはあきれて、二の句が継げなかった。

067. B□ 二《に》の舞《まい》（を演《えん》じる）

【意味】前の人と同じ失敗をくり返すこと。

【用例】そんなに練習をさぼっていると、試合でA先輩の二の舞を演じることになるよ。

068. B□ 二番煎《にばんせん》じ

【意味】前にやったことをまねること。目新しさのないもの。

【用例】ヒット作をまねた二番煎じのドラマはおもしろみがない。

069. C□ にべもなく

〔類義語〕取りつく島がない

【意味】愛想《あいそ》がなく、取りつきようがない。

【用例】彼女はぼくの真剣《しんけん》な誘《さそ》いを、にべもなく断った。

070. A□ 二枚舌《にまいじた》

【意味】うそを言うこと。

【用例】彼は先生にも二枚舌を使い、まんまとだまし通した。

071. C□ にやける

【意味】男がなよなよと女のようにふるまう。

※本来は「薄笑《うすわら》いを浮かべる」という意味はない！

【用例】にやけた男がこちらに向かって歩いてきた。

072. C□ ニュアンス

【意味】色合いや調子、意味などの微妙《びみょう》な感じ。

【用例】言葉のニュアンスがうまく相手に伝わらない。

073. C□ ニュートラル

【意味】対立する二者のどちらにも属《ぞく》さないこと。中立。

【用例】私はどちらの味方というわけではなく、ニュートラルな立場です。

074. C□ 柔和《にゅうわ》

【意味】性格や顔つきなどがおだやかであること。

【用例】A氏は柔和な顔をして、ぼくに近づいてきた。

075. B□ 如実《にょじつ》

【意味】ありのまま。現実の通りであること。

【用例】歴史の真相《しんそう》を如実に物語《ものがた》る数々の証拠《しょうこ》が発見された。

076. C□ 二律背反《にりつはいはん》〔類義語〕アンチノミー
【意味】二つの主張は対立《たいりつ》、矛盾《むじゅん》する内容だが、一方でいずれもそれなりの理由があり、筋《すじ》が通っている。

【用例】A先生は受験勉強に恋愛は禁物《きんもつ》だと言う。でも、B先生は恋をすることで勉強だってがんばれるんだと言う。まさに二律背反だ。

077. A□ にわかに
【意味】突然。急に。

【用例】空がにわかにくもり、雨が降り出した。

078. B□ 任意《にんい》
【意味】心のままにまかせる。

【用例】この中から好きなものを任意でお選びください。

079. A□ 認識《にんしき》
【意味】物事の本当のことをよく知り、見分けること。また、そうして得た知識。

【用例】日本の近代史についての認識を深める。

080. B□ にんまり
【意味】予想通りに物事が進んで、思わず満足そうな笑顔になる様子。

【用例】ライバルが脱落《だつらく》していくのを見て、してやったりと一人でにんまりする。

ぬ

081. C□ ぬかずく
【意味】ひたいが地につくほど深く頭を下げておじぎをする。

【用例】神前《しんぜん》にぬかずいてお祈りをする。

082. A□ ぬかに釘《くぎ》
〔同じ意味のことわざ〕のれんに腕《うで》押し　とうふにかすがい
【意味】何の手ごたえもないこと。
【用例】いくらA君に注意しても、ぬかに釘で効き目がない。

083. B□ ぬか喜び
【意味】あてがはずれて、あとでがっかりするような一時的な喜び。

【用例】二次審査《しんさ》があるのに、合格したと早合点《はやがてん》してしまい、ぬか喜びに終わった。

084. C□ ぬかり
【意味】油断。不注意による失敗。

【用例】会議の資料をぬかりないように準備しよう。

085. B□ 抜《ぬ》き足《あし》差《さ》し足《あし》
【意味】音をたてないようにそっと歩くこと。

【用例】抜き足差し足忍《しの》び足でA君に近づいた。

086. B□ ぬきさしならない
〔類義語〕のっぴきならない
【意味】身動きできない。どうしようもない。
【用例】自分の犯したミスから、ぬきさしならない状況《じょうきょう》におちいっている。

087. A□ ぬけぬけ〔類義語〕ずうずうしい
【意味】あつかましいことを平気でするさま。

【用例】よくも私の前でぬけぬけとうそをつけるものだね。

088. A□ 抜《ぬ》け目がない
【意味】すばしこく要領《ようりょう》がよい。

【用例】おつかいをして、ちゃっかりお駄賃《だちん》をもらうとは弟は抜け目がないね。

089. C□ 盗《ぬす》（っ）人《と》猛々《たけだけ》しい
〔類義語〕ふてぶてしい　ずうずうしい
【意味】悪事を働きながら、平然《へいぜん》としているさま。
【用例】テストでカンニングしておきながら開き直るとは、盗っ人猛々しい。

090. B□ ぬるま湯《ゆ》につかる
【意味】刺激《しげき》や緊張《きんちょう》のない生活に甘《あま》んじて、のんきに過ごすこと。

【用例】ぬるま湯につかるような今の生活は、たしかに気楽だが自分を成長させることにならない。

091. A□ 濡《ぬ》れ衣《ぎぬ》
【意味】何も悪いことをしていないのに、悪いことをしたようにされてしまうこと。無実の罪。

【用例】悪いことをしていないのに仲間に濡れ衣を着せられる。

092. A□ **濡《ぬ》れ手で粟《あわ》**
〔似《に》た意味のことわざ〕えびでたいをつる
【意味】苦労しないでやすやすと大もうけをすること。
【用例】濡れ手で粟で大もうけできる商売はあやしいと思わないといけない。

ね

093. B□ **願《ねが》い下《さ》げ**
【意味】たのまれても断《ことわ》ること。

【用例】そんなくだらない仕事はこっちから願い下げだよ。

094. B□ **ネガティブ**
【意味】否定《ひてい》的。消極的。〔対義語〕ポジティブ
【用例】きみはそのネガティブな生き方を改めないと、幸せにはなれないよ。

095. A□ **労《ねぎら》う**
【意味】その人の苦労をいたわり、なぐさめる。

【用例】がんばってくれた下級生に、労《ねぎら》い（＝「労う」の名詞）の言葉をかける。

096. B□ **猫《ねこ》かわいがり**
〔類義語〕溺愛《できあい》、過保護《かほご》
【意味】むやみにかわいがって甘《あま》やかすこと。
【用例】祖父は孫《まご》を猫かわいがりして甘やかすので良くない。

097. B□ **根《ね》こそぎ**
【意味】残らず。全部。そっくり。

【用例】倉庫にあった品物が根こそぎ盗《ぬす》まれた。

098. B□ **猫《ねこ》なで声**
【意味】人の機嫌《きげん》をとるときに出す、甘《あま》くこびるようなやさしい声。

【用例】Aさんの機嫌《きげん》が悪そうなので、猫なで声で話しかけた。

099. A□ **猫《ねこ》にかつおぶし**
【意味】好物を近くに置いては油断がならないということ。

【用例】手癖《てぐせ》が悪いA君の前に財布《さいふ》を置いて席を外すなんて、猫にかつおぶしで、きみはどうかしているよ。

100. A□ **猫《ねこ》に小判《こばん》**
〔似《に》た意味のことわざ〕豚《ぶた》に真珠《しんじゅ》
【意味】値打ちのあるものを与えても、価値の分からない人にはむだで何の役にも立たない。
【用例】こんな高級時計をプレゼントしても、ぼくの弟には猫に小判だと思うよ。

101. A□ **猫《ねこ》の手も借りたい**
【意味】忙《いそが》しくて、人手が足りない。

【用例】年末の大掃除《そうじ》で、猫の手も借りたいほど忙《いそが》しいよ。

102. A□ **猫《ねこ》の額《ひたい》**
【意味】ひどくせまいこと。

【用例】都心では猫の額ほどの土地でも高値《たかね》だ。

103. A□ **猫《ねこ》の目《め》**
【意味】物事の変わりやすいこと。

【用例】A氏が社長に就任《しゅうにん》してから、会社の方針《ほうしん》が猫の目のように変わるようになった。

104. B□ **猫《ねこ》も杓子《しゃくし》も**
【意味】みんな同じようなことをする様子。

【用例】若者は猫も杓子も、はやっていることをしたがるものだ。

105. A□ **猫《ねこ》をかぶる**
〔類義語〕借りてきた猫のよう
【意味】本当の性質をかくして、人の前でおとなしくしている。
【用例】先生の前では猫をかぶっているが、本当は自分勝手な子だ。

106. B□ **ねずみ算《ざん》式** 【類義語】雪だるま式
【意味】急速に増加していくことのたとえ。

【用例】好景気の中、次々と店を開き、ねずみ

算式に売り上げが増えていった。

107. C□ 寝《ね》た子を起《お》こす
【意味】せっかく収《おさ》まっていた事態を余計な手出しをして、まためんどうな問題を起こすこと。

【用例】ようやくみんなが納得してくれたのだから、今さら寝た子を起こすようなことは言うべきではない。

108. A□ ねだる 〔類義語〕せがむ
【意味】甘えたり無理を言ったりして、欲しがる。

【用例】幼《おさな》い弟は目についたおもちゃをすぐ親にねだる。

109. A□ ねちねち
【意味】態度《たいど》や言動がしつこくて、さっぱりしていない様子。

【用例】Aさんはぼくが失敗したことをいつまでもねちねちと言う。

110. A□ 根《ね》に持つ
【意味】うらみに思っていつまでも忘れないでいる。

【用例】A君は十年前のことをまだ根に持っているらしい。

111. A□ 根《ね》掘《ほ》り葉《は》掘《ほ》り
【意味】細かいことまで徹底《てってい》的に。こまごまとしつこく。

【用例】友人と口論《こうろん》になったいきさつを、親から根掘り葉掘り聞かれた。

112. B□ 根回《ねまわ》し
【意味】交渉や話し合いなどで事がうまく運ぶように、前もって関係者に話をつけておくこと。

【用例】今回の話し合いは関係者に根回ししてあったため、もめることなくあっさりとまとまった。

113. A□ 寝耳《ねみみ》に水
〔同じような意味の語〕青天《せいてん》の霹靂《へきれき》　やぶから棒《ぼう》
【意味】急なことにびっくりする。
【用例】明日引っ越《こ》すなんて言われても、寝耳に水だよ。

114. A□ ねめつける
【意味】にらみつける。

【用例】あまりの悔《くや》しさに太郎は次郎をねめつけた。

115. A□ 根《ね》も葉《は》もない
〔類義語〕事実無根《むこん》
【意味】何の根拠《こんきょ》もない。
【用例】A君に関する根も葉もないうわさが学校中に広まる。

116. A□ 音《ね》を上げる 〔類義語〕弱音《よわね》をはく
【意味】苦しさにこらえきれず降参《こうさん》する。

【用例】運動場を十周走らされただけで音を上げるなんて情けない。

117. B□ 年季《ねんき》が入《はい》る
【意味】長い間つとめて得た腕《うで》やわざが熟達《じゅくたつ》していて確かである。

【用例】Aさんは料理人になって四十年以上のベテランで、年季の入ったわざを発揮《はっき》している。

118. C□ ねんごろ
【意味】親切な様子。ていねいな様子。

【用例】大切なお客さんをねんごろにもてなした。

119. C□ 捻出《ねんしゅつ》
【意味】やりくりして金銭《きんせん》や時間を作ること。知恵《ちえ》をしぼって考え出すこと。

【用例】何とか旅行の費用を捻出する。

120. A□ 念《ねん》を押《お》す
【意味】まちがいがないかもう一度確かめる。

【用例】このことは口外《こうがい》しないようにと念を押す。

の

121. A□ 能《のう》ある鷹《たか》は爪《つめ》かくす
【意味】本当に実力のあるものは、やたらにそれを現わさないものだというたとえ。

【用例】まさかきみがこんなにギターが上手だとは、能ある鷹は爪かくすだね。

122. B□ 能書《のうが》き
【意味】自分の得意なことやすぐれた点などを大げさに言いふらす言葉。

【用例】能書きを並び立ててないで、早く仕事にとりかかりなさい。

123. B□ 能天気《のうてんき》〔類義語〕軽薄《けいはく》
【意味】考えが浅くて、軽薄《けいはく》なさま。また、そのような人。

【用例】緊急事態だというのに、能天気なAさんにはほとほと呆《あき》れるよ。

124. A□ 能動《のうどう》的
〔類義語〕主体《しゅたい》的、自発《じはつ》的、自律《じりつ》的
〔対義語〕受動《じゅどう》的
【意味】自分から働きかけるさま。
【用例】受験勉強には、受動的ではなく能動的な姿勢《しせい》が不可欠《ふかけつ》である。

125. B□ のうのうと
【意味】何の心配もなくのんびりしているさま。

【用例】人に迷惑《めいわく》をかけても気にせず、のうのうと暮《く》らしている。

126. B□ ノウハウ
【意味】技術的な知識や情報。物事のやり方やこつ。

【用例】A塾は生徒を合格させるためのノウハウを持っている。

127. B□ 軒並《のきな》み
【意味】どこもかしこも。一様《いちよう》に。

【用例】事故で電車が軒並み遅れているらしい。

128. B□ 軒《のき》を連《つら》ねる（軒《のき》を並《なら》べる）
【意味】家々が建てこんで隣接《りんせつ》している。

【用例】このあたりは高級レストランが軒を連ねている場所として知られている。

129. A□ のこのこ
【意味】都合《つごう》の悪いところに平気で現れる様子。

【用例】Aさんは待ち合わせ時刻に遅れてのこのこ現れた。

130. B□ 残《のこ》り物《もの》には福《ふく》がある
【意味】人が取り残した物の中には思いがけなく良い物がある。

【用例】残り物には福があるというから、最後に残ったくじに期待しよう。

131. C□ のしをつける
【意味】喜んで人に何かをあげるという気持ちを表す言葉。
※皮肉をこめて使われることもある。
【用例】こんなものでも喜んでもらえるなら、のしをつけてあげるよ。

132. C□ ノスタルジー（ノスタルジア）
〔類義語〕郷愁《きょうしゅう》　望郷《ぼうきょう》の念《ねん》
【意味】故郷《こきょう》を懐《なつ》かしむ気持ち。また、過ぎ去った昔を懐《なつ》かしむ気持ち。
【用例】昔の写真を見て、ノスタルジーを感じる。

133. A□ のそのそ
【意味】動作がにぶく、ゆっくりしているさま。

【用例】弟は昼近くになって、ようやくのそのそ起き出してきた。

134. B□ のっぴきならない
〔類義語〕ぬきさしならぬ
【意味】どうにもならない。
【用例】のっぴきならない用事で、会議には出席できなかった。

135. A□ 喉《のど》から手が出る
【意味】欲《ほ》しくてたまらない様子。

【用例】兄からプレゼントされたゲームソフトは喉から手が出るほど欲しかったものだ。

136. A□ 喉元《のどもと》過《す》ぎれば熱さを忘れる
【意味】苦しかったことも過ぎ去ればまったく忘れてしまうことのたとえ。

【用例】喉元過ぎれば熱さを忘れるというが、A君はあれだけ苦しんだテストの後は遊んでばかりいる。

137. A□ ののしる

【意味】大声で非難する、口ぎたなく悪口を言う。
【用例】真夜中に近所で口ぎたなくののしる声が聞こえた。

138. B□ **のべつ幕《まく》なし** ※「のべつくま(×)なし」は誤り！
【意味】休む間もなく続く様子。
【用例】今日は人手不足で、朝からのべつ幕なしに働かされた。

139. B□ **野放図《のほうず》** 〔類義語〕傍若無人《ぼうじゃくぶじん》
【意味】勝手にふるまう態度。しまりがないさま。
【用例】高度経済成長期に公害が野放図に広がり、社会問題となった。

140. B□ **のらりくらり**
【意味】態度《たいど》などがはっきりせず、とらえどころがないさま。
【用例】周りの人から問いつめられても、のらりくらりと言い逃《のが》れる。

141. A□ **乗りかかった船**
【意味】一度始めてしまい、途中でやめられない様子。
【用例】どうせ乗りかかった船だから、最後まできみの仕事を手伝うよ。

142. C□ **のるかそるか**
【意味】成功するか、失敗するか。いちかばちか。
【用例】のるかそるか、とにかく行動に移してみよう。

143. A□ **のれんに腕押《うでお》し**
〔似《に》た意味のことわざ〕ぬかに釘《くぎ》 とうふにかすがい
【意味】手応《ごた》えがないことのたとえ。
【用例】母におこづかいを増やしてほしいと頼《たの》んでみても、のれんに腕押しだった。

144. C□ **のろしをあげる**
【意味】大きなことを起こすきっかけとなる目立った行動をする。
【用例】相手チームに攻《せ》めこまれていたが、反撃《はんげき》ののろしをあげた。

〔問題〕次の文章の空らんに適語《てきご》を入れましょう。
・■には漢字、●にはひらがな、◆にはカタカナが一字ずつ入ります。
・［　］は字数指定はありません。
・同じ問題番号には共通する言葉が入ります。
・（　）は当てはまる言葉の意味を表します。言葉の意味がないものもあります。
・解答は前ページの語彙リストを参考にしましょう。語彙リストと番号は同じにしてあります。

001. C□ 入試が近づくと生徒たちは往往《おうおう》にしてナ◆◆スになる。（神経質《しんけいしつ》なさま。神経過敏《しんけいかびん》なさま）

002. C□ 彼はナ◆◆ブな少年なので、少し非難されただけでも傷つきやすい。（感じ方や考え方が素直なさま。また、感じやすい性質）

003. B□ 経験豊かなA先生の意見をない●●ろにするとは！（いいかげんにあつかう様子）

004. C□ 学生時代のA君は■向的な性格だったが、今はずいぶん社交的になった。（自分の気持ちの中にとじこもりがちなこと）

005. C□ Aさんが成功できたのは内助の■があったからだ。（表立たずに内部から援助《えんじょ》すること。特に夫が外で仕事をしやすいように妻が家庭内から手助けをすること）

006. B□ 君《きみ》の借金の肩《かた》代わりをしたいが、ない●●は振《ふ》れないからね。

007. B□ リアルな夢を見て、目が覚めても現実と●●まぜになった。

008. C□ 今から勉強しようと思っていたのに、そんなことを言われたら気力が●●るよ。（意気込みがぬけて、ぐったりとする）

009. B□ 親しい間柄《あいだがら》であっても、礼儀作法《れいぎさほう》を●●ざりにしてはならない。（物事をいいかげんにしておくこと。おろそかにすること）

010. A□ こちらのプランの方が長い■で見れば得《とく》だ。（今の状態《じょうたい》だけで判断せず、将来《しょうらい》まで考えに入れて見る）

011. A□ 長い物には■かれろというが、この会社に長くいたいのならA部長には逆《さか》らわない方がよいよ。

012. A□ となりに住んでいる老夫婦はいつも仲●●●じくて、すてきだなあ。（間柄《あいだがら》や関係が親密《しんみつ》である。仲が良い）

013. B□ この時期に流れに●●さして、何とか成功を収めたい。（大勢に逆らわずに、うまくやっていくこと）

014. C□ 夏目漱石《なつめそうせき》の作品、な●●ずく「それから」は評価が高く映画化もされている。（数ある物事の中でも）

015. C□ 娘《むすめ》のなき●●を抱《だ》いて泣《な》きさけぶ戦時中の写真が忘《わす》れられない。（死体）

016. A□ 火事で家が全焼《ぜんしょう》したうえに、交通事故にあってしまった。まったく泣き面に●●だ。

017. B□ A君に暴力をふるわれて泣き●●●してはいけないよ。（ひどい目にあわされながら、そのままあきらめること）

018. A□ あの社長が相手なら今回はあきらめたほうがいいね。昔から泣く子と■■には勝てぬと相場《そうば》が決まっているだろう。

019. A□ なくて■癖《くせ》というが、どんな人でも自分では気づかない癖はあるものだ。

020. B□ なけ●●の貯金をはたいて、安い中古車を買った。
(あるかないかわからないほどわずかなこと)

021. A□ おっとりした性格のAさんといると心が■むよ。
(心や表情がおだやかになる)

022. A□ このあたりは、まだ昭和《しょうわ》時代の■残をとどめている。(物事がすんだあとに、その様子や気分がまだ残っていること)

023. A□ 「　」は人のためならずというから、知り合いのA君を助けることにしよう。

024. B□ A君に借りていたお金をなし●●●に返す。
(物事を少しずつ片づけること)

025. B□ 数年前に会って以来、彼からはなしの●●●だ。
(便《たよ》りを出しても、おとさたのないこと)

026. B□ 他人のミスをな●るのはよくないことだ。
(相手の悪いところをとがめる)

027. B□ 人生を旅にな●●えることはよくあることだ。
(あるものを他のものにたとえる)

028. C□ 最近は海外の名だ●●著名人が、続いて来日する。
(有名な。名前を知られた)

029. A□ 私の人生をふりかえれば失敗の連続で、■転び■起きの人生だった。

030. B□ 人に物を教える際に、相手がな●●知っていることだと、かえって困ることがある。(中途半端な様子。いいかげん)

031. B□ そんな生■可な勉強ではA中学の合格はおぼつかないよ。
(不十分であること)

032. B□ ■■■は大怪我《おおけが》のもとというから、きちんと専門《せんもん》家の指導《しどう》を受けた方がよいね。

033. A□ 何度たずねても■返事しか返ってこない。
(はっきりしない返事。気のない返事)

034. B□ クラスでわざわざ波■を立てることはしたくない。
(もめごとや争いごとを持ちこむ)

035. B□ 酒豪《しゅごう》(＝大酒飲み)の父はな●な●と酒をついだ。
(液体が容器からあふれてこぼれそうなほどいっぱいある様子)

036. A□ 習うより「　」というが、英語が苦手だったAさんもアメリカで暮《く》らすようになってから流暢《りゅうちょう》な英語を話せるようになった。

037. C□ 親友が亡くなったと聞き、な●●の底に突《つ》き落とされた。
(二度と立ち上がれない境遇《きょうぐう》。抜《ぬ》け出せないほど困難な状態)

038. B□ A選手は●●物入りでジャイアンツに入団した。
(大げさに宣伝《せんでん》すること)

039. B□ 警察《けいさつ》の検挙《けんきょ》により、犯罪組織《はんざいそしき》が鳴りを●●めている。
(表立った行動をせずおとなしくすること)

040. A□ Aさんとは初めて会ったのに、みょうにな●な●しい。
(特に親しくないのに親しそうにふるまって遠慮《えんりょ》しないさま)

041. C□ かつては人気歌手だったA氏の●●の果ては見たくなかった。(落ちぶれた結果のみじめな状態やその姿《すがた》)

042. A□ 人命を救助したことがテレビで報じられ、■をあげる。

043. B□ 彼女の美しさは他校まで名を●●るほどであった。

(名前が広く知られる)

044. B□ 私の提案に対してA氏はあからさまに■色を示した。(賛成《さんせい》できないという顔つき。不賛成の態度)

045. B□ そんなナ◆◆◆スな話は信じられるわけがない。(無意味なこと。ばかげたこと)

046. A□ 講演会のため、A氏は北海道から沖縄まで移動し、南■北■のようであった。(あちこちを旅行すること)

047. A□ 私の提案に対して、Aさんはに●●らない返事をした。(考えや態度がはっきりしない)

048. C□ 友人のA君に●●湯を飲まされて、人間不信になった。(信じていた人に裏切《うらぎ》られて、ひどい目にあわされる)

049. B□ 門限《もんげん》を過《す》ぎて帰宅した私の前に父は仁■立ちになった。(力強くどっしりと気迫《きはく》をもって立つこと)

050. A□ 彼にやさしく注意したのでは、二階から■■で効き目がない。

051. A□ あの仕事の責任者だなんて、私には■が重いよ。(責任《せきにん》や負担《ふたん》が大きすぎる)

052. B□ 大失敗を犯し、A君は■■をかみつぶしたような顔をした。(ひどく不愉快《ふゆかい》な顔をする)

053. C□ 今回の政策によって、金持ちと貧しい人に二■化した。(中心となる勢力がはっきりと二つに分かれること)

054. C□ 目標としていたライバルの順位に■薄《はく》する。(競争などで目標とするものや相手などにせまること)

055. B□ A君は威勢《いせい》のいいことを言っておきながらも、いざとなると逃げ●●になる。(困難《こんなん》や責任《せきにん》などをのがれようとする態度)

056. A□ 古本はたくさん売っても■束■文にしかならない。

057. A□ Aさんは医者と音楽家という二足の●●●をはいている。

058. A□ 都心部での交通渋滞《じゅうたい》は日常■■事といえる。(ふつうのごくありふれたこと)

059. B□ 京都の町並《まちな》みには似《に》つ●●しくない建造物があった。(ふさわしい。よく似合《にあ》っている)

060. A□ 科学技術は■進■歩の発展をとげている。(絶《た》えず進歩すること)

061. C□ 計画を実行する予算が足りなくて、にっちも●●●も行かないようだ。(物事がいきづまって動きがとれないさま)

062. B□ 長時間の話し合いで内容が煮《に》●●り、後は結論を出すのみとなった。(時間をかけて議論を重ねて、間もなく結論が出る状態)

063. C□ 彼は人の意見をまったく聞こうとしない頑固者《がんこもの》で、煮《に》ても●●●も食えないやつだ。(どうにも手に負えない)

064. A□ 勉強も野球もと欲張《よくば》ると■兎《と》を追う者は■兎をも得ずで、どちらも中途半端《ちゅうとはんぱ》になってしまう。

065. A□ 値段の高い物だったので、すぐ買うことに二の■を踏《ふ》んだ。

066. A□ A君のふてぶてしい態度にはあきれて、二の■が継《つ》げなかった。(あきれて次に言うべき言葉が出てこない)

067. B□ そんなに練習をさぼっていると、試合でA先輩の二の●●を演じることになるよ。(前の人と同じ失敗をくり返すこと)

068. B□ ヒット作をまねた■■煎《せん》じのドラマはおもしろみがない。

069. C□ 彼女はぼくの真剣《しんけん》な誘《さそ》いを、●●もなく断った。
(愛想《あいそ》がなく、取りつきようがない)
070. A□ 彼は先生にも二枚■を使い、まんまとだまし通した。
071. C□ ●●けた男がこちらに向かって歩いてきた。
(男がなよなよと女のようにふるまう)
072. C□ 言葉のニ◆◆◆スがうまく相手に伝わらない。
(色合いや調子、意味などの微妙《びみょう》な感じ)
073. C□ 私はどちらの味方というわけではなく、ニ◆◆◆ラルな立場です。(対立する二者のどちらにも属《ぞく》さないこと。中立)
074. C□ A氏は柔《にゅう》■な顔をして、ぼくに近づいてきた。
(性格や顔つきなどがおだやかであること)
075. B□ 歴史の真相《しんそう》を如《にょ》■に物語《ものがた》る数々の証拠《しょうこ》が発見された。
(ありのまま)
076. C□ A先生は受験勉強に恋愛は禁物《きんもつ》だと言う。でも、B先生は恋をすることで勉強だってがんばれるんだと言う。まさに二■背■だ。
077. A□ 空がに●●にくもり、雨が降り出した。(突然。急に)
078. B□ この中から好きなものを■意でお選びください。
(心のままにまかせる)
079. A□ 日本の近代史についての認■を深める。
(物事の本当のことをよく知り、見分けること)
080. B□ ライバルが脱落《だつらく》していくのを見て、してやったりと一人でに●ま●する。(予想通りに物事が進んで、思わず満足そうな笑顔になる様子)
081. C□ 神前《しんぜん》にぬ●●いてお祈りをする。
(ひたいが地につくほど深く頭を下げておじぎをする)
082. A□ いくらA君に注意しても、ぬかに●●で効き目がない。
083. B□ 二次審査《しんさ》があるのに、合格したと早合点《はやがてん》してしまい、●●喜びに終わった。(あとでがっかりするような一時的な喜び)
084. C□ 会議の資料をぬ●●ないように準備しよう。
(油断。不注意による失敗)
085. B□ 抜《ぬ》き足●●足忍《しの》び足でA君に近づいた。
(音をたてないようにそっと歩くこと)
086. B□ 自分の犯したミスから、ぬき●●ならない状況《じょうきょう》におちいっている。(身動きできない。どうしようもない)
087. A□ よくも私の前でぬ●ぬ●とうそをつけるものだね。
(あつかましいことを平気でするさま)
088. A□ おつかいをして、ちゃっかりお駄賃《だちん》をもらうとは弟は●●目がないね。(すばしこく要領《ようりょう》がよい)
089. C□ テストでカンニングしておきながら開き直るとは、盗《ぬす》っ人《と》●●●●しい。(悪事を働きながら、平然《へいぜん》としているさま)
090. B□ ●●●湯につかるような今の生活はたしかに気楽だが、自分を成長させることにならない。(緊張《きんちょう》のない生活に甘《あま》んじて、のんきに過ごすこと)
091. A□ 悪いことをしていないのに仲間に●●衣《ぎぬ》を着せられる。
092. A□ 濡《ぬ》れ手で●●で大もうけできる商売はあやしいと思わないといけない。
093. B□ そんなくだらない仕事はこっちからね●●下げだよ。
(たのまれても断《ことわ》ること)
094. B□ きみはそのネ◆◆◆ブな生き方を改めないと、幸せには

なれないよ。(否定的《ひてい》。消極的)
095. A□ がんばってくれた下級生に、ね●●いの言葉をかける。
(その人の苦労をいたわり、なぐさめる)
096. B□ 祖父は孫《まご》を●●かわいがりして甘やかすので良くない。
(むやみにかわいがって甘《あま》やかすこと)
097. B□ 倉庫にあった品物が根《ね》●●●盗《ぬす》まれた。(残らず。全部)
098. B□ Aさんの機嫌《きげん》が悪そうなので、猫《ねこ》●●声で話しかけた。
(人の機嫌《きげん》をとるときに出す、甘《あま》くこびるようなやさしい声)
099. A□ 手癖《てぐせ》が悪いA君の前に財布《さいふ》を置いて席を外すなんて、猫《ねこ》に●●●●●で、きみはどうかしているよ。(油断がならないこと)
100. A□ こんな高級時計をプレゼントしても、ぼくの弟には猫《ねこ》に■■だと思うよ。(値打ちのあるものを与えてもむだだ)
101. A□ 年末の大掃除《そうじ》で、猫《ねこ》の■も借りたいほど忙《いそが》しいよ。
102. A□ 都心では猫《ねこ》の■ほどの土地でも高値《たかね》だ。
(ひどくせまいこと)
103. A□ A氏が社長に就任《しゅうにん》してから、会社の方針《ほうしん》が猫《ねこ》の■のように変わるようになった。(物事の変わりやすいこと)
104. B□ 若者は猫《ねこ》も●●●●も、はやっていることをしたがるものだ。(みんな同じようなことをする様子)
105. A□ 先生の前では猫《ねこ》を●●●ているが、本当は自分勝手な子だ。(本当の性質をかくして、人の前でおとなしくしている)
106. B□ 好景気の中、次々と店を開き、●●●算式に売り上げが増えていった。(急速に増加していくことのたとえ)
107. C□ ようやくみんなが納得してくれたのだから、今さら●●子を起こすようなことは言うべきではない。(せっかく収《おさ》まっていた事態を余計な手出しをして、またもめんどうな問題を起こすこと)
108. A□ 幼《おさな》い弟は目についたおもちゃをすぐ親に●●る。
(甘《あま》えたり無理を言ったりして、欲しがる)
109. A□ Aさんはぼくが失敗したことをいつまでもね●ね●と言う。(態度《たいど》や言動がしつこくて、さっぱりしていない様子)
110. A□ A君は十年前のことをまだ■に持っているらしい。
(うらみに思っていつまでも忘れないでいる)
111. A□ 友人と口論《こうろん》になったいきさつを、親から■掘《ほ》り■掘り聞かれた。
112. B□ 今回の話し合いは関係者に根《ね》●●●してあったため、もめることなくあっさりとまとまった。(交渉《こうしょう》や話し合いなどで事がうまく運ぶように、前もって関係者に話をつけておくこと)
113. A□ 明日引っ越《こ》すなんて言われても、寝耳に■だよ。
(急なことにびっくりする)
114. A□ あまりの悔《くや》しさに太郎は次郎を●●つけた。
(にらみつける)
115. A□ A君に関する■も■もないうわさが学校中に広まる。
(何の根拠《こんきょ》もない)
116. A□ 運動場を十周走らされただけで■を上げるなんて情けない。(苦しさにこらえきれず降参《こうさん》する)
117. B□ Aさんは料理人になって四十年以上のベテランで、■■の入ったわざを発揮《はっき》している。
(長い間つとめて得た腕《うで》やわざが熟達《じゅくたつ》していて確かである)

118. C□ 大切なお客さんを●●ごろにもてなした。
(ていねいな様子)

119. C□ 何とか旅行の費用を●●出《しゅつ》する。
(やりくりして金銭《きんせん》や時間を作ること)

120. A□ このことは口外《こうがい》しないようにと■を押す。
(まちがいがないかもう一度確かめる)

121. A□ まさかきみがこんなにギターが上手だとは、■ある●●は爪《つめ》かくすだね。(本当に実力のあるものは、やたらにそれを現わさないものだというたとえ)

122. B□ ■書きを並び立てないで、早く仕事にとりかかりなさい。(自分の得意なことやすぐれた点などを大げさに言いふらす言葉)

123. B□ 緊急事態だというのに、能■■なAさんにはほとほと呆《あき》れるよ。(考えが浅くて、軽薄《けいはく》なさま。また、そのような人)

124. A□ 受験勉強には、受動的ではなく■動的な姿勢《しせい》が不可欠《ふかけつ》である。(自分から働きかけるさま)

125. B□ 人に迷惑《めいわく》をかけても気にせず、の●の●と暮《く》らしている。
(何の心配もなくのんびりしているさま)

126. B□ A塾は生徒を合格させるためのノ◆◆ウを持っている。
(技術的な知識や情報。物事のやり方やこつ)

127. B□ 事故で電車が●●並み遅れているらしい。
(どこもかしこも)

128. B□ このあたりは高級レストランが●●を連ねている場所として知られている。(家々が建てこんで隣接《りんせつ》している)

129. A□ Aさんは待ち合わせ時刻に遅れての●の●現れた。
(都合《つごう》の悪いところに平気で現れる様子)

130. B□ 残り物には■があるというから、最後に残ったくじに期待しよう。

131. C□ こんなものでも喜んでもらえるなら、●●をつけてあげるよ。(喜んで人に何かをあげるという気持ちを表す言葉)

132. C□ 昔の写真を見て、ノ◆◆◆ジーを感じる。
(故郷《こきょう》を懐《なつ》かしむ気持ち)

133. A□ 弟は昼近くになって、ようやくの●の●起き出してきた。
(動作がにぶく、ゆっくりしているさま)

134. B□ の●●●ならない用事で、会議には出席できなかった。
(どうにもならない)

135. A□ 兄からプレゼントされたゲームソフトは●●から手が出るほど欲しかったものだ。

136. A□ ●●●●過ぎれば熱さを忘れるというが、A君はあれだけ苦しんだテストの後は遊んでばかりいる。

137. A□ 真夜中に近所で口ぎたなくの●●る声が聞こえた。
(大声で悪口を言う。声高《こわだか》にしかる)

138. B□ 今日は人手不足で、朝からのべつ●●なしに働かされた。
(休む間もなく続く様子)

139. B□ 高度経済成長期に公害が野《の》■■に広がり、社会問題となった。(勝手にふるまう態度。しまりがないさま)

140. B□ 周りの人から問いつめられても、の●●く●●と言い逃《のが》れる。(態度《たいど》などがはっきりせず、とらえどころがないさま)

141. A□ どうせ乗りかかった■だから、最後まできみの仕事を手伝うよ。

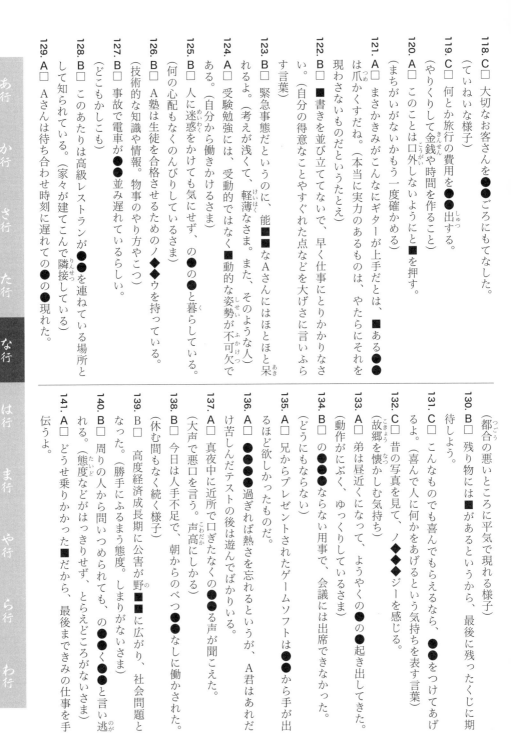

142. C□ のるか●●か、とにかく行動に移してみよう。
（成功するか、失敗するか。いちかばちか）

143. A□ 母におこづかいを増やしてほしいと頼《たの》んでみても、●●に腕《うで》押しだった。

144. C□ 相手チームに攻《せ》めこまれていたが、反撃《はんげき》の●●しをあげた。（大きなことを起こすきっかけとなる目立った行動をする）

【は行】

は

001. C□ 場当《ばあ》たり的

【意味】計画性がなく、その場の思いつきで物事を行うこと。

【用例】場当たり的な政策《せいさく》では大した効果《こうか》は期待できない。

002. C□ バーチャルリアリティー

【意味】仮想《かそう》現実。コンピューターで作り出す仮想の空間を現実であるかのように感じさせること。

【用例】現代はバーチャルリアリティーの技術によって、行ったことのない風景を疑似《ぎじ》体験できるようになった。

003. A□ 背水《はいすい》の陣《じん》

【意味】失敗したらあとがないという決死の覚悟《かくご》で物事に臨むこと。

【用例】今回はトーナメント戦なので、背水の陣で試合に臨まなければいけない。

004. C□ 排斥《はいせき》

【意味】よくないものとしておしのけ、退《しりぞ》けること。

【用例】かつてアメリカでは日本車の排斥運動が起こった。

005. B□ 排他《はいた》的

【意味】自分や仲間以外の人や考え方を受け入れないこと。

【用例】都会よりもむしろ田舎《いなか》の方が、よそ者を受けつけない排他的な側面《そくめん》はあるかもしれない。

006. B□ 栄《は》えある

【意味】光栄《こうえい》である。ほまれ。

【用例】今年の大会で栄えある優勝をつかんだのは常連校《じょうれんこう》ではなかった。

007. C□ 生《は》え抜《ぬ》き 〔類義語〕古株《ふるかぶ》

【意味】その団体や組織などに初めから今まで所属《しょぞく》していること。

【用例】Aさんは創業《そうぎょう》当初からの生え抜きの社員だ。

008. A□ 歯《は》が浮《う》く

【意味】言動がわざとらしくて不快に感じる。

【用例】Aさんは先生に歯が浮くようなお世辞《せじ》を言うので好かれていない。

009. B□ 破格《はかく》

【意味】基準《きじゅん》にはずれていること。並外《なみはず》れていること。

【用例】この商品は破格の安値《やすね》で売られていたものだ。

010. B□ 場数《ばかず》をふむ

【意味】多くの経験を積む。

【用例】テストで実力を発揮するには、場数をふむことも大切である。

011. A□ 歯《は》が立たない 〔類義語〕太刀打《たちう》ちできない

【意味】相手が強くて立ち向かうことができない。

【用例】腕ずもうとなると、だれもA君には歯が立たない。

012. A□ はかどる

【意味】物事がすらすらと進む様子。

【用例】今日は思ったよりも仕事がはかどった。

013. A□ はかない

【意味】たのみにならない。見こみがない。

【用例】はかない望みすらも絶たれた。

014. B□ はかばかしい

【意味】物事がうまく進む様子。

【用例】A会社との話し合いがはかばかしく進まない。

015. A□ 歯《は》がゆい 〔類義語〕もどかしい

【意味】思うようにならなくていらだたしい。

【用例】本気で勉強をしようとしないわが子を見ていて歯がゆい。

016. B□ はからずも

【意味】思いがけず。不意に。

【用例】はからずも、駅でばったり旧友と会った。

017. B□ 破顔一笑《はがんいっしょう》
【意味】顔をほころばせてにっこりと笑うこと。〔類義語〕相好《そうごう》を崩《くず》す
【用例】志望校合格の朗報《ろうほう》に母は破顔一笑する。

018. B□ 覇気《はき》
【意味】進んで物事をなしとげようとする意気《いき》ごみや気がまえ。
【用例】入社したばかりのA君はどうも覇気に欠《か》ける。

019. A□ はきだめに鶴《つる》
【意味】つまらないところに優《すぐ》れた人がいること。

【用例】不良ばかりが集まる高校に天才と呼ばれるA君がいるなんて、はきだめに鶴とはこのことだ。

020. B□ 馬脚《ばきゃく》をあらわす
〔類義語〕ばけの皮がはがれる　めっきがはがれる
【意味】かくしていた正体や悪事《あくじ》があらわになる。
【用例】A君はうっかり本音をもらしてしまい、馬脚をあらわした。

021. B□ 博愛《はくあい》
【意味】すべての人を広く平等に愛すること。
【用例】キリスト教はすべての人を愛する博愛の精神を説《と》いている。

022. C□ 箔《はく》がつく
【意味】値打《ねう》ちや評価が高まる。貫禄《かんろく》がつく。
【用例】Aさんは主演映画で賞を受賞したことで、俳優《はいゆう》として箔がついたね。

023. B□ 白眼視《はくがんし》
【意味】冷ややかな目で見ること。人を冷たく扱《あつか》うこと。
【用例】失言をしたA大臣は世間から白眼視される。

024. A□ 育《はぐく》む 〔類義語〕培《つちか》う
【意味】養い育てる。愛情深く育てる。
【用例】生命を育む大地を懸命に耕す。

025. C□ 白日《はくじつ》の下《もと》にさらす
【意味】かくすところがなくすべてを人々に知らせる。
【用例】A氏のこれまでの不正を白日の下にさらす。

026. A□ 白紙《はくし》にもどす
【意味】もとの何もなかった時の状態にする。
【用例】違反《いはん》があったため、A社との契約は白紙にもどすことにした。

027. A□ 拍車《はくしゃ》をかける
【意味】物事の進行を早めるために、いっそう力を加える。
【用例】A中学の人気が高まり、一層《いっそう》競争に拍車がかかっている。

028. B□ 迫真《はくしん》
【意味】真《しん》に迫《せま》ること。表現などが現実のようであること。
【用例】Aさんは舞台《ぶたい》の上で迫真の演技《えんぎ》を見せた。

029. C□ 伯仲《はくちゅう》
【意味】ともに優《すぐ》れていて力の差がないこと。
【用例】AチームとBチームは実力が伯仲している。

030. C□ 白眉《はくび》
【意味】もっとも優《すぐ》れている物や人。
【用例】この参考書は数あるものの中でも白眉である。

031. B□ 薄氷《はくひょう》を踏《ふ》む
【意味】非常に危険な状態に身を置く。
【用例】今回の新たな試みは、まさに薄氷を踏む思いで行われた。

032. A□ はぐらかす
【意味】質問にはまともに答えず、他のことを話して話題をそらす。
【用例】周りからいろいろと質問されたが、話をはぐらかした。

033. B□ 暴露《ばくろ》
【意味】他人の悪事や秘密などをあばいて明る

みに出すこと。
【用例】A氏の数々《かずかず》の不正行為《こうい》を週刊誌《しゅうかんし》に暴露する。

034. B□ はしくれ
【意味】取るに足りない存在《そんざい》だが、一応それに属《ぞく》している者。
※謙遜《けんそん》して使うことが多い。
【用例】私も教師のはしくれなので、何とか生徒の力になりたい。

035. A□ はしたない
【意味】行儀《ぎょうぎ》が悪くて見苦しい。下品《げひん》だ。
【用例】父は人前ではしたないまねをするなど激怒《げきど》した。

036. A□ 馬耳東風《ばじとうふう》
〔似《に》た意味の言葉〕馬の耳に念仏《ねんぶつ》
【意味】人の意見や批評《ひひょう》などを聞き流して気にかけないこと。
【用例】弟はゲームに夢中で、今は何を言っても馬耳東風だ。

037. B□ 箸《はし》にも棒《ぼう》にもかからない
【意味】ひどすぎてどうにもならない。
【用例】今回発表したA氏の作品は箸にも棒にもかからない駄作《ださく》だ。

038. B□ 馬車馬《ばしゃうま》のよう
【意味】脇目《わきめ》もふらずに一心《いっしん》に働くことのたとえ。
【用例】私の母は女手一つで家族を養うために馬車馬のように働いた。

039. B□ はしょる ※もともとは「端折《はしお》る」という。
【意味】ある部分を省《はぶ》いて簡単《かんたん》にする。
【用例】話をはしょりすぎて、内容《ないよう》がうまく伝わらなかった。

040. B□ 場末《ばすえ》 〔類義語〕町はずれ
【意味】都市で中心部からはずれた人通りの少ない場所。
【用例】ふらっと場末の酒場《さかば》に入ったが客はほとんどいなかった。

041. A□ はせる ※「思いをはせる」で使うことが多い。
【意味】遠くまでとどかせる。
【用例】自分の将来に思いをはせる。

042. B□ 旗揚《はたあ》げ
【意味】新しく事業《じぎょう》を始めること。
【用例】やり手の経営者であるA氏が中心となり、新しい会社を旗揚げした。

043. B□ 旗色《はたいろ》が悪い
【意味】勝負や論争などの形勢《けいせい》が不利である。負けそうである。
【用例】私に賛成してくれていた人たちが離《はな》れていき、旗色が悪い。

044. B□ 裸一貫《はだかいっかん》
【意味】自分の体以外は何も資本《しほん》がないこと。
【用例】A社の創業者は裸一貫から巨万《きょまん》の富《とみ》を築いた。

045. B□ 畑違《はたけちが》い
【意味】専門《せんもん》とする分野や領域《りょういき》と違《ちが》うこと。
【用例】畑違いの仕事を頼《たの》まれたが、面白《おもしろ》そうなので引き受けた。

046. A□ はたして
【意味】①思ったとおり。やはり。
②まちがいなく。ほんとうに。※②の意味では「はたして…（だろう）か」のように、疑問の形で使われる。
【用例】①はたして天気予報どおり夕方には雨が降った。
②はたしてわがチームが試合に勝つことができるのか。

047. B□ 旗印《はたじるし》
【意味】行動の目標としてかかげる主義や主張。
【用例】動物愛護《あいご》を旗印として活動する団体で働く。

048. A□ 肌《はだ》で感じる
【意味】たんに考えただけではなく、実際に体験して理解する。

【用例】戦争経験者の話を直接聞き、戦争の恐《おそ》ろしさを肌で感じた。

049. A□ はたと

【意味】急に。とつぜん。

【用例】苦しい状況《じょうきょう》を乗り切る方法をはたと思いついた。

050. A□ 傍目《はため》

【意味】そのことに関係のない人が、そばから見て受ける感じ。

【用例】Aさんは傍目には幸福そうに映ったが、苦悩《くのう》していたようだ。

051. A□ 破竹《はちく》の勢《いきお》い

【意味】とどめがたい勢い。

【用例】わがチームはトーナメント戦を破竹の勢いで勝ち進んだ。

052. A□ 蜂《はち》の巣《す》をつついたよう

【意味】大さわぎになって手もつけられない様子。

【用例】コンクール入賞の報告を受けたとたん、クラスは蜂の巣をつついたような騒《さわ》ぎとなった。

053. C□ 八面六臂《はちめんろっぴ》

【意味】一人であらゆる方面にわたる活躍《かつやく》をするさま。

【用例】A氏は大学の講師をしながらテレビやラジオにも出演するなど、八面六臂の活躍《かつやく》だ。

054. A□ ばつが悪い

〔類義語〕きまりが悪い

【意味】その場の体裁《ていさい》が悪い。気恥《きは》ずかしい。

【用例】私が問いつめると、A君はばつが悪そうな顔をした。

055. C□ バッシング

【意味】不満をいだき非難《ひなん》や攻撃《こうげき》をすること。

【用例】失言《しつげん》をした大臣が世間からバッシングされる。

056. B□ 抜粋《ばっすい》

【意味】書物や作品などから必要なところや大事なところを抜き出すこと。また、抜き出したもの。

【用例】論文から要点を抜粋する。

057. B□ 発破《はっぱ》をかける

【意味】強い言葉で励《はげ》ましたり、気合いをかけたりすること。

【用例】六年生になって成績が落ちたので先生から発破をかけられた。

058. A□ 八方美人《はっぽうびじん》

【意味】誰《だれ》からも良く思われようと、要領《ようりょう》よくふるまおうとする人。

【用例】Aさんは八方美人なので、結局は親友と呼べる人はいないね。

059. A□ 八方《はっぽう》ふさがり

【意味】どの方面にも差《さ》し障《さわ》りがあって手の打ちようがないこと。

【用例】あらゆる手は考えたものの、八方ふさがりの状態《じょうたい》だ。

060. B□ 抜本《ばっぽん》的 〔類義語〕根本《こんぽん》的

【意味】悪や災《わざわ》いのもととなる原因《げんいん》を取り去《さ》ること。

【用例】今回発生したいじめ事件を教訓《きょうくん》に、学校内では抜本的な改革《かいかく》がなされた。

061. B□ はつらつ

【意味】元気のよいさま。表情が生き生きしているさま。

【用例】今日のA君は元気はつらつといった様子だ。

062. B□ 破天荒《はてんこう》

【意味】今まで誰《だれ》もやらなかったことをなし遂《と》げること。※自由奔放《ほんぽう》の意味は誤り！

【用例】A氏は四十歳《さい》の若さで、破天荒の大事業を成功させた。

063. B□ 鳩《はと》が豆鉄砲《まめでっぽう》を食《く》ったよう

【意味】突然《とつぜん》のことにびっくりして目をまるくするさま。

【用例】Aさんは思いがけないところで旧友《きゅうゆう》に

会って、鳩が豆鉄砲を食ったようだった。

064. A□ 歯止《はど》め

【意味】物事がある限度《げんど》をこえて悪化するのをおさえること。また、そのための手段。

【用例】バブル時代は土地の値上《ねあ》がりに歯止めがかからなかった。

065. B□ 鼻息《はないき》が荒《あら》い

【意味】意気ごみがはげしい。気負《きお》っている。

【用例】ライバルに負けたA君は、次こそ良い成績をとるぞと鼻息が荒かった。

066. A□ 鼻が高い

【意味】ほこらしく思う。得意な様子。

【用例】ぼくは運動会のリレーで一位をとり、鼻が高かった。

067. A□ 話の腰《こし》を折《お》る

【意味】相手の話を途中でさえぎる。

【用例】先生が説明しているのに、話の腰を折ってはいけません。

068. A□ 話半分《はなしはんぶん》

〔類義語〕誇張《こちょう》、尾ひれをつける

【意味】大げさで、事実は話の半分くらいでしかないこと。

【用例】A君の言っていることは話半分で聞いたほうがよい。

069. B□ 鼻白《はなじろ》む

【意味】不快に思って、きょうざめた顔つきになる。

【用例】自己中心的な人を見ると、私はおもわず鼻白んでしまう。

070. B□ 鼻《はな》っ柱《ぱしら》 ※「―が強い」「―をへし折る」の形が多い。

【意味】人に負けまいとして張り合う気持ち。

【用例】A君は鼻っ柱が強くて生意気に見られがちだが、心根は優《やさ》しい子だよ。

071. A□ 鼻《はな》であしらう

〔類義語〕取りつく島もない

【意味】ろくな受け答えもせず、冷たくあつかう。

【用例】姉に夏休みの宿題の手助けを求めたが、鼻であしらわれてしまった。

072. A□ 鼻《はな》にかける

【意味】自慢《じまん》する。うぬぼれる。

【用例】彼女は自分の家がお金持ちだといつも鼻にかけている。

073. A□ 鼻《はな》につく

【意味】あきて嫌《いや》になる。また、嫌味《いやみ》に感じられる。

【用例】A君は自信たっぷりな様子がどうも鼻につく。

074. B□ はなはだ

【意味】非常に。大変。

【用例】A氏の発言には私もはなはだ遺憾《いかん》（＝残念）だ。

075. A□ はなばなしい

【意味】見事な様子。活気がありはなやかな様子。

【用例】期待の新人がデビュー戦ではなばなしい活躍《かつやく》を見せた。

076. C□ はなむけ 〔類義語〕餞別《せんべつ》

【意味】旅立《たびだ》ちや門出《かどで》の際《さい》に贈《おく》る品物やお金、詩歌《しいか》など。

【用例】卒業する生徒たちにはなむけの言葉を贈《おく》る。

077. A□ 鼻持《はなも》ちならない

【意味】人の言動が嫌《いや》でたまらない。

【用例】彼の嫌味《いやみ》な態度はまったく鼻持ちならない。

078. A□ 花《はな》より団子《だんご》

【意味】見て美しいもの（＝風流《ふうりゅう》なもの）よりも実際に役に立つもの（＝実利的《じつりてき》なもの）を重んじる考え方。

【用例】A君へのプレゼントは、高価な絵よりも電化製品が良いと思うよ。彼は花より団子だからね。

079. A□ 鼻《はな》を明《あ》かす

【意味】相手を出しぬいて、あっと言わせる。

【用例】今度のテストでライバルたちよりも良

い点数をとって、鼻を明かしてやろう。

080. B□ 花《はな》を持たせる

【意味】本来なら自分のものにできた勝利や名誉《めいよ》を相手にゆずる。

【用例】今度の試合はもうすぐ卒業する先輩に花を持たせてあげよう。

081. A□ はにかむ

【意味】ほほえんだり、うつむいたりして、はずかしそうにする。

【用例】そんなにはにかまないで、思ったことを言っていいよ。

082. A□ 歯《は》に衣《きぬ》着せぬ

【意味】遠慮《えんりょ》せずにずけずけと言う。

【用例】A氏は歯に衣着せぬ物言いで、テレビでは人気者だ。

083. B□ 歯《は》の根《ね》が合わない

【意味】恐ろしさや寒さのためにふるえる。

【用例】痛ましい交通事故を目の当たりにした直後のAさんは、歯の根が合わなかった。

084. A□ はばかる

【意味】①いばる。幅《はば》をきかせる。
②遠慮《えんりょ》する。

【用例】①生意気《なまいき》なAさんを見ると「憎《にく》まれっ子世にはばかる」という言葉通りだと思ってしまう。
②父の死を知らせると、Aさんは人目もはばからずに泣いた。

085. A□ はばむ

【意味】防《ふせ》いで止める。じゃまをする。〔類義語〕さまたげる

【用例】鎌倉幕府《ばくふ》は暴風雨もあり、なんとか元軍《げんぐん》の襲来《しゅうらい》をはばんだ。

086. B□ 幅《はば》をきかせる

【意味】勢力《せいりょく》をふるう。いばる。

【用例】この学校で幅をきかせているのは運動か勉強が得意な子だ。

087. A□ はびこる

【意味】①植物などが伸びてあたりに広がる。
②ものの勢いがついて広がる(＝蔓延《まんえん》)。
※②はよくないものに使う言葉であることに注意。

【用例】①雑草《ざっそう》が庭のいたるところにはびこる。
②悪がはびこる世の中であってはいけない。

088. B□ 羽《は》振《ぶ》り

【意味】世間における地位や経済力、勢力、人望《じんぼう》。

【用例】会社が順調に業績を伸ばし、羽振りがよい。

089. B□ はぶる ※俗《ぞく》的な表現

【意味】仲間《なかま》外れにする。

【用例】いつもつるんでいた友達から突然《とつぜん》はぶられる。

090. B□ 羽目《はめ》を外《はず》す

【意味】調子に乗って度《ど》を過《す》ごす。思うようにふるまう。

【用例】夜中に羽目を外して大さわぎしたので、近所から苦情《くじょう》が来た。

091. A□ 早起《はやお》きは三文《さんもん》の徳《とく》 ※「三文」とはわずかなお金のこと。

【意味】朝早く起きると体にも良いし、何かと良いことがあるものだ。

【用例】早起きは三文の徳というので、明日からは早寝早起きを心がけよう。

092. A□ 早合点《はやがてん》

【意味】よく聞きもしないで理解したと思いこむこと。

【用例】早合点しないで、私の話をよく聞きなさい。

093. A□ 囃《はや》す

【意味】相手をさげすんだりするために、声を出して言いたてる。

【用例】少年たちはA君のことを弱虫だと囃し立てた。

094. A□ 逸《はや》る

【意味】早く行動したくて心があせる。

【用例】逸《はや》る気持ちをおさえつつ靴《くつ》ひもを結んだ。

095. B□ バラエティー
【意味】多種多様。変化があること。
【用例】今日の出し物はバラエティーに富《と》んだ内容で、観客を飽《あ》きさせなかった。

096. A□ 腹《はら》が黒い
【意味】心の中に悪い考えをもっている。
【用例】いつも笑顔な彼が、まさかこんなに腹が黒い人だったなんてショックだ。

097. C□ パラダイム
【意味】時代を反映する考え方や思想。ものの見方を決める枠組《わくぐ》み。

【用例】時代によって世の中の考え方は変わっていくものだ。このことをパラダイムシフトという。

098. B□ 腹にすえかねる
【意味】あまりにもひどいと怒《いか》りをこらえることができない。
【用例】A君の横暴《おうぼう》には温厚《おんこう》な私もさすがに腹にすえかねた。

099. B□ はらむ
【意味】中にふくんでいる。
【用例】彼の発言はあまり感心しない思想をはらんでいる。

100. B□ はらわたが煮《に》えくり返《かえ》る
〔類義語〕怒《いか》り心頭《しんとう》に発《はっ》する
【意味】あまりの悔《くや》しさや怒《いか》りのために、腹が立ってがまんができない。
【用例】信頼《しんらい》してた友人に裏切《うらぎ》られて、はらわたが煮えくり返る。

101. A□ 腹《はら》をくくる
【意味】覚悟《かくご》を決める。決心をかためる。
【用例】こうなったらやるしかないと腹をくくる。

102. A□ 腹《はら》をさぐる
【意味】相手の気持ちや考えをそれとなしにうかがう。
【用例】初対面だったので、世間話をしつつおたがいに腹をさぐった。

103. A□ 腹《はら》を割《わ》る
【意味】自分の気持ちをありのままに打ち明けて話す。
【用例】この際《さい》だから、おたがいに腹を割って話し合おうよ。

104. B□ 波乱万丈《はらんばんじょう》
【意味】事件が多くて変化がはげしいこと。
【用例】作家のAさんは波乱万丈の人生を自著《じちょ》につづった。

105. B□ 張《は》り子《こ》の虎《とら》
【意味】見かけは強そうだが、実は弱い人。
【用例】Aさんは見た目こそ強面《こわもて》だが、実は小心者《しょうしんもの》で、まさに張り子の虎だ。

106. C□ 針《はり》の穴《あな》から天《てん》を覗《のぞ》く
〔似《に》たような意味のことわざ〕葦《よし》の髄《ずい》から天井《てんじょう》覗《のぞ》く　井の中の蛙大海《かわずたいかい》を知らず
【意味】自分のせまい知識や経験をもとに、大きな問題を判断すること。
【用例】会社の将来に関わる問題をきみ一人でどうにかしようとするなんて、針の穴から天を覗くようなものだよ。

107. B□ 針《はり》のむしろ　※「むしろ」は敷物《しきもの》のこと。
【意味】気の休まらない、つらい場所。
【用例】失敗をクラスメイトから非難されて、針のむしろにすわる思いだった。

108. A□ はるばる
【意味】遠くから行き来する様子。非常に遠くから動作が及《およ》ぶさま。
【用例】Aさんは遠くからはるばるやって来てくれた。

109. A□ 晴《は》れがましい
【意味】大勢の人々の注目をあびて、光栄に思う。
【用例】校長先生から表彰《ひょうしょう》されて、とても晴れがましい。

110. A□ 晴れ《は》（の）舞台《ぶたい》
【意味】多くの人の前に出て注目を集める、重要ではれやかな場面。
【用例】明日のスピーチコンテストは私にとって晴れの舞台だ。

111. B□ 腫《は》れ物《もの》にさわる
【意味】機嫌《きげん》を損《そこ》なわないように、おそるおそる接《せっ》する様子。

【用例】教室でかんしゃくを起こしたので、クラスメイトはぼくを腫れ物にさわるように扱《あつか》った。

112. B□ バロメーター
【意味】物事の状態《じょうたい》や程度《ていど》をおしはかる基準や目安。
【用例】食欲があるかどうかは健康のバロメーターといえる。

113. A□ 反映《はんえい》
【意味】あるものの影響《えいきょう》が、他の別のものに現れること。
【用例】市民の意見を反映させた政治こそが理想だ。

114. B□ 反旗《はんき》を翻《ひるがえ》す
【意味】権威《けんい》や権力《けんりょく》に逆《さか》らう。
【用例】横暴《おうぼう》な社長とその取り巻き連中に対して反旗を翻した。

115. B□ 番狂《ばんくる》わせ
【意味】勝負事《しょうぶごと》などで予想外の結果が出ること。
【用例】中学受験では番狂わせはめったに起きないものだ。

116. A□ 万事休《ばんじきゅう》す
〔類義語〕万策《ばんさく》がつきる
【意味】もうほどこす手段《しゅだん》がない。どうしようもない。
【用例】食料が底をつき、万事休すと思われた。

117. C□ 盤石《ばんじゃく》 〔類義語〕堅固《けんご》　強固《きょうこ》
【意味】しっかりしていて動かないこと。何があってもびくともしないこと。
【用例】盤石の備《そな》えで、第一志望校の受験に臨む。

118. A□ 半信半疑《はんしんはんぎ》
【意味】半分は信じているが信じ切れず、半分はまだ疑っていること。
【用例】周りの人たちはA君の話を半信半疑の顔つきで聞いている。

119. B□ 反芻《はんすう》
【意味】心の中でくり返し考えたり味わったりすること。
【用例】入試のときに井上先生に教わったことを反芻する。

120. B□ 判《はん》で押《お》したよう
【意味】形式的《けいしき》に同じことをくり返すさま。決まりきっているさま。
【用例】判で押したような変化のない生活にうんざりする。

121. B□ 反面教師《はんめんきょうし》
【意味】悪い見本として反省や戒《いまし》めの材料となるような人や事柄《ことがら》。
【用例】いつも勉強をなまけていた兄は、私にとって反面教師的な役割を果《は》たした。

122. C□ 繁茂《はんも》
【意味】草や木が多くしげること。
【用例】手入れされていない庭には雑草が繁茂していた。

123. C□ 反目《はんもく》 〔類義語〕対立
【意味】仲《なか》が悪いこと。
【用例】国家間の反目をあおり立てる発言はつつしむべきである。

ひ

124. A□ ひいき 〔関連語〕ひいき目
【意味】自分の気に入ったものに特別に目をかけてかわいがること。
【用例】優等生《ゆうとう》のAさんだけにプリントを渡《わた》すなんてえこひいきだ。

125. A□ ひいては
【意味】さらに進んで。それがもととなって。

【用例】A首相は、日本の平和、ひいてはアジアの平和につくした。

126. B□ **日《ひ》がな一日《いちにち》**

【意味】朝から晩《ばん》まで。一日中。〔類義語〕終日《しゅうじつ》

【用例】日がな一日、ピアノの練習に明け暮《く》れる。

127. B□ **引《ひ》き金《がね》**

【意味】物事が起きる直接的な原因やきっかけ。

【用例】皇太子《こうたいし》の暗殺事件が引き金となって戦争が起こった。

128. B□ **引《ひ》きも切《き》らず**

【意味】ひっきりなしに。絶《た》え間《ま》なく。

【用例】その日は合格発表があり、塾《じゅく》の電話は引きも切らずに鳴った。

129. C□ **卑近《ひきん》**

【意味】身近《みぢか》で分かりやすいこと。なじみ深いこと。

【用例】卑近な例を挙《あ》げて分かりやすく説明する。

130. A□ **卑屈《ひくつ》**

【意味】必要以上に自分をいやしめて人にへつらうこと。

【用例】テストの点が悪かったからといって卑屈になることはない。

131. A□ **引《ひ》く手《て》あまた**

【意味】あちこちから誘《さそ》いや仕事などの話がくること。

【用例】彼ほどの能力があれば、どこの会社からも引く手あまただろう。

132. B□ **卑下《ひげ》**

【意味】自分をいやしめ見下《みくだ》すこと。

【用例】今回の失敗であまり自分を卑下する必要はないよ。

133. A□ **引《ひ》け目《め》**

〔類義語〕劣等感《れっとうかん》、コンプレックス

【意味】自分は他人よりおとっていると感じる気持ち。

【用例】優秀《ゆうしゅう》な兄に比べて勉強ができないので、引け目を感じる。

134. A□ **ひけらかす**

【意味】得意になって見せびらかす。

【用例】自分の知識をひけらかす人は、たいしてかしこくはない。

135. B□ **引《ひ》けをとらない**

【意味】負けるものではない。おくれをとらない。

【用例】私は努力ではだれにも引けをとらないと思う。

136. A□ **庇《ひさし》を貸《か》して母屋《おもや》を取られる**

【意味】一部を貸したために全部を取られる。恩《おん》を仇《あだ》で返される。

【用例】かわいがっていた後輩《こうはい》からそんなひどい仕打ちを受けるなんて、庇を貸して母屋を取られるということだね。

137. A□ **ひざを打《う》つ**

【意味】急に思いついたり感心したりして、思わず膝《ひざ》のあたりを手のひらで叩《たた》く動作。

【用例】学級委員であるA君の発言に思わずひざを打った。

138. B□ **ひざを屈《くっ》する**

【意味】強い相手に降参《こうさん》する。屈服《くっぷく》する。

【用例】強大な権力《けんりょく》を前についにひざを屈した。

139. B□ **ひざを乗《の》り出す**

【意味】興味《きょうみ》を示して乗り気になる。

【用例】昆虫《こんちゅう》の話をすると、虫好きのA君はひざを乗り出した。

140. A□ **ひざを交《まじ》える**

【意味】おたがいに打ち解けて話し合う。

【用例】今日はひざを交えて、おおいに話し合おう。

141. A□ **ひしめく**

【意味】大勢がさわぎたてる。混雑《こんざつ》して押し合う。

【用例】広場では著名人《ちょめいじん》を一目見ようと、群衆がひしめいている。

142. A□ **ひしひし**

【意味】身や心に強く感じるさま。

【用例】大会優勝への強い思いが、部員からひ

しひしと伝わってくる。

143. C□ 美辞麗句《びじれいく》

【意味】うわべだけを飾《かざ》った美しい語句や文句。
※内容や誠意《せいい》のないことをいう。

【用例】美辞麗句を並べても、人の心は動かせない。

144. A□ ひそひそ

【意味】他人に聞こえないように小声で話すさま。

【用例】彼女らは教室のすみで何やらひそひそと話している。

145. A□ 額《ひたい》を集める

【意味】大勢が寄り集まり、話し合ったり相談したりすること。

【用例】予想外の緊急事態に、クラスメイト達は額を集めて相談しあった。

146. A□ ひたむき 〔類義語〕一途《いちず》

【意味】物ごとに夢中《むちゅう》になる様子。

【用例】彼のひたむきな態度には、頭が下がる。

147. B□ 左《ひだり》うちわ

【意味】仕事をしなくても生活の心配がなく、楽に暮《く》らせること。

【用例】A氏のように、貯蓄《ちょちく》がたくさんあり、左うちわのご身分にあこがれるよ。

148. A□ ひっきりなし

【意味】絶《た》え間なく続く様子。

【用例】この道路はひっきりなしに車が通る。

149. B□ 引《ひ》っ込《こ》み思案《じあん》

【意味】内気で、自分から人前に出たり積極的に行動したりするのが苦手なこと。また、そうした性格。

【用例】妹は引っ込み思案だったが、中学に上がるころには社交的になった。

150. A□ 必至《ひっし》

【意味】そういう事態《じたい》が必ずくる。

【用例】きみの応対では、客からの苦情が殺到《さっとう》するのは必至だ。

151. B□ 必須《ひっす》

【意味】なくてはならないこと。どうしても必要なこと。

【用例】国語の文章を読むのに必須の語彙《ごい》を習得する。

152. B□ 筆舌《ひつぜつ》に尽《つ》くしがたい

〔似《に》た意味の言葉〕名状《めいじょう》しがたい

【意味】言葉ではうまく表現できない。

【用例】これまでに味わった苦しみは筆舌に尽くしがたいものだ。

153. A□ 必然《ひつぜん》 〔対義語〕偶然《ぐうぜん》

【意味】必ずそうなること。当然であること。

【用例】きみは遊んでばかりいたから、成績が落ちるのは必然の結果だ。

154. B□ 匹敵《ひってき》 〔類義語〕比肩《ひけん》

【意味】力や地位、技術などが比べるものと同じくらいであること。

【用例】彼の技術に匹敵する者はいないと言っても過言《かごん》ではない。

155. A□ 引《ひ》っ張《ば》りだこ

〔類義語〕引く手あまた

【意味】人気があって多くの人が争って求めること。

【用例】Aさんは各テレビ局から引っ張りだこの人気タレントだ。

156. B□ 人当《ひとあ》たり

【意味】人と応対するときの態度。また、それが相手に与《あた》える印象。

【用例】Aさんは著名人《ちょめいじん》なのに物腰《ものごし》もやわらかく人当たりがいい。

157. A□ 一泡吹《ひとあわふ》かせる

【意味】不意をついたり思いがけないことをしたりして、相手を驚《おどろ》かせあわてさせること。

【用例】油断しているライバルをだしぬいて一泡吹かせてやろう。

158. A□ 一息《ひといき》つく

【意味】ほっとして一休みする。

【用例】一カ月がかりの大仕事を終えて一息つく。

159. B□ 人《ひと》いきれ

【意味】多くの人で、熱気やにおいがたちこめること。

【用例】昨日の花火大会は人いきれで、もうろうとした。

160. B□ ひとえに

【意味】ただそれだけが理由であるさま。まったく。

【用例】志望校に合格できたのは、ひとえにA先生のおかげだ。

161. C□ ひとかたならぬ

〔関連語〕ひとかたならず

【意味】非常な。ひととおりではない。なみなみではなく。

【用例】Aさんにはひとかたならぬ世話になった。

162. B□ ひとかど

【意味】きわだってすぐれていること。一人前。

【用例】ひとかどの人物になろうとするのなら、人一倍の努力も必要だ。

163. A□ ひときわ

【意味】多くの中ではっきり目立つ様子。

【用例】Aさんは私たちの学校でひときわ目立つ存在《そんざい》だ。

164. C□ 人心地《ひとごこち》

【意味】生きた心地。緊張《きんちょう》が解けてほっとした気持ち。

【用例】敵《てき》に追われていたが、難《なん》を逃《のが》れてようやく人心地がついた。

165. A□ ひとしお

【意味】いっそう。特に。一段《いちだん》と。〔類義語〕ひときわ

【用例】三回目の挑戦でやっと合格したので喜びもひとしおだろう。

166. A□ ひとしきり

【意味】しばらくの間、さかんに続く様子。

【用例】雨はひとしきり激《はげ》しく降った。

167. B□ 一筋縄《ひとすじなわ》ではいかない

【意味】ふつうの方法ではうまくあつかうことができない。

【用例】頑固《がんこ》なA君を説得するのは一筋縄ではいかない。

168. B□ 人《ひと》となり

【意味】生まれつきの人がら。持ち前の性質。

【用例】直接会って話をしてみると、人となりを知ることができる。

169. C□ 人の口《くち》に戸《と》は立てられぬ

【意味】世間《せけん》のうわさ話は防《ふせ》ぎきれない。

【用例】人の口に戸は立てられぬというので、うわさの種とならないように気をつけよう。

170. B□ 一旗揚《ひとはたあ》げる

【意味】新しく事業などを起こす。

【用例】大学を卒業したら東京へ出て一旗揚げたい。

171. A□ 一肌脱《ひとはだぬ》ぐ

【意味】本気になり力を貸し、世話をしてやる。

【用例】ほかならないきみの頼《たの》みだから、一肌脱ごうではないか。

172. A□ 一花咲《ひとはなさ》かせる

【意味】一時期、成功してはなやかな活躍《かつやく》をする。

【用例】今年還暦《かんれき》を迎《むか》えるが、もう一花咲かせたいものだ。

173. A□ 人目《ひとめ》を引く

【意味】ふつうと違《ちが》っていて、周りの注目を集める。

【用例】ふだんはおとなしくて地味《じみ》なA君が、その日は人目を引く服を着てきた。

174. B□ 一役《ひとやく》買う

【意味】ある仕事を、自分から進んで引き受ける。

【用例】五年一組の清掃《せいそう》活動は、学校の美化に一役買った。

175. C□ ひとり相撲《ずもう》

【意味】自分一人で勝手に勢いこんで物事をす

ること。

【用例】ばらばらだったクラスをまとめようと必死でがんばったが、結局はひとり相撲に終わった。

176. A□ ひとりよがり 〔類義語〕独善的《どくぜんてき》

【意味】自分だけでよいと思いこみ、他人の考えを聞き入れないこと。

【用例】彼のひとりよがりの言動は、周りの人から受け入れられないだろう。

177. B□ ひなびる

【意味】田舎《いなか》ふうの、素朴《そぼく》な感じがする。

【用例】友人との旅行で、ひなびた温泉街《おんせんがい》にやってきた。

178. A□ 火《ひ》に油《あぶら》を注《そそ》ぐ

【意味】勢いのあるものをますます激《はげ》しくする。

【用例】この問題に余計な口出しをすると火に油を注ぐ結果になる。

179. C□ 微《び》に入《い》り細《さい》を穿《うが》つ

【意味】非常に細かいところまで気を配る。

【用例】A教授《きょうじゅ》による微に入り細を穿った研究調査によって、古代国家の歴史が明らかになった。

180. A□ 皮肉《ひにく》 〔類義語〕アイロニー

【意味】①遠まわしに言う、いやがらせ。あてこすり。

②思ったようにならない様子。あいにくな様子。

【用例】①A氏は皮肉な言い回しで、暗にB氏を非難した。

②楽しみにしていた遠足の日に台風とは、何とも皮肉な話だ。

181. B□ ひねもす 〔対義語〕夜《よ》もすがら

【意味】朝から晩《ばん》まで一日中。

【用例】ひさしぶりの休日だったので、ひねもす読書にふけった。

182. A□ 非《ひ》の打ちどころがない

〔類義語〕完全無欠《かんぜんむけつ》

【意味】非難するところがなく、完全である。

【用例】勉強もスポーツもできて、人がらも良いA君は非の打ちどころがない。

183. B□ ひのき舞台《ぶたい》

【意味】自分の腕《うで》前を表す晴れ舞台。

【用例】明日のコンクールは私たちにとって、ひのき舞台だ。

184. A□ 火《ひ》の車《くるま》

【意味】お金のやりくりがひどく苦しい様子。

【用例】今月は出費《しゅっぴ》がかさんで、家計は火の車だ。

185. B□ 火のない所《ところ》に煙《けむり》は立たぬ

【意味】うわさはもとになる事実がまったくなければ立つものではないということ。

【用例】火のない所に煙は立たぬというから、彼にまつわるうわさは案外、本当かもしれない。

186. B□ 日《ひ》の目《め》を見る

【意味】それまで知られていなかった物事や人が世間に知られ、認められるようになる。

【用例】今回の学会で、A氏の地道《じみち》な研究結果がようやく日の目を見た。

187. B□ 火花《ひばな》を散《ち》らす

【意味】たがいに激《はげ》しく争う。

【用例】憲法改正に関して、火花を散らす論争となった。

188. B□ 火《ひ》ぶたを切る

【意味】戦いや競争を始める。

【用例】今、両チームが決戦の火ぶたを切った。

189. A□ ひもじい

【意味】空腹《くうふく》である。

【用例】終戦直後は誰もがひもじい思いをしたものだ。

190. B□ 百害《ひゃくがい》あって一利《いちり》なし

【意味】すべてよくないことばかりで、よいことは一つもない。

【用例】今では喫煙《きつえん》は健康のためには、百害あって一利なしと言われている。

191. B□ 飛躍的《ひやくてき》

【意味】急に進歩《しんぽ》、発展《はってん》すること。

【用例】この参考書のおかげで国語の成績が飛躍的にのびた。

192. A□ 百聞《ひゃくぶん》は一見《いっけん》にしかず
【意味】人から聞くよりも自分自身の目で確かめたほうが何倍もよくわかる。

【用例】限られた情報では事故の様子がわからない。百聞は一見にしかずというので、現場に行ってみよう。

193. C□ 百面相《ひゃくめんそう》
【意味】顔の表情をさまざまに変えること。

【用例】ベテラン俳優《はいゆう》のAさんは演じる役によって顔の表情が異なり、まさに百面相といえる。

194. C□ 百家争鳴《ひゃっかそうめい》
【意味】さまざまな人々が自由に自分の意見を言い、議論しあうこと。

【用例】本来、会議は百家争鳴する場所でなければならない。

195. C□ 百鬼夜行《ひゃっきやこう》 ※「ひゃっきやぎょう」とも読む。
【意味】多くの人が、わが物顔で悪い行いをすること。

【用例】戦後の混乱《こんらん》期には百鬼夜行ともいえる光景が見られた。

196. A□ 百発百中《ひゃっぱつひゃくちゅう》
【意味】予想や計画がいつも思い通りに運ぶこと。

【用例】今月の天気予報はめずらしく百発百中だった。

197. B□ 冷《ひ》や飯《めし》を食《く》う 〔類義語〕冷遇《れいぐう》
【意味】評価されず、冷たいあつかいを受ける。

【用例】A氏の研究はなかなか認められず、長い間、冷や飯を食わされてきた。

198. B□ 氷山《ひょうざん》の一角《いっかく》
【意味】すごく大きなものの一部しか現れていないこと。

【用例】今回明るみに出た事件は、ほんの氷山の一角にすぎない。

199. A□ 拍子抜《ひょうしぬ》け
【意味】はりきっていた気分がゆるみ、気がぬけること。

【用例】無理だろうと思ってたのんだら、あっさり引き受けてもらえたので拍子抜けした。

200. B□ 費用対効果《ひようたいこうか》
〔類義語〕コストパフォーマンス
【意味】かけられる費用や作業の手間に対する成果や結果の割合。
【用例】この商品は価格は安く性能もよいので、費用対効果が高い。

201. A□ ひょうたんから駒《こま》
〔似《に》た意味のことわざ〕嘘《うそ》から出たまこと
【意味】思いもかけないことが真実となって現れること。
【用例】冗談《じょうだん》で言ったことが本当に起きるとは、まさにひょうたんから駒だ。

202. A□ ひょうひょう
【意味】性格や態度などが世間ばなれしていて、とらえどころがないさま。

【用例】Aさんはひょうひょうとした人柄《ひとがら》で、クラスでも少し変わり者である。

203. B□ 日和見《ひよりみ》
【意味】有利《ゆうり》な方へつこうとして周囲をうかがい、なかなか態度を決めないこと。

【用例】日和見主義の人は「こうもり」と呼《よ》ばれることがある。

204. B□ ひょんな
【意味】思いがけないさま。意外な。

【用例】ひょんな場所で学生時代の友人に再会した。

205. A□ ひるむ
【意味】こわくなったりして、気が弱くなる。

【用例】いいか、敵がひるんだすきに、総攻撃《そうこうげき》だ！

206. A□ 火《ひ》を見るよりも明《あき》らか

【意味】疑う余地《よち》がないほど、結果が分かりきっていること。
【用例】そんなに不勉強では、次のテストの点が悪いのは火を見るよりも明らかだよ。

207. A□ ピンからキリまで
【意味】もっとも良いものからもっとも悪いものまで。
【用例】国語の先生にもピンからキリまであるよ。

208. B□ ひんしゅくを買う
〔類義語〕軽蔑《けいべつ》、白眼視《はくがんし》
【意味】人が不快になるような言動をして嫌《いや》がられ、さげすまれる。
【用例】A大臣の発言は世間《せけん》のひんしゅくを買ったため、辞任《じにん》に追いこまれた。

209. A□ 便乗《びんじょう》
【意味】自分に都合の良い機会をうまく利用すること。
【用例】ブームに便乗してスイーツ（甘いもの）のお店を始める。

ふ

210. A□ 不意《ふい》 〔関連語〕不意をつく
【意味】思いがけないこと。
【用例】不意の来客が現れた。

211. B□ フィードバック
【意味】得られた結果を原因に反映《はんえい》させること。
【用例】消費者のアンケートをもとに生産者にフィードバックする。

212. B□ フィクション
〔対義語〕ノンフィクション　※「ノン」は打ち消しの接頭語《せっとうご》！
【意味】作りごと。作り話。
【用例】この映画はフィクションで人物名などは架空《かくう》のものである。

213. C□ 吹聴《ふいちょう》
【意味】あちこちで言いふらすこと。言い広めること。
【用例】A君はいろんなところで自慢《じまん》話を吹聴して歩いている。

214. A□ 不意《ふい》をつく
【意味】思いもよらないときに事をしかける。
【用例】不意をつく攻撃《こうげき》に相手チームはあわてていた。

215. B□ 風化《ふうか》
【意味】記憶《きおく》や印象がしだいにうすれていくこと。
【用例】悲惨《ひさん》な戦争体験を風化させてはいけない。

216. B□ 風光明媚《ふうこうめいび》
【意味】景色が清《きよ》らかで明るく美しいこと。
【用例】ここからの眺《なが》めは、まさに風光明媚といったところだ。

217. C□ 風采《ふうさい》
【意味】身なりや容貌《ようぼう》など、見かけの姿《すがた》。
【用例】風采のあがらぬ男だと思ったが、何と大富豪《ふごう》であった。

218. B□ 風刺《ふうし》
【意味】人のことや世の中のことを、遠回《とおまわ》しに皮肉《ひにく》ること。
【用例】江戸時代には政治の乱れを風刺した川柳《せんりゅう》が詠《よ》まれた。

219. A□ 風前《ふうぜん》の灯火《ともしび》 〔類義語〕危急存亡《ききゅうそんぼう》
【意味】危険がせまって、今にもだめになりそうなこと。
【用例】環境の悪化で、今やこの清流《せいりゅう》も風前の灯火だ。

220. A□ 風潮《ふうちょう》
【意味】その時代の世の中のなりゆき、傾向《けいこう》。
【用例】物を使い捨てにする昨今《さっこん》の風潮は、よくないと思う。

221. B□ 風評《ふうひょう》
【意味】世間のうわさ。評判《ひょうばん》。
【用例】テレビの報道によって間違《まちが》った情報が世間に広まり、風評被害《ひがい》に苦しむ。

222. A□ **風物詩《ふうぶつし》**
【意味】季節の感じをよく表しているものごと。
【用例】花火大会は日本の夏の風物詩といえる。

223. B□ **風流《ふうりゅう》**
【意味】上品でおもむきがあること。味わいのあること。
【用例】風流な庭園をゆっくりと散歩すると落ち着く。

224. A□ **不得手《ふえて》**
【意味】得意でないこと。
【用例】私の不得手な教科は国語だったが努力して得意になった。

225. C□ **不穏《ふおん》**〔対義語〕平穏《へいおん》
【意味】何か悪いことが起こりそうで不安を感じさせること。
【用例】A君の余計な一言でクラス内に不穏な空気が流れ始めた。

226. A□ **ふがいない**
【意味】情けない。意気地《いくじ》がない。
【用例】あんな格下の相手に負けてしまうとは、何ともふがいない。

227. A□ **不可解《ふかかい》**
【意味】理解できないこと。わけがわからないこと。
【用例】昨晩、近隣《きんりん》で不可解な事件が発生した。

228. B□ **不覚《ふかく》をとる**
【意味】油断《ゆだん》して失敗すること。
【用例】たいしたことないと油断したせいで不覚をとってしまった。

229. A□ **不可欠《ふかけつ》**
【意味】どうしてもなくてはならないこと。
【用例】電気や水などは、私たちの生活には不可欠だ。

230. B□ **不可避《ふかひ》**
【意味】どうしてもさけることができないこと。
【用例】このままいけばAさんとBさんの衝突《しょうとつ》は不可避だ。

231. C□ **俯瞰《ふかん》**〔類義語〕鳥瞰《ちょうかん》
【意味】高所から見下ろしてながめること。
【用例】山頂《さんちょう》から市街地を俯瞰する。

232. C□ **不朽《ふきゅう》**〔類義語〕不滅《ふめつ》
【意味】長い年月が経《た》っても、その価値《かち》が失われないこと。
【用例】映画「風と共に去りぬ」は不朽の名作だ。

233. C□ **不協和音《ふきょうわおん》**
【意味】協調しない関係のたとえ。
【用例】両国の間に不協和音が生じて国交が断絶しかねない状態だ。

234. B□ **不義理《ふぎり》**
【意味】人とのつき合いのうえで、しなければならないことをしない。
【用例】先生に不義理を重ねてしまい、合わせる顔がない。

235. B□ **不謹慎《ふきんしん》**
【意味】ふまじめでつつしみがないこと。不注意であること。
【用例】葬式《そうしき》で笑顔を見せるのは不謹慎な態度である。

236. B□ **腹案《ふくあん》**
【意味】心の中に持っている考え。
【用例】記者会見で、首相はその件に関しての腹案を示した。

237. C□ **復員《ふくいん》**
【意味】戦争が終わって兵隊《へいたい》たちが家に帰ること。
【用例】復員したAさんは学校の先生になった。

238. B□ **腹心《ふくしん》**
【意味】心から信頼《しんらい》できる人。
【用例】腹心の部下に裏切《うらぎ》られて人間不信におちいる。

239. A□ **覆水盆《ふくすいぼん》に返らず**
【意味】一度してしまったことは取り返しがつかないこと。また、一度別れた夫婦はもとに戻らないこと。

【用例】今さら失敗をなげいても、覆水盆に返らずで、仕方がないよ。

240. C□ 伏線《ふくせん》

【意味】小説などで、そのあとの筋《すじ》の展開に関連したことをそれとなくほのめかしておくこと。また、後々《のちのち》の準備として用意しておくこと。

【用例】Aさんの小説には、一度読んだだけでは分からない多くの伏線がある。

241. B□ 含《ふく》み笑《わら》い

【意味】はっきりと声を出さずに笑うこと。

【用例】授業中にAさんがおかしなことを言ったので含み笑いをした。

242. B□ 袋小路《ふくろこうじ》におちいる

【意味】物事が行きづまってしまうこと。

【用例】A社との交渉《こうしょう》が袋小路におちいった。

243. A□ 袋《ふくろ》のねずみ 〔類義語〕まな板《いた》の鯉《こい》

【意味】追いつめられて逃《に》げ場のないこと。

【用例】この先は行き止まりで、もはや犯人は袋のねずみだ。

244. A□ ふける

【意味】物事に夢中《むちゅう》になる。熱中する。

【用例】読書にふけっていたら、いつの間にか朝になっていた。

245. B□ 不言実行《ふげんじっこう》

【意味】あれこれ言わずにだまって実行すること。

【用例】彼は不言実行の人で、ひとりでもくもくと仕事をしている。

246. C□ 無骨《ぶこつ》 〔対義語〕洗練《せんれん》

【意味】粗野《そや》で洗練《せんれん》されていないこと。また無作法《ぶさほう》なこと。

【用例】その男の無骨なふるまいは私を不快にさせた。

247. C□ 節《ふし》がある

【意味】目につくところ。そのように思われるところ。

【用例】言われてみれば思い当たる節がある。

248. C□ ぶしつけ

【意味】礼儀作法《れいぎさほう》をわきまえないこと。

【用例】ぶしつけに物をたずねるのはよくないことだ。

249. B□ 不純《ふじゅん》

【意味】純粋《じゅんすい》、純真《じゅんしん》でないこと。

【用例】不純な動機《どうき》でピアノを習い始めたが、長続きはしなかった。

250. B□ 不承不承《ふしょうぶしょう》 〔類義語〕しぶしぶ

【意味】気が進まないが、しかたなしに。

【用例】説明されても納得はいかなかったが、不承不承、先生の指示に従った。

251. C□ 不条理《ふじょうり》 ※「理不尽《りふじん》」とは異なり、自分の意思では避《さ》けられないことに使うことが多い。

【意味】物事の筋道《すじみち》が通らないこと。道理に合わないこと。

【用例】矛盾《むじゅん》だらけの不条理な世の中をなげく。

252. B□ 腐心《ふしん》

【意味】ひどく心を悩《なや》ますこと。苦心《くしん》すること。

【用例】会社の運営資金を集めるのに腐心する。

253. A□ 風情《ふぜい》 〔類義語〕おもむき

【意味】特別な味わいや様子。ありさま。

【用例】有名な観光地で風情のある町並みを歩く。

254. B□ 不世出《ふせいしゅつ》

【意味】めったに世の中に現れないほど優《すぐ》れていること。

【用例】わが校出身で科学者のAさんは不世出の天才だ。

255. B□ 布石《ふせき》を打つ

【意味】将来のための用意をすること。

【用例】A氏は社運をかけた新事業への布石を打った。

256. B□ 憮然《ぶぜん》

【意味】がっかりして心がしずむ様子。

※「ブスっとしている」「腹を立てる」という意味ではないので注意！

【用例】自分の能力の限界に時折《ときおり》、憮然とさせられることがある。

257. B□ 不遜《ふそん》

【意味】人をばかにして思い上がっていること。

【用例】不遜な態度をとるA君はみんなから嫌《きら》われて当然だ。

258. C□ 不退転《ふたいてん》

【意味】志を固く守って、決して後へ引かないこと。

【用例】志望校合格に向けて不退転の決意で臨む。

259. B□ 札付《ふだつ》き

【意味】悪い評判《ひょうばん》が定着していること。また、その人。

【用例】A君は札付きの不良なので、付き合わないほうがよい。

260. A□ 二《ふた》つ返事《へんじ》

【意味】すぐに気持ちよく返事をして引き受けること。

【用例】Aさんは私のお願いを二つ返事で承知してくれた。

261. A□ ぶっきらぼう

【意味】口のきき方や態度に愛想《あいそ》や愛嬌《あいきょう》のないこと。

【用例】A君は先生の質問に対してもぶっきらぼうな口調《くちょう》で答えた。

262. B□ 物議《ぶつぎ》を醸《かも》す

【意味】世間の人々の論議を引き起こす。

【用例】記者会見での不用意な発言が物議を醸した。

263. C□ 払拭《ふっしょく》

【意味】すっかりぬぐい去ること。すべてきれいに取り除くこと。

【用例】次のテストでは良い成績を取って、不安を払拭したい。

264. B□ 物色《ぶっしょく》

【意味】多くの中から目的に合うものをさがすこと。

【用例】デパートのバーゲンセールで洋服を物色する。

265. A□ 仏頂面《ぶっちょうづら》

【意味】愛想《あいそ》のない顔。

【用例】父親は仏頂面で、母の問いかけにもろくに返事をしない。

266. B□ ふつつか

【意味】能力《のうりょく》や配慮《はいりょ》が不十分でゆきとどかないこと。※自分や身内の者をへりくだっていう時に用いることが多い。

【用例】ふつつか者ですが、愚息《ぐそく》（=自分の息子。へりくだった言い方）をよろしくお願いします。

267. B□ 降《ふ》ってわいたよう

【意味】今までなかった思いがけない物事が突然《とつぜん》起こる様子。

【用例】降ってわいたような災難にあい困惑《こんわく》する。

268. B□ ふつふつと

【意味】ある感情がわき起こるさま。

【用例】今になってA君に対する憎《にく》しみがふつふつとわいてくる。

269. A□ 物理《ぶつり》的

【意味】物事を空間、時間、数量などからありのままに客観的にとらえるさま。

【用例】今いる場所からA地点まで一時間で移動することは物理的に不可能だ。

270. B□ 筆《ふで》が立つ

【意味】文章を書くことが上手である。

【用例】今度の学校だよりは筆が立つA君にお願いしよう。

271. B□ 不手際《ふてぎわ》

【意味】やり方やその結果が悪いこと。

【用例】私の不手際で開演が遅《おく》れたことをわびる。

272. A□ ふてくされる

【意味】不平や不満があって投げやりな態度や

反抗《はんこう》的な態度をとる。
【用例】母に注意されて、妹はすぐにふてくされた。

273. A□ 筆不精《ふでぶしょう》（筆無精）
〔対義語〕筆まめ
【意味】手紙や文章を書くのをめんどうくさがる様子。
【用例】筆不精なもので、手紙の返事が遅れて申しわけありません。

274. A□ ふてぶてしい 〔類義語〕図太《ずぶと》い
【意味】開き直っていて、ずうずうしい。
【用例】先生にしかられているのに、ふてぶてしい態度をとる。

275. B□ 筆《ふで》を折《お》る
【意味】書くこと（文筆《ぶんぴつ》活動）をやめる。

【用例】物書きとして書きたいことは書きつくしたので、次回の作品を最後に筆を折るつもりだ。

276. A□ 腑《ふ》に落ちない
【意味】すんなりと納得《なっとく》がいかない。
【用例】A先生の授業の解説では、どうも腑に落ちないところがある。

277. B□ 不憫《ふびん》
【意味】気の毒だ。かわいそうだ。
【用例】A君はまだ幼いのに、両親を亡《な》くすとは不憫でならない。

278. C□ 不文律《ふぶんりつ》 〔類義語〕暗黙《あんもく》の了解《りょうかい》
【意味】おたがいに承知《しょうち》していて、言わなくても守られているきまり。
【用例】各家庭には、いちいち口に出さなくてもわかっている不文律がある。

279. A□ 普遍《ふへん》 〔対義語〕特殊《とくしゅ》
【意味】すべてに共通して当てはまること。広くゆきわたること。
【用例】人類普遍の原理というものが存在する。

280. A□ 不本意《ふほんい》
【意味】望むところではないこと。自分の気持ちとは異なること。
【用例】努力が足りなかったのか、不本意な結果に終わった。

281. A□ 不毛《ふもう》
【意味】①土地がやせていて、作物が育たないこと。
②成果が実らないこと。
【用例】①北海道の石狩《いしかり》平野はかつて不毛な土地であった。
②会議では何も決まらず、不毛な時間が過ぎていった。

282. A□ 不用意《ふようい》 〔類義語〕うかつ
【意味】注意や配慮《はいりょ》の足りないこと。
【用例】不用意な発言によってA大臣は辞任《じにん》に追いこまれた。

283. B□ プライベート
【意味】個人的。私的。
【用例】プライベートな問題だから、ここではお答えできない。

284. C□ 不慮《ふりょ》
【意味】思いがけないこと。
【用例】A氏は不慮の事故により他界《たかい》した。

285. C□ ふるいにかける 〔類義語〕選抜《せんばつ》
【意味】一定の基準で多くの中から良いものだけを選び出す。
【用例】宇宙飛行士は候補《こうほ》者が何度もふるいにかけられ選ばれた人だ。

286. B□ 古株《ふるかぶ》 〔類義語〕古参《こさん》
【意味】古くからその社会や集団にいる人。
【用例】Aさんは、わが社の創業《そうぎょう》当初からの古株の社員だ。

287. C□ 触《ふ》れ込《こ》み
【意味】前もって宣伝《せんでん》をすること。前もって言いふらすこと。
【用例】A君は秀才《しゅうさい》という触れ込みでこの学校に転校してきた。

288. B□ プロジェクト
【意味】企画《きかく》。研究の計画。開発計画。

【用例】会社内で新しい事業のためのプロジェクトチームを編成した。

289. A□ プロセス
【意味】物事を進めていく方法や手順。また、物事の進んでいく過程《かてい》。
【用例】自社商品の作られるプロセスをしっかりと把握《はあく》する必要がある。

290. A□ 付和雷同《ふわらいどう》 ※「不和雷同」ではない！
【意味】自分の考えを持たずに、他人の意見に賛同《さんどう》すること。
【用例】A君は学級委員のB君の意見に付和雷同した。

291. B□ 憤慨《ふんがい》
【意味】激《はげ》しくいきどおること。怒ること。
【用例】A氏の行動は憤慨に堪《た》えない。

292. C□ 紛糾《ふんきゅう》
【意味】意見が対立し、物事がもつれてまとまらないこと。
【用例】議論は紛糾して物別《ものわか》れに終わった。

293. C□ 粉骨砕身《ふんこつさいしん》 〔類義語〕身を粉《こ》にする
【意味】非常な努力をすること。力の限り働くこと。
【用例】A首相は粉骨砕身して国民のためにつくすと演説《えんぜつ》した。

294. B□ 分相応《ぶんそうおう》
【意味】その人の身分、地位や能力などにふさわしいこと。
【用例】退職後は派手《はで》に暮《く》らすのではなく分相応の生活を送る。

295. B□ ふんだんに
【意味】あまるほどたくさんあるさま。
【用例】この料理は海の幸《さち》をふんだんに使用したぜいたくな一品だ。

296. B□ 噴飯《ふんぱん》もの
【意味】ばかばかしくて思わず笑いだすこと。
【用例】事情を知らないくせに知ったかぶりで話すとは、噴飯ものだ。

297. B□ 分布《ぶんぷ》
【意味】あちこちに分かれて広くあること。
【用例】日本における植物の分布を調べる。

298. A□ 分別《ふんべつ》 ※分別《ぶんべつ》（ゴミなどを種類ごとに分けること）と区別しよう。
【意味】ものごとの良し悪しを判断すること。
【用例】小学六年生にもなったら、やって良いことと悪いことの分別はつくはずだ。

へ

299. A□ 平易《へいい》
【意味】説明などがたやすく理解できるさま。やさしいこと。
【用例】平易な文章で書かれているので、低学年の子でも読める。

300. B□ 弊害《へいがい》
【意味】そのまま続けることで起こる悪い点や悪影響《あくえいきょう》。
【用例】そのまま放置しておくと弊害が生じる危険性がある。

301. A□ 閉口《へいこう》する
【意味】どうしようもなくて、困り果てる。
【用例】都心の満員電車にはいつも閉口する。

302. A□ 平身低頭《へいしんていとう》
【意味】ひれふして、おそれいること。
【用例】数々の非礼《ひれい》を平身低頭してわびた。

303. B□ 平生《へいぜい》
【意味】ふだん。日ごろ。
【用例】平生、私は健康に気を使っているほうである。

304. C□ 平板《へいばん》
【意味】内容に変化がなく、おもしろみがないこと。
【用例】彼の書く文章は平板でつまらない。

305. B□ ベール
【意味】おおい隠《かく》すもの。
※「ベールを脱《ぬ》ぐ」「ベールに包《つつ》まれる」

などの使い方がある。
【用例】名俳優《はいゆう》であるA氏の私生活はベールに包まれている。

306. B□ 辟易《へきえき》
【意味】いやになること。たじろぐこと。〔類義語〕閉口《へいこう》
【用例】A氏の自慢《じまん》話には辟易したよ。

307. B□ へそで茶をわかす
【意味】おかしくてたまらない。ばかばかしくてがまんできない様子。〔類義語〕噴飯《ふんぱん》
【用例】算数が苦手なきみが算数のテストで満点をねらうなんて、へそで茶をわかすよ。

308. A□ へそを曲げる
【意味】何かがきっかけで機嫌《きげん》を悪くして言うことをきかない。
〔類義語〕つむじを曲げる
【用例】父にしかられた弟はへそを曲げてなかなか部屋から出てこない。

309. A□ 下手《へた》の横好《よこず》き
【意味】下手なくせに熱心であること。
【用例】私は下手の横好きで、今はテニスにはまっています。

310. C□ 別天地《べってんち》
【意味】この世とは思えないほどすばらしい場所。理想郷《りそうきょう》。
【用例】先日、旅行で訪れた南国の島々はまさに別天地であった。

311. B□ へつらう
〔類義語〕おもねる　迎合《げいごう》する　こびる
巧言令色《こうげんれいしょく》
【意味】気に入られようとして、相手の機嫌《きげん》をとる。
【用例】親や教師が子どもにへつらう世の中であってはならない。

312. B□ へどもど
【意味】どうしてよいかわからなくてまごつくさま。
【用例】授業中にいきなり先生に指名されてへどもどしてしまった。

313. B□ 蛇《へび》ににらまれた蛙《かえる》
〔似《に》た意味の言葉〕蛇に見込《みこ》まれた蛙
【意味】あまりの恐ろしさに、体が動けなくなること。
【用例】ガキ大将のA君とけんかをする羽目《はめ》に陥《おちい》り、蛇ににらまれた蛙だった。

314. C□ 蛇《へび》の生殺《なまごろ》し
【意味】物事をどっちつかずの状態《じょうたい》のままにすること。また、一気に殺さないで半死《はんし》半生《はんしょう》の状態にして苦しめること。

【用例】気を持たせておいて返事を引きのばすなんて、蛇の生殺しというものだよ。

315. B□ 減《へ》らず口《ぐち》
【意味】負け惜《お》しみや強がり、憎《にく》まれ口を言うこと。
【用例】減らず口をたたくのなら、もっと努力するべきだ。

316. A□ へりくだる
【意味】相手を敬《うやま》って謙遜《けんそん》する。
【用例】謙譲《けんじょう》語とは、自らをへりくだる敬語の一種だ。

317. B□ 便宜《べんぎ》
【意味】あることをするのに都合の良いこと。間に合わせの一時的な解決。
【用例】自分一人の判断では決められなかったので、とりあえず便宜的に処理をした。

318. B□ 偏屈《へんくつ》
【意味】性質がねじけていて、素直でないこと。がんこなこと。
【用例】Aさんはどこか偏屈なところがあるが憎《にく》めない人だ。

319. A□ 偏見《へんけん》
【意味】かたよった見方。一方的な考え方。
【用例】君の考え方は、偏見に満ちている。

320. C□ 変遷《へんせん》
【意味】時代の流れとともに移り変わること。
【用例】社会の変遷をたどっていくと、その国

の歴史が理解できる。

321. B□ **偏重《へんちょう》**
【意味】特定のものだけを重んじること。
【用例】日本はまだ学歴偏重の社会であることは否《いな》めない。

322. B□ **変哲《へんてつ》**
※「なんの変哲もない」という打ち消しで使われることが多い。
【意味】変わっていること。
【用例】著名なA氏の書く文章は、何の変哲もない平凡《へいぼん》なものだ。

323. B□ **弁明《べんめい》** 〔類義語〕弁解《べんかい》
【意味】説明して事情を明らかにすること。言いわけや釈明《しゃくめい》。
【用例】自分の発言の意図《いと》について弁明する必要がある。

324. B□ **片鱗《へんりん》**
【意味】全体のうちのほんの一部。ごくわずかの部分。
【用例】今日の試合で新人のA選手は才能の片鱗を示した。

ほ

325. B□ **法外《ほうがい》**
【意味】常識《じょうしき》の範囲《はんい》をはるかにこえていること。
【用例】あやしい飲食店で法外な値段をふっかけられた。

326. C□ **望外《ぼうがい》**
【意味】望んでいた以上の結果であること。期待以上。
【用例】作品が賞にノミネート（推薦《すいせん》）されただけでも望外の喜びだ。

327. B□ **包括《ほうかつ》的**
【意味】全体的に。全体にわたって。
【用例】歴史学は一時代の解釈《かいしゃく》だけではなく、包括的な理解が求められる。

328. B□ **傍観《ぼうかん》** 〔類義語〕手をこまねく
【意味】そのことに関わらないでそばで見ていること。
【用例】多くの人々はけんかを傍観するだけであった。

329. C□ **判官贔屓《ほうがんびいき》** ※「はんがんびいき」という読みは避《さ》けたほうがよい。
【意味】不幸な英雄《えいゆう》や不運な人、弱者に同情し味方をすること。
【用例】判官贔屓で、どうしても弱いチームの応援《おうえん》をしてしまう。

330. C□ **忘却《ぼうきゃく》**
【意味】すっかり忘《わす》れてしまうこと。
【用例】学生時代に覚えたことの多くは忘却のかなたに消え去った。

331. B□ **暴挙《ぼうきょ》**
【意味】むちゃな行《おこな》い。乱暴なくわだて。
【用例】経営者は従業員の大半を解雇《かいこ》するという暴挙に出た。

332. B□ **望郷《ぼうきょう》**
〔類義語〕郷愁《きょうしゅう》、ノスタルジー
【意味】ふるさとを懐《なつ》かしむこと。
【用例】外国暮《ぐ》らしが長いと、日本への望郷の念がつのる。

333. B□ **暴君《ぼうくん》**
【意味】勝手気ままにふるまう横暴《おうぼう》な人。
【用例】父は自分の思い通りにならないと癇癪《かんしゃく》を起こす、わが家の暴君だ。

334. B□ **封建《ほうけん》的**
【意味】個人の自由や権利《けんり》よりも人間の上下関係を重視《じゅうし》するさま。
【用例】戦前の日本は身分や階級に重きを置く封建的な考え方が一般《いっぱん》的であった。

335. A□ **傍若無人《ぼうじゃくぶじん》** 〔類義語〕野放図《のほうず》
【意味】周りの人や他人にかまわず、自分勝手にふるまうこと。
【用例】最近、電車内ではマナーを守らない傍若無人な人が多い。

336. A□ **坊主憎《ぼうずにく》けりゃ袈裟《けさ》まで憎い**

〔反対の意味のことわざ〕あばたもえくぼ

【意味】ある人や物が憎いと、その人や物に関係するすべてのものまでが憎くなること。

【用例】坊主憎けりゃ袈裟まで憎いで、あの家の飼《か》い犬まで憎らしい。

337. C□ 茫然自失《ぼうぜんじしつ》 〔類義語〕呆然《ぼうぜん》

【意味】思いもかけないことに驚《おどろ》いたり悲《かな》しんだりして、我《われ》を忘《わす》れること。

【用例】突然《とつぜん》の出来事にA君は茫然自失してその場に立ちつくした。

338. B□ 抱負《ほうふ》

【意味】心の中に抱《いだ》いている決意や計画。

【用例】A君は卒業式の日に、みんなの前で卒業後の抱負を語った。

339. B□ ほうふつとさせる

【意味】よく似ていて、目の前にありありと思い浮かばせること。

【用例】兄の笑顔《えがお》には、亡《な》き父のおもかげをほうふつとさせるものがある。

340. C□ ほうほうの体《てい》

【意味】散々《さんざん》な目にあい、あわてふためいて逃《に》げる様子。

【用例】想定外の敵《てき》の逆襲《ぎゃくしゅう》に、ほうほうの体で退散《たいさん》していった。

341. B□ 包容力《ほうようりょく》

【意味】心が広く、他人の過《あやま》ちや欠点などを許《ゆる》して受け入れることができること。

【用例】彼はあまり目立たないが、器《うつわ》が大きく包容力のある人物だ。

342. B□ ほおが緩《ゆる》む

【意味】うれしくて、思わずにこにこする。

【用例】かわいい孫《まご》の笑顔《えがお》を見ると、ほおが緩《ゆる》んでしまう。

343. C□ ボーダーレス

【意味】国境や境界があいまいなこと。国家などの枠《わく》がないこと。

【用例】現代は国家の枠《わく》にとどまらないボーダーレス社会が広がっている。

344. A□ ほくそ笑《え》む

【意味】自分の思った通りになり、ひとりにこにこする。

【用例】予定通りに事が進み、ひとりほくそ笑む。

345. A□ 墓穴《ぼけつ》を掘《ほ》る

【意味】自分のしたことで自分の身をほろぼす。

【用例】言いわけをしたことで、さらに墓穴を掘ることになってしまった。

346. B□ 反故《ほご》 〔類義語〕無用《むよう》

【意味】役に立たないもの。むだなもの。

【用例】一方的に約束《やくそく》を反故にするなんて、ひどい仕打《しう》ちだ。

347. B□ 矛先《ほこさき》

【意味】非難《ひなん》などの攻撃《こうげき》の方向や勢い。

【用例】非難の矛先は中心人物であったA氏に向けられた。

348. A□ ほころびる 〔関連語〕ほころぶ

【意味】①衣服などの縫《ぬ》い目の糸がほどける。②おかしさや楽しさが思わず表情に出る。おだやかになる。

【用例】①どこかにひっかけたのか、袖口《そでぐち》がほころびている。②ひさしぶりに孫の顔を見て、顔がほころびる。

349. B□ ポジティブ 〔対義語〕ネガティブ

【意味】肯定的《こうていてき》。積極的。

【用例】ネガティブに考えるよりはポジティブにとらえるほうが、前向きな気持ちになれる。

350. B□ 保守的《ほしゅてき》 〔対義語〕革新的《かくしんてき》

【意味】今までのやり方を守り、新しいものを取り入れない様子。

【用例】君の考え方は、あまりにも保守的で古くさいよ。

351. C□ 保身《ほしん》

【意味】自分の地位や名誉《めいよ》、安全などを守ろうとすること。

【用例】上司《じょうし》は部下をかばうことなく、ひたすら保身をはかった。

352. A□ 細細《ほそぼそ》 ※「細細《こまごま》」と読むと「細かい点まで気にかける」という意味になる。
【意味】生活などがかろうじて続いているさま。

【用例】退職《たいしょく》してからは田舎《いなか》で細細と暮《く》らしている。

353. C□ ほぞをかむ
【意味】後悔《こうかい》すること。

【用例】後《あと》になって、ほぞをかんでも仕方がない。

354. C□ ほだされる
【意味】相手の態度や気持ちに心が動かされて、身動きができなくなる。また、そうしようという気になる。

【用例】情にほだされて、ついお金を貸してしまった。

355. B□ 牧歌的《ぼっかてき》
【意味】そぼくでのんびりしている様子。

【用例】田舎《いなか》に行くと、今でも牧歌的な光景を目にすることがある。

356. C□ 没個性《ぼつこせい》 ※「没《ぼつ》～」で「～がない」という意味になる。
〔関連語〕没交渉《ぼっこうしょう》（交渉がない。関係がない）
【意味】個性がない。固有の性質がない。
【用例】これからの社会は多様性を受け入れ、没個性的であってはならない。

357. A□ 没頭《ぼっとう》
【意味】他のことを忘《わす》れて、ある一つのことに熱中すること。

【用例】彼は長い歳月の間、新製品の開発に没頭した。

358. B□ 仏作《ほとけつく》（造《つく》）って魂《たましい》入《い》れず
【意味】物事の肝心《かんじん》のところで手を抜《ぬ》いてしまうことのたとえ。

【用例】これまで受験勉強をがんばってきたのに、追い込《こ》みの時期になって遊ぶなんて、仏作って魂入れずというものだよ。

359. A□ 仏《ほとけ》の顔も三度
【意味】どんなに温和《おんわ》な人でも度々《たびたび》ひどい目にあえば怒《おこ》り出すものだということ。

【用例】仏の顔も三度で、やさしい井上先生もついに怒り出したぞ。

360. B□ ほどこし
【意味】恵《めぐ》みとして金品などを与《あた》えること。

【用例】いくら貧しくても人様《ひとさま》からほどこしは受けないと言い張った。

361. B□ ほとばしる
【意味】あるものが激《はげ》しくふきだす。また、勢いよく飛び散る。

【用例】Aさんからは、ほとばしるような情熱を感じる。

362. B□ ほとぼり
【意味】ある事柄《ことがら》に対して引き続いている、人々の注目や関心。

【用例】事件のほとぼりが冷めるまで、人前には出ないほうが良いよ。

363. A□ 骨が折《お》れる
【意味】苦労する。

【用例】一人で広い教室をそうじするのはなかなか骨が折れる。

364. B□ 骨抜《ほねぬ》き
【意味】計画や案から重要な部分を除《のぞ》いて、ほとんど価値《かち》のないものにすること。

【用例】修正が加わり、骨抜きにされた法案を可決したところで意味はない。

365. B□ 骨身《ほねみ》を削《けず》る
【意味】身がひどくやせるほど苦労を重ねて努力する。

【用例】A博士は研究に骨身を削る毎日を送った。

366. B□ 骨休《ほねやす》め
【意味】休憩《きゅうけい》。休息《きゅうそく》。

【用例】今月は忙《いそが》しく働いたので、月末は骨休めに温泉に行こうか。

367. A□ 骨を惜《お》しむ
【意味】苦労を嫌《いや》がって、仕事をなまける。
【用例】骨を惜しまない働きぶりが社長に認められて出世した。

368. A□ ほのめかす
【意味】それとなく言ったり見せたりする。
【用例】A選手は記者会見で現役《げんえき》の引退をほのめかした。

369. B□ ほらを吹《ふ》く
【意味】物事を大げさに言うこと。でたらめなことを言うこと。
【用例】A君はほらを吹くので、真《ま》に受けないほうがよい。

370. B□ 本腰《ほんごし》を入《い》れる
【意味】真剣《しんけん》になって本格的に物事に取り組む。
【用例】しめ切りもせまってきたので本腰を入れて執筆《しっぴつ》しよう。

371. A□ 本能《ほんのう》的
【意味】考えや経験を加えないで、自然に反応する様子。
【用例】その時、A君は本能的に危険を察知《さっち》した。

372. B□ 奔放《ほんぽう》
【意味】常識などにとらわれず、自分の思うとおりに行動すること。
【用例】彼女のような自由奔放な生き方にあこがれを抱《だ》く。

373. A□ 本末転倒《ほんまつてんとう》 〔類義語〕主客転倒《しゅかくてんとう》
【意味】大切なことと、つまらないことを取り違《ちが》えていること。
【用例】遊びを優先して勉強を疎《おろそ》かにするなんて本末転倒だ。

374. A□ 本望《ほんもう》
【意味】悔《く》いがなく満足であること。
【用例】この大会で決勝まで進めれば本望だ。

375. C□ 凡庸《ぼんよう》
〔類義語〕平凡《へいぼん》 〔対義語〕非凡《ひぼん》
【意味】特に優《すぐ》れた点がないこと。また、その人。
【用例】A氏は凡庸な人物だが、みんなから愛されている。

〔問題〕次の文章の空らんに適語《てきご》を入れましょう。
・■には漢字、●にはひらがな、◆にはカタカナが一字ずつ入ります。
・［　］は字数指定はありません。
・同じ問題番号には共通する言葉が入ります。
・（　）は当てはまる言葉の意味を表します。言葉の意味がないものもあります。
・解答は前ページの語彙リストを参考にしましょう。語彙リストと番号は同じにしてあります。

001. C□ ■当たり的な政策《せいさく》では大した効果《こうか》は期待できない。（計画性がなく、思いつきで物事を行うこと）

002. C□ 現代はバ◆◆◆◆リアリティーの技術によって、行ったことのない風景を疑似《ぎじ》体験できるようになった。（仮想《かそう》現実）

003. A□ 今回はトーナメント戦なので、■■の陣《じん》で試合に臨まなければいけない。（決死の覚悟《かくご》で物事に臨むこと）

004. C□ かつてアメリカでは日本車の排《はい》●●運動が起こった。（よくないものとしておしのけ、退《しりぞ》けること）

005. B□ 都会よりもむしろ田舎《いなか》の方が、よそ者を受けつけない排《はい》■的な側面《そくめん》はあるかもしれない。

006. B□ 今年の大会で■えある優勝をつかんだのは常連校《じょうれんこう》ではなかった。（ほまれ）

007. C□ Aさんは創業《そうぎょう》当初からの●●抜《ぬ》きの社員だ。（その団体や組織などに初めから今まで所属《しょぞく》していること）

008. A□ Aさんは先生に■が浮くようなお世辞《せじ》を言うので好かれていない。

009. B□ この商品は■格の安値《やすね》で売られていたものだ。（基準《きじゅん》にはずれていること。並外《なみはず》れていること）

010. B□ テストで実力を発揮するには、■■をふむことも大切である。（多くの経験を積む）

011. A□ 腕ずもうとなると、だれもA君には■が立たない。（相手が強くて立ち向かうことができない）

012. A□ 今日は思ったよりも仕事がは●●った。（物事がすらすらと進む様子）

013. A□ ●●ない望みすらも絶たれた。（見こみがない）

014. B□ A会社との話し合いがは●ば●しく進まない。（物事がうまく進む様子）

015. A□ 本気で勉強をしようとしないわが子を見ていて歯●●い。（思うようにならなくていらだたしい）

016. B□ は●●ずも、駅でばったり旧友と会った。（思いがけず）

017. B□ 志望校合格の朗報《ろうほう》に母は■顔■笑する。（顔をほころばせてにっこりと笑うこと）

018. B□ 入社したばかりのA君はどうも●●に欠《か》ける。（進んで物事をなしとげようとする意気《いき》ごみや気がまえ）

019. A□ 不良ばかりが集まる高校に天才と呼ばれるA君がいるなんて、はきだめに●●とはこのことだ。

020. B□ A君はうっかり本音をもらしてしまい、■脚《きゃく》をあらわした。

021. B□ キリスト教はすべての人を愛する■愛の精神を説《と》いている。（すべての人を広く平等に愛すること）

022. C□ Aさんは主演映画で賞を受賞したことで、俳優《はいゆう》として●●がついたね。（値打《ねう》ちや評価が高まる。貫禄《かんろく》がつく）

023. B□ 失言をしたA大臣は世間から■眼視される。（冷ややかな目で見ること。人を冷たく扱《あつか》うこと）

024. A□ 生命をは●●む大地を懸命に耕す。（養い育てる）

025. C□ A氏のこれまでの不正を■日の下《もと》にさらす。（かくすところがなくすべてを人々に知らせる）

026. A□ 違反《いはん》があったため、A社との契約は白■にもどすことにした。（もとの何もなかった時の状態にする）

027. A□ A中学の人気が高まり、一層《いっそう》競争に拍■がかかっている。（物事の進行を早めるために、いっそう力を加える）

028. B□ Aさんは舞台《ぶたい》の上で迫■の演技《えんぎ》を見せた。（表現などが現実のようであること）

029. C□ AチームとBチームは実力が伯■している。（ともにすぐれていて力の差がないこと）

030. C□ この参考書は数あるものの中でも■眉《び》である。（もっとも優《すぐ》れている物や人）

031. B□ 今回の新たな試みは、まさに薄《はく》■を踏《ふ》む思いで行われた。（非常に危険な状態に身を置く）

032. A□ 周りからいろいろと質問されたが、話をは●●かした。（質問にはまともに答えず、他のことを話して話題をそらす）

033. B□ A氏の数々《かずかず》の不正行為《こうい》を週刊誌《しゅうかんし》に暴■する。（他人の悪事や秘密などをあばいて明るみに出すこと）

034. B□ 私も教師のは●●れなので、何とか生徒の力になりたい。（取るに足りない存在《そんざい》だが、一応それに属《ぞく》している者）

035. A□ 父は人前では、は●●ないまねをするなと激怒《げきど》した。（行儀《ぎょうぎ》が悪くて見苦しい。下品《げひん》だ）

036. A□ 弟はゲームに夢中で、今は何を言っても馬■東■だ。（人の意見や批評《ひひょう》などを聞き流して気にかけないこと）

037. B□ 今回発表したA氏の作品は●●にも●●にもかからない駄作《ださく》だ。（ひどすぎてどうにもならない）

038. B□ 私の母は女手一つで家族を養うために馬■馬のように働いた。（脇目《わきめ》もふらずに一心《いっしん》に働くことのたとえ）

039. B□ 話をは●●りすぎて、内容《ないよう》がうまく伝わらなかった。（ある部分を省《はぶ》いて簡単《かんたん》にする）

040. B□ ふらっと場■の酒場《さかば》に入ったが客はほとんどいなかった。（都市で中心部からはずれた人通りの少ない場所）

041. A□ 自分の将来に思いをは●る。（遠くまでとどかせる）

042. B□ やり手の経営者であるA氏が中心となり、新しい会社を■揚げした。（新しく事業《じぎょう》を始めること）

043. B□ 私に賛成してくれていた人たちが離《はな》れていき、旗■が悪い。（勝負や論争などの形勢《けいせい》が不利である）

044. B□ A社の創業者は、●だ●一貫《いっかん》から巨万《きょまん》の富《とみ》を築いた。（自分の体以外は何も資本《しほん》がないこと）

045. B□ ■違《ちが》いの仕事を頼《たの》まれたが、面白《おもしろ》そうなので引き受けた。（専門《せんもん》とする分野や領域《りょういき》と違《ちが》うこと）

046. A□ ①は●●て天気予報どおり夕方には雨が降った。
②は●●て、わがチームが試合に勝つことができるのか。

047. B□ 動物愛護《あいご》を■印として活動する団体で働く。
(行動の目標としてかかげる主義や主張)

048. A□ 戦争経験者の話を直接聞き、戦争の恐《おそ》ろしさを●●で感じた。(たんに考えただけではなく、実際に体験して理解する)

049. A□ 苦しい状況《じょうきょう》を乗り切る方法を●●と思いついた。
(急に。とつぜん)

050. A□ Aさんは●●目には幸福そうに映ったが、苦悩《くのう》していたようだ。(そのことに関係のない人が、そばから見て受ける感じ)

051. A□ わがチームはトーナメント戦を破■の勢いで勝ち進んだ。
(とどめがたい勢い)

052. A□ コンクール入賞の報告を受けたとたん、クラスは●●の巣をつついたような騒《さわ》ぎとなった。

053. C□ A氏は大学の講師をしながらテレビやラジオにも出演するなど、■面■臂の活躍《かつやく》だ。

054. A□ 私が問いつめると、A君は●●が悪そうな顔をした。
(その場の体裁《ていさい》が悪い。気恥《きはず》かしい)

055. C□ 失言《しつげん》をした大臣が世間からバ◆◆◆グされる。
(不満をいだき非難《ひなん》や攻撃《こうげき》をすること)

056. B□ 論文から要点を抜●●する。(書物や作品などから必要なところや大事なところを抜き出すこと)

057. B□ 六年生になって成績が落ちたので先生から発■をかけられた。(強い言葉で励《はげ》ましたり、気合いをかけたりすること)

058. A□ Aさんは■方■人なので、結局は親友と呼べる人はいないね。(誰《だれ》からも良く思われようと、要領《ようりょう》よくふるまおうとする人)

059. A□ あらゆる手は考えたものの、八方ふ●●りの状態《じょうたい》だ。
(どの方面にも差《さ》し障《さわ》りがあって手の打ちようがないこと)

060. B□ 今回発生したいじめ事件を教訓《きょうくん》に、学校内では抜《ばっ》■的な改革がなされた。(悪や災《わざわ》いのもととなる原因《げんいん》を取り去《さ》ること)

061. B□ 今日のA君は元気は●●つといった様子だ。
(元気のよいさま。表情が生き生きしているさま)

062. B□ A氏は四十歳《さい》の若さで、破■荒の大事業を成功させた。

063. B□ Aさんは思いがけないところで旧友《きゅうゆう》に会って、●●が■鉄砲を食ったようだった。

064. A□ バブル時代は土地の値上《ねあ》がりに■止めがかからなかった。
(物事がある限度《げんど》をこえて悪化するのをおさえること)

065. B□ ライバルに負けたA君は、次こそ良い成績をとるぞと鼻■が荒《あら》かった。(意気ごみがはげしい。気負《きお》っている)

066. A□ ぼくは運動会のリレーで一位をとり、■が高かった。

067. A□ 先生が説明しているのに、話の●●を折ってはいけません。(相手の話を途中でさえぎる)

068. A□ A君の言っていることは■半分で聞いたほうがよい。
(大げさで事実は半分くらいでしかないこと)

069. B□ 自己中心的な人を見ると、私はおもわず■白んでしまう。
(不快に思って、きょうざめた顔つきになる)

070. B□ A君は鼻っ■が強くて生意気に見られがちだが、心根は優しい子だよ。(人に負けまいとして張り合う気持ち)

071. A□ 姉に夏休みの宿題の手助けを求めたが、鼻で●●られてしまった。(ろくな受け答えもせず、冷たくあつかう)

072. A□ 彼女は自分の家がお金持ちだといつも鼻に●●ている。

(自慢《じまん》する。うぬぼれる)

073. A□ A君は自信たっぷりな様子がどうも■につく。
(嫌味《いやみ》に感じられる)

074. B□ A氏の発言には私も、は●は●遺憾《いかん》(＝残念)だ。
(非常に。大変)

075. A□ 期待の新人がデビュー戦で●な●なしい活躍《かつやく》を見せた。
(見事な様子。活気がありはなやかな様子)

076. C□ 卒業する生徒たちに、●な●けの言葉を贈《おく》る。
(旅立《たびだ》ちや門出《かどで》の際《さい》に贈《おく》る品物やお金、詩歌《しいか》など)

077. A□ 彼の嫌味《いやみ》な態度はまったく■持ちならない。
(人の言動が嫌《いや》でたまらない)

078. A□ A君へのプレゼントは、高価な絵よりも電化製品が良いと思うよ。彼は■より団子だからね。

079. A□ 今度のテストでライバルたちよりも良い点数をとって、■を明かしてやろう。(相手を出しぬいて、あっと言わせる)

080. B□ 今度の試合はもうすぐ卒業する先輩に■を持たせてあげよう。(本来なら自分のものにできた勝利や名誉《めいよ》を相手にゆずる)

081. A□ そんなに●●かまないで、思ったことを言っていいよ。
(ほほえんだり、うつむいたりして、はずかしそうにする)

082. A□ A氏は歯に■着せぬ物言いで、テレビでは人気者だ。
(遠慮《えんりょ》せずにずけずけと言う)

083. B□ 痛ましい交通事故を目の当たりにした直後のAさんは、歯の■が合わなかった。(恐ろしさや寒さのためにふるえる)

084. A□ ① 生意気《なまいき》なAさんを見ると「憎《にく》まれっ子世に●●かる」という言葉通りだと思ってしまう。
② 父の死を知らせると、Aさんは人目も●●からずに泣いた。

085. A□ 鎌倉幕府《ばくふ》は暴風雨もあり、なんとか元軍《げんぐん》の襲来《しゅうらい》を●●んだ。(防《ふせ》いで止める)

086. B□ この学校で●●をきかせているのは運動か勉強が得意な子だ。(勢力《せいりょく》をふるう。いばる)

087. A□ ① 雑草《ざっそう》が庭のいたるところに●●こる。
② 悪が●●こる世の中であってはいけない。

088. B□ 会社が順調に業績を伸ばし、は●●がよい。
(世間における地位や経済力、勢力、人望《じんぼう》)

089. B□ いつもつるんでいた友達から突然《とつぜん》●●られる。
(仲間《なかま》外れにする)

090. B□ 夜中に■■を外して大さわぎしたので、近所から苦情《くじょう》が来た。(調子に乗って度《ど》を過《す》ごす。思うようにふるまう)

091. A□ 早起きは■文《もん》の■というので、明日からは早寝早起きを心がけよう。

092. A□ 早■点しないで、私の話をよく聞きなさい。
(よく聞きもしないで理解したと思いこむこと)

093. A□ 少年たちはA君のことを弱虫だと●●し立てた。
(相手をさげすんだりするために、声を出して言いたてる)

094. A□ ●●る気持ちをおさえつつ靴《くつ》ひもを結んだ。
(すぐに行動したくて心があせる)

095. B□ 今日の出し物はバ◆◆◆ィーに富《と》んだ内容で、観客を飽《あ》きさせなかった。(多種多様。変化があること)

096. A□ いつも笑顔な彼が、まさかこんなに腹が■い人だったなんてショックだ。（心の中に悪い考えをもっている）

097. C□ 時代によって世の中の考え方は変わっていくものだ。このことをパ◆◆◆ムシフトという。（時代を反映する考え方や思想）

098. B□ A君の横暴《おうぼう》には温厚《おんこう》な私もさすがに■にすえかねた。（あまりにもひどいと怒《いか》りをこらえることができない）

099. B□ 彼の発言はあまり感心しない思想を●●んでいる。（中にふくんでいる）

100. B□ 信頼《しんらい》してた友人に裏切《うらぎ》られて、●●●●が煮《に》えくり返る。（あまりの悔《くや》しさや怒《いか》りのために、腹が立ってがまんができない）

101. A□ こうなったらやるしかないと腹を●●る。（覚悟《かくご》を決める。決心をかためる）

102. A□ 初対面だったので、世間話をしつつおたがいに腹を●●った。（相手の気持ちや考えをそれとなしにうかがう）

103. A□ この際《さい》だから、おたがいに腹を■って話し合おうよ。（自分の気持ちをありのままに打ち明けて話す）

104. B□ 作家のAさんは■乱《らん》■丈《じょう》の人生を自著《じちょ》につづった。（事件が多くて変化がはげしいこと）

105. B□ Aさんは見た目こそ強面《こわもて》だが、実は小心者《しょうしんもの》で、まさに張り子の●●だ。（見かけは強そうだが、実は弱い人）

106. C□ 会社の将来に関わる問題をきみ一人でどうにかしようとするなんて、針の■から■を覗《のぞ》くようなものだよ。（自分のせまい知識や経験をもとに、大きな問題を判断すること）

107. B□ 失敗をクラスメイトから非難されて、針の●●●にすわる思いだった。（気の休まらない、つらい場所）

108. A□ Aさんは遠くから、●る●るやって来てくれた。（遠くから行き来する様子）

109. A□ 校長先生から表彰《ひょうしょう》されて、とても晴れ●●しい。（大勢の人々の注目をあびて、光栄に思う）

110. A□ 明日のスピーチコンテストは私にとって●●の舞台《ぶたい》だ。（多くの人の前に出て注目を集める、重要な場面）

111. B□ 教室でかんしゃくを起こしたので、クラスメイトはぼくをは●●●にさわるように扱《あつか》った。（おそるおそる接する様子）

112. B□ 食欲があるかどうかは健康のバ◆◆◆ターといえる。（物事の状態《じょうたい》や程度《ていど》をおしはかる基準や目安）

113. A□ 市民の意見を■映させた政治こそが理想だ。（あるものの影響《えいきょう》が、他の別のものに現れること）

114. B□ 横暴《おうぼう》な社長とその取り巻き連中に対して反■を翻《ひるがえ》した。（権威《けんい》や権力《けんりょく》に逆《さか》らう）

115. B□ 中学受験では■狂《くる》わせはめったに起きないものだ。（勝負事《しょうぶごと》などで予想外の結果が出ること）

116. A□ 食料が底をつき、■■休すと思われた。（ほどこす手段《しゅだん》がない）

117. C□ 盤《ばん》■の備えで、第一志望校の受験に臨む。（しっかりしていて動かないこと）

118. A□ 周りの人たちはA君の話を半■半■の顔つきで聞いている。（うたがわしく思うこと）

119. B□ 入試のときに井上先生に教わったことを■芻《すう》する。

（心の中でくり返し考えたり味わったりすること）

120. B□ ■で押したような変化のない生活にうんざりする。
（形式《けいしき》的に同じことをくり返すさま）

121. B□ いつも勉強をなまけていた兄は、私にとって■■教師的な役割を果《は》たした。（悪い見本として戒《いまし》めの材料となるような人や事柄《ことがら》）

122. C□ 手入れされていない庭には雑草が●ん●していた。
（草や木が多くしげること）

123. C□ 国家間の■目《もく》をあおり立てる発言はつつしむべきである。
（仲が悪いこと）

124. A□ 優等《ゆうとう》生のAさんだけにプリントを渡《わた》すなんて、えこ●●だ。（自分の気に入ったものに特別に目をかけてかわいがること）

125. A□ A首相は、日本の平和、ひ●●はアジアの平和につくした。
（さらに進んで。それがもととなって）

126. B□ 日●●一日、ピアノの練習に明け暮《く》れる。（朝から晩《ばん》まで）

127. B□ 皇太子《こうたいし》の暗殺事件が引き■となって戦争が起こった。
（物事が起きる直接的な原因やきっかけ）

128. B□ その日は合格発表があり、塾《じゅく》の電話は引きも●●ずに鳴った。（ひっきりなしに。絶《た》え間《ま》なく）

129. C□ 卑《ひ》■な例を挙げて分かりやすく説明する。
（分かりやすいこと。ありふれていて、なじみ深いこと）

130. A□ テストの点が悪かったからといって卑《ひ》■になることはない。（必要以上に自分をいやしめて人にへつらうこと）

131. A□ 彼ほどの能力があれば、どこの会社からも引く手●●●だろう。（あちこちから誘《さそ》いや仕事などの話がくること）

132. B□ 今回の失敗であまり自分を卑■する必要はないよ。
（自分を人よりも劣《おと》っていると思う様子）

133. A□ 優秀《ゆうしゅう》な兄に比べて勉強ができないので、●●目を感じる。
（自分は他人よりおとっていると感じる気持ち）

134. A□ 自分の知識をひ●●かす人は、たいしてかしこくはない。
（得意になって見せびらかす）

135. B□ 私は努力ではだれにも●●をとらないと思う。
（負けるものではない。おくれをとらない）

136. A□ かわいがっていた後輩《こうはい》からそんなひどい仕打ちを受けるなんて、庇《ひさし》を貸して●●●を取られるということだね。

137. A□ 学級委員であるA君の発言に思わず●●を打った。
（急に思いついたり感心したりする）

138. B□ 強大な権力《けんりょく》を前についにひざを■した。
（強い相手に降参《こうさん》する）

139. B□ 昆虫《こんちゅう》の話をすると、虫好きのA君はひざを●●出した。
（興味《きょうみ》を示して乗り気になる）

140. A□ 今日は●●を交えて、おおいに話し合おう。
（おたがいに打ち解けて話し合う）

141. A□ 広場では著名人《ちょめいじん》を一目見ようと、群衆がひし●●ている。
（大勢がさわぎたてる。混雑《こんざつ》して押し合う）

142. A□ 大会優勝への強い思いが、部員からひ●ひ●と伝わってくる。（身や心に強く感じるさま）

143. C□ 美■麗■を並べても、人の心は動かせない。
（うわべだけを飾《かざ》った美しい言葉）

144. A□ 彼女らは教室のすみで何やらひ●ひ●と話している。
（他人に聞こえないように小声で話すさま）

145. A□ 予想外の緊急事態に、クラスメイト達は■を集めて相談しあった。（大勢が寄り集まり、話し合ったり相談したりすること）

146. A□ 彼のひた●●な態度には、頭が下がる。
（物ごとに夢中《むちゅう》になる様子）

147. B□ A氏のように、貯蓄《ちょちく》がたくさんあり、■うちわのご身分にあこがれるよ。（仕事をしなくても生活の心配がなく、楽に暮《く》らせること）

148. A□ この道路はひっ●●なしに車が通る。
（絶《た》え間なく続く様子）

149. B□ 妹は引っ込《こ》み■■だったが、中学に上がるころには社交的になった。（内気で、自分から人前に出たり積極的に行動したりするのが苦手なこと。また、そうした性格）

150. A□ きみの応対では、客からの苦情が殺到《さっとう》するのは必■だ。
（そういう事態《じたい》が必ずくる）

151. B□ 国語の文章を読むのに■須《す》の語彙《ごい》を習得する。
（なくてはならないこと）

152. B□ これまでに味わった苦しみは■舌に尽くしがたいものだ。
（言葉ではうまく表現できない）

153. A□ きみは遊んでばかりいたから、成績が落ちるのは■然の結果だ。（当然そうなること↕偶然）

154. B□ 彼の技術に匹■する者はいないと言っても過言《かごん》ではない。
（力や地位、技術などが比べるものと同じくらいであること）

155. A□ Aさんは各テレビ局から引っ張り●●の人気タレントだ。
（人気があって多くの人が争って求めること）

156. B□ Aさんは著名《ちょめい》人なのに物腰《ものごし》もやわらかく人●●●がいい。
（人と応対するときの態度。また、それが相手に与《あた》える印象）

157. A□ 油断しているライバルをだしぬいて一●●吹かせてやろう。（不意をついたり思いがけないことをしたりして、相手を驚《おどろ》かせあわてさせること）

158. A□ 一カ月がかりの大仕事を終えて一■つく。（一休みする）

159. B□ 昨日の花火大会は人●●●で、もうろうとした。
（多くの人で、熱気やにおいがたちこめること）

160. B□ 志望校に合格できたのは、ひ●●にA先生のおかげだ。
（ただそれだけが理由であるさま。まったく）

161. C□ Aさんにはひと●●ならぬ世話になった。（非常な）

162. B□ ひと●●の人物になろうとするのなら、人一倍の努力も必要だ。（きわだってすぐれていること。一人前）

163. A□ Aさんは私たちの学校でひと●●目立つ存在《そんざい》だ。
（多くの中ではっきり目立つ様子）

164. C□ 敵《てき》に追われていたが、難《なん》を逃《のが》れてようやく人■■がついた。（緊張《きんちょう》が解けてほっとした気持ち）

165. A□ 三回目の挑戦でやっと合格したので喜びもひと●●だろう。（いっそう。特に。一段《いちだん》と）

166. A□ 雨はひと●●●激《はげ》しく降った。
（しばらくの間、さかんに続く様子）

167. B□ 頑固《がんこ》なA君を説得するのは一■縄ではいかない。
（ふつうの方法ではうまくあつかうことができない）

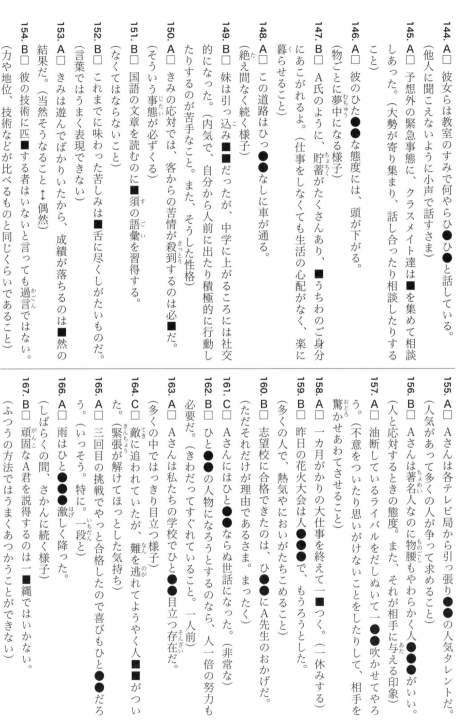

168.B□ 直接会って話をしてみると、人と●●を知ることができる。（生まれつきの人がら。持ち前の性質）

169.C□ 人の口に■は立てられぬというので、うわさの種とならないように気をつけよう。

170.B□ 大学を卒業したら東京へ出て一■揚《あ》げたい。
（新しく事業などを起こす）

171.A□ ほかならないきみの頼《たの》みだから、一●●脱《ぬ》ごうではないか。（本気になり力を貸し、世話をしてやる）

172.A□ 今年還暦《かんれき》を迎《むか》えるが、もう一■咲《さ》かせたいものだ。
（一時期、成功してはなやかな活躍《かつやく》をする）

173.A□ ふだんはおとなしくて地味《じみ》なA君が、その日は■■を引く服を着てきた。（ふつうと違《ちが》っていて、周りの注目を集める）

174.B□ 五年一組の清掃《せいそう》活動は、学校の美化に一■買った。
（ある仕事を、自分から進んで引き受ける）

175.C□ ばらばらだったクラスをまとめようと必死でがんばったが、結局はひとり●●●に終わった。（自分一人で勝手に勢いこんで物事をすること）

176.A□ 彼のひとり●●●の言動は、周りの人から受け入れられないだろう。（自分だけでよいと思いこみ、他人の考えを聞き入れないこと。独善《どくぜん》的）

177.B□ 友人との旅行で、ひ●●た温泉街《おんせんがい》にやってきた。
（田舎《いなか》ふうの、素朴《そぼく》な感じがする）

178.A□ この問題に余計な口出しをすると火に■を注ぐ結果になる。（勢いのあるものをますます激《はげ》しくする）

179.C□ A教授《きょうじゅ》による微《び》に入り■を穿《うが》った研究調査によって、古代国家の歴史が明らかになった。

180.A□ ① A氏は皮■な言い回しで、暗にB氏を非難した。
② 楽しみにしていた遠足の日に台風とは、何とも皮■な話だ。

181.B□ ひさしぶりの休日だったので、ひ●●す読書にふけった。
（朝から晩《ばん》まで一日中）

182.A□ 勉強もスポーツもできて、人がらも良いA君は■の打ちどころがない。（完全である）

183.B□ 明日のコンクールは私たちにとって、ひ●●舞台だ。
（自分の腕《うで》前を表す晴れ舞台）

184.A□ 今月は出費《しゅっぴ》がかさんで、家計は火の■だ。
（お金のやりくりがひどく苦しい様子）

185.B□ 火のない所に●●●は立たぬというから、彼にまつわるうわさは案外、本当かもしれない。

186.B□ 今回の学会で、A氏の地道《じみち》な研究結果がようやく日の■を見た。（それまで知られていなかった物事や人が知られ、認められるようになる）

187.B□ 憲法改正に関して、火■を散らす論争となった。
（たがいに激《はげ》しく争う）

188.B□ 今、両チームが決戦の火●●を切った。
（戦いや競争を始める）

189.A□ 終戦直後は誰もがひ●●い思いをしたものだ。
（空腹《くうふく》である）

190.B□ 今では喫煙《きつえん》は健康のためには、■害あって■利なしと言われている。

191. B□ この参考書のおかげで国語の成績が■躍《やく》的にのびた。
(急に進歩《しんぽ》、発展《はってん》すること)

192. A□ 限られた情報では事故の様子が分からない。■聞は■見にしかずというので、現場に行ってみよう。

193. C□ ベテラン俳優《はいゆう》のAさんは演じる役によって顔の表情が異なり、まさに■面相といえる。

194. C□ 本来、会議は百■争■する場所でなければならない。
(さまざまな人々が自由に自分の意見を言い、議論しあうこと)

195. C□ 戦後の混乱《こんらん》期には■鬼■行ともいえる光景が見られた。
(多くの人が、わが物顔で悪い行いをすること)

196. A□ 今月の天気予報はめずらしく■発■中だった。
(予想や計画がいつも思い通りに運ぶこと)

197. B□ A氏の研究はなかなか認められず、長い間、●●飯《めし》を食わされてきた。(評価されず、低い地位にいる)

198. B□ 今回明るみに出た事件は、ほんの■山の一角にすぎない。
(すごく大きなものの一部しか現れていないこと)

199. A□ 無理だろうと思ってたのんだら、あっさり引き受けてもらえたので●●●●抜《ぬ》けした。(はりきっていた気分がゆるみ気が抜《ぬ》けること)

200. B□ この商品は価格は安く性能もよいので、費用対■■が高い。(かけられる費用や作業の手間に対する成果や結果の割合)

201. A□ 冗談《じょうだん》で言ったことが本当に起きるとは、まさにひょうたんから●●だ。

202. A□ Aさんはひ●●ひ●●とした人柄《ひとがら》で、クラスでも少し変わり者である。(性格や態度などがとらえどころがないさま)

203. B□ ■■見主義の人は「こうもり」と呼《よ》ばれることがある。
(周囲をうかがい、なかなか態度を決めないこと)

204. B□ ひ●●な場所で学生時代の友人に再会した。
(思いがけないさま。意外な)

205. A□ いいか、敵がひ●●だすきに、総攻撃《そうこうげき》だ！
(こわくなったりして、気が弱くなる)

206. A□ そんなに不勉強では、次のテストの点が悪いのは■を見るより明らかだよ。(疑う余地《よち》がないほど、結果が分かりきっていること)

207. A□ 国語の先生にもピンから◆◆まであるよ。
(もっとも良いものからもっとも悪いものまで)

208. B□ A大臣の発言は世間《せけん》のひ●●●●を買ったため、辞任《じにん》に追いこまれた。(人が不快になるような言動をして嫌がられ、さげすまれる)

209. A□ ブームに便■してスイーツ（甘いもの）のお店を始める。
(自分に都合の良い機会をうまく利用すること)

210. A□ 不■の来客が現れた。(思いがけないこと)

211. B□ 消費者のアンケートをもとに生産者にフ◆◆◆◆◆クする。(得られた結果を原因に反映《はんえい》させること)

212. B□ この映画はフ◆◆◆◆ンで人物名などは架空《かくう》のものである。(作りごと。作り話)

213. C□ A君はいろんなところで自慢《じまん》話を吹■して歩いている。
(あちこちで言いふらすこと。言い広めること)

214. A□ 不■をつく攻撃《こうげき》に相手チームはあわてていた。
(思いもよらないときに事をしかける)

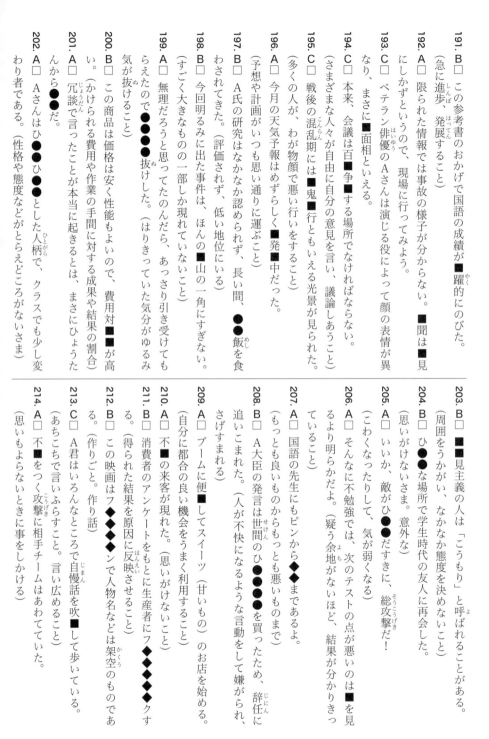

215. B□ 悲惨《ひさん》な戦争体験を■化させてはいけない。
(記憶《きおく》や印象がしだいにうすれていくこと)

216. B□ ここからの眺《なが》めは、まさに■■明媚《めいび》といったところだ。
(景色が清《きよ》らかで明るく美しいこと)

217. C□ 風●●のあがらぬ男だと思ったが、何と大富豪《ふごう》であった。
(身なりや容貌《ようぼう》など、見かけの姿《すがた》)

218. B□ 江戸時代には政治の乱れを■刺《し》した川柳《せんりゅう》が詠《よ》まれた。
(人のことや世の中のことを、遠回《とおまわ》しに皮肉《ひにく》ること)

219. A□ 環境の悪化で、今やこの清流《せいりゅう》も風前の●●●●だ。

220. A□ 物を使い捨てにする昨今《さっこん》の風《ふう》■は、よくないと思う。
(その時代の世の中のなりゆき、傾向《けいこう》)

221. B□ テレビの報道によって間違《まちが》った情報が世間に広まり、風《ふう》■被害《ひがい》に苦しむ。(世間のうわさ)

222. A□ 花火大会は日本の夏の風■詩といえる。
(季節の感じをよく表している物事《ものごと》)

223. B□ 風《ふう》■な庭園をゆっくりと散歩すると落ち着く。
(上品でおもむきがあること。味わいのあること)

224. A□ 私の不■手な教科は国語だったが努力して得意になった。
(得意でないこと)

225. C□ A君の余計な一言でクラス内に不●●な空気が流れ始めた。(何か悪いことが起こりそうで不安を感じさせること)

226. A□ あんな格下の相手に負けてしまうとは、何ともふ●●ない。(情けない。意気地《いくじ》がない)

227. A□ 昨晩、近隣《きんりん》で不可■な事件が発生した。
(わけが分からないこと)

228. B□ たいしたことないと油断したせいで不■をとってしまった。(油断《ゆだん》して失敗すること)

229. A□ 電気や水などは、私たちの生活には不可■だ。
(どうしてもなくてはならないこと)

230. B□ このままいけばAさんとBさんの衝突《しょうとつ》は不可●だ。
(どうしてもさけることができないこと)

231. C□ 山頂《さんちょう》から市街地をふ●●する。
(高所から見下ろしてながめること)

232. C□ 映画「風と共に去りぬ」は不●●●の名作だ。
(長い年月が経《た》っても、その価値《かち》が失われないこと)

233. C□ 両国の間に不■和音が生じて国交が断絶しかねない状態だ。(人や団体などの間で調和を乱すような不和のたとえ)

234. B□ 先生に不■理を重ねてしまい、合わせる顔がない。
(人とのつき合いのうえで、しなければならないことをしない)

235. B□ 葬式《そうしき》で笑顔を見せるのは不き●●な態度である。
(ふまじめでつつしみがないこと。不注意であること)

236. B□ 記者会見で、首相はその件に関しての■案を示した。
(心の中に持っている考え)

237. C□ 復■したAさんは学校の先生になった。
(戦争が終わって兵隊《へいたい》たちが家に帰ること)

238. B□ ■心の部下に裏切《うらぎ》られて人間不信におちいる。
(心から信頼《しんらい》できる人)

239. A□ 今さら失敗をなげいても、●●●●盆《ぼん》に返らずで、仕方がないよ。

240. C□ Aさんの小説には、一度読んだだけでは分からない多く

の伏■がある。（小説などで、そのあとの筋《すじ》の展開に関連したことをほのめかしておくこと）

241. B□ 授業中にAさんがおかしなことを言ったので●●み笑いをした。（はっきりと声を出さずに笑うこと）

242. B□ A社との交渉《こうしょう》が■小路におちいった。
（物事が行きづまってしまうこと）

243. A□ この先は行き止まりで、もはや犯人は袋《ふくろ》の●●●だ。
（追いつめられて逃《に》げ場のないこと）

244. A□ 読書に●●っていたら、いつの間にか朝になっていた。
（物事に夢中《むちゅう》になる。熱中する）

245. B□ 彼は■言■行の人で、ひとりでもくもくと仕事をしている。（あれこれ言わずにだまってやること）

246. C□ その男の無■なふるまいは私を不快にさせた。
（粗野《そや》で洗練《せんれん》されていないこと。また無作法《ぶさほう》なこと）

247. C□ 言われてみれば思い当たる■がある。
（目につくところ。そのように思われるところ）

248. C□ ぶ●●●に物をたずねるのはよくないことだ。
（礼儀作法《れいぎさほう》をわきまえないこと）

249. B□ 不■な動機《どうき》でピアノを習い始めたが、長続きはしなかった。（まじりけがあり、望ましくない様子）

250. B□ 説明されても納得はいかなかったが、不■不■、先生の指示に従った。（気が進まないが、しかたなしに）

251. C□ 矛盾《むじゅん》だらけの不■理な世の中をなげく。
（物事の筋道《みちすじ》が通らないこと。道理に合わないこと）

252. B□ 会社の運営資金を集めるのに腐《ふ》■する。
（ひどく頭を悩ますこと）

253. A□ 有名な観光地で風■のある町並みを歩く。
（特別な味わい。おもむき。ありさま）

254. B□ わが校出身で科学者のAさんは不■出の天才だ。
（めったに現れないほど優《すぐ》れていること）

255. B□ A氏は社運をかけた新事業への■石を打った。
（将来のための用意をすること）

256. B□ 自分の能力の限界に時折《ときおり》、●然とさせられることがある。
（がっかりして心がしずむ様子）

257. B□ 不●●な態度をとるA君はみんなから嫌《きら》われて当然だ。
（人をばかにして思い上がっていること）

258. C□ 志望校合格に向けて不■転の決意で臨む。
（志を固く守って、決して後へ引かないこと）

259. B□ A君は■付きの不良なので、付き合わないほうがよい。
（悪い評判《ひょうばん》が定着していること。また、その人）

260. A□ Aさんは私のお願いを■つ返事で承知してくれた。
（すぐに気持ちよく返事をして引き受けること）

261. A□ A君は先生の質問に対してもぶ●●●ぼうな口調《くちょう》で答えた。（口のきき方や態度に愛想《あいそ》や愛嬌《あいきょう》のないこと）

262. B□ 記者会見での不用意な発言が■議を醸《かも》した。
（世間の人々の論議を引き起こす）

263. C□ 次のテストでは良い成績を取って、不安をふっ●●●したい。（すっかりぬぐい去ること。すべてきれいに取り除くこと）

264. B□ デパートのバーゲンセールで洋服を物■する。
（多くの中から目的に合うものをさがすこと）

265. A□ 父親は仏■面で、母の問いかけにもろくに返事をしない。
(愛想《あいそ》のない顔)

266. B□ ふ●●か者ですが、愚息《ぐそく》（＝自分の息子。へりくだった言い方）をよろしくお願いします。
(能力《のうりょく》や配慮《はいりょ》が不十分でゆきとどかないこと)

267. B□ 降って●●たような災難にあい困惑《こんわく》する。
(今までなかった思いがけない物事が突然《とつぜん》起こる様子)

268. B□ 今になってA君に対する憎《にく》しみがふ●ふ●とわいてくる。
(ある感情がわき起こるさま)

269. A□ 今いる場所からA地点まで一時間で移動することは物■的に不可能だ。(物事を空間、時間、数量などから客観的にとらえるさま)

270. B□ 今度の学校だよりは■が立つA君にお願いしよう。
(文章を書くことが上手である)

271. B□ 私の不手■で開演が遅《おく》れたことをわびる。
(やり方やその結果が悪いこと)

272. A□ 母に注意されて、妹はすぐにふて●●れた。
(不平や不満があって投げやりな態度や反抗《はんこう》的な態度をとる)

273. A□ 筆■■なもので、手紙の返事が遅れて申しわけありません。(手紙や文章を書くのをめんどうくさがる様子)

274. A□ 先生にしかられているのに、ふ●ぶ●しい態度をとる。
(開き直っていて、ずうずうしい)

275. B□ 物書きとして書きたいことは書きつくしたので、次回の作品を最後に■を折るつもりだ。(書くことをやめる)

276. A□ A先生の授業の解説では、どうも●に落ちないところがある。(すんなりと納得《なっとく》がいかない)

277. B□ A君はまだ幼いのに、両親を亡くすとは不●●でならない。(気の毒だ。かわいそうだ)

278. C□ 各家庭には、いちいち口に出さなくてもわかっている不文■がある。(おたがいに承知《しょうち》していて、言わなくても守られているきまり)

279. A□ 人類■遍《へん》の原理というものが存在する。
(すべてに共通して当てはまること)

280. A□ 努力が足りなかったのか、不■意な結果に終わった。
(望むところではないこと)

281. A□ ① 北海道の石狩《いしかり》平野はかつて不■な土地であった。
② 会議では何も決まらず、不■な時間が過ぎていった。

282. A□ 不■意な発言によってA大臣は辞任《じにん》に追いこまれた。
(注意や配慮《はいりょ》の足りないこと)

283. B□ プ◆◆◆◆トな問題だから、ここではお答えできない。
(個人的。私的)

284. C□ A氏は不●●の事故により他界《たかい》した。(思いがけないこと)

285. C□ 宇宙飛行士は候補《こうほ》者が何度もふ●●にかけられ選ばれた人だ。(一定の基準で多くの中から良いものだけを選び出す)

286. B□ Aさんは、わが社の創業《そうぎょう》当初からの古■（＝古参《こさん》）の社員だ。(古くからその社会や集団にいる人)

287. C□ A君は秀才《しゅうさい》というふ●●●でこの学校に転校してきた。(前もって宣伝《せんでん》をすること。前もって言いふらすこと)

288. B□ 会社内で新しい事業のためのプロ◆◆◆◆チームを編成した。(企画《きかく》。研究の計画。開発計画)

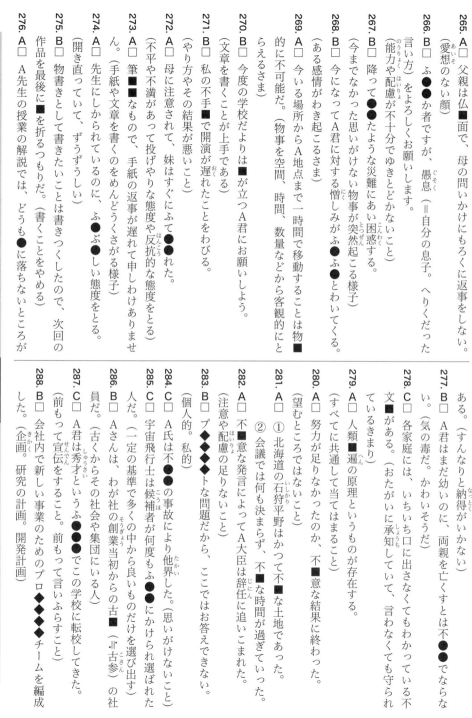

289. A□ 自社商品の作られるプロ◆◆をしっかりと把握《はあく》する必要がある。（物事を進めていく方法や手順。また、物事の進んでいく過程《かてい》）

290. A□ A君は学級委員のB君の意見に■和■同した。
（自分の考えを持たずに、他人の意見に賛同《さんどう》すること）

291. B□ A氏の行動は憤《ふん》●●に堪《た》えない。（激《はげ》しく怒《おこ》ること）

292. C□ 議論は紛《ふん》●●●して物別《ものわか》れに終わった。
（意見が対立し、物事がもつれてまとまらないこと）

293. C□ A首相は粉《ふん》■砕《さい》■して国民のためにつくすと演説《えんぜつ》した。
（非常な努力をすること。力の限り働くこと）

294. B□ 退職後は派手《はで》に暮《く》らすのではなく分■応の生活を送る。
（その人の身分、地位や能力などにふさわしいこと）

295. B□ この料理は海の幸《さち》を●ん●んに使用したぜいたくな一品だ。（あまるほどたくさんあるさま）

296. B□ 事情を知らないくせに知ったかぶりで話すとは、噴《ふん》■ものだ。（ばかばかしくて思わず笑いだすこと）

297. B□ 日本における植物の分■を調べる。
（あちこちに分かれて広くあること）

298. A□ 小学六年生にもなったら、やって良いことと悪いことの分■はつくはずだ。（ものごとの良し悪しを判断すること）

299. A□ ■易な文章で書かれているので、低学年の子でも読める。
（説明などがたやすく理解できるさま。やさしいこと）

300. B□ そのまま放置しておくと弊《へい》■が生じる危険性がある。
（そのまま続けることで起こる悪い点や悪影響《あくえいきょう》）

301. A□ 都心の満員電車にはいつも■口する。（困り果てる）

302. A□ 数々の非礼《ひれい》を■身■頭してわびた。
（ひれふして、おそれいること）

303. B□ ■生、私は健康に気を使っているほうである。
（ふだん。日ごろ）

304. C□ 彼の書く文章は平■でつまらない。
（内容に変化がなく、おもしろみがないこと）

305. B□ 名俳優《はいゆう》であるA氏の私生活はべ◆◆に包まれている。
（おおい隠《かく》すもの）

306. B□ A氏の自慢《じまん》話には辟《へき》■したよ。
（いやになること。たじろぐこと）

307. B□ 算数が苦手なきみが算数のテストで満点をねらうなんて、へそで■をわかすよ。（おかしくてたまらない）

308. A□ 父にしかられた弟は●●を曲げてなかなか部屋から出てこない。（何かがきっかけで機嫌《きげん》を悪くして言うことをきかない）

309. A□ 私は下手の■好きで、今はテニスにはまっています。
（下手なくせに熱心であること）

310. C□ 先日、旅行で訪れた南国の島々はまさに■天地であった。
（この世とは思えないほどすばらしい場所。理想郷《りそうきょう》）

311. B□ 親や教師が子どもにへ●●う世の中であってはならない。
（気に入られようとして、相手の機嫌《きげん》をとる）

312. B□ 授業中にいきなり先生に指名されて、へ●も●してしまった。（どうしてよいかわからなくてまごつくさま）

313. B□ ガキ大将のA君とけんかをする羽目《はめ》に陥《おちい》り、蛇《へび》ににらまれた●●●だった。（あまりの恐ろしさに、体が動けなくなる

こと）

314. C□ 気を持たせておいて返事を引きのばすなんて、蛇《へび》の■殺しというものだよ。（物事をどっちつかずの状態《じょうたい》のままにすること）

315. B□ へ●●口をたたくのなら、もっと努力するべきだ。（負け惜《お》しみや強がり、憎《にく》まれ口を言うこと）

316. A□ 謙譲《けんじょう》語とは、自らを●●くだる敬語の一種だ。（相手を敬《うやま》って謙遜《けんそん》する）

317. B□ 自分一人の判断では決められなかったので、とりあえず■宜《ぎ》的に処理をした。（間に合わせの一時的な解決）

318. B□ Aさんはどこか偏■なところがあるが憎《にく》めない人だ。（性質がねじけていて、素直でないこと。がんこなこと）

319. A□ 君の考え方は、■見に満ちている。（一方的な考え方）

320. C□ 社会の■遷《せん》をたどっていくと、その国の歴史が理解できる。（時代の流れとともに移り変わること）

321. B□ 日本はまだ学歴■重の社会であることは否《いな》めない。（特定のものだけを重んじること）

322. B□ 著名なA氏の書く文章は、何の■哲《てつ》もない平凡《へいぼん》なものだ。（普通とちがうところ）

323. B□ 自分の発言の意図《いと》について■明する必要がある。（説明して事情を明らかにすること。言いわけや釈明《しゃくめい》）

324. B□ 今日の試合で新人のA選手は才能の■鱗《りん》を示した。（全体のうちのほんの一部。ごくわずかの部分）

325. B□ あやしい飲食店で■外な値段をふっかけられた。（常識《じょうしき》の範囲《はんい》をはるかにこえていること）

326. C□ 作品が賞にノミネート（推薦《すいせん》）されただけでも望■の喜びだ。（望んでいた以上の結果であること。期待以上）

327. B□ 歴史学は一時代の解釈《かいしゃく》だけではなく、■括《かつ》的な理解が求められる。（全体的に。全体にわたって）

328. B□ 多くの人々はけんかを傍《ぼう》■するだけであった。（そのことに関わらないでそばで見ていること）

329. C□ ■官贔屓《びいき》で、どうしても弱いチームの応援《おうえん》をしてしまう。（不幸な英雄《えいゆう》や不運な人、弱者に同情し味方をすること）

330. C□ 学生時代に覚えたことの多くは■却《きゃく》のかなたに消え去った。（すっかりわすれてしまうこと）

331. B□ 経営者は従業員の大半を解雇《かいこ》するという暴■に出た。（むちゃな行《おこな》い。乱暴なくわだて）

332. B□ 外国暮《ぐ》らしが長いと、日本への■郷《きょう》の念がつのる。（ふるさとを懐《なつ》かしむこと）

333. B□ 父は自分の思い通りにならないと癇癪《かんしゃく》を起こす、わが家の■君《くん》だ。（勝手気ままにふるまう人）

334. B□ 戦前の日本は身分や階級に重きを置く封《ほう》■的な考え方が一般《いっぱん》的であった。（個人の自由や権利《けんり》よりも人間の上下関係を重視《じゅうし》するさま）

335. A□ 最近、電車内ではマナーを守らない傍■■人な人が多い。（周りの人や他人にかまわず、自分勝手にふるまうこと）

336. A□ 坊主憎《ぼうずにく》けりゃ●●まで憎いで、あの家の飼《か》い犬まで憎らしい。

337. C□ 突然《とつぜん》の出来事にA君は茫■自■してその場に立ちつくした。（思いもかけないことに驚《おどろ》いたり悲《かな》しんだりして、我《われ》を忘《わす》

れること)

338. B□ A君は卒業式の日に、みんなの前で卒業後の抱《ほう》■を語った。(心の中に抱《いだ》いている決意や計画)

339. B□ 兄の笑顔《えがお》には、亡《な》き父のおもかげをほう●●とさせるものがある。(よく似ていて、目の前にありありと思い浮かばせること)

340. C□ 想定外の敵の逆襲《ぎゃくしゅう》に、ほ●ほ●の体で退散《たいさん》していった。
(散々《さんざん》な目にあい、あわてふためいて逃《に》げる様子)

341. B□ 彼はあまり目立たないが、器《うつわ》が大きく包■力のある人物だ。(心が広く、他人の過《あやま》ちや欠点などを許《ゆる》して受け入れることができること)

342. B□ かわいい孫《まご》の笑顔《えがお》を見ると、●●が緩《ゆる》んでしまう。
(うれしくて、思わずにこにこする)

343. C□ 現代は国家の枠《わく》にとどまらないボ◆◆◆◆ス社会が広がっている。(国境や境界があいまいなこと。国家などの枠《わく》がないこと)

344. A□ 予定通りに事が進み、ひとりほ●●笑む。
(自分の思った通りになり、ひとりにこにこする)

345. A□ 言いわけをしたことで、さらに■■を掘《ほ》ることになってしまった。(自分のしたことで自分の身をほろぼす)

346. B□ 一方的に約束《やくそく》を反■にするなんて、ひどい仕打《しう》ちだ。
(役に立たないもの。むだなもの)

347. B□ 非難の●●先は中心人物であったA氏に向けられた。
(非難《ひなん》などの攻撃《こうげき》の方向や勢い)

348. A□ ①どこかにひっかけたのか、袖口《そでぐち》が●●●びている。

②ひさしぶりに孫の顔を見て、顔が●●●びる。

349. B□ ネガティブに考えるよりはポ◆◆◆ブにとらえるほうが、前向きな気持ちになれる。(肯定《こうてい》的。積極的)

350. B□ 君の考え方は、あまりにも■■的で古くさいよ。
(今までのやり方をまもり、新しいものを取り入れない様子 ↔ 革新的)

351. C□ 上司《じょうし》は部下をかばうことなく、ひたすら保■をはかった。
(自分の地位や名誉《めいよ》、安全などを守ろうとすること)

352. A□ 退職《たいしょく》してからは田舎《いなか》で■■と暮《く》らしている。
(生活などがかろうじて続いているさま)

353. C□ 後《あと》になって、●●をかんでも仕方がない。(後悔《こうかい》すること)

354. C□ 情に●●されて、ついお金を貸してしまった。(相手の態度や気持ちに心が動かされて、そうしようという気になる)

355. B□ 田舎《いなか》に行くと、今でも■歌的な光景を目にすることがある。(そぼくでのんびりしている様子)

356. C□ これからの社会は多様性を受け入れ、■個性的であってはならない。(個性がない。固有の性質がない)

357. A□ 彼は長い歳月の間、新製品の開発に没《ぼっ》■した。
(他のことを忘《わす》れて、ある一つのことに熱中すること)

358. B□ これまで受験勉強をがんばってきたのに、追い込《こ》みの時期になって遊ぶなんて、仏作って●●●入れずというものだよ。

359. A□ ■の顔も■度で、やさしい井上先生もついに怒り出したぞ。

360. B□ いくら貧しくても人様《ひとさま》からほ●●しは受けないと言い

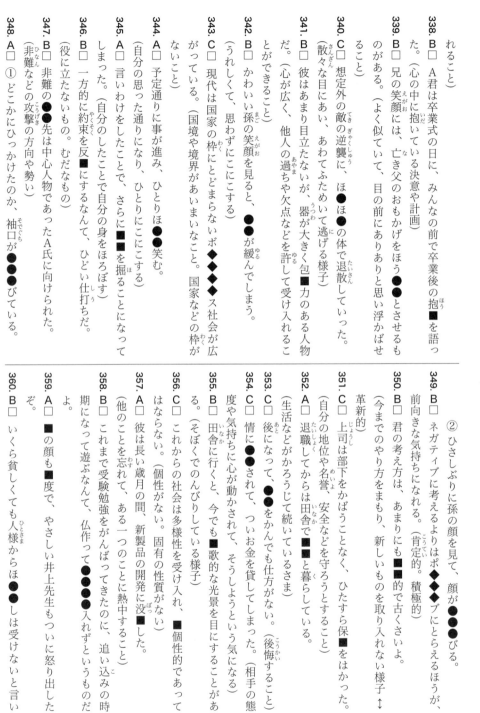

張った。（恵《めぐ》みとして金品などを与《あた》えること）

361. B□ Aさんからは、ほと●●るような情熱を感じる。
（あるものが激《はげ》しくふきだす。また、勢いよく飛び散る）

362. B□ 事件のほと●●が冷めるまで、人前には出ないほうが良いよ。（ある事柄《ことがら》に対して引き続いている、人々の注目や関心）

363. A□ 一人で広い教室をそうじするのはなかなか■が折れる。
（苦労する）

364. B□ 修正が加わり、骨●●にされた法案を可決したところで意味はない。（重要な部分を除《のぞ》いて、ほとんど価値《かち》のないものにすること）

365. B□ A博士は研究に■■を削《けず》る毎日を送った。
（身がひどくやせるほど苦労を重ねて努力する）

366. B□ 今月は忙《いそが》しく働いたので、月末は■休めに温泉に行こうか。（休憩《きゅうけい》。休息《きゅうそく》）

367. A□ 骨を●●まない働きぶりが社長に認められて出世した。
（苦労を嫌《いや》がって、仕事をなまける）

368. A□ A選手は記者会見で現役《げんえき》の引退を●●めかした。
（それとなく言ったり見せたりする）

369. B□ A君は●●を吹《ふ》くので、真《ま》に受けないほうがよい。
（物事を大げさに言うこと。でたらめなことを言うこと）

370. B□ しめ切りもせまってきたので本●●を入れて執筆《しっぴつ》しよう。
（真剣《しんけん》になって本格的に物事に取り組む）

371. A□ その時、A君は本■的に危険を察知《さっち》した。
（考えや経験を加えないで、自然に反応する様子）

372. B□ 彼女のような自由奔■な生き方にあこがれを抱《だ》く。
（常識などにとらわれず、自分の思うとおりに行動すること）

373. A□ 遊びを優先して勉強を疎《おろそ》かにするなんて■末■倒だ。
（大切なことと、つまらないことを取り違《ちが》えていること）

374. A□ この大会で決勝まで進めれば本■だ。
（悔《く》いがなく満足であること）

375. C□ A氏は凡《ぼん》●●な人物だが、みんなから愛されている。
（特に優《すぐ》れた点がないこと。また、その人）

【ま行】

ま

001. A□ 枚挙《まいきょ》にいとまがない
【意味】多すぎて数えきれない。

【用例】A君のこれまでのいたずらは、枚挙にいとまがない。

002. B□ 魔《ま》が差《さ》す
【意味】ふだんでは考えられない悪いことをしてしまう。

【用例】つい魔が差して、テストでカンニングをしてしまった。

003. A□ まかなう
【意味】限られたもので何とかやりくりする。また、食事を出す。

【用例】研究費用をまかなうために、寄付《きふ》をつのった。

004. A□ まかぬ種《たね》は生えぬ
〔反対の意味のことわざ〕棚《たな》からぼたもち　待てば海路《かいろ》の日和《ひより》あり
【意味】何も努力せずに待つだけでは良い結果は出ない。
【用例】遊んでばかりいては、成績は上がるはずがない。まかぬ種は生えぬというだろう。

005. B□ 曲《ま》がりなりにも
【意味】どうにかこうにか。不十分であるとしても。

【用例】曲がりなりにも三十歳《さい》で会社を辞《や》め独り立ちできた。

006. A□ まくしたてる
【意味】続けざまにはげしく一方的にしゃべる。

【用例】部屋に入ってくるなり、息もつかずに早口でまくしたてた。

007. B□ 枕《まくら》を高くする
【意味】安心して眠る。

【用例】悩みごとが解決したので、枕を高くして寝られるよ。

008. B□ まごつく
【意味】迷《まよ》ってうろたえる。

【用例】知らない道に来てしまい、まごつく。

009. B□ まことしやか
【意味】いかにも本当らしく言う様子。

【用例】彼はまことしやかな嘘《うそ》を、真顔《まがお》で言うから困る。

010. A□ 馬子《まご》にも衣裳《いしょう》　※「孫」ではないので注意！
【意味】つまらない者（＝馬子《まご》）でも見た目を良くすれば、立派《りっぱ》に見えること。

【用例】ふだんは学生っぽい雰囲気のAさんも背広を着たら、馬子にも衣裳で、社会人に見えるから不思議だ。

011. B□ マザコン（マザーコンプレックス）
【意味】母親に対しての愛着が強く、自分の行動を自身で決定できず、いつまでも母親から気持ちがはなれないという心的傾向《しんてきけいこう》。

【用例】中学生にもなって何でも母親にやってもらうなんて、A君はマザコンだね。

012. B□ まざまざと 〔類義語〕ありありと
【意味】目の前で見えるようにはっきりとしているさま。

【用例】プロとアマチュアの実力の差をまざまざと見せつけられた。

013. A□ まじまじと
【意味】じっと見つめる様子。

【用例】その人は私の顔をまじまじと見つめた。

014. C□ マジョリティー
〔対義語〕マイノリティー（＝少数派）
【意味】過半数。多数派。
【用例】マジョリティーの意見だけでなく、マイノリティーの声にも耳をかたむけるべきだ。

015. B□ まつわる
【意味】強く結びついている。つきまとう。

【用例】A君にまつわるよくないうわさを耳に

したことがある。

016. A□ 待《ま》てば海路《かいろ》の日和《ひより》あり
〔類義語〕果報《かほう》は寝《ね》て待て
【意味】じっくりと待てば必ず良いことがあるものだ。
【用例】結果がすぐに出なくてもあせることはないよ。昔から、「待てば海路の日和あり」というではないか。

017. B□ まどろっこしい（＝まだるっこい）
【意味】手間《てま》どって動作や反応《はんのう》がおそい。じれったい。
【用例】A君はまどろっこしくて見ていられないよ。

018. A□ まどろむ
【意味】少しの間、うとうとと眠る。
【用例】夕食のあと、ソファーにかけて、ちょっとまどろんだ。

019. A□ 的《まと》を射《い》る ※「的を得る」は誤《あやま》りなので注意！
【意味】物事の肝心《かんじん》な部分をとらえる。
【用例】A氏は今朝の会議で的を射た見事な発言をした。

020. B□ まな板《いた》の鯉《こい》
〔同じ意味のことわざ〕俎上《そじょう》の魚《うお》
【意味】相手のなすがままに任《まか》せるより仕方がないことのたとえ。
【用例】今はまな板の鯉で、裁判所の判決を待つばかりだよ。

021. A□ 眼差《まなざ》し
【意味】目つき。目の表情。
【用例】憂《うれ》いをふくんだ眼差しで見つめる。

022. B□ マニュアル
【意味】手引書《てびきしょ》。説明書。
【用例】新人にもわかるような作業マニュアルを作成する。

023. A□ まぬかれる〔類義語〕まぬがれる
【意味】困ったことや責任《せきにん》などからうまくのがれられる。
【用例】いろいろと言いわけをして何とか責任《せきにん》をまぬかれた。

024. A□ 目《ま》の当《あ》たり
【意味】すぐ目の前で。じかに。
【用例】事故を目の当たりにする。

025. A□ まばゆい
【意味】光が強くて目を開けていられない。まぶしい。
【用例】まばゆい夏の太陽が大地を照らしている。

026. B□ まばら
【意味】数が少なくてすいていること。
【用例】このあたりは夜になると、ひとかげがまばらだ。

027. B□ 間引《まび》く
【意味】びっしりと生えている苗木《なえぎ》や野菜などをきちんと育つように所々《ところどころ》引きぬいて適当《てきとう》な間をあけること。

【用例】野菜は適度《てきど》に間引きすることで、太く丈夫《じょうぶ》なものができる。

028. A□ ままならない
【意味】思いどおりにならない。
【用例】ままならない世の中をなげくことはない。

029. B□ まめまめしい
〔類義語〕かいがいしい
【意味】まじめによく働くさま。
【用例】新入社員のAさんはまめまめしく働くので社内の評判は良い。

030. B□ 眉《まゆ》に唾《つば》をつける
〔関連語〕眉唾物《まゆつばもの》
【意味】だまされないように用心する。
【用例】嘘《うそ》ばかりついているA君の話は、眉に唾をつけて聞いたほうがいい。

031. A□ 眉《まゆ》をひそめる
【意味】心配や不快な思いを表す。

【用例】みんなから一斉《いっせい》に責《せ》められて、思わず眉をひそめた。

032. B□ **真綿《まわた》で首を締《し》める**

【意味】遠回しにじわじわと責《せ》めたり痛めつけたりすることのたとえ。

【用例】真綿で首を締めるようにして、みんなの前でA君のミスを非難した。

033. B□ **蔓延《まんえん》**

【意味】病気や好ましくないことがどんどん広がっていくこと。

【用例】インフルエンザが蔓延する季節がやってきた。

034. B□ **満喫《まんきつ》**

【意味】①存分《ぞんぶん》に食べたり飲んだりする。
②心ゆくまで楽しむ。

【用例】①秋の味覚を満喫する。
②旅行を満喫する。

035. A□ **まんざらでもない**

【意味】それほど悪くない。また、それほど嫌《いや》ではない。

【用例】A君は生徒会長に推薦《すいせん》されてまんざらでもない様子だった。

036. A□ **満場一致《まんじょういっち》**

【意味】その場にいる全員の意見が同じになること。

【用例】今回提出された法案は、満場一致で可決《かけつ》された。

037. A□ **まんじり** ※ふつうは「打ち消し」の言葉が後にくる。

【意味】①少し眠る様子。
②じっと。まじまじ。

【用例】①オリンピックの中継《ちゅうけい》をまんじりともせず見ていて、夜が明けてしまった。
②予想外のことを口にしたA君をまんじりと見つめた。

038. C□ **慢心《まんしん》**

【意味】おごり高ぶること。また、その心。

【用例】A氏は賞を取ったことで慢心してしまったようだ。

039. C□ **満身創痍《まんしんそうい》**

【意味】全身傷だらけであること。また、精神的、肉体的に傷つき疲《つか》れていること。

【用例】世間から非難《ひなん》を浴びたA氏は満身創痍という感じだった。

040. B□ **満《まん》を持《じ》す**

【意味】いつでもとりかかれるように準備を整えて、機会を待つこと。

【用例】最近は、満を持して歌手デビューする人は少なくなった。

み

041. B□ **ミイラ取りがミイラになる**

【意味】人を連れ戻《もど》しに出かけたものが、そのまま帰って来なくなる。また、相手を説得《せっとく》するはずなのに逆に相手に説得されてしまう。

【用例】弟を連れて帰るために行かせたのに、ミイラ取りがミイラになって、あなたも一緒《いっしょ》にサッカーをしていたなんて役立たずね。

042. A□ **見かねる**

【意味】だまって見ていることができない。

【用例】困っているA君を見るに見かねて手を貸した。

043. A□ **身から出たさび**

〔類義語〕自業自得《じごうじとく》　因果応報《いんがおうほう》

【意味】自分のしたことが原因で、災《わざわ》いを受ける。

【用例】あれほど注意したのに、食べ過ぎておなかを壊《こわ》すなんて、身から出たさびだね。

044. B□ **右腕《みぎうで》**

〔類義語〕腹心《ふくしん》　※自分と同等以下の人に使う。

【意味】いちばん頼《たよ》りになる部下。

【用例】社長の右腕となっていっしょうけんめい働く。

045. B□ 右《みぎ》に出る者《もの》がない
【意味】だれよりも優《すぐ》れていること。

【用例】歌のうまさで言ったら、歌手Aの右に出る者はいないだろう。

046. A□ みくびる
【意味】軽く見る。あなどる。

【用例】Aさんを老人だからとみくびってはいけない。「亀《かめ》の甲《こう》より年《とし》の功《こう》」というではないか。

047. B□ 見境《みさかい》〔類義語〕分別《ふんべつ》
【意味】物事を見分け、善悪などを判断すること。

【用例】Aさんは酔《よ》っぱらうと前後の見境がなくなる。

048. B□ 水入《みずい》らず
【意味】身内《みうち》の親しい者だけで他人をまぜないこと。

【用例】成人してからも、親子水入らずで食事をするのは良いものだ。

049. B□ 水《みず》かけ論《ろん》
【意味】自分の理屈《りくつ》を主張して解決しない議論。

【用例】今回のA氏との話し合いは、水かけ論に終わってしまった。

050. A□ 見《み》すかす
【意味】人の気持ちや考えなどを見ぬく。

【用例】私の魂胆《こんたん》（＝たくらみ）を母に見すかされる。

051. A□ 水《みず》くさい
【意味】よそよそしく他人行儀《たにんぎょうぎ》だ。

【用例】ぼくたちは親友なんだもの、水くさいことを言うなよ。

052. A□ 水《みず》に流《なが》す
【意味】過去のことをとやかく言わず、すべてなかったことにする。

【用例】これまでのことは水に流して仲《なか》直りしよう。

053. A□ 水《みず》の泡《あわ》
【意味】今までの苦労や努力がむだになること。

【用例】急にパソコンが壊《こわ》れてデータが消えてしまい、長年の苦労が水の泡になった。

054. A□ みすぼらしい
【意味】身なりなどがそまつで、貧しそうに見える。

【用例】その男はみすぼらしい身なりをしていた。

055. B□ みずみずしい
【意味】新鮮《しんせん》で生き生きしているさま。

【用例】産地直送《さんちちょくそう》の野菜はどれもみずみずしくておいしそうだ。

056. B□ 水《みず》もしたたる
【意味】みずみずしく美しい。

【用例】学生時代のAさんは水もしたたるいい女だった。

057. B□ 水《みず》をあける
【意味】競争相手に大きく差をつけ、優位に立つこと。

【用例】今回のテストでは、ライバルのA君に水をあけられたようだ。

058. A□ 水《みず》を打《う》ったよう
【意味】大勢の人々がしんと静かになる様子。

【用例】物静かなA君が大きな声で叫《さけ》んだことで、水を打ったように静まった。

059. A□ 水《みず》を得《え》た魚《うお》 ※「さかな」と読まないように！
【意味】自分にふさわしい場所を得て大いに活躍《かつやく》するさま。

【用例】普段は物静かなAさんだが舞台《ぶたい》の上では水を得た魚のようだ。

060. A□ 水《みず》をさす
【意味】わきから、うまくいっていることや仲の良い者同士のじゃまをする。

【用例】クラスのみんなの気持ちが一つになっているのに、水をさすようなことを言うのはやめてほしい。

061. B□ 水《みず》を向《む》ける
〔類義語〕誘《さそ》い水を向ける

【意味】相手の関心が自分の思うところに向くようにさそいをかける。
【用例】A君に今度の旅行先に関してそれとなく水を向けると、話に乗ってきた。

062. B□ 未曾有《みぞう》 〔類義語〕稀有《けう》
【意味】いまだかつてない。
【用例】日本は未曾有の大災害《だいさいがい》を幾度《いくど》となく経験してきた。

063. B□ みそをつける
【意味】失敗して評判を落としたり、面目《めんぼく》を失ったりすること。
【用例】今回の件では、A氏は粗相《そそう》を犯してみそをつけたね。

064. B□ 見立《みた》てる
【意味】①いくつも見て、その中から良いものを選んで決める。
②あるものをそうだと仮定する。なぞらえる。
【用例】①母に着物を見立ててもらう。
②雪を散る花に見立てる。

065. B□ みだりに
【意味】やたらに。むやみに。わけもなく。
【用例】やるべきことをやらないで、みだりに権利《けんり》ばかりを主張《しゅちょう》するのはよくないよ。

066. B□ 道《みち》すがら 〔類義語〕みちみち
【意味】道の途中。道を歩きながら。
【用例】道すがら、友人と学芸会《がくげいかい》の出し物について話し合った。

067. A□ 三《み》つ子《ご》の魂《たましい》百《ひゃく》まで
〔似《に》た意味のことわざ〕雀《すずめ》百まで踊《おど》り忘《わす》れず
【意味】幼いころの性質や習慣は一生変わらないということ。
【用例】彼は子どものころから几帳面《きちょうめん》だったらしい。三つ子の魂百まではよくいったものだ。

068. C□ 三《み》つ巴《どもえ》
【意味】勢力のほぼ等しい三つのものが対立して入り乱れること。
【用例】三つ巴の争いで優勝したのはA校であった。

069. A□ みなぎる
【意味】力や感情が満ちあふれる。
【用例】運動会を前にして、級友たちは若さがみなぎっていた。

070. A□ 身《み》に余《あま》る
【意味】自分の能力が値打ち以上である。
【用例】私がこの賞をいただけるなんて身に余る光栄です。

071. B□ 身《み》につまされる
【意味】他人の不幸などがひとごとではなく思われる。
【用例】今回の事件は身につまされる出来事であった。

072. B□ 身《み》の上《うえ》
【意味】その人に関すること。その人の過去から現在までの境遇《きょうぐう》。
【用例】一人で世界中を回っている息子《むすこ》の身の上を案じた。

073. B□ 身《み》の毛《け》がよだつ
【意味】（体の毛が立つほど）恐《おそ》ろしく感じる。
【用例】夜の墓場《はかば》に置いていかれ、恐怖《きょうふ》で身の毛がよだつ思いをした。

074. C□ 見《み》まがう
【意味】見まちがえる。見誤《みあやま》る。
【用例】照明がまぶしく、昼かと見まがう明るさだった。

075. A□ 耳打《みみう》ち
【意味】内緒《ないしょ》でこっそりと教えること。
【用例】ことのいきさつを、A君が私に耳打ちしてくれた。

076. A□ 耳《みみ》が（の）痛い
【意味】他人から自分の弱点を指摘《してき》されて、聞くのがつらい。
【用例】父からぼくの性格についていろいろと耳の痛いことを言われた。

077. A□ **耳《みみ》ざとい** ※「目ざとい」で見つけるのが早いという意味になる。

【意味】うわさや情報を聞きつけるのが早い。

【用例】私の母は近所に関することには耳ざとい。

078. A□ **耳障《みみざわ》り**

【意味】聞いていてうるさく、不快に思うこと。

【用例】まわりの話し声が耳障りで読書に集中できない。

079. A□ **耳《みみ》にたこができる**

【意味】何度も同じ話を聞かされる。

【用例】彼の自慢《じまん》話は耳にたこができるほど聞かされたよ。

080. B□ **耳寄《みみよ》り**

【意味】聞いてよかったと思う内容であること。

【用例】きみだけに耳寄りな話を聞かせてあげよう。

081. A□ **耳《みみ》をかたむける**

【意味】熱心によく聞く。

【用例】先生の話を一言も聞きもらさないように耳をかたむける。

082. A□ **耳《みみ》をそばだてる**

〔類義語〕耳をすます

【意味】注意して聞きとろうと構《かま》える。

【用例】階下であやしい物音がしたので、思わず耳をそばだてた。

083. A□ **耳をそろえる**

【意味】必要なお金などをすべてそろえて用意すること。

【用例】今まで貸したお金を、耳をそろえて返してもらおうか。

084. A□ **身《み》もふたもない**

【意味】露骨《ろこつ》すぎて心配《こころくば》りが足りない。

【用例】「あなたは努力してもむだだ」と言われたら身もふたもない。

085. B□ **身《み》も世《よ》もない**

【意味】悲しみなどによって自分のことも世間体《せけんてい》も考えていられない。

【用例】わが子に先立たれたAさんは身も世もなくなげき暮《く》らした。

086. C□ **みやびやか**

【意味】上品で優美《ゆうび》なさま。

【用例】Aさんはみやびやかな装《よそお》いでパーティに現れた。

087. C□ **妙味《みょうみ》** 〔類義語〕おもむき

【意味】優《すぐ》れた味わい。うまさ。

【用例】松尾芭蕉《まつおばしょう》の俳句《はいく》の妙味を味わう。

088. B□ **冥利《みょうり》に尽《つ》きる**

【意味】大きな恩恵《おんけい》を受けてありがたく感じる。

【用例】生徒たちが合格すること以上に教師冥利に尽《つ》きることはない。

089. B□ **見《み》る影《かげ》もない**

〔類義語〕みすぼらしい

【意味】落ちぶれて、見るにたえないほどみじめなさま。

【用例】かつては炭鉱《たんこう》の町として栄えていたこの町も、今はさびれてしまって見る影もない。

090. A□ **みるみる**

【意味】状態《じょうたい》などが見ているうちにどんどん変わるさま。

【用例】雪が激《はげ》しくなり、銅像《どうぞう》はみるみるうちに白くなった。

091. A□ **未練《みれん》** 〔類義語〕心残《こころのこ》り

【意味】あきらめきれないこと。思い切ることができないこと。

【用例】受験学年でもまだ野球を続けたいようで未練たらたらだった。

092. B□ **身《み》を固《かた》める**

【意味】定職に就《つ》く。また、結婚して家庭を持つ。

【用例】三十歳《さい》になり、A君もやっと身を固める気になったようだ。

093. B□ **身《み》を切《き》る**

【意味】①寒さや辛《つら》さなどが非常に厳しいさま。②自分の金で支払《しはら》う。「身銭《みぜに》を切る」ともいう。

【用例】①飼《か》っていたペットが死んで身を切るほどのつらさを味わう。

②従業員のために身を切る覚悟《かくご》でAさんは会社を立ち上げた。

094. A□ 身《み》を粉《こ》にする ※「こな」ではない！〔類義語〕粉骨砕身《ふんこつさいしん》

【意味】いっしょうけんめいに働く。

【用例】父の亡《な》き後、家計《かけい》を支えるために、母は身を粉にして働いた。

095. A□ 身《み》を立てる 〔類義語〕立身出世《りっしんしゅっせ》

【意味】一人前にやっていけるようになる。

【用例】プロの音楽家として身を立てるのは大変である。

096. B□ 身《み》をやつす

【意味】目立たないようにわざとみすぼらしい身なりをする。

【用例】みすぼらしい姿《すがた》に身をやつしていたので、はじめはA君だと気づかなかった。

む

097. C□ 無為《むい》

【意味】何もしないでぶらぶらしていること。

【用例】以前は無為に時を過ごしていたこともあった。

098. B□ 昔気質《むかしかたぎ》

【意味】昔ながらの考え方ややり方をかたくなに守ろうとし、律儀《りちぎ》で頑固《がんこ》なこと。

【用例】昔気質の職人といった感じのAさんだが、その腕《うで》は確かだ。

099. A□ 昔取《むかしと》った杵柄《きねづか》

【意味】若いころに腕《うで》をみがいて自信のあること。

【用例】昔取った杵柄で、高校時代は野球部だった父にとって、草野球《くさやきゅう》（素人《しろうと》が楽しんでやる野球）ならお手のものだ。

100. A□ 無我夢中《むがむちゅう》

【意味】自分を忘《わす》れ、うちこむこと。

【用例】中学受験が間近にせまり、無我夢中で勉強する。

101. B□ 無機質《むきしつ》 〔類義語〕無味乾燥《むみかんそう》

【意味】機能的ではあるが温かみを感じず、味気ないさま。

【用例】コンクリートの建物は木造の建物特有の温かさがなく、無機質な印象を受ける。

102. B□ 無下《むげ》に

【意味】いちがいに。通りいっぺんに。

【用例】親友のA君の頼《たの》みなら無下に断るわけにはいくまい。

103. A□ 向《む》こう見《み》ず 〔類義語〕無鉄砲《むてっぽう》

【意味】先のことを考えずに行動すること。

【用例】A君の向こう見ずな行動が大きな問題を引き起こした。

104. A□ むさぼる

【意味】満足せずいくらでも欲《ほ》しがる。飽《あ》きずにし続ける。

【用例】学生時代はむさぼるようにたくさんの本を読んだものだ。

105. A□ 虫《むし》が好《す》かない

【意味】何となく気に入らない。

【用例】A氏はどうも虫が好かない。

106. B□ 虫唾《むしず》が走る

【意味】不快でがまんできないこと。

【用例】A部長の陰険《いんけん》そうな顔を見るだけでも虫唾が走るよ。

107. A□ 虫《むし》の居所《いどころ》が悪い ※「虫の居場所が悪い」は誤《あやま》り！

【意味】機嫌《きげん》が悪く、少しのことにも腹を立てやすい状態《じょうたい》。

【用例】Aさんは虫の居所が悪いから、その話はしないほうがいいよ。

108. A□ 虫《むし》の知らせ

【意味】良くないことが起こりそうな予感がする。何となく気にかかる。

【用例】虫の知らせで旅行をキャンセルしたが、

おかげで事故にあわずにすんだ。

109. B□ むしばむ
【意味】（虫が食うように）少しずつ体や心を悪くする。
【用例】お酒の飲み過ぎは心身をむしばむので気をつけよう。

110. B□ 武者震《むしゃぶる》い
【意味】試合や試験など重大な場面に臨んだときに、心が勇み立ち、体が震えること。
【用例】初優勝をかけた決勝戦を前にして、武者震いがした。

111. A□ 矛盾《むじゅん》
【意味】つじつまの合わないこと。物事の前後の論理が一致《いっち》しないこと。
【用例】きみが今、私に言ったことは、昨日みんなに言ったことと矛盾するよ。

112. A□ 無性《むしょう》に
【意味】むやみに。やたらに。
【用例】夜中になると無性にラーメンが食べたくなる。

113. A□ 無心《むしん》
【意味】①心に雑念《ざつねん》がない。むじゃきであること。
②人に金品をねだること。
【用例】①幼《おさな》い子どもたちが無心に砂場で遊んでいる。
②今月は出費がかさみ、兄に無心したが断られた。

114. C□ 無尽蔵《むじんぞう》
【意味】いくらとってもなくならないこと。
【用例】鉱物資源《こうぶつしげん》は無尽蔵にあるわけではない。

115. B□ むせび泣《な》く
【意味】息《いき》をつまらせながら、しゃくりあげるように激《はげ》しく泣く。
【用例】知り合いがおらずさびしくて、むせび泣いた。

116. A□ 無造作《むぞうさ》
【意味】意識せずに気軽にする様子。
【用例】母から受け取ったお金を、無造作にポケットにしまった。

117. B□ 無鉄砲《むてっぽう》 〔類義語〕向《む》こう見《み》ず
【意味】あとさきを考えないで物事をすること。
【用例】今から思うと、子ども時代はずいぶん無鉄砲な遊びをしたものだ。

118. B□ 無頓着《むとんちゃく》
【意味】物事を気にかけないで平気な様子。
【用例】私は服装に関してはまったく興味がなく無頓着である。

119. B□ 胸騒《むなさわ》ぎ 〔関連語〕胸が騒ぐ
【意味】なんとなく悪いことが起きるような感じがして、心配で胸がどきどきすること。

【用例】単身でアメリカに渡った息子のことで胸騒ぎがしてしかたがない。

120. A□ むなしい
【意味】中身がない。苦労してもかいがない。はかない。
【用例】たとえそんな争いに勝ったとしても、むなしいことだ。

121. B□ 無二《むに》 〔類義語〕かけがえのない
【意味】同じものが二つとないこと。
【用例】A君はぼくにとって唯一《ゆいいつ》無二の親友だ。

122. A□ 胸《むね》が一杯《いっぱい》になる
【意味】感激《かんげき》、感動などで心が満《み》たされる。
【用例】親子愛が描《えが》かれた小説を読み、胸が一杯になる。

123. A□ 胸《むね》がすく 〔類義語〕溜飲《りゅういん》を下げる
【意味】心の中のつかえがなくなり、すっきりする。
【用例】A君が言いたいことを言ってくれたので胸がすく思いだ。

124. A□ 胸《むね》がつぶれる
〔近い意味の慣用句〕胸がふさがる
【意味】驚《おどろ》きや悲しみ、心配などで心がしめつけられる。
【用例】子どもを亡《な》くすという胸がつぶれるような悲しみを経験した。

125. A□ 胸《むね》に刻《きざ》む
【意味】しっかりと心にとどめる。よく覚えておく。
【用例】亡《な》き父の助言を胸に刻んで生きていこう。

126. A□ 胸《むね》を打《う》つ
【意味】感動させられる。感嘆《かんたん》する。
【用例】自分を犠牲《ぎせい》にして被災《ひさい》者を救助した彼の行動は胸を打った。

127. A□ 胸《むね》を借《か》りる
【意味】自分より強い相手にけいこをつけてもらう。
【用例】昨年の優勝チームの胸を借りるつもりで、練習試合をする。

128. A□ 胸《むね》をなでおろす
【意味】心配事《しんぱいごと》が解消して、一安心する。
【用例】父の手術が成功し、胸をなでおろした。

129. B□ 無病息災《むびょうそくさい》
【意味】まったく病気をせずに健康であること。
【用例】今年の初詣《はつもうで》では家族の無病息災を願った。

130. C□ 謀反《むほん》
【意味】家来《けらい》が国や主人に背《そむ》いて兵を挙げること。
【用例】謀反を企《くわだ》てた者は見せしめとして処刑《しょけい》された。

131. B□ 無味乾燥《むみかんそう》
【意味】おもむきや内容がないこと。
【用例】A氏の話は無味乾燥の一般論なので、つまらない。

132. A□ 無用《むよう》の長物《ちょうぶつ》
【意味】あってもかえってじゃまになるもの。
【用例】積んでおくだけで読まない本ならば、無用の長物だ。

133. B□ 無理難題《むりなんだい》
【意味】相手がとうてい実現できないような要求。言いがかり。
【用例】上司《じょうし》は部下の私に無理難題をふっかけてきた。

134. A□ 無力《むりょく》感〔類義語〕むなしさ
【意味】自分には力がないと感じ、失望する気持ち。
【用例】一生懸命《けんめい》がんばったが思うように結果が出ず、無力感を抱く。

135. B□ 無類《むるい》
【意味】他に比べるものがないほど抜《ぬ》きんでていること。
【用例】私は下戸《げこ》（＝酒の飲めない人）だが、先輩《せんぱい》のAさんは無類の酒好きである。

め

136. A□ 目新《めあたら》しい
【意味】これまで見たことのない新しさがあるさま。
【用例】A氏の小説は特別に目新しい作品ではない。

137. B□ 銘打《めいう》つ
【意味】物事に人目をひく立派《りっぱ》な名前をつけて宣伝《せんでん》する。
【用例】本格的なインドカレーと銘打つわりには平凡《へいぼん》な味付けだった。

138. C□ 迷宮入《めいきゅうい》り
【意味】犯罪事件で解決されないまま捜査《そうさ》が打ち切りになること。
【用例】長年の懸命《けんめい》な捜査《そうさ》にもかかわらず、事件は迷宮入りとなった。

139. C□ 明鏡止水《めいきょうしすい》
【意味】何もやましいところがなく、静かに落ち着いている様子。
【用例】定年まで勤め上げた会社を退職する日は、明鏡止水の心境であった。

140. B□ 名実《めいじつ》
【意味】名称《めいしょう》と実質。評判と実際の中身。
【用例】A監督《かんとく》は名実ともに日本映画界の第一

人者だ。

141. C□ 名状《めいじょう》しがたい

【意味】物事の状態を言葉で表現することが難しい。

【用例】彼女の言葉を聞いた時、一種《いっしゅ》名状しがたい不安におそわれた。

142. C□ 明文化《めいぶんか》

【意味】はっきりと文章に書き表すこと。

【用例】規則はだれにでもわかるように明文化しておくべきである。

143. A□ めいめい

【意味】それぞれ。おのおの。各自《かくじ》。

【用例】めいめい意見を言ったが、結論はまとまらなかった。

144. B□ 明朗快活《めいろうかいかつ》

【意味】明るくほがらかな性格で、元気が良いこと。

【用例】Aさんは明朗快活な青年なので、クラスのみんなから好かれている。

145. A□ 目がくらむ

【意味】心を奪《うば》われて正しい判断ができなくなる。

【用例】大金に目がくらんで、友人を裏切《うらぎ》ってしまったことを後悔《こうかい》する。

146. A□ 目が肥《こ》える

〔類義語〕目が利《き》く、目が高い

【意味】よいものを多く見て、ものを見分ける力が確かになる。

【用例】彼女は目が肥えているので、本物を見分けることができる。

147. B□ 目頭《めがしら》が熱くなる

【意味】感動や同情などで涙《なみだ》が出そうになる。

【用例】Aさんの苦労話を聞いて目頭が熱くなった。

148. A□ 目が高い

〔類義語〕目が利《き》く、目が肥《こ》える

【意味】よいものを見分ける力が優《すぐ》れている。

【用例】この絵の良さがわかるとは、さすがにきみは目が高い。

149. A□ 目がない

【意味】非常に好きだ。夢中《むちゅう》である。

【用例】ぼくの妹は甘いものに目がない。

150. B□ メカニズム

【意味】物事の仕組みや構造《こうぞう》。

【用例】A博士は長年、遺伝子《いでんし》のメカニズムについて研究している。

151. A□ 目からうろこが落ちる

【意味】今までわからなかったことが、突然わかるようになる。

【用例】今日、A先生のお話を聴いて、目からうろこが落ちた。

152. A□ 目から鼻へ抜《ぬ》ける

〔類義語〕利発《りはつ》

【意味】きわめてかしこく、理解や対応が早い。抜《ぬ》け目がない。

【用例】A君は同級生の中でも目から鼻へ抜ける利発さだ。

153. A□ 目利《めき》き 〔関連語〕目が利く

【意味】人の才能や物の良《よ》し悪《あ》しを見分けること。また、それに優《すぐ》れている人。

【用例】A氏は骨董品《こっとうひん》に関してはかなりの目利きだ。

154. A□ めきめきと

【意味】進歩や成長が著《いちじる》しいさま。

【用例】最近、Aさんはめきめきと学力をつけてきた。

155. B□ 目《め》くじらを立てる

〔類義語〕目に角《かど》を立てる

【意味】他人の欠点を探し出し、非難《ひなん》したりとがめたりすること。

【用例】そんな小さなミスにいちいち目くじらを立てなくてもいいのに！

156. A□ 目配《めくば》せ

【意味】目つきで気持ちを表したり、何かを伝えようとしたりすること。

【用例】場の雰囲気を察知したA君は、私に目配せをして話をやめさせた。

157. A□ **めぐらす**

【意味】あれこれと頭や心を働かせる。

【用例】先日転校したAさんについて、思いをめぐらせた。

158. C□ **目くるめく**

【意味】目がくらむ。めまいがする。

【用例】目くるめく黄金の輝《かがや》きに息をのむ。

159. A□ **目《め》ざとい** ※「耳ざとい」で早耳《はやみみ》という意味。

【意味】見つけるのが早い様子。

【用例】妹の花子は父の持ち帰った土産《みやげ》物を、目ざとく見つけた。

160. B□ **目白《めじろ》押し**

【意味】多くの人や物事がぎっしりと並んでいる様子。

【用例】年末年始は面白そうなテレビ番組が目白押しだ。

161. B□ **メスを入れる**

【意味】災《わざわ》いのもとを取り除くために思い切った手段や方法をとる。

【用例】腐敗《ふはい》した政治にメスを入れようと暴露《ばくろ》記事を書く。

162. B□ **めっきがはがれる（めっきがはげる）**

【意味】表面の見せかけのかざりがとれて、悪い本性があらわれる。

【用例】追いこまれた偽善《ぎぜん》者のA君はついにめっきがはがれて、自己中心的な本性《ほんしょう》をさらけ出した。

163. B□ **めでる**

【意味】美しさを味わって感動する。愛してかわいがる。

【用例】春になると桜《さくら》をめでる光景が全国で見られる。

164. B□ **めど**

【意味】目指すところ。実現する可能性。

【用例】A氏が尽力《じんりょく》してくれたおかげで、問題解決のめどが立った。

165. A□ **目と鼻の先**

【意味】ほんの少ししか離《はな》れていない。

【用例】A君の家と学校は目と鼻の先なのに、よく遅刻《ちこく》をする。

166. A□ **目に余《あま》る**

〔類義語〕目も当てられない

【意味】見ていられないほどひどい。

【用例】あまりに目に余るいたずらをするので、厳《きび》しく注意した。

167. A□ **目に角《かど》を立てる**

【意味】怒りをふくんで、するどい目つきで見る。

【用例】先生に叱責《しっせき》を受けた彼女は明らかに目に角を立てていた。

168. B□ **目に物《もの》見せる**

【意味】ひどい目にあわせて思い知らせる。

【用例】今日という今日は、いじめっ子のA君に目に物見せてやろう。

169. A□ **目の色を変える**

【意味】何かに熱中するさま。

【用例】入試が近づいてきて、さすがのA君も目の色を変えて勉強しだした。

170. A□ **目の上のこぶ（目の上のたんこぶ）**

【意味】自分より実力などが上でじゃまになる人のたとえ。

【用例】A君は目の上のたんこぶで、ぼくはいまだにサッカー部のレギュラーになれないんだ。

171. A□ **目の敵《かたき》にする**

【意味】何かにつけ敵視《てきし》する。憎《にく》く思う。

【用例】あの日以来、A君はぼくを目の敵にして意地悪《いじわる》をする。

172. A□ **目の中に入れても痛くない**

〔類義語〕溺愛《できあい》
【意味】子どもなどを非常にかわいがる。
【用例】祖父《そふ》は孫《まご》を目の中へ入れても痛くないほどかわいがっていた。

173. B□ 目は口ほどに物を言う
【意味】気持ちのこもった目の動きは、話すのと同じくらい相手に伝わるものだ。

【用例】Aさんの目を見ればだいたい言いたいことはわかるよ。目は口ほどに物を言うというからね。

174. B□ 目鼻《めはな》がつく
【意味】おおよその見通しが立つ。

【用例】ようやく工事完成の目鼻がついた。

175. B□ めぼしい
【意味】価値がある。目立っている。〔類義語〕顕著《けんちょ》
【用例】お店をまわったが、これといってめぼしいものはなかった。

176. A□ 目星《めぼし》をつける
【意味】だいたいの見当をつける。

【用例】聞きこみ捜査《そうさ》をして犯人の目星をつける。

177. A□ 目《め》まぐるしい
【意味】次から次にいろいろなことが起こって目が回るようだ。

【用例】接戦で順位が目まぐるしく入れかわっている。

178. A□ 目も当《あ》てられない
〔類義語〕目に余る
【意味】あまりにひどくて見るにたえない。
【用例】交通事故の現場は、目も当てられないほどひどかった。

179. A□ 目もくれない
【意味】見向きもしない。相手にしない。

【用例】テレビなんかに目もくれずに、受験勉強にうちこむ。

180. B□ メリット 〔対義語〕デメリット
【意味】そうするだけの長所や価値《かち》。利点。

【用例】今回の仕事は、私だけでなくきみとってもメリットが大きい。

181. A□ めりはり
【意味】ゆるめることと張ること。声や音の上げ下げなどの強弱。

【用例】夏休みであっても勉強するときはしっかりと取り組み、生活にめりはりをつけよう。

182. A□ 目をかける
〔類義語〕ひいきにする
【意味】世話をする。
【用例】学校のA先輩《せんぱい》は私に目をかけてくれて、かわいがってくれた。

183. A□ 目を皿《さら》にする
【意味】なくしたものを探《さが》したり驚《おどろ》いたりしたときなどに、目を大きく見開く。

【用例】大事な書類をどこかに置き忘《わす》れて、目を皿にして探した。

184. A□ 目を三角《さんかく》にする
〔似た意味の言葉〕目に角《かど》を立てる
【意味】怒《おこ》ってこわい目つきをする。
【用例】みんなにばかにされたAさんは目を三角にしてにらみつけた。

185. A□ 目を白黒《しろくろ》させる
【意味】驚《おどろ》いて目を回すほどの状態《じょうたい》になる。

【用例】思いがけない事態にいつも冷静なA君も目を白黒させた。

186. A□ 目をぬすむ
【意味】人に見られないようにこっそりやる。

【用例】母の目をぬすんで勉強しているふりをして、まんがを読む。

187. A□ 目を細くする
〔類義語〕目を細める
【意味】うれしそうにする。
【用例】祖母《そぼ》は元気に遊ぶ孫《まご》の成長ぶりに目を細くした。

188. B□ 目を見張《みは》る
【意味】驚《おどろ》いて目を大きく見開く。

【用例】まったく使いものにならなかったA君の成長ぶりには目を見張った。

189. A□ 目をむく

【意味】怒《おこ》ったり驚《おどろ》いたりして、目を大きく見開くさま。

【用例】からかわれたA君は目をむいて食《く》ってかかった。

190. A□ 面食《めんく》らう

【意味】不意のことでとまどう。あわてふためく。

【用例】すべてが初めてのことで面食らってしまう。

191. C□ 面従腹背《めんじゅうふくはい》

【意味】表面上は従っているふりをして心の中では反抗《はんこう》していること。

【用例】気に入らない上司《じょうし》には面従腹背で接《せっ》するしかない。

192. A□ 面目《めんぼく》 〔類義語〕面子《めんつ》

【意味】世間に対する体裁《ていさい》。

【用例】合唱コンクールで入賞し、なんとか部長の面目は保《たも》った。

も

193. B□ 申《もう》し子《ご》

【意味】社会的背景《はいけい》を反映《はんえい》して生じたもの。また、その分野で優《すぐ》れている人。

【用例】A氏はインターネットの動画配信を通じて有名になったので、まさに時代の申し子といえる。

194. C□ 申《もう》し開《ひら》き 〔類義語〕弁明《べんめい》

【意味】そうなった理由やそうせざるを得なかった事情を説明して、正当性を主張すること。

【用例】申し開きが立たないことをしてしまった。

195. B□ 毛頭《もうとう》 ※後ろに「ない」など打ち消しの言葉がくる。

【意味】少しも。全然。

【用例】きみを侮辱《ぶじょく》するつもりは毛頭ない。

196. B□ 目論見《もくろみ》

【意味】計画。くわだて。

【用例】うまくいくと思っていたのだが、目論見がまんまと外れた。

197. A□ もじもじ

【意味】遠慮《えんりょ》したりはずかしがったりしてためらう様子。

【用例】Aさんは人前に出るともじもじしてしまう。

198. B□ モダン

〔類義語〕ハイカラ 〔対義語〕レトロ

【意味】現代風であること。近代的。

【用例】大正時代に建てられたこの建築物はモダンなものであった。

199. B□ もちきり

【意味】はじめから終わりまで同じ話題が続くこと。

【用例】昨日はA校が優勝した話でもちきりだった。

200. B□ 持ちつ持たれつ

【意味】たがいに助け合う様子。

【用例】ぼくとAさんは持ちつ持たれつの関係である。

201. B□ モチベーション

【意味】やる気。動機をあたえること。

【用例】受験勉強のモチベーションを高めるために、学校見学に出かけた。

202. B□ 持《も》ち前《まえ》 〔類義語〕天性《てんせい》

【意味】その人の生まれつきの性質。

【用例】つらいことがあったが、A氏は持ち前の明るさで乗り切った。

203. B□ 目下《もっか》

【意味】現在。ただ今。

【用例】目下、調査中でその実態はまだわかっていない。

204. C□ もっけ

【意味】思いがけないこと。意外なこと。

【用例】旧友が会社の資金援助《しきんえんじょ》をしてくれたのはもっけの幸《さいわ》いだった。

205. A□ もったいぶる

【意味】わざと重々《おもおも》しくふるまう。

【用例】もったいぶってなかなか話さないので、いらいらする。

206. B□ もってこい 〔類義語〕うってつけ

【意味】もっともふさわしいさま。ぴったり合う様子。

【用例】ハイキングをするのにもってこいの季節となった。

207. A□ もってのほか

【意味】とんでもないこと。思いもよらないこと。

【用例】親に口答えするなんてもってのほかだ。

208. B□ モットー

〔類義語〕信条《しんじょう》、スローガン

【意味】常に心にとめて目標とする言葉。

【用例】私のモットーは「勤勉」である。

209. A□ 専《もっぱ》ら

【意味】そのことだけに集中する様子。

【用例】休日は専ら読書をしている。

210. A□ もてあそぶ

【意味】いじくる。興味半分に扱《あつか》う。自由にあやつる。

【用例】人の気持ちをもてあそぶのはよくない。

211. A□ もてあます

【意味】どうすればいいのかと処置《しょち》に困る。取り扱《あつか》いに苦しむ。

【用例】急に予定がなくなったので、暇《ひま》をもてあましている。

212. A□ もてはやす 〔類義語〕ほめそやす

【意味】さかんにほめる。多くの人々が話題にしてさわぐ。

【用例】一時期は世間にもてはやされたものも、時代の流れには勝てなかった。

213. A□ もどかしい 〔類義語〕じれったい。

【意味】思うようにならなくて、はがゆい。いらいらする。

【用例】彼の要領を得ない話は、聞いていてもどかしい。

214. C□ 元《もと》のさやに収《おさ》まる

【意味】いったん離婚《りこん》したものや別れたものが以前の状態に戻《もど》る。

【用例】ぼくの両親は一度離婚して、今はまた一緒《いっしょ》に暮《く》らしている。元のさやに収まったということだね。

215. B□ 元《もと》の木阿弥《もくあみ》

【意味】一時うまくいっていたものが、前の状態に戻《もど》ってしまう。

【用例】禁煙《きんえん》を試みるも三日坊主《ぼうず》で終わり、元の木阿弥だった。

216. A□ 元《もと》も子もない

【意味】すべて失ってしまい何もない。

【用例】無理をして働いて体を壊《こわ》したら元も子もないよ。

217. B□ もぬけの殻《から》

【意味】人が抜け出したあとの家や寝床《ねどこ》のたとえ。

【用例】警察が犯人のアジトに踏みこんだときには、すでにもぬけの殻だった。

218. A□ ものおじする

【意味】おじけづく。おそれる。

【用例】大勢《おおぜい》の観衆の前でも、ものおじしない彼の態度《たいど》は立派《りっぱ》だ。

219. A□ もの悲《がな》しい

【意味】なんとなく悲しい。

【用例】戦時中に作られたこの曲はもの悲しい印象をうける。

220. B□ ものぐさ

【意味】何をするのもめんどうくさがること。また、そのような性質の人。

【用例】A君は自主的に行動しない、ものぐさな人だ。

221. A□ 物心《ものごころ》 〔類義語〕分別《ふんべつ》

【意味】人の気持ちや世の中のことがわかる心。
【用例】物心がついたときにはすでに父は他界《たかい》していた。

222. A□ ものさし
【意味】物事を評価《ひょうか》する基準《きじゅん》や尺度《しゃくど》。
【用例】自分のものさしで人の価値《かち》をはかってはいけない。

223. B□ 物《もの》ともしない（物《もの》ともせず）
【意味】問題にもしない。何とも思わない。
【用例】失敗を物ともせず最後までやりとげたAさんは立派《りっぱ》である。

224. B□ 物《もの》の数《かず》ではない
【意味】数えたてるほど価値《かち》のあるものではない。たいしたものではない。
【用例】私たちのチームにとっては、あんな弱小チームは物の数ではないよ。

225. C□ 物見高《ものみだか》い
〔関連語〕野次馬《やじうま》（＝無関係なのに興味本位《きょうみほんい》で見たがる人）
【意味】好奇心が強く、何でも見たがる風がある。
【用例】物見高い群衆《ぐんしゅう》が、事件の起こった現場に押しかけた。

226. C□ 物見遊山《ものみゆさん》
【意味】気晴《きば》らしに外出して、いろいろなものを見物すること。
【用例】今年は日本全国へ物見遊山に出かける予定だ。

227. B□ ものものしい
【意味】大げさである。いかめしい。
【用例】大統領が来日するとあって、空港ではものものしい警備体制がしかれていた。

228. B□ 桃栗《ももくり》三年柿《かき》八年
〔似《に》た意味のことわざ〕石の上にも三年
【意味】何かをやりとげるには相応《そうおう》の年数がかかるということ。
【用例】去年入った会社をもう辞《や》めるなんて考えなおしたほうがよい。桃栗三年柿八年というではないか。

229. B□ モラル 〔類義語〕道徳《どうとく》、倫理《りんり》
【意味】人間として守らなくてはならない正しい道。
【用例】Aさんの言動はモラルに欠けると非難《ひなん》された。

230. A□ もろい
【意味】①こわれやすい。くずれやすい。
②心が動かされやすい。
③もちこたえる力が弱い。
【用例】①これはもろい材質でできているので注意が必要だ。
②私は歳《とし》をとってから情にもろくなった。
③わがチームはもろくも初戦で敗れてしまった。

231. C□ もろ手《て》を挙《あ》げる
【意味】無条件《むじょうけん》に、また積極的に賛成《さんせい》すること。
【用例】Aさんの案にはもろ手を挙げて賛成はできない。

232. B□ 諸刃《もろは》の剣《つるぎ》
【意味】役立つのと同時に危険でもあるもの。
【用例】放任《ほうにん》主義は自主性を育てる良い面だけではなく諸刃の剣だ。

233. C□ 門外漢《もんがいかん》
【意味】専門家でない人。
【用例】私は弁護士なので、経済に関しては全くの門外漢です。

234. B□ 紋切《もんき》り型《がた》
〔類義語〕ステレオタイプ　ワンパターン　月並《つきな》み　画一的《かくいってき》
【意味】決まりきった形式。型通りの見方。
【用例】彼の紋切り型の意見は、面白みに欠ける。

235. A□ 門前《もんぜん》の小僧《こぞう》習《なら》わぬ経《きょう》を読《よ》む
【意味】習わなくても、いつも見聞きしていると、自然に覚えてしまうということ。
【用例】門前の小僧習わぬ経を読むというが、おうちが英語教室をやっているA君は独

学で英語を習得してしまった。

236. B□ 門前払《もんぜんばら》い

【意味】訪問《ほうもん》者に会わずにそのまま帰すこと。また、提案《ていあん》や訴《うった》えなどを受けつけないこと。

【用例】社長に社内の問題を訴えに行ったが、門前払いを食ってしまった。

237. A□ もんもん

【意味】悩《なや》みごとで苦しみもだえる様子。

【用例】将来《しょうらい》のことで悩《なや》み、もんもんと日々を過ごした。

〔問題〕次の文章の空らんに適語《てきご》を入れましょう。
・■には漢字、●にはひらがな、◆にはカタカナが一字ずつ入ります。
・［　］は字数指定はありません。
・同じ問題番号には共通する言葉が入ります。
・（　）は当てはまる言葉の意味を表します。言葉の意味がないものもあります。
・解答は前ページの語彙リストを参考にしましょう。語彙リストと番号は同じにしてあります。

001. A□ A君のこれまでのいたずらは、■■にいとまがない。（多すぎて数えきれない）
002. B□ つい●が差して、テストでカンニングをしてしまった。（ふだんでは考えられない悪いことをしてしまう）
003. A□ 研究費用を●●なうために、寄付《きふ》をつのった。（限られたもので何とかやりくりする）
004. A□ 遊んでばかりいては、成績は上がるはずがない。●●●種は生えぬというだろう。
005. B□ ●●●なりにも三十歳《さい》で会社を辞《や》め独り立ちできた。（どうにかこうにか。不十分であるとしても）
006. A□ 部屋に入ってくるなり、息もつかずに早口で●●●たてた。（続けざまに激《はげ》しく一方的にしゃべる）
007. B□ 悩みごとが解決したので、●●●を高くして寝られるよ。（安心して眠る）
008. B□ 知らない道に来てしまい、●●つく。（迷《まよ》ってうろたえる）
009. B□ 彼は●●●しやかな嘘《うそ》を、真顔《まがお》で言うから困る。（いかにも本当らしく言う様子）
010. A□ ふだんは学生っぽい雰囲気のAさんも背広を着たら、■■にも衣裳《いしょう》で、社会人に見えるから不思議だ。
011. B□ 中学生にもなって何でも母親にやってもらうなんて、A君はマ◆◆ンだね。（母親に対しての愛着が強く、自分の行動を自身で決定できず、いつまでも母親から気持ちがはなれない）
012. B□ プロとアマチュアの実力の差をま●ま●と見せつけられた。（目の前で見えるようにはっきりとしているさま）
013. A□ その人は私の顔をま●ま●と見つめた。（じっと見つめる様子）
014. C□ マ◆◆◆◆ィーの意見だけでなく、マノリティーの声にも耳をかたむけるべきだ。（過半数。多数派）
015. B□ A君に●●わるよくないうわさを耳にしたことがある。（強く結びついている。つきまとう）
016. A□ 結果がすぐに出なくてもあせることはないよ。昔から、「待てば■■の■■あり」というではないか。
017. B□ A君はま●●っこしくて見ていられないよ。（手間《てま》どって動作や反応《はんのう》がおそい。じれったい）
018. A□ 夕食のあと、ソファーにかけて、ちょっとま●●んだ。（少しの間、うとうとと眠る）
019. A□ A氏は今朝の会議で的《まと》を■た見事な発言をした。（物事の肝心《かんじん》な部分をとらえる）

020. B□ 今はまな板の●●で、裁判所の判決を待つばかりだよ。

021. A□ 憂《うれ》いをふくんだ●●差しで見つめる。（目つき。目の表情）

022. B□ 新人にもわかるような作業マ◆◆◆ルを作成する。（手引書《てびきしょ》。説明書）

023. A□ いろいろと言いわけをして何とか責任《せきにん》を●●かれた。（困ったことや責任《せきにん》などからうまくのがれられる）

024. A□ 事故を■の当たりにする。（じかに）

025. A□ ●●ゆい夏の太陽が大地を照らしている。（光が強くて目を開けていられない。まぶしい）

026. B□ このあたりは夜になると、ひとかげがま●●だ。（数が少なくてすいていること）

027. B□ 野菜は適度《てきど》に間■きすることで、太く丈夫《じょうぶ》なものができる。（苗木《なえぎ》や野菜などをきちんと育つように適当《てきとう》な間をあけること）

028. A□ ●●ならない世の中をなげくことはない。（思いどおりにならない）

029. B□ 新入社員のAさんはま●ま●しく働くので社内の評判は良い。（まじめによく働くさま）

030. B□ うそばかりついているA君の話は、眉《まゆ》に●●をつけて聞いたほうがいい。（だまされないように用心する）

031. A□ みんなから一斉《いっせい》に責《せ》められて、思わず眉《まゆ》を●●めた。（心配や不快な思いを表す）

032. B□ ●●●で首を締《し》めるようにして、みんなの前でA君のミスを非難した。（遠回しにじわじわと責《せ》めたり痛めつけたりすること）

033. B□ インフルエンザが蔓《まん》■する季節がやってきた。（病気や好ましくないことがどんどん広がっていくこと）

034. B□ ①秋の味覚を■喫《きつ》する。②旅行を■喫する。

035. A□ A君は生徒会長に推薦《すいせん》されてま●●でもない様子だった。（それほど悪くない。また、それほど嫌《いや》ではない）

036. A□ 今回提出された法案は、■場■致で可決《かけつ》された。（その場にいる全員の意見が同じになること）

037. A□ ①オリンピックの中継《ちゅうけい》をま●●●ともせず見ていて、夜が明けてしまった。
②予想外のことを口にしたA君をま●●●と見つめた。

038. C□ A氏は賞を取ったことで慢《まん》■してしまったようだ。（おごり高ぶること。また、その心）

039. C□ 世間から非難《ひなん》を浴びたA氏は■■創痍《そうい》という感じだった。（精神的、肉体的に傷つき疲《つか》れていること）

040. B□ 最近は、■を持して歌手デビューする人は少なくなった。（いつでもとりかかれるように準備を整えて、機会を待つこと）

041. B□ 弟を連れて帰るために行かせたのに、◆◆◆取りが◆◆◆になって、あなたも一緒《いっしょ》にサッカーをしていたなんて役立たずね。

042. A□ 困っているA君を見るに●●●て手を貸した。（だまって見ていることができない）

043. A□ あれほど注意したのに、食べ過ぎておなかを壊《こわ》すなんて、身から出た●●だね。

044. B□ 社長の■腕《うで》となっていっしょうけんめい働く。（いちばん頼《たよ》りになる部下）

045. B□ 歌のうまさで言ったら、歌手Aの■に出る者はいないだろう。（だれよりも優《すぐ》れていること）

046. A□ Aさんを老人だからと●●びってはいけない。「亀《かめ》の甲《こう》より年《とし》の功《こう》」というではないか。（軽く見る。あなどる）

047. B□ Aさんは酔《よ》っぱらうと前後の見■がなくなる。（物事を見分け、善悪などを判断すること）

048. B□ 成人してからも、親子■入らずで食事をするのは良いものだ。（身内《みうち》の親しい者だけで他人をまぜないこと）

049. B□ 今回のA氏との話し合いは、水●●論に終わってしまった。（自分の理屈《りくつ》を主張して解決しない議論）

050. A□ 私の魂胆《こんたん》（＝たくらみ）を母に見●●される。（人の気持ちや考えなどを見ぬく）

051. A□ ぼくたちは親友なんだもの、■くさいことを言うなよ。（よそよそしく他人行儀《たにんぎょうぎ》だ）

052. A□ これまでのことは水に■して仲《なか》直りしよう。（過去のことをとやかく言わず、すべてなかったことにする）

053. A□ 急にパソコンが壊《こわ》れてデータが消えてしまい、長年の苦労が水の●●になった。（今までの苦労や努力がむだになること）

054. A□ その男は●●ぼらしい身なりをしていた。（身なりなどがそまつで、貧しそうに見える）

055. B□ 産地直送《さんちちょくそう》の野菜はどれもみ●み●しくておいしそうだ。（新鮮《しんせん》で生き生きしているさま）

056. B□ 学生時代のAさんは水も●●●るいい女だった。（みずみずしく美しい）

057. B□ 今回のテストでは、ライバルのA君に■をあけられたようだ。（競争相手に大きく差をつけ、優位に立つこと）

058. A□ 物静かなA君が大きな声で叫《さけ》んだことで、水を■ったように静まった。

059. A□ 普段は物静かなAさんだが舞台《ぶたい》の上では水を得た■のようだ。（自分にふさわしい場所を得て大いに活躍《かつやく》するさま）

060. A□ クラスのみんなの気持ちが一つになっているのに、水を●●ようなことを言うのはやめてほしい。（わきから、うまくいっていることや仲の良い者同士のじゃまをする）

061. B□ A君に今度の旅行先に関してそれとなく水を●●ると、話に乗ってきた。（相手が関心を示すようにさそいをかける）

062. B□ 日本は未曾■の大災害《だいさいがい》を幾度《いくど》となく経験してきた。（いまだかつてない）

063. B□ 今回の件では、A氏は粗相《そそう》を犯して●●をつけたね。（失敗して評判を落としたり、面目《めんぼく》を失ったりすること）

064. B□ ①母に着物を見■てもらう。②雪を散る花に見■てる。

065. B□ やるべきことをやらないで、み●●に権利《けんり》ばかりを主張《しゅちょう》するのはよくないよ。（やたらに。むやみに）

066. B□ 道●●●、友人と学芸会《がくげいかい》の出し物について話し合った。（道の途中。道を歩きながら）

067. A□ 彼は子どものころから几帳面《きちょうめん》だったらしい。■つ子の魂■までとはよくいったものだ。

068. C□ 三つ●●●の争いで優勝したのはA校であった。

069. A□ 運動会を前にして、級友たちは若さが●●ぎっていた。（力や感情が満ちあふれる）

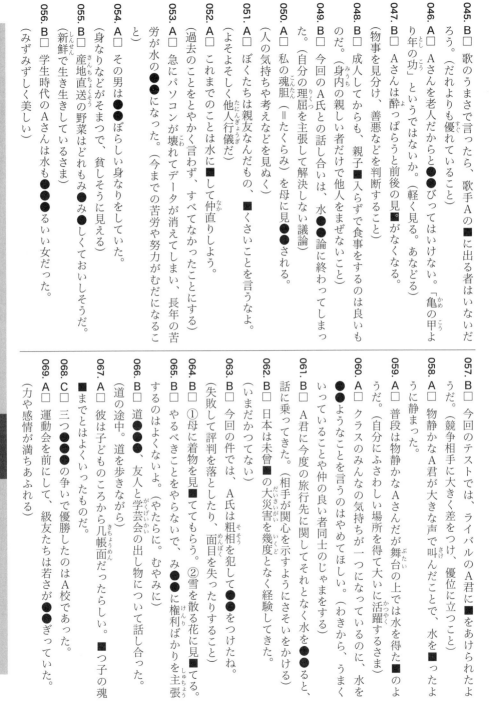

070. A□ 私がこの賞をいただけるなんて身に●●る光栄です。
(自分の能力が値打ち以上である)

071. B□ 今回の事件は身に●●される出来事であった。
(他人の不幸などがひとごとではなく思われる)

072. B□ 一人で世界中を回っている息子《むすこ》の身の■を案じた。
(その人に関すること。その人の過去から現在までの境遇《きょうぐう》)

073. B□ 夜の墓場《はかば》に置いていかれ、恐怖《きょうふ》で身の毛が●●つ思いをした。(恐《おそ》ろしく感じる)

074. C□ 照明がまぶしく、昼かと見●●う明るさだった。
(見まちがえる。見誤る)

075. A□ ことのいきさつを、A君が私に耳●●してくれた。
(内緒《ないしょ》でこっそりと教えること)

076. A□ 父からぼくの性格についていろいろと耳の■いことを言われた。(他人から自分の弱点を指摘《してき》されて、聞くのがつらい)

077. A□ 私の母は近所に関することには耳●●い。
(うわさや情報を聞きつけるのが早い)

078. A□ まわりの話し声が耳ざ●●で読書に集中できない。
(聞いていてうるさく、不快に思うこと)

079. A□ 彼の自慢《じまん》話は耳に●●ができるほど聞かされたよ。
(何度も同じ話を聞かされる)

080. B□ きみだけに耳●●な話を聞かせてあげよう。
(聞いてよかったと思う内容であること)

081. A□ 先生の話を一言も聞きもらさないように耳を●●むける。
(熱心によく聞く)

082. A□ 階下であやしい物音がしたので、思わず耳を●●だてた。
(注意して聞きとろうと構《かま》える)

083. A□ 今まで貸したお金を、耳を●●えて返してもらおうか。
(必要なお金などをすべて用意すること)

084. A□ 「あなたは努力してもむだだ」と言われたら身も●●もない。(露骨《ろこつ》すぎて心配《こころくば》りが足りない)

085. B□ わが子に先立たれたAさんは■も■もなくなげき暮《く》らした。(悲しみなどによって自分のことも周りの目も考えていられない)

086. C□ Aさんはみ●●やかな装《よそお》いでパーティに現れた。
(上品で優美《ゆうび》なさま)

087. C□ 松尾芭蕉《まつおばしょう》の俳句《はいく》の妙《みょう》■を味わう。(おもむき。うまさ)

088. B□ 生徒たちが合格すること以上に教師●●●●に尽《つ》きることはない。(大きな恩恵《おんけい》を受けてありがたく感じる)

089. B□ かつては炭鉱《たんこう》の町として栄えていたこの町も、今はさびれてしまって見る●●もない。(見るにたえないほどみじめなさま)

090. A□ 雪が激《はげ》しくなり、銅像《どうぞう》はみ●み●うちに白くなった。
(状態などが見ているうちにどんどん変わるさま)

091. A□ 受験学年でもまだ野球を続けたいようで未■たらたらだった。(あきらめきれないこと。思い切ることができないこと)

092. B□ 三十歳《さい》になり、A君もやっと身を■める気になったようだ。(定職に就《つ》く。また、結婚して家庭を持つ)

093. B□ ① 飼っていたペットが死んで身を■るほどのつらさを味わう。

② 従業員のために身を■る覚悟《かくご》でAさんは会社を立ち上げた。

094. A□ 父の亡《な》き後、家計《かけい》を支えるために、母は身を■にして働いた。（いっしょうけんめいに働く）

095. A□ プロの音楽家として身を■てるのは大変である。（一人前にやっていけるようになる）

096. B□ みすぼらしい姿《すがた》に身を●●していたので、はじめはA君だと気づかなかった。（わざとみすぼらしい身なりをする）

097. C□ 以前は■為《い》に時を過ごしていたこともあった。（何もしないでぶらぶらしていること）

098. B□ 昔■■の職人といった感じのAさんだが、その腕《うで》は確かだ。（昔ながらの考え方やり方をかたくなに守ろうとすること）

099. A□ 昔取った●●●●で、高校時代は野球部だった父にとって、草野球《くさやきゅう》（素人《しろうと》が楽しんでやる野球）ならお手のものだ。

100. A□ 中学受験が間近にせまり、■我■中で勉強する。（自分を忘《わす》れ、うちこむこと）

101. B□ コンクリートの建物は木造の建物特有の温かさがなく、無■質な印象を受ける。（温かみを感じず、味気《あじけ》ないさま）

102. B□ 親友のA君の頼《たの》みなら無■に断るわけにはいくまい。（いちがいに。通りいっぺんに）

103. A□ A君の●●●見ずな行動が大きな問題を引き起こした。（先のことを考えずに行動すること）

104. A□ 学生時代は●●ぼるようにたくさんの本を読んだものだ。（満足せずいくらでも欲《ほ》しがる。飽《あ》きずにし続ける）

105. A□ A氏はどうも■が好かない。（何となく気に入らない）

106. B□ A部長の陰険《いんけん》そうな顔を見るだけでも●●●が走るよ。（不快でがまんできないこと）

107. A□ Aさんは虫の■■が悪いから、その話はしないほうがいいよ。（機嫌《きげん》が悪く、少しのことにも腹を立てやすい状態《じょうたい》）

108. A□ 虫の●●●で旅行をキャンセルしたが、おかげで事故にあわずにすんだ。（良くないことが起こりそうな予感がする）

109. B□ お酒の飲み過ぎは心身をむ●●むので気をつけよう。（少しずつ体や心を悪くする）

110. B□ 初優勝をかけた決勝戦を前にして、■■震《ぶる》いがした。（重大な場面に臨んだときに、心が勇み立ち、体が震えること）

111. A□ きみが今、私に言ったことは、昨日みんなに言ったことと■■するよ。（つじつまの合わないこと）

112. A□ 夜中になると無■にラーメンが食べたくなる。（むやみに。やたらに）

113. A□ ① 幼《おさな》い子どもたちが無■に砂場で遊んでいる。
② 今月は出費がかさみ、兄に無■したが断られた。

114. C□ 鉱物資源《こうぶつしげん》は無尽■にあるわけではない。（いくらとってもなくならないこと）

115. B□ 知り合いがおらずさびしくて、む●●泣《な》いた。（息《いき》をつまらせながら、しゃくりあげるように激《はげ》しく泣く）

116. A□ 母から受け取ったお金を、無■作にポケットにしまった。（意識せずに気軽にする様子）

117. B□ 今から思うと、子ども時代はずいぶん無■砲《ぼう》な遊びをしたものだ。（あとさきを考えないで物事をすること）

118. B□ 私は服装に関してはまったく興味がなく無頓《とん》■である。
(物事を気にかけないで平気な様子)

119. B□ 単身でアメリカに渡った息子のことで■騒ぎがしてしかたがない。(なんとなく悪いことが起きるような感じがする)

120. A□ たとえそんな争いに勝ったとしても、●●しいことだ。
(中身がない。苦労してもかいがない)

121. B□ A君はぼくにとって唯一《ゆいいつ》■■の親友だ。
(かけがえのないこと)

122. A□ 親子愛が描《えが》かれた小説を読み、胸が●●●●になる。
(感激《かんげき》、感動などで心が満《み》たされる)

123. A□ A君が言いたいことを言ってくれたので胸が●●思いだ。
(心の中のつかえがなくなり、すっきりする)

124. A□ 子どもを亡《な》くすという胸が●●れるような悲しみを経験した。(驚《おどろ》きや悲しみ、心配などで心がしめつけられる)

125. A□ 亡《な》き父の助言を胸に■んで生きていこう。
(しっかりと心にとどめる。よく覚えておく)

126. A□ 自分を犠牲《ぎせい》にして被災《ひさい》者を救助した彼の行動は胸を■った。(感動させられる。感嘆《かんたん》する)

127. A□ 昨年の優勝チームの胸を■りるつもりで、練習試合をする。(自分より強い相手にけいこをつけてもらう)

128. A□ 父の手術が成功し、胸を●●おろした。
(心配事《しんぱいごと》が解消して、一安心する)

129. B□ 今年の初詣《はつもうで》では家族の■病■災を願った。
(まったく病気をせずに健康であること)

130. C□ む●●を企《くわだ》てた者は見せしめとして処刑《しょけい》された。
(家来《けらい》が国や主人に背《そむ》いて兵を挙げること)

131. B□ A氏の話は■■乾燥《かんそう》の一般論なので、つまらない。
(おもむきや内容がないこと)

132. A□ 積んでおくだけで読まない本ならば、無用の■■だ。
(あってもかえってじゃまになるもの)

133. B□ 上司《じょうし》は部下の私に無■難■をふっかけてきた。
(相手がとうてい実現できないような要求。言いがかり)

134. A□ 一生懸命《けんめい》がんばったが思うように結果が出ず、■■感を抱く。(自分には力がないと感じ、失望する気持ち)

135. B□ 私は下戸《げこ》(=酒の飲めない人)だが、先輩《せんぱい》のAさんは無■の酒好きである。(他に比べるものがないほど抜《ぬ》きんでていること)

136. A□ A氏の小説は特別に■新しい作品ではない。
(これまで見たことのない新しさがあるさま)

137. B□ 本格的なインドカレーと●●打つわりには平凡《へいぼん》な味付けだった。(物事に人目をひく立派《りっぱ》な名前をつけて宣伝《せんでん》する)

138. C□ 長年の懸命《けんめい》な捜査《そうさ》にもかかわらず、事件は■■入りとなった。(犯罪事件で解決されないまま捜査《そうさ》が打ち切りになること)

139. C□ 定年まで勤め上げた会社を退職する日は、明■止■の心境であった。(何もやましいところがなく、静かに落ち着いている様子)

140. B□ A監督《かんとく》は■実ともに日本映画界の第一人者だ。
(評判と実際の中身)

141. C□ 彼女の言葉を聞いた時、一種《いっしゅ》■状しがたい不安におそわれた。(物事の状態《じょうたい》を言葉で表現することが難しい)

142. C□ 規則はだれにでもわかるように■■化しておくべきである。（はっきりと文章に書き表すこと）

143. A□ め●め●意見を言ったが、結論はまとまらなかった。（それぞれ。おのおの。各自《かくじ》）

144. B□ Aさんは明■快■な青年なので、クラスのみんなから好かれている。（明るくほがらかな性格で、元気が良いこと）

145. A□ 大金に目が●●んで、友人を裏切《うらぎ》ってしまったことを後悔《こうかい》する。（心を奪《うば》われて正しい判断ができなくなる）

146. A□ 彼女は目が■えているので、本物を見分けることができる。

147. B□ Aさんの苦労話を聞いて目■が熱くなった。（感動や同情などで涙《なみだ》が出そうになる）

148. A□ この絵の良さがわかるとは、さすがにきみは目が■い。（よいものを見分ける力が優《すぐ》れている）

149. A□ ぼくの妹は甘いものに■がない。（非常に好きだ。夢中《むちゅう》である）

150. B□ A博士は長年、遺伝子《いでんし》のメ◆◆◆ムについて研究している。（物事の仕組みや構造《こうぞう》）

151. A□ 今日、A先生のお話を聴いて、目から●●●が落ちた。（今まで分からなかったことが、突然わかるようになる）

152. A□ A君は同級生の中でも■から■へ抜ける利発さだ。（きわめてかしこく、理解や対応が早い）

153. A□ A氏は骨董品《こっとうひん》に関してはかなりの目■きだ。（人の才能や物の良《よ》し悪《あ》しを見分けること。また、そういった人）

154. A□ 最近、Aさんはめ●め●と学力をつけてきた。（進歩や成長が著《いちじる》しいさま）

155. B□ そんな小さなミスにいちいち目●●●を立てなくてもいいのに！（他人の欠点を探し出し、非難《ひなん》したりとがめたりすること）

156. A□ 場の雰囲気を察知したA君は、私に目●●●をして話をやめさせた。（目つきで気持ちを表したり、伝えようとしたりすること）

157. A□ 先日転校したAさんについて、思いを●●らせた。（あれこれと頭や心を働かせる）

158. C□ 目●●めく黄金の輝《かがや》きに息をのむ。（目がくらむ）

159. A□ 妹の花子は父の持ち帰った土産《みやげ》物を、目●●●見つけた。（見つけるのが早い様子）

160. B□ 年末年始は面白そうなテレビ番組が■■押しだ。（多くの人や物事がぎっしりと並んでいる様子）

161. B□ 腐敗《ふはい》した政治に◆◆を入れようと暴露《ばくろ》記事を書く。（災《わざわ》いのもとを取り除くために思い切った手段や方法をとる）

162. B□ 追いこまれた偽善《ぎぜん》者のA君はついに●●●がはがれて、自己中心的な本性《ほんしょう》をさらけ出した。（表面の見せかけのかざりがとれて、悪い本性があらわれる）

163. B□ 春になると桜《さくら》を●●る光景が全国で見られる。（美しさを味わって感動する。愛してかわいがる）

164. B□ A氏が尽力《じんりょく》してくれたおかげで、問題解決の●●が立った。（目指すところ。実現する可能性）

165. A□ A君の家と学校は■と■の先なのに、よく遅刻《ちこく》をする。（ほんの少ししか離《はな》れていない）

166. A□ あまりに■に余るいたずらをするので、厳《きび》しく注意した。
(見ていられないほどひどい)

167. A□ 先生に叱責《しっせき》を受けた彼女は明らかに目に■を立てていた。
(怒りをふくんで、するどい目つきで見る)

168. B□ 今日という今日は、いじめっ子のA君に目に■見せてやろう。(ひどい目にあわせて思い知らせる)

169. A□ 入試が近づいてきて、さすがのA君も目の■を変えて勉強しだした。(何かに熱中するさま)

170. A□ A君は目の上の●●●●で、ぼくはいまだにサッカー部のレギュラーになれないんだ。(自分より実力などが上でじゃまになる人のたとえ)

171. A□ あの日以来、A君はぼくを目の■にして意地悪《いじわる》をする。
(何かにつけ憎《にく》く思う)

172. A□ 祖父《そふ》は孫《まご》を目の中へ入れても●●●ないほどかわいがっていた。

173. B□ Aさんの目を見ればだいたい言いたいことはわかるよ。目は■ほどに■を言うというからね。

174. B□ ようやく工事完成の目■がついた。
(おおよその見通しが立つ)

175. B□ お店をまわったが、これといって●●しいものはなかった。(価値《かち》がある。目立っている)

176. A□ 聞きこみ捜査《そうさ》をして犯人の目■をつける。
(だいたいの見当をつける)

177. A□ 接戦で順位が目●●●しく入れかわっている。
(次から次にいろいろなことが起こって目が回るようだ)

---

178. A□ 交通事故の現場は、目も●●られないほどひどかった。
(あまりにひどくて見るにたえない)

179. A□ テレビなんかに目も●●ずに、受験勉強にうちこむ。
(見向きもしない。相手にしない)

180. B□ 今回の仕事は、私だけでなくきみにとってもメ◆◆トが大きい。(そうするだけの長所や価値。利点)

181. A□ 夏休みであっても勉強するときはしっかりと取り組み、生活にめり●●をつけよう。(強弱)

182. A□ 学校のA先輩《せんぱい》は私に目を●●てくれて、かわいがってくれた。(世話をする)

183. A□ 大事な書類をどこかに置き忘れて、目を■にして探した。
(なくしたものを探《さが》すときなどに、目を大きく見開く)

184. A□ みんなにばかにされたAさんは目を■角にしてにらみつけた。(怒ってこわい目つきをする)

185. A□ 思いがけない事態にいつも冷静なA君も目を■黒させた。
(驚いて目を回すほどの状態《じょうたい》になる)

186. A□ 母の目を●●んで勉強しているふりをして、まんがを読む。(人に見られないようにこっそりやる)

187. A□ 祖母《そぼ》は元気に遊ぶ孫《まご》の成長ぶりに目を■くした。
(うれしそうにする)

188. B□ まったく使いものにならなかったA君の成長ぶりには■を見張った。(驚《おどろ》く)

189. A□ からかわれたA君は目を●●て食《く》ってかかった。
(怒《おこ》ったり驚《おどろ》いたりして、目を大きく見開くさま)

190. A□ すべてが初めてのことで■食らってしまう。

（不意のことでとまどう。あわてふためく）

191. C□ 気に入らない上司には■従■背で接するしかない。（うわべは従っているふりをして心の中では反抗《はんこう》していること）

192. A□ 合唱コンクールで入賞し、なんとか部長の■目は保《たも》った。（世間に対する体裁《ていさい》）

193. B□ A氏はインターネットの動画配信を通じて有名になったので、まさに時代の●●●子といえる。（社会的背景《はいけい》を反映《はんえい》して生じたもの）

194. C□ 申し■きが立たないことをしてしまった。（そうなった理由やそうせざるを得なかった事情を説明して、正当性を主張すること）

195. B□ きみを侮辱《ぶじょく》するつもりは■頭ない。（少しも。全然）

196. B□ うまくいくと思っていたのだが、目■見がまんまと外れた。（計画。くわだて）

197. A□ Aさんは人前に出ると、も●も●してしまう。（遠慮《えんりょ》したりはずかしがったりしてためらう様子）

198. B□ 大正時代に建てられたこの建築物はモ◆◆なものであった。（現代風であること。近代的）

199. B□ 昨日はA校が優勝した話で、も●き●だった。（はじめから終わりまで同じ話題が続くこと）

200. B□ ぼくとAさんは持ちつ持●●つの関係である。（たがいに助け合う様子）

201. B□ 受験勉強のモ◆◆◆◆◆ンを高めるために、学校見学に出かけた。（やる気。動機をあたえること）

202. B□ つらいことがあったが、A氏は持ち■の明るさで乗り切った。（その人の生まれつきの性質）

203. B□ 目■、調査中でその実態はまだわかっていない。（現在。今）

204. C□ 旧友が会社の資金援助《しきんえんじょ》をしてくれたのはも●●の幸《さいわ》いだった。（思いがけないこと。意外なこと）

205. A□ も●●●ぶってなかなか話さないので、いらいらする。（わざと重々《おもおも》しくふるまう）

206. B□ ハイキングをするのに●●●こいの季節となった。（もっともふさわしいさま。ぴったり合う様子）

207. A□ 親に口答えするなんて●●●のほかだ。（とんでもないこと）

208. B□ 私のモ◆◆ーは「勤勉」である。（常に心にとめて目標とする言葉）

209. A□ 休日は■ら読書をしている。（そのことだけに集中する様子）

210. A□ 人の気持ちを●●あそぶのはよくない。（興味半分に扱《あつか》う。自由にあやつる）

211. A□ 急に予定がなくなったので、暇《ひま》をも●●●している。（どうすればいいのかと処置《しょち》に困る。取り扱《あつか》いに苦しむ）

212. A□ 一時期は世間にもて●●されたものも、時代の流れには勝てなかった。（さかんにほめる。多くの人々が話題にしてさわぐ）

213. A□ 彼の要領を得ない話は、聞いていて●●かしい。（思うようにならなくて、はがゆい、いらいらする）

214. C□ ぼくの両親は一度離婚して、今はまた一緒《いっしょ》に暮《く》らしてい

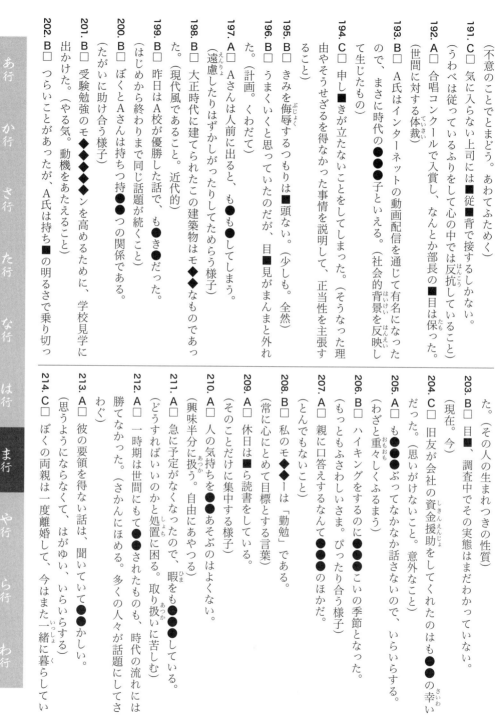

る。元の●●に収まったということだね。
215. B□ 禁煙《きんえん》を試みるも三日坊主《ぼうず》で終わり、元のも●●●だった。
216. A□ 無理をして働いて体を壊《こわ》したら■も■もないよ。
(すべて失ってしまい何もない)
217. B□ 警察が犯人のアジトに踏みこんだときには、すでに●●●の殻《から》だった。(人が抜け出したあとの家や寝床《ねどこ》のたとえ)
218. A□ 大勢《おおぜい》の観衆の前でも、もの●●しない彼の態度は立派《りっぱ》だ。
(おじけづく。おそれる)
219. A□ 戦時中に作られたこの曲は●●悲しい印象をうける。
(なんとなく悲しい)
220. B□ A君は自主的に行動しない、もの●●な人だ。(何をするのもめんどうくさがること。また、そのような性質の人)
221. A□ ■心がついたときにはすでに父は他界《たかい》していた。
(人の気持ちや世の中のことがわかる心)
222. A□ 自分のもの●●で人の価値《かち》をはかってはいけない。
(物事を評価《ひょうか》する基準《きじゅん》や尺度《しゃくど》)
223. B□ 失敗を■ともせず最後までやりとげたAさんは立派《りっぱ》である。(問題にもしない。何とも思わない)
224. B□ 私たちのチームにとっては、あんな弱小チームは物の■ではないよ。(たいしたものではない)
225. C□ 物■■い群衆《ぐんしゅう》が、事件の起こった現場に押しかけた。
(好奇心が強く、何でも見たがる風がある)
226. C□ 今年は日本全国へ■見■山に出かける予定だ。
(気晴《きば》らしに外出して、いろいろなものを見物すること)
227. B□ 大統領が来日するとあって、空港ではも●も●しい警備体制がしかれていた。(大げさである。いかめしい)
228. B□ 去年入った会社をもう辞《や》めるなんて考えなおしたほうがよい。桃栗■年柿■年というではないか。
229. B□ Aさんの言動はモ◆◆に欠けると非難《ひなん》された。
(人間として守らなくてはならない正しい道)
230. A□ ①これは●●い材質でできているので注意が必要だ。
②私は歳《とし》をとってから情に●●くなった。
③わがチームは●●くも初戦で敗れてしまった。
231. C□ Aさんの案には●●手を挙げて賛成はできない。
(無条件《むじょうけん》に、また積極的に賛成《さんせい》すること)
232. B□ 放任《ほうにん》主義は自主性を育てる良い面だけではなく諸刃《もろは》の●●●だ。(役立つのと同時に危険でもあるもの)
233. C□ 私は弁護士なので、経済に関しては全くの門■漢です。
(専門家でない人)
234. B□ 彼のも●●り型の意見は、面白みに欠ける。
(決まりきった形式。型通りの見方)
235. A□ ■■の小僧習わぬ■を読むというが、おうちが英語教室をやっているA君は独学で英語を習得してしまった。
236. B□ 社長に社内の問題を訴《うった》えに行ったが、門前●●●を食ってしまった。(訪問《ほうもん》者に会わずにそのまま帰すこと)
237. A□ 将来《しょうらい》のことで悩み、も●も●と日々を過ごした。
(悩《なや》みごとで苦しみもだえる様子)

【や行】

や

001. A□ 八百長《やおちょう》 〔類義語〕出来《でき》レース
【意味】真剣《しんけん》勝負に見せかけて、あらかじめ勝ち負けが決まっていること。
【用例】八百長試合を行ったA選手は出場資格《しかく》をはく奪《だつ》された。

002. B□ 矢面《やおもて》に立つ
【意味】非難などの集中する立場となる。
【用例】今回の件に関して、社長は矢面に立つ覚悟《かくご》ができていた。

003. A□ やおら 〔類義語〕おもむろに
【意味】ゆっくりと。落ち着いて。静かに。
【用例】みんなの意見が出つくしたころ、長老《ちょうろう》がやおら口を開いた。

004. B□ やきもき
【意味】あれこれと気をもんでいらだつさま。
【用例】生徒から合否《ごうひ》の連絡がなかなか来なくてやきもきする。

005. C□ 躍動《やくどう》
【意味】生き生きと動くこと。
【用例】A氏の描《えが》く絵は躍動感に満ちていて素晴《すば》らしいの一言だ。

006. A□ 役不足《やくぶそく》
【意味】その人の力量にくらべて、役割や役目が軽すぎること。
※「人の能力が不足している（＝力不足）」という意味ではない！
【用例】そんなだれにでもできる仕事は、A氏には役不足ですよ。

007. A□ 焼《や》け石に水
【意味】少しばかりの努力や援助ではまるで効き目のないこと。
【用例】十点も差が開いては、一点ぐらいとり返したところで焼け石に水だ。

008. B□ 野次馬《やじうま》
【意味】自分には関係ないのに面白がって見物したり騒いだりする人。
【用例】A君は野次馬根性を発揮《はっき》して事故現場に急行した。

009. C□ 野心《やしん》 〔類義語〕野望《やぼう》
【意味】ひそかに抱いている大きな望み。※分不相応《ぶんふそうおう》の場合が多い。
【用例】Aさんは学生時代から野心家で、日本一の会社を作ることが夢だという。

010. B□ 安請《やすう》け合い
【意味】よく考えもしないで軽々《かるがる》しく依頼《いらい》を引き受けること。
【用例】Aさんからの仕事を安請け合いしてしまったことを後悔《こうかい》する。

011. B□ 安《やす》かろう悪《わる》かろう
【意味】値段《ねだん》が安ければ、それ相応に品質も悪いということ。

【用例】安かろう悪かろうで、どうせ買うのなら多少高くてもしっかりした造りのものがよいよ。

012. C□ 屋台骨《やたいぼね》
【意味】組織《そしき》や家庭を支えるもの。
【用例】父が亡《な》くなった後、成人した兄は一家の屋台骨となった。

013. A□ 八《や》つ当たり
【意味】腹を立てて関係のない人や物にまで当たり散らすこと。
【用例】テストの点数が悪かったからって八つ当たりはやめてくれよ。

014. B□ やっかむ 〔関連語〕やっかみ
【意味】うらやむ。ねたむ。
【用例】人の幸福をやっかむのはよしたほうがいいよ。

015. B□ 躍起《やっき》になる
【意味】あせってむきになること。必死になること。
【用例】負けず嫌《ぎら》いのA君は次の問題は正解するぞと躍起になる。

016. B□ 矢《や》つぎばや

【意味】どんどん続けて行うこと。

【用例】不祥事《ふしょうじ》を起こしたA氏に矢つぎばやに質問が浴びせられた。

017. A□ 柳《やなぎ》に風
【意味】逆らわずにたくみに受け流す。

【用例】彼女は何度先生に怒《おこ》られても柳に風だ。

018. B□ 柳《やなぎ》の下にいつもどじょうはいない
〔反対の意味のことわざ〕二度あることは三度ある
【意味】たまたま幸運をつかんだからといって、また同じ方法で幸運が得られるわけではないということ。
【用例】たまたまヒット商品が生まれたからといって、柳の下にいつもどじょうはいないというように、同じようなものでは消費者《しょうひしゃ》に飽《あ》きられるよ。

019. C□ 野《や》に下《くだ》る ※「の」ではないので注意。〔類義語〕下野《げや》する
【意味】公職《こうしょく》から民間の生活に入る。

【用例】祖父は長く裁判官を務めたあとに野に下った。

020. B□ やにわに
【意味】驚《おどろ》くほど急に。

【用例】さっきまでにこやかだったA君が、やにわに怒《おこ》り出した。

021. B□ 矢《や》の催促《さいそく》
【意味】ひっきりなしに行われる厳しい催促。

【用例】連日、Aさんからお金をすぐに返すようにと矢の催促がある。

022. A□ やぶから棒《ぼう》
【意味】思いがけなく、突然《とつぜん》物事を行うこと。〔類義語〕寝耳《ねみみ》に水
【用例】Aさんはやぶから棒に突拍子《とっぴょうし》もないことを言いだした。

023. B□ やぶさかでない
【意味】ためらわずに喜んでする。

【用例】他でもない親友の君《きみ》の頼《たの》みならば、やぶさかでない。

024. C□ やぶれかぶれ
〔類義語〕捨てばち　自暴自棄《じぼうじき》
【意味】どうにでもなれという気持ちになる様子。
【用例】こうなったらもうやぶれかぶれだ。どうにでもなれ。

025. A□ やぶをつついて蛇《へび》を出す
【意味】余計な手出しをして、かえって災《わざわ》いをうけてしまうこと。

【用例】ここでA君に余計な口出しすると、やぶをつついて蛇を出すことになるから、やめたほうがよいよ。

026. B□ 野暮《やぼ》 〔対義語〕洗練《せんれん》　粋《いき》
【意味】①世間の事情をあまり知らず気が利かないこと。②田舎《いなか》くさくて洗練されていないこと。

【用例】①そんなわかりきったことは聞くだけ野暮だよ。②野暮ったい格好《かっこう》だったAさんが、すっかり洗練されていた。

027. C□ 病膏肓《やまいこうこう》に入《い》る
【意味】病気が重くなってなおる見こみがなくなる。また、あることに熱中して手がつけられなくなる。

【用例】Aさんのギャンブル熱は病膏肓に入るといった感じだ。

028. C□ 山《やま》が外《はず》れる
【意味】偶然《ぐうぜん》の的中を当てにした予想があたらない。

【用例】試験の山が外れたので、今回の試験の出来は散散《さんざん》だった。

029. A□ やましい
〔類義語〕うしろめたい　罪悪感《ざいあくかん》
【意味】自分の心に恥《は》じたり、気にかかったりすることがある。
【用例】自分にやましいところがなければ、他

人の根も葉もない中傷など気にならないはずだ。

030. B□ 山場《やまば》 〔類義語〕クライマックス
【意味】進行する物事のもっとも重要な場面。
【用例】次週は連続ドラマの山場を迎《むか》えるので、見るのが楽しみだ。

031. B□ やまやま
【意味】実際にはできないが、ぜひともそうしたい様子。
【用例】君と遊びたいのはやまやまだが、これから塾《じゅく》に行く予定だ。

032. A□ やみくもに 〔類義語〕むやみに
【意味】先のことや事情を考えず、いきなり。
【用例】やみくもに勉強するのではなく、計画を立てよう。

033. B□ やむにやまれぬ
【意味】どうしようもない。そうするよりほかない。
【用例】急に欠席するなんて、やむにやまれぬ事情があったのだろう。

034. A□ やむをえず
【意味】仕方なく。
【用例】かぜをひいたので、やむをえず塾を欠席した。

035. B□ 矢《や》も楯《たて》もたまらない
【意味】一途《いちず》な気持ちをこらえられない様子。
【用例】旧友《きゅうゆう》が一時帰省《きせい》していると聞き、矢も楯もたまらず、会いにいった。

036. B□ ややもすると（ややもすれば）
〔類義語〕ともすると
【意味】とかくそうなりがちである様子。
【用例】ややもすると人は弱気になりがちである。

037. C□ 揶揄《やゆ》
【意味】からかうこと。なぶること。
【用例】生真面目《きまじめ》なA君をそのように揶揄してはいけないよ。

038. A□ やりきれない
【意味】ある状態にたえられない。どうにもがまんできない。
【用例】こう毎日暑い日が続いては、やりきれない。

039. B□ 槍玉《やりだま》に挙《あ》げる
【意味】多くの中から選び出し、非難や攻撃《こうげき》の対象とすること。
【用例】今回の件では、A氏だけが槍玉に挙げられるべきではない。

040. B□ やり手《て》
【意味】物事をうまく処理《しょり》する人。
【用例】彼は多くの会社を運営するやり手の経営者だ。

041. C□ やるかたない
【意味】わだかまりがあり、気の晴らしようがないほど不快である。
【用例】自分の気持ちを彼女に誤解されて、憤懣《ふんまん》やるかたない。

042. A□ やるせない 〔類義語〕せつない
【意味】悲しみやさびしさなどで心のやりどころがない。つらい思いを晴らす方法がない。

【用例】好きな人から相手にされず、やるせない思いを抱いていた。

ゆ

043. B□ 由緒《ゆいしょ》
【意味】いわれ。それまでの歴史。
【用例】由緒正しい家柄《いえがら》に生まれる。

044. A□ 有意義《ゆういぎ》
【意味】やるだけの価値《かち》があること。むだではないこと。
【用例】夏休みは有意義な時間を過ごした。

045. A□ ゆううつ
【意味】気持ちがしずむこと。明るい気分になれないこと。
【用例】雨の日は、わけもなくゆううつな気分になる。

046. A□ 優越感《ゆうえつかん》
〔対義語〕劣等《れっとう》感　コンプレックス
【意味】他よりも優《すぐ》れていると思う得意な気持ち。
【用例】徒競走でライバルに勝ち、優越感を味わう。

047. C□ 悠久《ゆうきゅう》
【意味】果てしなく長く続くこと。
【用例】悠久の昔から、この土地には文明が存在した。

048. A□ 有終《ゆうしゅう》の美　※「優秀の美」ではないので注意！
【意味】最後までやりとおし、立派《りっぱ》な成果をあげる。
【用例】見事志望校に合格し、有終の美を飾《かざ》った。

049. B□ 優柔不断《ゆうじゅうふだん》
【意味】決断《けつだん》力がなく、なかなか考えの決められないこと。
【用例】私は昔から優柔不断な性格でなおらない。

050. B□ 有数《ゆうすう》　〔類義語〕屈指《くっし》　指折《ゆびお》り
【意味】優《すぐ》れていて、（指で数えられるほど）少ないこと。
【用例】A氏は日本でも有数のバイオリン奏者《そうしゃ》として知られている。

051. B□ 融通《ゆうずう》が利《き》く
【意味】その場に応じて適切な処理をすること。
【用例】融通が利かない私は一度決めたらそうしないと気がすまない。

052. A□ 遊説《ゆうぜい》
【意味】政治家などが自分の意見や主張《しゅちょう》を説《と》いて各地をまわること。
【用例】今週末にA政党《せいとう》の党首《とうしゅ》が駅前で遊説する予定だ。

053. B□ 悠長《ゆうちょう》
【意味】落ち着いていて気が長い様子。のんびりしているさま。
【用例】ライバルが必死で勉強しているのに、悠長に構《かま》えている場合ではない。

054. A□ 有名無実《ゆうめいむじつ》
【意味】名前や評判ばかりで中身のともなわないこと。
【用例】肩《かた》書きは社長だが、有名無実で実際は仕事をしていない。

055. A□ ユーモア　〔関連語〕ユーモラス
【意味】思わず笑いがこみ上げてくる上品《じょうひん》で温かみのある面白さ。
【用例】私はユーモアたっぷりに話すAさんのことが好きだ。

056. B□ 悠悠自適《ゆうゆうじてき》
【意味】のんびりしていて、心静かに暮《く》らすこと。
【用例】A氏は会社勤めを終えた後、悠悠自適の生活を送っている。

057. C□ 所以《ゆえん》
【意味】わけ。理由。
【用例】君が合格しなければならない所以はそこにあったのか。

058. B□ ゆかり
【意味】何らかのつながりや関わりのあること。
【用例】この土地には縁《えん》もゆかりもなかったが、今は気に入っている。

059. A□ ゆだねる
【意味】処置などを人にまかせる。
【用例】今回の仕事の権限は、一切合財《いっさいがっさい》を君《きみ》にゆだねよう。

060. A□ ユニーク
【意味】独特。独自。
【用例】芸術家の彼は既成概念《きせいがいねん》にとらわれないユニークな発想をする。

061. B□ 指をくわえる
【意味】希望しながら、それができないでながめている。
【用例】やりたいことがあるのに指をくわえているだけなんてだめだ。

062. B□ 湯水《ゆみず》のように

【意味】お金などを気にせずにお構《かま》いなしに使う。

【用例】独身のころは、お金を湯水のように使っていたので、結婚後も浪費癖《ろうひぐせ》が抜《ぬ》けない。

063. B□ ゆめうつつ

【意味】夢か現実か、意識《いしき》のぼんやりした状態。

【用例】朝起きたばかりで、ゆめうつつで母の話を聞いていた。

064. B□ ゆめゆめ

【意味】①どんなことがあっても。②少しも

【用例】①今私が言ったことはゆめゆめ忘れてはいけないよ。

②彼が嘘《うそ》をつくとはゆめゆめ思わなかった。

065. C□ 由由《ゆゆ》しい

【意味】そのまま放ってはおけないほど重大である。

【用例】今回のことは日本にとって外交上の由由しき問題である。

066. B□ 由来《ゆらい》

【意味】起源《きげん》。物事の起こり。

【用例】日本語は外国語が由来となっている表現が多い。

067. C□ ゆるがせにする

【意味】いいかげんにする。おろそかにする。

【用例】毎日の復習をゆるがせにすると、あとで追いつくことができない。

よ

068. B□ 宵《よい》

【意味】日が暮《く》れて間もないころ。夜がそれほどふけていないころ。

【用例】まだ宵の口《くち》だから、食事をしながら話す時間はあるね。

069. B□ 余韻《よいん》

【意味】ものごとが終わったあとまで残る味わい。

【用例】コンサート会場は素晴《すば》らしい演奏の余韻に包まれていた。

070. A□ 用意周到《よういしゅうとう》

【意味】準備が行き届いていて、手落ちがないこと。

【用例】用意周到な彼女は、急な天候の変化にもすばやく対応することができた。

071. C□ 羊頭狗肉《ようとうくにく》〔類義語〕見かけだおし

【意味】見かけだけは立派《りっぱ》だが、内容がともなわないこと。

【用例】あの塾は良いことばかりを言っているが、授業の内容はひどくて、羊頭狗肉である。

072. B□ 洋《よう》の東西《とうざい》を問《と》わず

〔関連語〕古今東西《ここんとうざい》

【意味】東洋と西洋、どちらでも

【用例】今や携帯《けいたい》電話は洋の東西を問わず、普及《ふきゅう》している。

073. B□ 世《よ》が世《よ》ならば

【意味】その人にとってもっと良《よ》い時代であったならば。

【用例】世が世ならば、彼は将軍にだってなれたかもしれない。

074. B□ よかれあしかれ

【意味】良くても悪くても。いずれにしても。

【用例】よかれあしかれ、Aさんの依頼《いらい》を引き受けるしかないだろう。

075. A□ 余儀《よぎ》なくされる

【意味】しかたなく~する。やむをえず~する。

【用例】突然の停電により、会議は一時中断を余儀なくされた。

076. B□ よぎる

【意味】ふっと通り過ぎる。横切る。

【用例】楽観《らっかん》的な彼の意見を聞いて不安が胸《むね》をよぎった。

077. A□ よくよく

【意味】①十分に。念には念を入れて物事をするさま。②程度がはなはだしいさま。③ほかに方法や手段がなくやむを得ずそうするさま。

【用例】①よくよく調べてみたら、すべての箇所《かしょ》にミスがあった。②旅行中にけがするなんて、よくよく運が悪い。③兄が人前で泣《な》くなんて、よくよくのことがあったのだろう。

078. A□ 横車《よこぐるま》を押《お》す
【意味】無理だと知りながら強引にしようとする。

【用例】たけし君は学級会でいつも横車を押す。

079. B□ よこしま
【意味】正しくない。良くない。

【用例】よこしまな考えから、道徳《どうとく》に外れた行動をとる。

080. A□ 横《よこ》やりを入れる
【意味】そばから口を出して、話や仕事のじゃまをする。

【用例】Aさんは人の話に横やりを入れるので、外で話そう。

081. C□ よしみ 〔類義語〕縁故《えんこ》
【意味】以前からのかかわり。ゆかり。

【用例】同郷《どうきょう》のよしみでAさんには力を貸すことにした。

082. C□ よすが 〔類義語〕よりどころ
【意味】手がかりや助けとなるもの。たよりとなるもの。

【用例】この腕《うで》時計は亡《な》き父のことを思い出すよすがとなるだろう。

083. B□ 余談《よだん》
【意味】本筋《ほんすじ》をはなれた話。

【用例】余談はさておき、本題に戻《もど》りたいと思います。

084. A□ 予断《よだん》
【意味】前もって判断すること。

【用例】祖父の病状《びょうじょう》は一進一退《いっしんいったい》で予断を許《ゆる》さない。

085. B□ よどむ
【意味】①水や空気などが流れないで、たまったままの状態になる。②活気《かっき》がなくなる。③すらすらと進まない。

【用例】①しめ切っていたためか、この部屋の空気はよどんでいる。②みんなから責められて、A君の目はよどんでいた。③Aさんはみんなの前でもよどむことなく話すことができる。

086. A□ 余念《よねん》がない
【意味】他の考えや雑念《ざつねん》がない。熱心である。

【用例】Aさんは読書に余念がない。

087. B□ 余波《よは》
【意味】ある物事が終わった後も周囲に及《およ》ぼす（悪い）影響《えいきょう》。

【用例】不況《ふきょう》の余波が子どもたちの教育にも及ぶ。

088. C□ 呼《よ》び水《みず》 〔類義語〕誘《さそ》い水《みず》
【意味】物事が起こるきっかけ。

【用例】大臣《だいじん》の失言《しつげん》が呼び水となり、各地で暴動が起こった。

089. B□ 夜《よ》もすがら 〔対義語〕ひねもす
【意味】夜通し。一晩《ばん》中。

【用例】昨晩は寝《ね》られなくて、夜もすがら月をながめていた。

090. A□ よもや
※後ろに「～ないだろう」「～まい」など打消しの言葉がくる。
【意味】まさか。いくらなんでも。

【用例】よもや私の忠告《ちゅうこく》したことを忘れてはいないだろうね。

091. C□ よもやま話《ばなし》 〔類義語〕世間話《せけんばなし》

【意味】とりとめのないさまざまな話題の話。
【用例】昨日の同窓会《どうそうかい》では、よもやま話をして盛《も》り上がった。

092. B□ 寄《よ》らば大樹《たいじゅ》の陰《かげ》

〔似《に》た意味のことわざ〕長い物には巻《ま》かれろ
【意味】頼《たよ》りにするのならば、力のある人や大きな組織《そしき》の方がよいというたとえ。
【用例】寄らば大樹の陰とA君は考えて、大学卒業後は大手企業《きぎょう》に就職《しゅうしょく》した。

093. A□ よりどころ

【意味】頼《たよ》りにするところ。支《ささ》え。
【用例】亡《な》き父の教えを、今後の人生のよりどころにする。

094. C□ 夜《よる》の帳《とばり》が下《お》りる

※「帳」とは部屋に垂れ下げて仕切りにする布。
【意味】夜になって暗くなる。
【用例】夜の帳が下り、街灯《がいとう》がともった。

095. A□ 弱《よわ》り目に祟《たた》り目

〔似《に》たような意味のことわざ〕泣《な》き面《つら》に蜂《はち》
【意味】不運が重なること。悪いことが重なって起こること。
【用例】会社が倒産《とうさん》し、交通事故にもあうとは弱り目に祟り目だ。

---

096. C□ よんどころない

〔類義語〕やむを得《え》ない
【意味】それ以外に取るべき方法がない。そうする以外にない。
【用例】よんどころない用事で明日の会議には欠席します。

〔問題〕次の文章の空らんに適語《てきご》を入れましょう。
・■には漢字、●にはひらがな、◆にはカタカナが一字ずつ入ります。
・［　］は字数指定はありません。
・同じ問題番号には共通する言葉が入ります。
・（　）は当てはまる言葉の意味を表します。言葉の意味がないものもあります。
・解答は前ページの語彙リストを参考にしましょう。語彙リストと番号は同じにしてあります。

001. A□ 八■■試合を行ったA選手は出場資格《しかく》をはく奪《だつ》された。（真剣《しんけん》勝負に見せかけて、あらかじめ勝ち負けが決まっていること）

002. B□ 今回の件に関して、社長は■面に立つ覚悟《かくご》ができていた。（非難などの集中する立場となる）

003. A□ みんなの意見が出つくしたころ、長老《ちょうろう》がや●●口を開いた。（ゆっくりと。落ち着いて。静かに）

004. B□ 生徒から合否《ごうひ》の連絡がなかなか来なくてや●も●する。（あれこれと気をもんでいらだつさま）

005. C□ A氏の描《えが》く絵は躍《やく》■感に満ちていて素晴《すば》らしいの一言だ。（生き生きとして勢いのあること）

006. A□ そんなだれにでもできる仕事は、A氏には■不足ですよ。

007. A□ 十点も差が開いては、一点ぐらいとり返したところで焼け石に■だ。

008. B□ A君は野次■根性を発揮《はっき》して事故現場に急行した。（自分には関係ないのに面白がって見物したり騒いだりする人）

009. C□ Aさんは学生時代から■心家で、日本一の会社を作ることが夢だという。（ひそかに抱いている大きな望み）

010. B□ Aさんからの仕事を■請《う》け合いしてしまったことを後悔《こうかい》する。（よく考えもしないで軽々《かるがる》しく依頼《いらい》を引き受けること）

011. B□ 安かろう■かろうで、どうせ買うのなら多少高くてもしっかりした造りのものがよいよ。

012. C□ 父が亡《な》くなった後、成人した兄は一家の屋台■となった。（組織《そしき》や家庭を支えるもの）

013. A□ テストの点数が悪かったからって■つ当たりはやめてくれよ。（腹を立てて関係のない人や物にまで当たり散らすこと）

014. B□ 人の幸福をや●●むのはよしたほうがいいよ。（うらやむ。ねたむ）

015. B□ 負けず嫌《ぎら》いのA君は次の問題は正解するぞとや●●になる。（あせってむきになること。必死になること）

016. B□ 不祥事《ふしょうじ》を起こしたA氏に■つぎばやに質問が浴びせられた。（どんどん続けて行うこと）

017. A□ 彼女は何度先生に怒《おこ》られても柳《やなぎ》に■だ。（逆らわずにたくみに受け流す）

018. B□ たまたまヒット商品が生まれたからといって、柳《やなぎ》の下にいつも●●●●はいないというように、同じようなものでは消費者《しょうひしゃ》に飽《あ》きられるよ。

019. C□ 祖父は長く裁判官を務めたあとに■に下った。

（公職《こうしょく》から民間の生活に入る）

020. B□ さっきまでにこやかだったA君が、や●●に怒《おこ》り出した。（驚《おどろ》くほど急に）

021. B□ 連日、Aさんからお金をすぐに返すようにと■の催促《さいそく》がある。（ひっきりなしに行われる厳しい催促）

022. A□ Aさんは●●から棒に突拍子《とっぴょうし》もないことを言いだした。（思いがけなく、突然《とつぜん》物事を行うこと）

023. B□ 他でもない親友の君《きみ》の頼《たの》みならば、や●●●でない。（ためらわずに喜んでする）

024. C□ こうなったらもうやぶれ●●れだ。どうにでもなれ。

025. A□ ここでA君に余計な口出しすると、やぶをつついて●●を出すことになるから、やめたほうがよいよ。

026. B□ ①そんなわかりきったことは聞くだけ●●だよ。②●●ったい格好《かっこう》だったAさんが、すっかり洗練されていた。

027. C□ Aさんのギャンブル熱は病《やまい》●●●●に入るといった感じだ。（あることに熱中して手がつけられなくなる）

028. C□ 試験の■が外れたので、今回の試験の出来は散散《さんざん》だった。（偶然《ぐうぜん》の的中を当てにした予想があたらない）

029. A□ 自分に●●しいところがなければ、他人の根も葉もない中傷など気にならないはずだ。（自分の心に恥《は》じたり、気にかかったりすることがある）

030. B□ 次週は連続ドラマの■場を迎《むか》えるので、見るのが楽しみだ。（進行する物事のもっとも重要な場面）

031. B□ 君と遊びたいのはや●や●だが、これから塾《じゅく》に行く予定だ。（実際にはできないが、ぜひともそうしたい様子）

032. A□ や●●もに勉強するのではなく、計画を立てよう。（先のことや事情を考えず、いきなり）

033. B□ 急に欠席するなんて、やむに●●●ぬ事情があったのだろう。（どうしようもない。そうするよりほかない）

034. A□ かぜをひいたので、やむ●●●塾を欠席した。（仕方なく）

035. B□ 旧友《きゅうゆう》が一時帰省《きせい》していると聞き、矢も楯《たて》も●●●ず、会いにいった。（一途《いちず》な気持ちをこらえられない様子）

036. B□ ●●もすると人は弱気になりがちである。（とかくそうなりがちである様子）

037. C□ 生真面目《きまじめ》なA君をそのように●●してはいけないよ。（冗談や皮肉を言ってからかうこと。なぶること）

038. A□ こう毎日暑い日が続いては、●●きれない。（ある状態にたえられない。どうにもがまんできない）

039. B□ 今回の件では、A氏だけが槍《やり》■に挙げられるべきではない。（多くの中から選び出し、非難や攻撃《こうげき》の対象とすること）

040. B□ 彼は多くの会社を運営する●●手の経営者だ。（物事をうまく処理《しょり》する人）

041. C□ 自分の気持ちを彼女に誤解されて、憤懣《ふんまん》やる●●ない。（わだかまりがあり、気の晴らしようがないほど不快である）

042. A□ 好きな人から相手にされず、や●●ない思いを抱いていた。（つらい思いを晴らす方法がない）

043. B□ 由■正しい家柄《いえがら》に生まれる。（いわれ。それまでの歴史）

044. A□ 夏休みは有■■な時間を過ごした。（やるだけの価値《かち》があること。むだではないこと）

045. A□ 雨の日は、わけもなくゆ●●つな気分になる。
(気持ちがしずむこと。明るい気分になれないこと)

046. A□ 徒競走でライバルに勝ち、優■感を味わう。
(他よりも優《すぐ》れていると思う得意な気持ち)

047. C□ 悠《ゆう》■の昔から、この土地には文明が存在した。
(果てしなく長く続くこと)

048. A□ 見事志望校に合格し、■■の美を飾《かざ》った。
(最後までやりとおし、立派《りっぱ》な成果をあげる)

049. B□ 私は昔から■柔■断な性格でなおらない。
(決断《けつだん》力がなく、なかなか考えの決められないこと)

050. B□ A氏は日本でも■数のバイオリン奏者《そうしゃ》として知られている。(優《すぐ》れていて、数少ないこと)

051. B□ 融《ゆう》■が利かない私は一度決めたらそうしないと気がすまない。(その場に応じて適切な処理をすること)

052. A□ 今週末にA政党《せいとう》の党首《とうしゅ》が駅前で■説する予定だ。
(政治家などが自分の意見や主張《しゅちょう》を説《と》いて各地をまわること)

053. B□ ライバルが必死で勉強しているのに、悠《ゆう》■に構《かま》えている場合ではない。(のんびりしているさま)

054. A□ 肩《かた》書きは社長だが、■名■実で実際は仕事をしていない。
(名前や評判ばかりで中身のともなわないこと)

055. A□ 私はユ◆◆アたっぷりに話すAさんのことが好きだ。
(思わず笑いがこみ上げてくる上品《じょうひん》で温かみのある面白さ)

056. B□ A氏は会社勤めを終えた後、悠悠《ゆうゆう》■■の生活を送っている。(のんびりしていて、心静かに暮《く》らすこと)

057. C□ 君が合格しなければならないゆ●●はそこにあったのか。
(わけ。理由)

058. B□ この土地には縁《えん》も●か●もなかったが、今は気に入っている。(何らかのつながりや関わりのあること)

059. A□ 今回の仕事の権限は、一切合財《いっさいがっさい》を君《きみ》に●●ねよう。
(処置などを人にまかせる)

060. A□ 芸術家の彼は既成概念《きせいがいねん》にとらわれないユ◆◆クな発想をする。(独特。独自)

061. B□ やりたいことがあるのに■をくわえているだけなんてだめだ。(希望しながら、それができないでながめている)

062. B□ 独身のころは、お金を■水のように使っていたので、結婚後も浪費癖《ろうひぐせ》が抜《ぬ》けない。(お金などを気にせずにお構《かま》いなしに使う)

063. B□ 朝起きたばかりで、ゆめう●●で母の話を聞いていた。
(夢か現実か、意識《いしき》のぼんやりした状態)

064. B□ ①今私が言ったことは、ゆ●ゆ●忘れてはいけないよ。
②彼が嘘《うそ》をつくとは、ゆ●ゆ●思わなかった。

065. C□ 今回のことは日本にとって外交上の■■しき問題である。
(そのまま放ってはおけないほど重大である)

066. B□ 日本語は外国語が由■となっている表現が多い。
(起源《きげん》。物事の起こり)

067. C□ 毎日の復習をゆ●●せにすると、あとで追いつくことができない。(いいかげんにする。おろそかにする)

068. B□ まだ●●の口だから、食事をしながら話す時間はあるね。
(日が暮《く》れて間もないころ。夜がそれほどふけていないころ)

069. B□ コンサート会場は素晴《すば》らしい演奏の■韻《いん》に包まれていた。

（ものごとが終わったあとまで残る味わい）

070. A□ ■意■到な彼女は、急な天候の変化にもすばやく対応することができた。（準備が行き届いていて、手落ちがないこと）

071. C□ あの塾は良いことばかりを言っているが、授業の内容はひどくて、羊■狗■である。

（見かけは立派だが、内容がともなわないこと）

072. B□ 今や携帯《けいたい》電話は洋の■■を問わず、普及《ふきゅう》している。

（どこでも）

073. B□ ■が■ならば、彼は将軍にだってなれたかもしれない。

（その人にとってもっと良《よ》い時代であったならば）

074. B□ よかれ●●かれ、Aさんの依頼《いらい》を引き受けるしかないだろう。（良くても悪くても。いずれにしても）

075. A□ 突然の停電により、会議は一時中断を■儀なくされた。

（しかたなく～する。やむをえず～する）

076. B□ 楽観《らっかん》的な彼の意見を聞いて不安が胸《むね》を●●った。

（ふっと通り過ぎる）

077. A□ ①よ●よ●調べてみたら、すべての箇所《かしょ》にミスがあった。

②旅行中にけがするなんて、よ●よ●運が悪い。

③兄が人前で泣《な》くなんて、よ●よ●のことがあったのだろう。

078. A□ たけし君は学級会でいつも■車を押す。

（無理だと知りながら強引にしようとする）

079. B□ よ●●まな考えから、道徳《どうとく》に外れた行動をとる。

（正しくない。良くない）

080. A□ Aさんは人の話に横●●を入れるので、外で話そう。

（そばから口を出して、話や仕事のじゃまをする）

081. C□ 同郷《どうきょう》のよ●●でAさんには力を貸すことにした。

（以前からのかかわり。ゆかり）

082. C□ この腕《うで》時計は亡《な》き父のことを思い出すよ●●となるだろう。（手がかりや助けとなるもの。たよりとなるもの）

083. B□ ■談はさておき、本題に戻《もど》りたいと思います。

（本筋《ほんすじ》をはなれた話）

084. A□ 祖父の病状《びょうじょう》は一進一退《いっしんいったい》で■断を許《ゆる》さない。

（前もって判断すること）

085. B□ ①しめ切っていたためか、この部屋の空気は●●んでいる。

②みんなから責められて、A君の目は●●んでいた。

③Aさんはみんなの前でも●●むことなく話すことができる。

086. A□ Aさんは読書に余■がない。

（他の考えがない。熱心である）

087. B□ 不況《ふきょう》の余■が子どもたちの教育にも及ぶ。

（ある物事が終わった後も周囲に及《およ》ぼす悪い影響《えいきょう》）

088. C□ 大臣《だいじん》の失言《しつげん》が呼び■となり、各地で暴動が起こった。

（物事が起こるきっかけ）

089. B□ 昨晩は寝《ね》られなくて、夜も●●ら月をながめていた。

（夜通し。一晩《ばん》中）

090. A□ よ●●私の忠告《ちゅうこく》したことを忘れてはいないだろうね。

（まさか。いくらなんでも）

091. C□ 昨日の同窓会《どうそうかい》では、よ●●ま話をして盛《も》り上がった。

（とりとめのないさまざまな話題の話）

092. B□ 寄《よ》らば■■の陰《かげ》とA君は考えて、大学卒業後は大手企業《きぎょう》に就職《しゅうしょく》した。

093. A□ 亡《な》き父の教えを、今後の人生の●●どころにする。
（支《ささ》えとするところ）

094. C□ 夜の■が下り、街灯《がいとう》がともった。（夜になって暗くなる）

095. A□ 会社が倒産《とうさん》し、交通事故にもあうとは弱り目に●●●目だ。

096. C□ よん●●●ない用事で明日の会議には欠席します。
（それ以外に取るべき方法がない。そうする以外にない）

【ら行】

ら

001. C□ ライフライン
【意味】生活に欠かせない電気、水、ガス、通信の供給《きょうきゅう》システムや輸送の手段など。
【用例】大地震が発生した直後は、都市のライフラインが完全にまひした。

002. C□ 来歴《らいれき》 〔類義語〕由緒《ゆいしょ》　由来《ゆらい》
【意味】物事がこれまで経《へ》てきた道筋。また、人の経歴。
【用例】A氏は半生《はんせい》の来歴を著書に記した。

003. B□ 烙印《らくいん》を押《お》される
【意味】消せない汚名《おめい》（良くない評判《ひょうばん》）をうける。
【用例】先日の事件以来、A君は裏切《うらぎ》り者の烙印を押された。

004. A□ 落胆《らくたん》
【意味】期待通りにならなくて、非常にがっかりすること。
【用例】先日の試験に不合格だったと知って落胆した。

005. B□ らちが明《あ》かない
【意味】物事がはかどらない。物事の決着がつかない。
【用例】電話で話をしても、らちが明かないのでそちらへ向かうよ。

006. A□ 楽観《らっかん》的
〔類義語〕楽天的　〔対義語〕悲観《ひかん》的
【意味】物事をすべて良いほうに考えて心配をしないこと。
【用例】人生全般《ぜんぱん》においては悲観的であるよりも楽観的であるほうが幸せかもしれない。

007. C□ ランダム 〔類義語〕無作為《むさくい》
【意味】自分の意志や感情をぬきに行うこと。任意《にんい》であること。
【用例】宝くじはランダムに数字を選び出し当選番号が決まる。

008. B□ 濫用《らんよう》
【意味】一定の限度をこえて、みだりに用《もち》いること。
【用例】職権《しょっけん》を濫用することは禁じられている。

009. B□ らんらん（と）
【意味】光のかがやくさま。きらきら。
【用例】大好きな体育の授業になると、目をらんらんと輝《かがや》かせた。

り

010. B□ リアリティー
【意味】現実感《げんじつかん》。真実味《しんじつみ》。
【用例】ぼくはリアリティーを追求した映画が好きだ。

011. B□ リアルタイム
【意味】ある出来事が起きるのと同時。即時《そくじ》。
【用例】遠く離《はな》れた場所の映像がリアルタイムで放送された。

012. C□ 李下《りか》に冠《かんむり》を正《ただ》さず
【意味】他人から疑われるような行為《こうい》は避《さ》けるべきだということ。
【用例】李下に冠を正さずというように、試験中はきょろきょろしてはいけない。

013. A□ 利器《りき》 ※「文明の利器」の形で使うことが多い。
【意味】便利な器具や機械。
【用例】現代人はパソコンなど文明の利器を手放すことは困難である。

014. A□ 利己《りこ》的
〔類義語〕自己中心的　エゴイズム
【意味】他人の迷惑《めいわく》を考えずに、自分の利益《りえき》だけを追求するさま。
【用例】彼女はあからさまに利己的な態度をとるので、嫌《きら》われている。

015. B□ リスク
【意味】危険。損害《そんがい》の可能性。
【用例】仕事では常にリスクを考えて意思決定するべきだ。

016. A□ 理性《りせい》的 〔対義語〕感情的

【意味】感情に動かされたりしないで、論理的に物事を考えたり判断したりするさま。
【用例】今はお互いに感情的にならずに、理性的に話し合うべきだ。

017. B□ 利他《りた》的 〔対義語〕利己《りこ》的
【意味】自分のことよりも、まず他人の利益や幸福を考えること。
【用例】マザーテレサは世のために尽《つ》くす利他的な人物であった。

018. B□ 律儀《りちぎ》
【意味】まじめで、きちんとしていること。義理《ぎり》がたいこと。
【用例】彼は恩《おん》を決して忘れない律儀な人だ。

019. B□ 立身出世《りっしんしゅっせ》
【意味】高い地位についたり、社会的に認められたりすること。
【用例】立身出世を夢見て、必死に努力してきた。

020. C□ 立錐《りっすい》の余地《よち》もない
【意味】人がぎっしりつまっていて、わずかのすきまもない。
【用例】会場に押しかけた観客で場内は立錐の余地もない。

021. B□ 律《りっ》する
【意味】一定の決まりによって物事を判断、処理する。
【用例】自らの行動を厳しく律するのは容易《ようい》ではない。

022. C□ リップサービス
【意味】口先だけのほめ言葉。
〔類義語〕お世辞《せじ》
【用例】あくまでリップサービスで本音《ほんね》ではないのは分かっている。

023. B□ 理念《りねん》
【意味】物事がどうあるべきかについての根本的で正しい考え方。
【用例】A大統領《だいとうりょう》は憲法の理念に基づく民主政治を行おうとした。

024. A□ 利発《りはつ》
【意味】かしこいこと。利口《りこう》。
【用例】「目から鼻へ抜《ぬ》ける」とは利発なことをいう。

025. B□ 理不尽《りふじん》
※「不条理《ふじょうり》」とは異なり自分の意思で避《さ》けられる余地《よち》を残した言い方。
【意味】物事の筋道《みちすじ》が立たないこと。道理に合わないこと。
【用例】上司《じょうし》から理不尽な仕打ちを受けたので、社長に横暴《おうぼう》ぶりを訴《うった》えた。

026. B□ 溜飲《りゅういん》が下《さ》がる
【意味】不平、不満、うらみなどが消えて、すっきりした気分になる。
【用例】今まで言えなかった不満を友達にぶつけて溜飲が下がった。

027. B□ 流暢《りゅうちょう》
【意味】話し言葉がつまることなく滑《なめ》らかな様子。
【用例】彼女は英語とフランス語を流暢に話すことができる。

028. B□ 竜頭蛇尾《りゅうとうだび》
【意味】初めは勢いがいいが、終わりのほうはふるわないこと。
【用例】華々《はなばな》しくデビューしたが、引退前は竜頭蛇尾に終わった。

029. B□ 流用《りゅうよう》
【意味】お金や物を決まっている使い道以外のことに使うこと。
【用例】会社の運営資金を旅費に流用する。

030. C□ 粒粒辛苦《りゅうりゅうしんく》
【意味】あることを成《な》し遂《と》げるために地道《じみち》な努力を積み重ねること。
【用例】粒粒辛苦の末、ようやく作品が完成した。

031. C□ 凌駕《りょうが》
【意味】他のものをしのいで、その上に出ること。
【用例】Aチームは他のチームを凌駕する戦力を持つ。

032. A□ **良識《りょうしき》**
【意味】物事に対する健全な考え方や判断力。
【用例】こんな時こそ、良識ある行動を心がけてほしい。

033. C□ **良心《りょうしん》の呵責《かしゃく》**
【意味】自分の行いに対し叱《しか》り責《せ》めること。
【用例】良心の呵責にたえられなくなり、自分の犯した罪《つみ》を告白する。

034. A□ **良薬《りょうやく》は口に苦《にが》し**
〔似《に》た意味のことわざ〕忠言《ちゅうげん》耳に逆《さか》らう
【意味】よく効《き》く薬が苦《にが》いように、ためになる忠告は聞きづらい。
【用例】井上先生のアドバイスは厳しいが、良薬は口に苦しというから、聞き入れることにした。

035. A□ **りりしい**
【意味】姿《すがた》や態度《たいど》がきりりとひきしまって、勇《いさ》ましい。
【用例】Aさんはりりしい顔立ちをしている。

036. B□ **理路整然《りろせいぜん》**
【意味】物事や話の筋道《すじみち》がきちんと通っているさま。
【用例】Aさんは理路整然と話すので内容が分かりやすい。

037. A□ **臨機応変《りんきおうへん》**
【意味】その場その場に応じて、もっとも良い方法や処置をとること。
【用例】仕事の進み具合によって、臨機応変に休憩《きゅうけい》をとってもよい。

038. B□ **臨場感《りんじょうかん》**
【意味】実際にその場にいるかのような感覚。
【用例】映画館で臨場感あふれる映像を見て感動する。

039. C□ **吝嗇《りんしょく》**
【意味】けちなこと。
〔関連語〕爪《つめ》に火をともす…極度《きょくど》の倹約《けんやく》をする。
【用例】彼はクラスの中では吝嗇家《りんしょくか》として知られている。

040. B□ **凛《りん》とする**
【意味】態度や容姿《ようし》などが、清《きよ》らかでひきしまっているさま。
【用例】予期せぬ問題が発生しても、常に凛とした態度のAさんは素晴らしいなあ。

041. B□ **林立《りんりつ》**
【意味】たくさんのものが立ち並《なら》ぶ。
【用例】新宿副都心《しんじゅくふくとしん》には、高層《こうそう》ビルが林立している。

042. B□ **倫理《りんり》的** 〔類義語〕道徳《どうとく》的
【意味】人として行わなければならない正しい道に関するさま。
【用例】あなたの今回の行動は倫理的に許されない行為《こうい》だ。

る

043. B□ **類似《るいじ》**
【意味】似通《にかよ》っていること。似ていること。
【用例】よくできた類似品だが、よく見ると贋作《がんさく》(偽物《にせもの》)だと分かる。

044. A□ **類《るい》は友《とも》を呼《よ》ぶ**
〔似《に》た意味のことわざ〕牛《うし》は牛連《うしづ》れ馬《うま》は馬連《うまづ》れ
【意味】似たもの同士は集まるものだ。
【用例】類は友を呼ぶというがA君の友達は音楽好きの人が多いね。

045. B□ **ルーズ**
【意味】いいかげんでだらしがない。しまりがない。
【用例】時間にルーズなAさんとは出かけたくない。

046. B□ **ルーツ** 〔類義語〕起源《きげん》
【意味】物事のおおもと。おこり。
【用例】A教授は日本の農耕文化のルーツを長年にわたって研究している。

047. A□ **流布《るふ》**
【意味】世間に広く知られる。
【用例】今やダーウィンの学説《がくせつ》は広く流布して

いる。

れ

048. A□ 冷淡《れいたん》

【意味】思いやりがなく冷たいこと。

【用例】友だちが困《こま》っているのに手を貸さないなんて、冷淡な人だ。

049. B□ レールを敷《し》く

【意味】物事を順調に進めるための下準備をする。

【用例】多くの親はわが子のためだと思い、レールを敷こうとするが、子どもの精神的成長を阻害《そがい》するおそれがある。

050. B□ 歴然《れきぜん》

【意味】だれが見てもはっきりしている様子。

【用例】私とA君の実力の差は歴然としている。

051. B□ 烈火《れっか》のごとく

【意味】ひどく怒《おこ》ることのたとえ。〔類義語〕激怒《げきど》

【用例】部下のミスを耳にした上司は烈火のごとく怒《おこ》った。

052. B□ れっきとした

【意味】疑《うたが》う余地《よち》のないほど確かなさま。出どころがあきらかだ。

【用例】彼が私のお金を盗《ぬす》んだという、れっきとした証拠《しょうこ》がある。

053. A□ レッテルを貼《は》る

【意味】ある人物に対して一方的に評価《ひょうか》をする。

※多くは悪い評価に使われる。

【用例】あの事件以来、A君は裏《うら》切り者のレッテルを貼られた。

054. A□ 劣等感《れっとうかん》

【意味】人より自分がおとっていると思いこむ気持ち。コンプレックス。〔対義語〕優越《ゆうえつ》感

【用例】これまでの劣等感をはらいのけるために受験勉強にうちこむ。

055. A□ 連帯感《れんたいかん》

【意味】二人以上の人がたがいに協力して物事を行《おこな》おうという気持ち。

【用例】一緒に文化祭の準備をするうちに連帯感が芽生《めば》え始めた。

056. B□ 連綿《れんめん》

【意味】物事が長く引き続いていて絶《た》えないさま。

【用例】能楽《のうがく》の世界では、連綿と伝統《でんとう》が受け継《つ》がれている。

ろ

057. C□ 老骨《ろうこつ》に鞭《むち》打つ ※「老体に鞭打つ」ではないので注意！

【意味】年老いた体を何とか奮《ふる》い立たせて努力する。

※老人がへりくだって使うこともある。

【用例】還暦《かんれき》（＝六十歳《さい》）を迎《むか》えましたが、これからも老骨に鞭打って働きたいと思います。

058. C□ 老成《ろうせい》

【意味】年のわりに大人びている。

【用例】A君はまだ中学生なのに老成して見えることがある。

059. A□ 老若男女《ろうにゃくなんにょ》

【意味】老人も若者も、男性も女性も、すべての人。

【用例】この町のお祭りには、老若男女がこぞって参加する。

060. B□ 狼狽《ろうばい》する

【意味】あわてて、うろたえること。

【用例】夜中に大きな地震が発生し、狼狽する。

061. C□ 老婆心《ろうばしん》 〔類義語〕おせっかい

【意味】不必要なまでに世話を焼くこと。※へりくだった言い方として用いられる。

【用例】老婆心ながら申し上げますが、今回の件は再考《さいこう》されたほうが良いかと思います。

062. A□ 朗報《ろうほう》

【意味】うれしい知らせ。

【用例】合格の朗報が入り、先生たちは喜んだ。

063. B□ ローカル
【意味】その地方や地域に限られていること。
【用例】ローカル放送をするテレビ局に配属《はいぞく》される。

064. A□ 露骨《ろこつ》 〔類義語〕あからさま
【意味】自分の考えや気持ちをむきだしに表す様子。
【用例】Aさんに仕事をお願いしたら露骨に嫌《いや》な顔をされた。

065. C□ 露呈《ろてい》
【意味】隠《かく》れていた良くない事柄《ことがら》が外に現れ出ること。
【用例】思わぬところで相手チームに弱点が露呈してしまった。

066. B□ 路頭《ろとう》に迷《まよ》う
【意味】生活の手段を失って生活に困《こま》る。
【用例】突然《とつぜん》、一家の主《あるじ》を失い、路頭に迷った。

067. B□ ろれつが回《まわ》らない
【意味】舌《した》がうまく回らず、言葉がはっきりしない様子。
【用例】お酒を飲み過ぎてよっぱらい、ろれつが回らない。

068. B□ 論語《ろんご》読みの論語知らず
〔類義語〕頭《あたま》でっかち
【意味】書物などを読んで理屈《りくつ》は知っていても、それを実際の場に応用する力がない人をばかにしていう。
【用例】A君は読書家で知識はたくさんあるが、実際に行動に移さないので、論語読みの論語知らずといえる。

069. B□ 論破《ろんぱ》
【意味】議論して他人の意見を言い負かすこと。
【用例】Aさんは反対意見をことごとく論破していった。

070. A□ 論《ろん》より証拠《しょうこ》
【意味】議論するより、実際の証拠《しょうこ》を見せた方が相手を納得させることができる。
【用例】論より証拠で、ここにはっきりと犯人の指紋《しもん》が残っているではないか。

〔問題〕次の文章の空らんに適語《てきご》を入れましょう。
・■には漢字、●にはひらがな、◆にはカタカナが一字ずつ入ります。
・［　］は字数指定はありません。
・同じ問題番号には共通する言葉が入ります。
・（　）は当てはまる言葉の意味を表します。言葉の意味がないものもあります。
・解答は前ページの語彙リストを参考にしましょう。語彙リストと番号は同じにしてあります。

001. C□ 大地震が発生した直後は、都市のラ◆◆◆◆ンが完全にまひした。（電気、水、ガス、通信の供給《きょうきゅう》システムや輸送の手段など）

002. C□ A氏は半生《はんせい》の■歴を著書に記した。（物事がこれまで経《へ》てきた道筋。また、人の経歴）

003. B□ 先日の事件以来、A君は裏切《うらぎ》り者の●●印を押された。（消せない汚名《おめい》をうける）

004. A□ 先日の試験に不合格だったと知って■胆《たん》した。（期待通りにならなくて、非常にがっかりすること）

005. B□ 電話で話をしても、●●が明かないのでそちらへ向かうよ。（物事がはかどらない。物事の決着がつかない）

006. A□ 人生全般《ぜんぱん》においては悲観的であるよりも■観的であるほうが幸せかもしれない。（物事をすべて良いほうに考えて心配をしないこと）

007. C□ 宝くじはラ◆◆ムに数字を選び出し当選番号が決まる。（自分の意志や感情をぬきに行うこと。任意《にんい》であること）

008. B□ 職権《しょっけん》を●●用することは禁じられている。（一定の限度をこえて、みだりに用《もち》いること）

009. B□ 大好きな体育の授業になると、目をら●ら●と輝《かがや》かせた。（光のかがやくさま。きらきら）

010. B□ ぼくはリ◆◆◆ィーを追求した映画が好きだ。（現実感《げんじつかん》。真実味《しんじつみ》）

011. B□ 遠く離《はな》れた場所の映像がリ◆◆◆◆ムで放送された。（ある出来事が起きるのと同時。即時《そくじ》）

012. C□ 李下《りか》に●●●●を正さずというように、試験中はきょろきょろしてはいけない。

013. A□ 現代人はパソコンなど文明の■■を手放すことは困難である。（役に立つ機械）

014. A□ 彼女はあからさまに利■的な態度をとるので、嫌《きら》われている。（他人の迷惑《めいわく》を考えずに、自分の利益《りえき》だけを追求するさま）

015. B□ 仕事では常にリ◆◆を考えて意思決定するべきだ。（危険。損害《そんがい》の可能性）

016. A□ 今はお互いに感情的にならずに、理■的に話し合うべきだ。（論理的に物事を考えたり判断したりするさま）

017. B□ マザーテレサは世のために尽《つ》くす利■的な人物であった。（自分以外の利益や幸福を優先して考えること ↔ 利己的）

018. B□ 彼は恩《おん》を決して忘れない■儀な人だ。（まじめで、きちんとしていること。義理《ぎり》がたいこと）

019. B□ 立■出■を夢見て、必死に努力してきた。（高い地位についたり、社会的に認められたりすること）

020. C□ 会場に押しかけた観客で場内は■錐《すい》の余地もない。（人がぎっしりつまっていて、わずかのすきまもない）

021. B□ 自らの行動を厳しく■するのは容易《ようい》ではない。（一定の決まりによって物事を判断、処理する）

022. C□ あくまでリ◆◆◆◆スで本音《ほんね》ではないのは分かっている。（口先だけのほめ言葉）

023. B□ A大統領《だいとうりょう》は憲法の■念に基づく民主政治を行おうとした。（物事がどうあるべきかについての根本的で正しい考え方）

024. A□ 「目から鼻へ抜《ぬ》ける」とは■発なことをいう。

025. B□ 上司《じょうし》から理■尽な仕打ちを受けたので、社長に横暴《おうぼう》ぶりを訴えた。（物事の筋道《みちすじ》が立たないこと。道理に合わないこと）

026. B□ 今まで言えなかった不満を友達にぶつけて溜《りゅう》■が下がった。（不平、不満、うらみなどが消えて、すっきりした気分になる）

027. B□ 彼女は英語とフランス語を■暢《ちょう》に話すことができる。（話し言葉がつまることなく滑《なめ》らかな様子）

028. B□ 華々《はなばな》しくデビューしたが、引退前は竜■蛇■に終わった。（初めは勢いがいいが、終わりのほうはふるわないこと）

029. B□ 会社の運営資金を旅費に■用する。（お金や物を決まっている使い道以外のことに使うこと）

030. C□ 粒粒《りゅうりゅう》■■の末、ようやく作品が完成した。（あることを成《な》し遂《と》げるために地道《じみち》な努力を積み重ねること）

031. C□ Aチームは他のチームをり●●●する戦力を持つ。（他のものをしのいで、その上に出ること）

032. A□ こんな時こそ、■識ある行動を心がけてほしい。（物事に対する健全な考え方や判断力）

033. C□ ■心の呵責《かしゃく》にたえられなくなり、自分の犯した罪《つみ》を告白する。（自分の行いに対し叱《しか》り責《せ》めること）

034. A□ 井上先生のアドバイスは厳しいが、■薬は口に■しというから、聞き入れることにした。

035. A□ Aさんは●●しい顔立ちをしている。（姿《すがた》や態度《たいど》がきりりとひきしまって、勇《いさ》ましい）

036. B□ Aさんは理■整■と話すので内容が分かりやすい。（物事や話の筋道《すじみち》がきちんと通っているさま）

037. A□ 仕事の進み具合によって、■機■変に休憩《きゅうけい》をとってもよい。（その場でもっとも良い方法や処置をとること）

038. B□ 映画館で■場感あふれる映像を見て感動する。（実際にその場にいるかのような感覚）

039. C□ 彼はクラスの中では、吝《りん》●●●家《か》として知られている。（けちなこと）

040. B□ 予期せぬ問題が発生しても、常に●●とした態度のAさんは素晴らしいなあ。（態度や容姿《ようし》などが、清《きよ》らかでひきしまっているさま）

041. B□ 新宿副都心《しんじゅくふくとしん》には、高層《こうそう》ビルが■立している。（たくさんのものが立ち並《なら》ぶ）

042. B□ あなたの今回の行動は■理的に許されない行為《こうい》だ。（人として行わなければならない正しい道に関するさま。道徳的）

043. B□ よくできた■似品だが、よく見ると贋作《がんさく》（偽物《にせもの》）だと分かる。（似通《にかよ》っていること。似ていること）

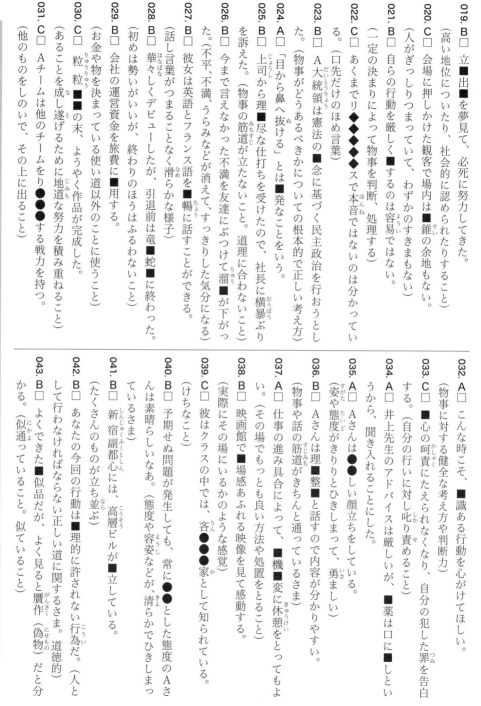

044. A□ ■は■を呼ぶというがA君の友達は音楽好きの人が多いね。（似たもの同士は集まるものだ）

045. B□ 時間にル◆◆なAさんとは出かけたくない。（いいかげんでだらしがない。しまりがない）

046. B□ A教授は日本の農耕文化のル◆◆を長年にわたって研究している。（物事のおおもと。おこり）

047. A□ 今やダーウィンの学説《がくせつ》は広く■布している。（世間に広く知られる）

048. A□ 友だちが困《こま》っているのに手を貸さないなんて、■淡《たん》な人だ。（思いやりがないこと）

049. B□ 多くの親はわが子のためだと思い、レ◆◆を敷《し》こうとするが、子どもの精神的成長を阻害《そがい》するおそれがある。（物事を順調に進めるための下準備をする）

050. B□ 私とA君の実力の差は■然としている。（だれが見てもはっきりしている様子）

051. B□ 部下のミスを耳にした上司は烈《れっ》■のごとく怒《おこ》った。（ひどく怒《おこ》ることのたとえ）

052. B□ 彼が私のお金を盗《ぬす》んだという、れ●●とした証拠《しょうこ》がある。（疑《うたが》う余地《よち》のないほど確かなさま。出どころがあきらかだ）

053. A□ あの事件以来、A君は裏《うら》切り者のレ◆◆ルを貼《は》られた。（ある人物に対して一方的に評価をする）

054. A□ これまでの■■感をはらいのけるために受験勉強にうちこむ。（人より自分がおとっていると思いこむ気持ち。コンプレックス ↕ 優越感）

055. A□ 一緒に文化祭の準備をするうちに連■感が芽生《めば》え始めた。（二人以上の人がたがいに協力して物事を行《おこな》おうという気持ち）

056. B□ 能楽《のうがく》の世界では、連■と伝統《でんとう》が受け継《つ》がれている。（物事が長く引き続いていて絶《た》えないさま）

057. C□ 還暦《かんれき》（＝六十歳《さい》）を迎《むか》えましたが、これからも■■に鞭打《むちう》って働きたいと思います。（年老いた体を何とか奮《ふる》い立たせて努力する）

058. C□ A君はまだ中学生なのに老■して見えることがある。（年のわりに大人びている）

059. A□ この町のお祭りには、老■男■がこぞって参加する。（すべての人）

060. B□ 夜中に大きな地震が発生し、狼《ろう》●●する。（あわてて、うろたえること）

061. C□ ■婆《ば》心ながら申し上げますが、今回の件は再考《さいこう》されたほうが良いかと思います。（不必要なまでに世話を焼くこと）

062. A□ 合格の■報が入り、先生たちは喜んだ。（うれしい知らせ）

063. B□ ロ◆◆ル放送をするテレビ局に配属《はいぞく》される。（その地方や地域に限られていること）

064. A□ Aさんに仕事をお願いしたら露《ろ》■に嫌《いや》な顔をされた。（自分の考えや気持ちをむきだしに表す様子）

065. C□ 思わぬところで相手チームに弱点が■呈《てい》してしまった。（隠《かく》れていた良くない事柄《ことがら》が外に現れ出ること）

066. B□ 突然《とつぜん》、一家の主《あるじ》を失い、路■に迷った。（生活の手段を失って生活に困《こま》る）

067. B□ お酒を飲み過ぎてよっぱらい、ろ●●が回らない。（舌《した》がうまく回らず、言葉がはっきりしない様子）

068. B□ A君は読書家で知識はたくさんあるが、実際に行動に移さないので、■語読みの■語知らずといえる。

069. B□ Aさんは反対意見をことごとく論■していった。
（議論して他人の意見を言い負かすこと）

070. A□ ■より証拠《しょうこ》で、ここにはっきりと犯人の指紋《しもん》が残っているではないか。

【わ行】

わ

001. C□ **歪曲《わいきょく》**

【意味】事実などを、わざとゆがめること。

【用例】A新聞は事実を歪曲して報道した。

002. B□ **賄賂《わいろ》**〔類義語〕袖《そで》の下《した》

【意味】自分に都合よくしてもらうために、決定権を持つ人に内密《ないみつ》に贈《おく》る不正なお金や品物。

【用例】A大臣は多額《たがく》の賄賂を受け取った罪で逮捕《たいほ》された。

003. C□ **我《わ》が意《い》を得《え》たり**

【意味】物事が自分の思った通りになった。自分の考えと一致《いっち》している。

【用例】親友のAさんの話を聞いて、我が意を得たりとうなずいた。

004. C□ **若気《わかげ》の至《いた》り**

【意味】若さのあまり、血気《けっき》にはやって分別《ふんべつ》を失うこと。

【用例】若気の至りとはいえ、ずいぶん恥《は》ずかしいことをしたと後悔《こうかい》する。

005. B□ **わが物顔《ものがお》**〔類義語〕傍若無人《ぼうじゃくぶじん》

【意味】自分一人のものであるかのように、勝手気ままな態度をとること。

【用例】わが物顔にふるまうA君に対して、みんなが非難《ひなん》した。

006. A□ **和気《わき》あいあい**

【意味】なごやかな気分に満ちあふれている様子。

【用例】私のクラスはみんな仲《なか》が良くて、和気あいあいとした雰囲気《ふんいき》だ。

007. A□ **わきまえる**〔類義語〕心得《こころえ》る

【意味】正しく判断してちがいを見分ける。物事にきちんと対処する。

【用例】ファンとしての立場をわきまえて、演奏者が集中できるように配慮《はいりょ》するべきだ。

008. B□ **脇目《わきめ》もふらず**

【意味】他のことに気をとられないで、そのことを一生懸命《いっしょうけんめい》にする様子。

【用例】脇目もふらずに勉強して無事志望校に合格した。

009. A□ **分《わ》けへだてなく**

【意味】相手によって差別をつけない。

【用例】Aさんはだれにでも分けへだてなく接するので人望《じんぼう》を集めている。

010. B□ **和魂洋才《わこんようさい》**〔関連語〕和洋折衷《わようせっちゅう》

【意味】日本固有の精神を持ちながらも、西洋の学問や知識を学び取ること。

【用例】現代社会は異文化をそのまま取り入れるのではなく、和魂洋才でなくてはならない。

011. B□ **わざわいを転《てん》じて福《ふく》となす**

【意味】身にふりかかった災難《さいなん》をうまく活用して、かえって幸せになるようにもっていくこと。

【用例】なげいてばかりいないで、わざわいを転じて福となす手段を考えよう。

012. B□ **和《わ》して同《どう》ぜず**

【意味】周りと協調するが、無理に合わせて同調はしないということ。

【用例】和して同ぜずというが、主体性をもって人と付き合うべきだ。

013. A□ **わずらわしい**

【意味】こみいっていて、めんどうだ。

【用例】海外旅行の手続きは、何かとわずらわしいことが多い。

014. A□ **わだかまる**

【意味】心の中に、何かいやな感情が消えずに残る。

※「わだかまり」という名詞の形で使われることもある。

【用例】きちんと話し合って、お互《たが》いのわだかまりをなくそう。

015. A□ **渡《わた》りに船**

【意味】困っているときなどに都合が良いこと

が起こり、事《こと》がうまく運ぶこと。

【用例】このタイミングで彼が協力してくれるのは、渡りに船の好条件といえる。

016. A□ 渡《わた》る世間《せけん》に鬼《おに》はない 〔反対の意味のことわざ〕人を見たら泥棒《どろぼう》と思え
【意味】世の中には困った時に助けてくれる親切な人も多い。

【用例】道で財布《さいふ》を落としたが、きちんと交番に届けてくれる人がいるとは渡る世間に鬼はないね。

017. B□ わななく
【意味】恐怖《きょうふ》や怒《いか》り、興奮《こうふん》のために体が小刻《こきざ》みに震《ふる》える。

【用例】暗闇《くらやみ》の中、あまりの恐《おそ》ろしさにわなないた。

018. B□ わびしい
【意味】さびしい。物悲《ものがな》しい。心細い。

【用例】老人の一人暮らしはわびしいものだとAさんは呟《つぶや》いた。

019. B□ 和洋折衷《わようせっちゅう》 〔関連語〕和魂洋才《わこんようさい》
【意味】日本風と西洋風とをほどよく取り合わせること。

【用例】A氏のデザインした和洋折衷の建物は世界的に認められている。

020. A□ 笑《わら》う門《かど》には福来《きた》る
【意味】希望を持っていれば幸せが訪れる。

【用例】テストの点数が一回悪かったくらいで落ちこむなよ。笑う門には福来るっていうだろう。

021. A□ 藁《わら》にもすがる
【意味】追いつめられた時には、どんなものにでも助けを求めるものだ。

【用例】仕事のことで困りはて、藁にもすがる思いで、Aさんに相談する。

022. C□ 割《わり》を食《く》う
【意味】損《そん》をする。不利になる。

【用例】正直者が割を食う世の中であってはならない。

023. A□ 悪《わる》あがき
【意味】どうしようもない状態《じょうたい》なのに、むだなことを必死にやってみること。

【用例】これまで勉強しなかったのに、テスト直前に悪あがきをしてもむだだ。

024. A□ 悪《わる》びれる 〔類義語〕卑屈《ひくつ》
【意味】気後《きおく》れがして恥《は》ずかしがる。

【用例】Aさんは悪びれた様子もなく、みんなの前で堂堂と話していた。

025. C□ 割《わ》れ鍋《なべ》に綴《と》じ蓋《ぶた》
【意味】どんな人にも、それぞれにふさわしい配偶者《はいぐうしゃ》があるものだ。

【用例】A君みたいなだらしない男でも、割れ鍋に綴じ蓋で、いずれは良いお嫁《よめ》さんが見つかるよ。

026. A□ 我《われ》に返《かえ》る
【意味】あることに気をとられていた状態《じょうたい》から普段《ふだん》の状態《じょうたい》にたちかえる。

【用例】授業中、先生にあてられて我に返った。

027. B□ 輪《わ》をかける
【意味】物事の程度《ていど》をおおげさにする。はなはだしくする。

【用例】A君の弟は兄に輪をかけて乱暴者で先生は困《こま》っている。

〔問題〕次の文章の空らんに適語《てきご》を入れましょう。
・■には漢字、●にはひらがな、◆にはカタカナが一字ずつ入ります。
・［　］は字数指定はありません。
・同じ問題番号には共通する言葉が入ります。
・（　）は当てはまる言葉の意味を表します。言葉の意味がないものもあります。
・解答は前ページの語彙リストを参考にしましょう。語彙リストと番号は同じにしてあります。

001. C□ A新聞は事実を●●曲して報道した。（事実などを、わざとゆがめること）

002. B□ A大臣は多額《たがく》のわ●●を受け取った罪で逮捕《たいほ》された。（自分に都合よくしてもらうために、決定権を持つ人に内密《ないみつ》に贈《おく》る不正なお金や品物）

003. C□ 親友のAさんの話を聞いて、我《わ》が■を得《え》たりとうなずいた。（物事が自分の思った通りになった。自分の考えと一致《いっち》している）

004. C□ 若気の■りとはいえ、ずいぶん恥《は》ずかしいことをしたと後悔《こうかい》する。（若さのあまり、血気《けっき》にはやって分別《ふんべつ》を失うこと）

005. B□ ●●物顔にふるまうA君に対して、みんなが非難《ひなん》した。（自分一人のものであるかのように、勝手気ままな態度をとること）

006. A□ 私のクラスはみんな仲《なか》が良くて、和気《わき》●い●いとした雰囲気《ふんいき》だ。（なごやかな気分に満ちあふれている様子）

007. A□ ファンとしての立場を●●まえて、演奏者が集中できるように配慮《はいりょ》するべきだ。（正しく判断してちがいを見分ける。物事にきちんと対処する）

008. B□ ●●目もふらずに勉強して無事志望校に合格した。（他のことに気をとられないで、そのことを一生懸命《いっしょうけんめい》にする様子）

009. A□ Aさんはだれにでも分け●●●なく接するので人望《じんぼう》を集めている。（相手によって差別をつけない）

010. B□ 現代社会は異文化をそのまま取り入れるのではなく、■魂■才でなくてはならない。（日本固有の精神を持ちながらも、西洋の学問や知識を学び取ること）

011. B□ なげいてばかりいないで、●●●●を転じて福となす手段を考えよう。

012. B□ ■して同ぜずというが、主体性をもって人と付き合うべきだ。（周りと協調するが、無理に合わせて同調はしないということ）

013. A□ 海外旅行の手続きは、何かと●●●わしいことが多い。（こみいっていて、めんどうだ）

014. A□ きちんと話し合って、お互《たが》いのわ●●●りをなくそう。（心の中に、何かいやな感情が消えずに残る）

015. A□ このタイミングで彼が協力してくれるのは、渡りに■の好条件といえる。

016. A□ 道で財布《さいふ》を落としたが、きちんと交番に届けてくれる人がいるとは渡る■■に鬼《おに》はないね。

017. B□ 暗闇《くらやみ》の中、あまりの恐《おそ》ろしさにわ●●いた。

(恐怖《きょうふ》や怒《いか》り、興奮《こうふん》のために体が小刻《こきざ》みに震《ふる》える)

018. B□ 老人の一人暮らしはわ●●いものだとAさんは呟《つぶや》いた。
(物悲《ものがな》しい。心細い)

019. B□ A氏のデザインした■洋■衷の建物は世界的に認められている。(日本風と西洋風とをほどよく取り合わせること)

020. A□ テストの点数が一回悪かったくらいで落ちこむなよ。笑う■には■来《きた》るっていうだろう。

021. A□ 仕事のことで困りはて、●●にもすがる思いで、Aさんに相談する。(追いつめられた時には、どんなものにでも助けを求めるものだ)

022. C□ 正直者が■を食《く》う世の中であってはならない。
(損《そん》をする。不利になる)

023. A□ これまで勉強しなかったのに、テスト直前に悪●●きをしてもむだだ。(どうしようもない状態《じょうたい》なのに、むだなことを必死にやること)

024. A□ Aさんは悪●●た様子もなく、みんなの前で堂堂と話していた。(気後《きおく》れがして恥《は》ずかしがる)

025. C□ A君みたいなだらしない男でも、●●鍋《なべ》に●●蓋《ぶた》で、いずれは良いお嫁《よめ》さんが見つかるよ。

026. A□ 授業中、先生にあてられて■に返った。(あることに気をとられていた状態《じょうたい》から普段《ふだん》の状態《じょうたい》にたちかえる)

027. B□ A君の弟は兄に■をかけて乱暴者で先生は困《こま》っている。
(物事の程度《ていど》をおおげさにする。はなはだしくする)

〈あとがき〉

私事ですが、前著『文章読解の鉄則（初版）』を二〇一四年に出版してから、私をとりまく仕事環境が目まぐるしく変化しました。まず、正社員講師として長い間勤めた進学塾を退社し、首都圏《しゅとけん》を中心に展開する個別指導塾に正社員講師として移籍《いせき》しました。そして、現在はフリーランスでオンライン授業を中心に家庭教師を細々とやっております。

これまでいろいろな塾での勤務を経験して分かったのは、「塾講師は本音やキレイごとだけではやってはいけない」ということです。塾は学校とは違い、営利団体ですから「塾の論理」と呼ばれる計算高いところがあって、純粋《じゅんすい》に生徒さんや親御様《おやご》のためだけに指導するということが、実は難しい状況なのです。そのことが私には耐《た》えられませんでした。青臭《あおくさ》く感じられる同業の方もいらっしゃるでしょうが、塾講師にとっては生徒さん（と親御様）が第一でなければいけないのではないかと私は思います。ところが、そのような考え方だけでは、塾という「組織」の中では認められません。むしろ足かせとなります。「まぁ、私は出世なんてしなくてもいいよなぁ」と他人事《ひとごと》のように思いながらマイペースで塾講師を続けてきたのですが、様々《さまざま》なことが精神的に耐えがたくなり、フリーランスになったというわけです。

今後はどのような形で生徒さんの指導に携《たずさ》わるかは分かりませんが、一つだけはっきりと言えることがあります。それは、体が動く限り、国語講師という仕事をまっとうするだろうということです。特に中学受験の世界は奥が深いです。何度、受験生を送り出すことを経験しても、その思いは変わりません。とてもやりがいのある一生の仕事です。

「悪《あ》しきベテランになるな。初心忘《しょしんわす》るべからず」という気持ちを胸に、私は今日も子どもたちを指導し続けています。本書が貴方《あなた》の受験勉強の一助となれば、これに勝る喜びはありません。合格に向かってともに頑張りましょう！

井上秀和

■著者紹介■

井上秀和（いのうえ　ひでかず）

著者近影

1973年福岡県生まれの神奈川県育ちで、現在は埼玉県に在住。大学在学中に塾講師や家庭教師を経験し、「小学生や中学生に教えることの面白さや奥深さ」に目覚める。大学卒業後、いくつかの進学塾を経て、現在は主に家庭教師やオンライン授業(1:1形式)で、御三家レベルから中堅・下位レベルまで、幅広く指導している（「井上国語ラボ」代表）。

著者の理想とする国語の指導スタイルは、「曖昧《あいまい》さを徹底《てってい》的に排除《はいじょ》した、算数や英語のような『論理的説明』による授業」。趣味は音楽鑑賞、エレキギター、作曲、読書、映画鑑賞など、面白いことなら何でも興味を示すという、二人の娘の父親でもある。

≪井上秀和のブログ≫

☞ https://ameblo.jp/hidekun-111

≪井上秀和のYouTubeチャンネル≫

☞ youtube.com/channel/UCQ-Pt-OFoOYe_dGmgRYAStg

《井上秀和のツイッター》

☞ https://twitter.com/inouekokugolabo

中学受験国語の必須語彙《ひっすごい》2800

2021年7月20日　初版第1刷発行
2021年9月22日　初版第2刷発行
2022年1月14日　初版第3刷発行
2022年10月26日　初版第4刷発行
2023年4月22日　初版第5刷発行
2023年12月25日　初版第6刷発行
2024年8月26日　初版第7刷発行

著　者　井　上　秀　和
編集人　清　水　智　則　　発行所　エール出版社

〒101-0052　東京都千代田区神田小川町2-12　信愛ビル4Ｆ
電話　03（3291）0306　　FAX　03（3291）0310
メール　info@yell-books.com

＊定価はカバーに表示してあります。

ISBN978-4-7539-3506-2